香港圖書館藏書之印

权力的图像

近代的中国海图与交流

郭 亮 著

商务印书馆
The Commercial Press

图书在版编目（CIP）数据

权力的图像：近代的中国海图与交流 / 郭亮著. —北京：商务印书馆，2024
ISBN 978 – 7 – 100 – 20267 – 1

Ⅰ.①权… Ⅱ.①郭… Ⅲ.①航海图—研究—中国—近代 Ⅳ.①U675.81

中国国家版本馆 CIP 数据核字（2024）第062367号

权利保留，侵权必究。

本书所附地图不代表作者立场
审图号：GS（2022）55号

权 力 的 图 像
近代的中国海图与交流
郭 亮 著

商 务 印 书 馆 出 版
（北京王府井大街36号　邮政编码100710）
商 务 印 书 馆 发 行
徐州绪权印刷有限公司印刷
ISBN 978 – 7 – 100 – 20267 – 1

2024年8月第1版　　开本 710×1000　1/16
2024年8月第1次印刷　印张 26¾

定价：168.00元

分寸辨诸岳，斗升观四溟。
长疑未到处，一一似曾经。

——（唐）曹松

欧洲人为什么变得如此强大？或者说，为什么他们能轻易踏上亚洲和非洲的土地，无论是开展贸易还是进行掠夺，为什么亚洲人和非洲人未能踏上欧洲的海岸线，在欧洲人的港口建立殖民地，并在殖民地制定法律呢？要知道，把他们带回去的那阵风同样也能把我们带到那里。

——塞缪尔·约翰逊

海疆武备，无朝夕可疏之防。

——（清）奕䜣

本书得到国家社科重大课题

"西方与近代中国沿海的图绘及地缘政治、贸易交流丛考"（20ZD233）

及地方高水平大学一流研究生培养质量提升项目资助

| 序 |

    明清两代是中国社会发生深刻变化的时期。国家、社会和民众在中西交流来临之时，与外来的文化与思潮不断发生着接触与碰撞，在长达三百多年的时间里，中国社会对待与航海国家的交流具有一种复杂的态度，短暂的海上航行和较长时间的海禁与封闭是这个时期的基本状态。然而，在这个时期的舆图、海图之中，我们却发现了一个充满交流、纷争和权力的世界，舆图的历史，与其背后所隐含的信息就像历史所演绎的故事一样精彩。

    自地理大发现以来，欧洲人在航海和开拓未知大陆方面具有强烈的兴趣，他们在浩瀚的海洋之中探索世界和获取利益。同时，作为航海活动最重要的支撑基础，海图测绘伴随此时的航海活动兴盛起来。航海强国无不是测绘海图之强国，最先是葡萄牙，然后是荷兰、法国和英国。欧洲诸国从17世纪以来，对全球的陆地、海洋和国家疆域都做了持久和深入的勘测，有专门的绘图和藏图机构，有各种门类的测绘制图师跟随商船和军舰完成海路航线的勘测，并最终在系统化的制图工场中进行刻版、印刷和出版。海洋地理知识的传播在此时也达到了一个高峰，17世纪欧洲制图水平最高的国家是荷兰，如果没有大规模的海外测绘和制图支持，荷兰东印度公司在亚洲获利丰厚的贸易航行将无法实现。荷兰也正是凭借着一流的航海与测绘，才能够在晚明时期占据台湾达38年之久。另外一个例子是19世纪的英国，皇家海军也正是借助当时居于领先的海图测绘，建立了广泛的全球海外殖民地，并在1840年发动了鸦片战争。学者菲利普·霍夫曼（Philip T. Hoffman，1947—）认为火药技术是欧洲征服世界的主要方面，不过如果没有航海技术和海图的指引，恐怕连到达新大陆也无法实现。

| 权力的图像

如何看待中国的航海与测绘历史？这是一个十分复杂的问题，中国航海有资料记载的历史至少可以追溯到唐代，对勿里洞沉船的挖掘就发现了一艘公元830年前后行驶于中国至中东航线的阿拉伯帆船，装载着包含中国唐代长沙窑、越窑、巩县窑等多个窑口出产的陶瓷。及至明代，在郑和多次下西洋的航海壮举之后，中国却又突然退出全球航海舞台，这令世界备感惊讶。与郑和的航海相比，早期葡萄牙人的探险规模既小得可笑：只有几十个船员，而不是成百上千；且又不体面：有兔子、蔗糖和奴隶，甚至没有从其他王室那里获得礼物。但是事后看来，1430年是世界历史上的一个决定性时刻，或者说是唯一的一个决定性时刻，就是在这个时候，西方才变得有可能主宰世界——此时航海技术与海图测绘的发展将几大海洋变成了高速通道，连接起整个地球。葡萄牙的亨利王子（Prince Henry the Navigator，1394—1460）抓住了这个机遇，而明英宗却将这个机遇拒之门外，从这里开始，世界的命运就依赖于这两个君主所做的决定。如果不是明王朝过早地放弃了海洋，那么葡萄牙和奥斯曼帝国在东南亚开战绝对是难以想象的事。在郑和船队所绘制出的海图中，正确的路线被仔细地确定，洋流、盛行风和水深也被仔细标注。通过罗盘防卫图，依据特定时间天空中太阳和指向星的位置，地图绘制者能够以令人吃惊的精确度标出15世纪的海上航线。然而这一切，都在之后的岁月中被丢弃和遗忘了。

本书的考察时间是自晚明时期开始，这时来自欧洲的交流活动已在中国逐渐开始：西方人士已先后来到中国，地图是传教士"合儒补儒"传教策略当中的重要一环，耶稣会士们善于绘制《世界地图》，用西方的科技和中国的上层社会建立了一种密切的关系，初步的交流并没有引起多大的反响。中国的海岸线长达一万八千余公里，明清政府在不同时期虽有海禁政策，但一个无法回避的现实就是中国沿海与域外的交流或冲突却没有因此而减少。所以，自晚明到清代以来，有关中国的海图首先和域外的交流相关，且不说曾经长期困扰明朝东南沿海的倭寇，葡萄牙与荷兰都在晚明时期就来到了中国。及至清代，中国与海外各国仍然维持密切交往，基本上依靠着商贸往来，尤其是与东南亚国家之间的贸易关系。与此同时，中国古代传统舆图有关海图的绘制在明清两代达到一个高峰，长期的海禁政策使中国人已没有机会驾船探访世界，所以中国沿海与海图的绘制均是以防御性的绘制为主，这就形成了它的主要特征，即从一个静止的闭合空间之中构建虚拟的海岸屏障，虽然这往往和实际的沿海防御情况并不一致。明代倭寇侵扰严重，对明朝的沿海各省造成极大的危害，这个时期的海防著作与海图基本是以防范倭寇和海盗为中心。来自欧洲各国的航船也在此时抵达中国沿海，海图技术的不断更新使葡萄牙、荷兰等国家获得了远航的实力，以实现迫切来到亚洲获取巨大贸易利润的期望。和以往的认知不同，我们在厘清具体史实的时候，就会发现中西方的海图测绘与国家之间的交流关系竟然如此的密切。

"海权论"的提出者，海军战略及历史学家艾尔弗雷德·塞耶·马汉（Alfred Thayer Mahan, 1840—1914）认为：从政治和社会的观点来看，海洋最先声夺人和最显而易见的特点是其重要的通道。通过海洋，人们可以到达世界各地，尽管海洋有各种常见和不常见的危险，但对于旅行和运输而言，海上交通一直都比陆路交通便捷、经济。荷兰商业贸易的发达不仅仅是因为它拥有海上运输，还因为它拥有无数条安全、稳定的海上航线。影响各国海权的主要条件包括如下方面：一、地理位置；二、自然结构，包括与之有关的大自然的产物和气候；三、领土范围；四、人口数量；五、民族特点；六、政府的特点，包括国家机构。衡量海权的发展程度，并非一个国家拥有领土的总面积，而是它的海岸线长度和港口特点。而更重要的是"海权"的获取与支配，16—19世纪来到亚洲与中国沿海的商船与军舰都成功地实践了这一理念，不但获取了巨大的利益，还建立了海外殖民地。

有赖于此，欧洲各航海强国极为重视对亚洲和中国沿海的测绘。在本书三部之中，我们可以看到为数众多且各式各样的欧洲绘制和中国本土绘制的沿海区域海图。从最初的接触和勘测，直至能够准确绘制出中国海图、分省的局部海域海图和写景式的战争观测草图等，经历了几个世纪的不断修正。明清以来的历史书写，往往使人们被重要的历史事件所吸引，围绕着来自沿海的侵扰、交流、贸易和战争，发生了一幕又一幕人们耳熟能详，却也很陌生的故事，始终处于防御状态的中国海疆不断地经历着考验。严格意义上来讲，明清时期实际上并没有漠视海疆事务，政府的防务与系统设置也并没有荒废。晚明时期，明政府开始关注东南沿海所出现的新问题，尤其是台湾海域一带："有明之季，海疆多事，始戍澎湖。澎湖为台湾外府，群岛错立，风涛溯洄，舟触辄破，故守台湾者重澎湖，而妈官为之纽。万历二十五年，增游兵。四十五年，复增冲锋游兵，左右各置小城，列铳以守，曰铳城。"[1]明代在大约一个世纪的时间里，在中国沿海，甚至长江沿岸的城市都不断遭到倭寇袭击，但没有认真重建帝国海军，甚至葡萄牙舰队在中国沿海的反复出没也未能使当局重新估计局势，国家并没有构建一个长期稳定的海防事务政策。突出的表现是明初期最为关注海防，兴建了为数众多的沿海卫所，而在明中期之后则数量很少，这也体现出对沿海防卫的国家策略变化。

任何地图的绘制实际上都是一个主观过程，历史上的舆图演变充分说明了这一点，中国古代的制图模式至少在明代，已逐渐不局限在固定的方志模式，而是出现了微妙和多元的变化。清代海疆管理堪称中国古代历史中最为严格和系统化的阶段，从朝廷专门设置管理舆图的机构、多次组织全国大范围的国土勘测到沿海各省官员对海疆事物的汇报制度，都能感受到这种国家的态度。与此同时，我们也从大量各省海域手绘海图之中，从不知名的中国海图制图师笔下的海图中，了解到国家意志。

从晚明至清代，中国的沿海问题，也始终围绕着防范外国舰船各种方式的到访和接触。故而明代的海图与倭寇和海盗侵扰关系密切，清代的海图则和海防、海战及贸易相关，尤其集中在中国东南部各省。由于清廷与欧洲国家在贸易问题上的矛盾不断激化，最后导致了鸦片战争的爆发。清朝是如何失败的？是否中国海防过于羸弱，以致国家完全无力抵抗来自海上的军事打击和之后强加给中国的一系列不平等条约？事实可能并非完全如此。当中国与欧洲人开始接触时，中国所参照的是它过去与异族（主要是北方的游牧民族）打交道的办法。例如，允许外国人居住在中国境内某些特定地点，让他们自己管理自己的事情，享有治外法权，这些在清代国家处理与北方游牧民族的关系时，都是可以接受的。一如明代，在洋务运动之前，朝廷都没有考虑过建立国家海军。而到了19世纪，英国在欧洲已经崛起，其生铁产量占世界的53%，始终保持着规模相当于他国海军两倍以上的强大海军，而实际的战斗力可能超过任何别的三支或四支海军，基本上相当于除其自身之外的世界其他所有海军实力的总和。处于封闭系统之中的清代水师，缺乏海战沿海防卫的经验，他们很难去应对来自海上的威胁。

国家对海疆事务的严格管理在清代已经实现。清康熙、雍正和乾隆几朝皆是皇帝直接过问海疆事务的管理、图绘和防卫,在官中设立绘制地图的专门机构——"舆图房",也以国家名义召集传教士绘制全国地图。在大量的沿海各省官吏进呈的奏折中(皇帝本人往往会亲自批阅),展现出了一个隐形的国家海域管理体系,对在各辖管海域所发生的事件,事无巨细均须上报。此时中国的制图师们,也在为国家海防系统绘制着中国的海图舆图。清代的海防图应是中国历史中数量最多和绘制最为深入的,这与国家对海疆事务的重视相关,可以说,国家的海疆理念已随着制图师的笔进入到众多的海防图之中。及至18、19世纪,欧洲人来中国的频率大大提升,海上航线几乎是唯一路径,这时欧洲海图与清代海防图呈现出一种对比,一方面是中国传统的非科学化的方志舆图依然在延续,另一方面则是建立在科学勘测之上的近代科学海图的出现,这与中国在1840年鸦片战争时所面临的军事技术差异相类。

晚清时期所经历的一系列海上冲突结果均以中国的失败而告终,通过比较我们看到,例如英法这些国家在与清廷的海战之中对战前的地形勘测、地图绘制之重视,反过来这些技术又一定程度上决定了战争之成败。洋务运动时期,中国大举引进了大量西方科技及各类西方著作文献,培养了一批留学童生,打开了西学之门。学习近现代西方科学体制,有助于中国走上工业发展和现代化之路,然而最终洋务运动却难逃失败之命运,因清军北洋水师在甲午战争中全军覆没,沉重打击了清廷之信心。"师夷长技以制夷"是否仅仅是技术层面的学习?中国的知识分子能否开创自己的科学革命?但是实际的情况是,西方人并没有给予他们这样的时间。自从16世纪70年代以来,基督教的传教士们就在通过澳门向中国内地渗透,虽然他们远渡重洋目的是前来解救人们的灵魂,而不是推销他们的科技,但他们却非常明白,好礼物(科学)能够使客人更加受欢迎。[2]在明清的皇室和官员阶层中,《世界地图》是非常受欢迎的高级物品,然而这些中国舆图所未能涉及的广阔世界并没有激发中国重新回归海洋的热情。即使是在洋务运动中,有关西方海军技术中的测绘科目学习,似乎也仅仅出现在文本条例之中。晚清政府官员已知晓中国在海防方面与西方技术上的差距,铁甲舰与大炮非常重要,但是多数人并没有真正意识到地图测绘的战略价值。在《北洋海军章程》第六项里，虽然专门列出地图舆图的绘制科目，招考学生也参照泰西各国水师学堂模式，北洋仿效英国教学章程，学生在堂四年应习功课有全面的算法科目，但从实际应用来看，收效甚微。

实际上，欧洲的制图学发展与它的科学发展密不可分，并非在短时期就能够一蹴而就。清代所建立的国家海防体系是一个海图与文本逐渐剥离的系统，清中后期时，无论皇帝还是大臣们几乎都习惯从文字中来了解事态的发展，以至于海图到了后期越来越成为一种象征性的图像。皇帝批阅奏折时，很可能看不到相关舆图，而地方的海（防）图只在一线的指挥官手中，例如当1841年英军士兵攻陷虎门时，在水师提督关天培卧室所发现的海图。到晚清时期，作为海防基础图示的应用范围还难以达到之前荷兰东印度公司和当时英法海军的程度。而这时的英法诸国，已经将全方位和更精确的实测海图熟练地应用在前往中国的海路、与沿海城市进行的贸易和一次次的军事打击之上。近代的国家、社会和科技发展无疑是一个更大的话题，而这些却与海图的绘制、功能与影响具有直接关系，当我们在观赏清代绘制的一幅幅精美的海图时，恐怕无法将它们与当时中国所面临的海上威胁联系在一起。和以比例尺、方位、经纬度及水深参数的欧洲海图相比，中国舆图却营造出了一个具有山水画一般的诗意理想场景，正如16世纪佛兰芒制图大师亚伯拉罕·奥特利乌斯（Abraham Ortelius，1527—1598）所说的那样，每一幅地图都呈现了一件事，也正因为如此而没能呈现另一件事，以一种方式呈现了世界，也因此没能以另一种方式呈现。

近代海图在中国与西方社会所起到的作用和它们之间的差异，实际上也揭示出这一历史时期，决定中国和域外世界产生变化的诸多内在因素，例如科技的发展、知识与信息的传递、航海与海军实力以及国家的政治管理水平等。这些方面往往交织在一起，构成一个有趣的图像与社会之链：从皇帝或者地方执政官的态度（清代尤甚）、国家的海防政策、海防卫所与戍卒、海图制图师、绘制海图到海图的呈现，这个链条也可以回溯，例如康熙帝最关注海图和海疆，他多次主导了大型的国家测绘计划，并且也看到了完成的海图与地图，他在谕旨中对编修舆图的官员说道："惟是疆域错纷，幅员辽阔，万里之远，念切堂阶……特命卿等为总裁官，其董率纂修官，恪勤乃事，务求采搜闳博，体例精详，阸塞山川，风土人物，指掌可治，画地成图。"清代在康雍乾时期取得了稳定和繁荣的局面，国家财政收入增长迅速，社会保持着富裕和有序的状态。与这长达115年的繁荣期相对应的，恰好是中国古代最关注舆图和大规模绘制沿海海图的时间段，这难道是一种巧合？类似的情况也同样发生在16—17世纪的荷兰和葡萄牙，18—19世纪的英国和法国，这些航海强国在国家与社会迅猛发展的时期，都无一例外也是海外航行和海图测绘的高峰阶段，在这些案例中，海图与国家发展之间"隐含"的关联演变成一个个图示化的线索，在本书之中，将围绕着这些线索进行深入的讨论。

本书也详细考察了在明清时期先后来到中国为贸易、勘测和殖民服务的欧洲制图师及他们绘制的中国海图。17—19世纪之间欧洲和中国本土绘制的中国海图，提供了有关中国海疆范围"第三方"的客观图像文献和历史档案，这些文献有助于梳理当下有争议海域归属的划定。从明代到清代的海图绘制中，也可以发现诸多岛屿，比如钓鱼岛、东沙群岛、南沙和西沙一带的中国岛屿，都有绘图和记录，这不但出现在明人和清人所绘的舆图中，也被当时的欧洲国家制图师所绘制和明确标记而出。法文中国海（*Mer de la chine*）或大明海，自明代至清代是西方人在中国海域所使用的文字标记，它的涵盖区域是当时国际社会的基本共识。在本书中，对于欧绘中国海图之中涉及海岛地理边界的划分也做了论述，这些由"第三方"绘制的海图，作为历史文档的古代舆图和海图具有充分的文献定位意义，因为这就是当时国际社会对海域划分的基本共识。地图作为国家档案，对有争议岛屿的佐证作用不是在今天才有价值，晚清时期的东沙群岛归属的判定和回归，就是依据海图舆图档案起到关键作用。对海内外的舆图档案进行进一步的梳理，可以为有争议的海域归属问题增添历史的确定性。

中国海图的历史线索，从明代至清代映射出近代世界所发生的交流与碰撞，正如杰里·布罗顿（Jerry Brotton）所说，我们不能不依靠地图来了解世界，却又无法用地图完美地再现世界。中国沿海所牵动国家之力的区域主要集中在东南沿海，在本书中对这几省的沿海防务、海图与战事之间的关系做了深入讨论，这些史实的呈现有助于从不同的角度来重新看待历史。晚明到清末几百年的历史中，中国舆图也经历了一个从"静置而又浪漫"的封闭空间，转向了吸取西方科学测绘、去古代传统化的现代地图风格转变，然而这种转变过程却十分漫长。以中国为主导的舆图范式，也影响了亚洲各国的地理图像风格。在西方人不断依靠舆图进行航海、贸易和拓展海外殖民地之时，中国的舆图则越来越形式化和缺少实践意义，成为更加形式化而非实用的图示。在本书三部九章内，读者将会看到，自晚明以来，海图对中国产生了何种影响，对国家的管理与海权又将会起到什么作用。地图，从来都是人们对世界的主观理解与描绘，而制作地图的人可能就是改变历史的有名或无名的隐身者。

目　录

第一部　近代世界与明清海图

第一章　西方海图与明清时的中国沿海　·3
　　一、国家、历史传统对海图的影响　·3
　　二、海图模式：全球航行与士人观测　·30

第二章　晚明以来的中绘与西绘中国海图　·71
　　一、国家制图系统的渐变　·71
　　二、经纬线中的交流：中国与西方的海图　·88

第二部　东南海域海图：交流与矛盾

第三章　欧绘海图中的中国沿海　·143

第四章　海战与晚清的沿海策略　·151
　　一、马尾海战中的海图勘测　·151
　　二、中国制图者——镇海之役　·182

第五章　朝觐的绘图者　·191

第六章　海图与广东沿海　·209
　　一、观察的模式　·209
　　二、传教士的海图　·225
　　三、英国与广东海图　·229

第三部　明清海图中的台湾

第七章　台湾在海图中的战略位置　·257
　　一、早期台湾海图　·257
　　二、荷占时期的台湾与海图　·273
　　三、清初的台湾海图　·287
　　四、清代中国制图师绘制台湾地图　·295

第八章　海战之中的台湾　·317

第九章　日据时期的台湾海图　·339

尾　声　海权与中国海疆策略　·351

注　释　·369

附　录
　　附录一　插图目录　·385
　　附录二　广东兵防官考　·393
　　附录三　镇海营水陆图册　·397

参考文献　·403

后　记　·411

第一部
近代世界与明清海图

不按图籍,不可以知厄塞,
不审形势,不可以施经略。

——(明)郑若曾

第一章 西方海图与明清时的中国沿海

一、国家、历史传统对海图的影响

中国与世界的深入交流始于晚明时期,也就是第二次中西交流阶段。从此时开始,越来越多的来自西方的传教士、商船和军舰驶向了亚洲。他们的到来,使中国的历史与社会进程发生了不同程度的变化,这种趋势甚至一直持续到清末。欧洲人自海洋而来,在蒸汽机于18世纪出现之前,文化、贸易、疾病和战争在海上的移动速度比在陆地上更快。海上航线的开辟会立即带来巨大的变化,但更为常见的情况则是为日后的突变奠定基础。[1] 海上的交流和冲突都不可避免地在明清两代社会和历史中产生了持久的影响,这种影响波及国家的经济、贸易和政权交替,甚至每一个普通中国人的生活。中国的沿海区域在几百年的历史中,围绕着海疆之争与西方诸国发生了密切和持续的联系,而这种联系又引发了自身政治制度与社会环境的微妙变化。对西方世界的陌生和轻视,以及天朝大国具有的优越感在中西交流的过程之中一直存在,而与西方的文化、科学的接触则带来了新的视野,如《桃花扇》的作者孔尚任,在他描述西洋眼镜的一首诗《试眼镜》中所发出的咏叹:

西洋白玻璃,市自香山墺。
制镜大如钱,秋水涵双窍。

蔽目目转明，能察毫末妙。

暗窗读细书，犹如在年少。

中国与世界的交流，使双方都发现了新的契机。然而能够把握机遇者却需要凭借航海术的支持，正如晚明时耶稣会士来到中国沿海所经历的过程。

地缘政治学者詹姆斯·费尔格里夫（James Fairgrieve，1870—1953）对中国为何没成为一个海洋帝国提出了自己的看法，他认为："中国面向大海，海上之途渺无去处，而且不存在地中海那样的内海，这些因素所产生的巨大、无声而消极的支配作用，对于把中国人塑造成陆地居民，妨碍他们成为海洋居民，都有着不可估量的影响。中国人既不像维京人那样，因受气候寒冷和土地贫瘠所迫不得不向海洋发展，也不像撒克逊人那样，背后承受着现实的压力。中国辽阔的疆域足以让来自高原或其他地区的这种压力在到达沿海等地区之前便消散殆尽，而南方总有一些地方很少感觉到这些压力。中国人没有腓尼基人所拥有的那种海上通道。中国的海岸是一个巨大的圆弧形，没有像希腊那样吸引人向海洋发展的半岛。中国从来就不是一个海洋强国，因为没有任何东西吸引其人民不做陆地居民，安土重迁、以农业为生的习俗和思维方式相传了四千年之久。"[2]

中国是否在海洋探索上总是处于劣势？或者完全不重视沿海海域的权力？其实明初郑和下西洋所展现出风采，已为世界所瞩目，然而中国在海上航行已具备强大实力之时，却选择突然退出海上舞台，并禁止了沿海贸易交流。自此，明清两代在沿海事务方面似乎总显迟滞，在应对倭寇、欧洲诸国来自海上的贸易与殖民和局部战争方面也似乎呈现出整体的弱势与被动。这方面的原因从广义上说，缘于在中国人理想的世界秩序中，所有夷狄都受中华帝国的统治，只有中国，才是文明的真正代表。夷邦按照儒家的等级观念，都只能作为兄弟之邦，位列中国皇帝之下。[3]可是世界的秩序从明到清之后，越来越失去了平衡，自1840年鸦片战争开始，中国就陷入了一系列来自沿海海疆的危机之中，清政府在抵御西方海上武力的侵袭中，也以一次次的败绩而被迫改变其坚持的国家策略。

中国的海岸防卫与海权的问题，恰如马汉在《海权论》中所做的分析：海权史在很大程度上记叙了国家间的争斗、相互间的对抗以及往往最终导致战争的暴力行径,尽管它绝不是唯一的见证。远在影响海上贸易发展与繁荣的根本原则被明察之前,人们就已经清楚地认识到,海上贸易对国家财富与实力具有深远影响。而由其他原因导致的战争在战争行为与结局上,都因对海洋的控制而受到极大的限制。[4] 客观来说,最先吸引欧洲各国来到东亚的动机无疑也是贸易的丰厚利润,葡萄牙人第一批来到中国:

> 葡萄牙人只需踏入这个业已存在的商圈,用他们的利润从别人手中购买香料即可。例如,他们抵达马六甲后,便发现整个港口都是商船。船上满载中国丝绸和瓷器,以换取广东人需要的檀香木、芦荟、燕窝、香菜和其他海峡的物产。看到如此巨大的商业利润,葡萄牙人尾随这些返航的商船,乘着季风来到中国。[5]

在以往看待中外关系之时,西方能够通过海路对中国施加影响,是由于具备先进的海上军事和测绘实力,这与落后于时代的中国海防水平形成鲜明的对比。然而不能忽略的一点是:西方国家的全球性政治扩张,以及起源于欧洲的资本主义制度所导致的经济变革,是推动近200年以来世界历史发展的强大力量。在今天,如果离开民族国家的形成与资本主义的发展这两大进程,就很难去想象欧洲的历史。西方之外的地区,由于原先不存在民族国家与资本主义,所以只是到了欧洲影响所及之时,才进入世界历史洪流。因此,"地方对西方挑战的回应",通常被认为是这些地区近代历史的主轴。然而,对此观点的反弹,为以下考虑奠定了可以采纳的基础:各个非西方的社会,都具有其文化与历史的完整性;它们的文化与历史,都与欧洲影响无关。[6] 在今天来看,明清时期的中国长期处在一种不断重复和封闭的状态:如何看待夷国,以及怎样与其打交道。与西方国家在沿海各省所发生的军事对决,尤其是海上战役的失败不仅是一种历史表象,更为深刻的原因在于中国海洋历史的独特性,这些因素对海防、海图绘制和明清两代在中国沿海所采取的"文牍式"管理系统起到了关键的影响。明代以前,外来的侵扰多来自陆上,中国沿海未全面设防,中国沿海尤其是广东真正形成海防体系始自明代。明清海防斗争形势日趋激烈，包括明代抗倭、防荷、驱葡，清初郑成功的抗清与收复台湾后的斗争，清中晚期的两次鸦片战争、甲午战争、抗击八国联军和多次局部海战等[7]，都涉及中国长达一万八千多公里的漫长海岸线和沿海的重要城市。而这些事件在近代历史中，塑造了中国与世界的关系，中国社会的转型与变革亦应运而生，甚至在今天还能看得到它们的历史遗存。

自地理大发现以来，欧洲各国的航海事业成为优先的国家策略。中国的航海事业似乎是昙花一现，就长久消失在历史长河中，从时间和规模来看，中国人在海洋航行的壮举带给人很多困惑：当葡萄牙航海家亨利王子派出他的船只逐步沿着非洲西海岸推进时，中国航海家郑和在地球的另一面已拥有一支在数量技巧和技术方面无可匹敌的舰队。这支庞大的舰队已驶过中国海，绕过印度洋，沿着非洲东海岸行驶到了"黑暗大陆"的顶端。然而就在亨利王子的辉煌业绩为发现整个新世界和周游全球的航海活动揭开序幕期间，同时代伟大的中国远征队却无以为继。1433年的大撤退之所以那么富有戏剧性，正是由于中国在海上的扩展是那么举世瞩目。这些大规模冒险事业中最卓越的几次活动是由郑和策划和指挥的，这位英雄的名字成为中国航海力量的代名词，但郑和的船队和欧洲舰队的目的完全不一样：

> 他的规模巨大、耗资甚多的远航，目的不在于收集财宝、进行贸易、强迫改宗、征服领土或收集科学情报。在近代史中，几乎没有一次航行有任何其他目的。然而随着远航的进程，航行本身成为一种制度，旨在宣扬新兴明王朝的国威，以礼仪和非暴力的说服方法能使中国敛取远方国家的贡品，中国不会在朝贡国家建立永久基地，而是希望"普天之下"都成为对中国这个独一无二的文化中心心悦诚服。[8]

郑和船队的船队自然也绘制了《针路图》和其他航海图像，如《武备志》中记载郑和船队《过洋牵星图》(图1)，在三十年左右的时间里，船队远航至阿拉伯半岛和东非肯尼亚，然而在此之后，中国就消失在世界航海舞台。这至少可以证明一点：中国并不缺乏远洋航海的技术实力，例如《过洋牵星图》记载了从霍尔木兹海峡到卡利库特（印度南部）的路线上的指引星信息。而具有决定性影响力的则是国内的因素，就在郑和最后一次下西洋后的84年后，葡萄牙人的商船在1515年到达了中国东南沿海。16—17世纪，是明朝结束和西方进入东亚和中国沿海的时期，其间发生的重大的事件就是明嘉靖三十二年（1553）葡萄牙人取得澳门居住权，以及明天启四年（1624）荷兰占据台湾，总计达38年，这是亚洲和中国沿海地区发生重要变化的标志。

为什么中国在应对来自西方的海上贸易和威胁时，往往不能够像对待来自大陆（如北方游牧民族）的冲突时显得游刃有余？其中的原因是复杂的，主要是明代的中国仍然是一个农业帝国，但是欧洲社会却已发生很大变化，在政治上逐渐转变为由一个或几个强国支配的地位，欧洲的迅速变化使得中国的帝国制度显得相对停滞不变。这个农业帝国统治着比以往更多的人口和更大的疆域，它并非许多大体相似的政治单位中之一，也不必像一个欧洲国家那样要大力向外扩张和与他国竞争抗衡，中国的国内秩序依赖有效的社会控制——这种认识，是中国政治古训和之后历代政治实践的一大特色。对中国的主要威胁不是外力入侵，而是内部瓦解。因此，维持与重建国内秩序，既是国家的主要考虑，又是其行政力量投入最多的方面。[9]明清时期的中国并非完全忽略水系的重要性，但这个水系的优先权是内河而非沿海：

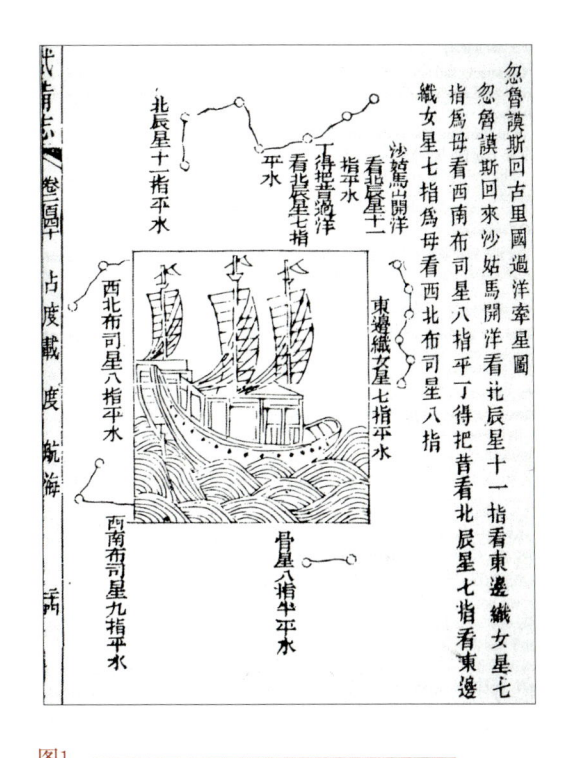

图1

茅元仪《过洋牵星图》，取自《武备志》，1621年

政府长期维持着大运河这个水运系统，将富饶的长江流域与位于北方的首

都北京连为一体。在18世纪，这个国家投巨资于长江沿岸的水土保持以维持大运河，建立边疆开发所需的基础设施，并且继续经营一个拥有数百万吨粮食的民间仓储系统。中国国家也完成了那些即使在欧洲也是很重要的工作，例如维持一支规模可观的军队和一个复杂的文官机构，更无须指出供养皇室和支持费用浩大的朝廷礼仪。即使是主要依靠税率颇低的农业税收，18世纪的中国国家还能享有财政结余。[10]

当欧洲人踏足中国，中国人与欧洲人开始接触时，所参照的是它过去与异族（主要是北方的游牧民族）打交道的办法。例如，允许外国人居住在中国境内某些特定地点，让他们自己管理自己的事情，享有治外法权，这些在清代国家处理与北方游牧民族的关系时，都是可以接受的。通过任命外国人为海关官员来调整对外贸易，对于清代国家来说也是可行的，因为这意味着中国人有一个与外国人打交道的中间人。[11]葡萄牙与澳门以及荷兰与台湾的例子就是如此，但是我们也看到，在明清时期的政府公文、奏折和廷寄之中，发现了为数众多的记载，是有关海防公务、夷人来华、贸易和战事的翔实档案。且不论海防军事的科技水平，单论政府对沿海海防的关注与严格的规章要求并不疏忽，这与晚清时期多次海战的失败和国家的巨额赔款形成一个令人困惑的对比。1759年，英国作家塞缪尔·约翰逊（Samuel Johnson，1709—1784）在他的小说《拉塞勒斯》中提出了一个有趣的疑问："欧洲人为什么变得如此强大？或者说，为什么他们能轻易踏上亚洲和非洲的土地，无论是开展贸易还是进行掠夺，为什么亚洲人和非洲人未能踏上欧洲的海岸线，在欧洲人的港口建立殖民地，并在殖民地制定法律呢？要知道，把他们带回去的那阵风同样也能把我们带到那里。"[12]塞缪尔·约翰逊发出感慨之时，正是中国的乾隆二十四年（1759），即清廷平定准噶尔汗国以及清朝疆域达到极盛的时期。

这些失败不能简单地归结为朝廷的腐朽无能，实际上清廷对待外夷有着复杂态度，如推动了洋务运动和"师夷长技以制夷"的理念，近代中国首次以国家规模学习西方工业，引进了大量西方科技及各类西方著作文献，培养留学童生和打开西学之门等，都被视为振兴之举。但就国家的海防与沿海区域而言，明代以来的中国与当时欧洲的发展存在诸多的差异。

与此同时，还要看到古代舆图与国家、政府的密切关系，实际上在中国古代，地图在政府的行政管理中就起到重要作用。中国舆图史中，关于国家制图至少在《周礼》中就有明确的记述：

《周礼·天官》："司书掌邦之六典……邦中之版，土地之图。"

《周礼·地官》："大司徒之职，掌建邦之土地之图，与其人民之数"；"遂人掌邦之野，以土地之图经田野，造县鄙形体之法"；"土训掌道地图，以诏地事，道地慝以辨地物，而原其生以诏地求"。

《周礼·夏官》："司险掌九州之图，以周知其山林川泽之阻，而达其道路。"[13]

自汉代以来，地图在国家中还具有礼仪的性质。班固《东都赋》云"天子受四海之图籍"，《史记·三王世家》载"臣请令史官择吉日，具礼仪，上御史，奏舆地图"，《后汉书·光武帝纪》也说"大司空融……奏议曰：臣请大司空上舆地图，太常择吉日，具礼仪"。[14]由于很多舆图已失传佚亡，东汉（25—220）至宋初（10世纪末）之间，几乎完全没有地图遗留下来。这使得那一时期的地图面貌成为不解之谜。我们只能从文字记载中了解当时的地图如何给国家带来影响，例如人们所熟悉的典故：苏秦曾向赵王游说，提及"臣窃以天下之地图案之，诸侯之地五倍于秦"。这表明当时已经有一种七国总图，标明各国的疆界，且苏秦等人有机会看到。又如战国时期脍炙人口的故事，荆轲利用献"督亢地图于秦"刺秦王。督亢乃燕国地名，表明献图具有献地的意义，显示出当时地图极少，具有代表领土主权的作用。[15]这个中国历史中的经典个案以两国之争为背景，用土地肥沃的督亢之地图来诱使秦王亲自召荆轲来观图，可见地图在国家管理者心中之重。

及至明清两代，有关地图学的原始资料比它们以前各朝代的总和还要多：除了宫中档案和大约一万种方志中数以千计的地图，尚有各种奏折和其他档案。[16]中国舆图的图像资料自明代开始丰富起来，绘制舆图数量也大大增加，这当中有其历史原因。清人蔡方炳在《广治平略》中说道："海之有防，历代不见于典册，有之自明代始，而海之严于防自明之嘉靖始，盖周汉之际于海收鱼盐之饶，晋唐以降于海通番舶之利，迨元初范文虎之师败于日本狡焉，启疆于斯肇焉。至于明或柔以致之，或戎以拒之，不致大衅。"[17]将晚明舆图作为考察的主要对象，不仅因为此时欧洲制图术和地图的传入，明代地图保存较多也是个基本条件。有明一代，地图首先需要体现出国家意志和对社会的掌控，其广泛应用在各种方志与地籍中，明代地图制作的繁荣更加集中地体现出当时的国家意志。政府收集地理信息，除了行政和防卫目的，还有另外一个理由，就是将天和地联系起来，像这样的地理信息也可以用于地图编绘。古代地理学被视为历史学的一部分，中国的正史中都包括天文志和地理志。[18]重要的是，绝大多数的中国古地图都是由政府绘制[19]，也就是官绘。由于涉及军事、国防等因素，普通民众无法参与地图的制作活动，甚至无法看到这些地图，更不会像17世纪的荷兰一样拥有私营制图公司，所以对地图的了解和掌握限于一定的社会阶层。这从一个侧面可以解释，为何耶稣会士的欧洲版《世界地图》引起晚明时期高级官吏和士大夫们的关注。不过虽在社会上层引起轰动，但这些地图的影响与流传范围却很有限。明代开国之初，朱元璋从长期战争经验中深感地图的重要性，他极重视地图资料。洪武元年（1368），大将军徐达入元大都北平，收图籍致之南京。同年十一月四日，朱元璋令建大本营，取古今图籍藏于其中。[20]洪武六年（1373）夏四月己丑：

> 命天下州郡绘《山川险易图》以进。上以天下既平，薄海内外，幅员方数万里，欲观其山川、形势、关徼、厄塞及州县道里远近、土物所产，遂命各行省每于闰年，绘图以献。[21]

明朝政府对地图提出具体的要求，每于闰年，便按此法行之。例如洪武十六年（1383）秋七月丁未，"诏天下都司，凡所属卫所城池及境内道里远近、山川险易、关津亭堠、舟车漕运、仓库邮传、土地所产，悉绘图以献"[22]。地图不只是朝廷技术官吏所需之物，观看地图亦为皇帝的日常生活。《明实录》载："上览舆地图，侍臣曰：'国家舆图之广，诚古所未有也。'上曰：'地广则教化难周。'"[23]地图在明代被赋予重要的作用，政府内务以及外交都需要大量的地图绘制，其门类十分广泛：军事防卫图、鱼鳞图册、江河图、航海图、皇城建设图等。

整体来看，中国古代舆图的图像传统很少发生大的变化，即使是耶稣会士来华后，地图的呈现方式亦遵循中国人的读图习惯。在中国制图史中，测量科学变化不大，尤其是元明时期，可能还在重复一些唐宋时期的特点。[24]而从古希腊、古罗马时期至17世纪，欧洲地图之间的图像差异之大、表现之不同令人瞩目。以地图本身发展来看，科学测量技术的介入，或绘制准确性的不断提高是否是衡量地图进步的唯一标准尚不能妄下断言。毕竟，在人类历史中，不同地图体系或不同时期的地图都是理解地学进展的方式，更是人类观察世界的模式，在文明发展的过程中弥足珍贵，地图具有主观性的描绘特征。

对一个国家来说，地图所系甚重。国家正是通过描绘及控制某一地区而获得合法性，例如边界地图可以用以标示统治范围。[25]在18—19世纪欧洲人绘制亚洲的海图上，往往会标记出中国和中国海的区域。在涉及国家疆域的地图或海图上，制图者会遵循当时的国际基本共识。欧洲制图学与中国舆图产生的背景、科学方法和艺术传统差异有目共睹，但在某些方面，诸如对地理区域的划分依然具有某种共性，这在20世纪之前的中外舆图之中屡见不鲜。欧洲的地图绘制模式与中国舆图之间存在明显差异，科学基础起到了重要作用。尽管没有比例尺、方位和等高线，正如在《古今图书集成·山川典》中表现出的那样，中国制图者可以画出相当写实的自然景观和地质地貌，这说明中国古代的制图者并不缺乏制图技巧，根本问题来自不同的文化传统。地图的绘制涉及将外在的详细状况变成内心的感觉，即一种"思维空间"（mindscape），所以地图不仅表示自然的外貌，也反映地图制作者的记忆和见解，因为它不仅是获得现实世界知识的一种手段，也是增强个人主观世界或情感经验的一种手段。[26]中国舆图尽管极少保留制图者的个人信息，但在十分多元的海（防）图所呈现的疆域中，依然可以感受到制图者的主观世界，这是一个十分有趣和更加深入的话题。

中国自明代出现的涉及海洋、江、河地图，无论是《郑和航海图》、方志地图，还是各江河湖海图与防卫图，都显示出国家意识的存在，地图的绘制极少出于纯粹的个人兴趣（也有少数例外，例如万历时肇庆知府王泮嗜好地图甚笃），况且绘制地图需要的观测与表现方面的知识也并非承传有序，以《郑和航海图》为例，图中描绘的疆域自然在明朝中国之外，但缺乏统一的缩尺，河道的广狭、海岸的长短以及岛屿的大小，也不容易彼此比较。由于这些特点，使得位于波斯湾口小小的忽鲁谟斯岛被夸大许多倍。[27] 观看这样的域外航海图，要做出合理的方位判断殊非易事。

　　这里需要强调的是，历史上中西地图形成的面貌与它们自身的文明系统和科学传统相联系。严格地讲，中国舆图似乎也没有忽略过图绘方式（从历代的传世地图中可以看到），由于要表现地理疆域、地形与地质的面貌，就自然和山水画结合在一起。科学模式的差异导致中国地图图像自汉至明代以来的表现模式十分稳定：地图是上层社会文化的常规组成，并非某种令人不知所措的新鲜玩意儿。[28] 晚明时期有相当多的官员对西方地学与地图兴趣甚笃，利玛窦通过《世界地图》所结识的高级官吏数目之多令人惊讶！明人对地图的研究兴趣，也是基于明代官方广泛使用地图的背景，例如地方志的刊印数量就很多，嘉靖到万历时期恰好是耶稣会士们陆续抵达中国之时，也许是一种巧合：此时志书中舆图比例明显增多。从地图的种类来看，明代地图有行政区域图、航海图、海防图、边防图、河防图、水利图、历史沿革图、城市图、商路图以及道士和堪舆家所绘的山水图和驻军图等。[29] 其中，水域地图的绘制是明代的一大特色。明代的中国是海权国家，与航海民族的接触不断增加，不但需要陆地测绘，也需要海图。[30] 自郑和下西洋开始，出现了海图、河防图、水域图、山水志图，种类繁多。明代对水利的重视使江河图的绘制变得十分重要，海图与江防图源于倭寇对明朝的骚扰。明代中后期，主要为防止倭寇入侵而更多地绘制海防图，如郑若曾辑《筹海图编》、茅元仪的《武备志·海防》等，来自海上的危险使此时的海防著作数量大增。

　　有明一代，方志的激增也表明地图的绘制、印制数量超过前朝，并且对方志具体的名目、制式有十分细致的区分：

洪武、永乐、正统、景泰间，朝廷遣使，文移天下修志，进文渊阁。永乐十年为修《一统志》，颁降《修志凡例十六则》。十六年（1418）诏纂修天下郡县志书……分建置、沿革、分野、疆域、城池、山川、坊郭、镇市、土产、贡赋、风俗、户口、学校、军卫、郡县、廨舍、寺观、祠庙、桥梁、古迹、宦迹、人物、仙释、杂志、诗文二十五类。[31]

在天一阁藏明代方志中，各地方志均有地图刻画，绘制风格不尽统一。据载，耶稣会士来华后，绘制《世界地图》，这份图曾分成小图刊版印行，送给一些官员，对于中国地方志中采用地图当有影响。[32]方志地图在利玛窦等人来华后是否出现什么变化，尚未见记载，因为晚明的制图者还不了解欧洲投影法，所以无法在地区的方志中实践，加之比例尺和测绘等因素实际上在许多方志地图中难以考量，因此它们作为地方志图的象征意义更多一些。明清时期，地方官员的一项职责就是编纂地方志，而地方志本身即是国家意志的彰显。

中国与欧洲在绘制海图方面存在的主要区别，即中国海图主要是为有限的本土防卫所做，欧洲人的海图则是为航海、开辟新航线、远洋贸易和殖民的实际需求而来，在准确性、实用性和即时性方面是同时期的中国海图所不具备的。有一个重要的历史节点往往被忽略，那就是当郑和的庞大舰队踌躇满志地下西洋之时，葡萄牙的亨利王子在葡萄牙的萨格里什建立了全世界首个航海学校，此外还有天文台、图书馆、港口和船厂，为葡萄牙日后成为海上霸主奠定了基石，这一举措成为日后欧洲航海国建立自身航海系统的标准模板，17世纪的荷兰和19世纪的英国都是突出的案例。葡萄牙的国立航海学校系统地研究航海科学和地图绘制学，亨利王子也成为开启欧洲航海大发现时代的核心人物：

他知道，若要探索未知世界，必须把已知世界的边界明确地标示出来。当然，这就得抛弃基督教地理学家所绘制的低劣摹仿品，代之以制作严谨的一幅幅地图。这就需要有一种逐步积累的方法。亨利王子根据沿海航行的指南图，积累了许多海员传下来的点点滴滴经验，用以填补未知的海岸。地图绘制者亚伯拉罕·克雷斯克斯之子杰胡达·克雷斯克斯被亨利王子聘到萨格里什主持工作。亨利王子先是鼓励，后是要求他的海员们保持准确的航海日记与航海图，并为他们的后继者记下他们在海岸上见到的任何事物。[33]

系统地研究地图制图学和广泛收集航海地理资料是大航海的重要基础。萨格里什的航海学校，使绘制地图变成一门由知识和实践经验积累起来的科学，亨利王子没有像郑和一样七下西洋，但是葡萄牙在航海时代初期的航海测绘学科奠基、数据信息收集、科学仪器的发明和采用方面已经和明代的中国拉开差距。这种差距的不断加大，直接导致了不到一百年后葡萄牙人成功到达澳门，甚至从广义的角度来说，也是从晚明到清末中国在海上争端中不断失败的根源之一，因为海上航行收集详尽资料的活动从郑和之后就没有了，海禁政策也极大地限制了中国人远行海上，除了在中国沿海一带设置的卫所外，人们对于远洋一无所知。信息与情报是航海学校收集的主要方面：海员、旅行家和学者们从四面八方来到萨格里什，贡献出各自所见所闻的片断事实。除了犹太人外，到萨格里什来的，还有穆斯林和阿拉伯人、来自热那亚和威尼斯的意大利人、德国人和斯堪的纳维亚人，而且随着探险事业的发展，非洲西海岸的部落民族也来了。同时，萨格里什也有一些大旅行家笔记手抄本，这些都是亨利王子的兄弟佩德罗于1419—1428年间访问欧洲各国宫廷时搜集来的。佩德罗在威尼斯获得了一册《马可·波罗游记》，附有一幅地图，"其中有书中述及的世界各地，因此亨利王子大受鼓舞"。此外，世界各地的人会聚在萨格里什，有助于制造出四分仪、新的数学图表以及其他新型仪器，这些都成为亨利王子探索新世界的必要装备。[34]地图收藏也预示某种全球性视野，一部艺术品也是一部科学著作的地图集，可以说是反映亨利王子意图最具说服力的佳作。地图画在很薄的羊皮纸上，羊皮纸又贴在七块标有各种颜色的长木板上，地图标出了那个时代人们已知的陆地，可以说是一个世界万花筒，其中有关中国较为细致的图绘和介绍：

在印度斯坦半岛的西海岸，记载着两个关于中国式帆船的传说和关于靠近西海岸有大量鱼群的传说……

第一章　西方海图与明清时的中国沿海

在中国沿海，从海南城以北，有广州城、泉州城，再深入有汗八里克，或称作北京城。

在海南的对面："印度洋上分布着诸多岛屿，那里出产香料，各国的大型船只也在这个海域航行。"

最后，整个中国海大小岛屿星罗棋布，下面的传说是用来介绍广州和泉州城以南的各岛。[35]

在一幅绘于1439年的地图上，我们可以看到欧洲人在测绘和地理方面的认识上的领先。这幅由加布里埃尔·瓦莱斯卡（Gabriel de Vallseca）绘制的地图（图2）显示出以地中海区域为中心，包含欧洲和北非的广阔领域。可以清晰地辨认出意大

图2

加布里埃尔·瓦莱斯卡《地中海与欧洲地图》，1439年

利和地中海沿岸的国家，图中密集的直线表示的可能是航线。欧洲人不仅对欧洲地域的地理航线有所了解，海外航线也几乎遍及美洲、非洲和亚洲。葡萄牙人早在16世纪初就已到达中国，葡萄牙史专家巴罗斯认为：满刺加（今马来西亚马六甲）新任总督约格·德·奥尔伯克基（Jorge de albuquerque）于明正德九年（1514）遣约格·阿尔瓦雷斯（Jorge Álvares）东来，至广州之屯门岛（Tunmen），并在此建立石碑，以为发现之纪念。还有一种说法是明正德八年（1513），葡萄牙殖民者阿尔瓦雷斯率一支葡萄牙船队到达珠江口沿岸，要求登陆进行贸易，但未获明政府批准，后在水面上与中国商人交易。迪奥戈-洛普·德·塞凯拉（Diogo-Lopes de Sequiera）同年再次率领葡萄牙海盗商船直接侵占"屯门海澳"，并在此修筑工事、设刑场、制火器，刻石立碑以示占领。又谓1515年，供职于葡萄牙舰队之意大利人拉法埃尔·佩莱斯泰罗乘满刺加（马来半岛南部，被葡萄牙侵占后，改称马六甲）商船驶向中国，1516年8月或9月间，返回满刺加。1517年以前，尚有葡萄牙人两次来华，特以未经与官府发生正式接触，故未载入史籍。[36] 而就在四年之后，爆发了中国历史上首次在中国领海与西方国家的一次海战，也是最早来到中国的航海强国葡萄牙。1521年（明正德十六年）8月下旬（此时嘉靖皇帝已继位），时年56岁的广东海道副使汪鋐奉命驱逐佛郎机（葡萄牙）人。此时葡萄牙人由佩德罗·阿尔瓦雷斯（Pedro Álvares）率领，已占据屯门岛附近若干年，不久前又新加入了迪奥哥·卡尔佛（Diogo Calvo）的一艘大海船。海道副使汪鋐已料到葡萄牙人不肯轻易离开，因此先加强了军事力量，由于汪鋐已学习西人火炮之法，致使屯门海战取得成功：

> 有东莞县白沙巡检何儒，前因委抽分，曾到佛郎机船，见有中国人杨三、戴明等，年久住在彼国，备知造船、铸铳及制火药之法。鋐令何儒密遣人到彼，以卖酒米为由，潜与杨三等通话，谕令向化，重加赏赉，彼遂乐从。约定其夜何儒密驾小船，接引到岸。研审是实，遂令如式制造。鋐举兵驱逐，亦用此铳取捷，夺获伊铳大小二十余管。……奏称：佛郎机凶狠无状，惟恃此铳与此船耳。铳之猛烈，自古兵器未有出其右者，用之御房守城，最为便利。请颁其式于各边，制造御房。上从之。至今，边上颇赖其用。[37]

屯门海战结束后，明政府下令水师见到悬挂葡萄牙旗帜的船只就将其击毁，又在新会县茜草湾发生茜草湾之役，葡萄牙人再尝败绩。关于中国海岸冲突的时间，似乎要早于此前葡萄牙人派遣使者到达中国之时。一开始是零星的骚扰与明军的反击，明孝宗弘治六年（1493），一批番夷侵扰东莞守御千所的领地（今深圳及香港沿海），东莞守御千户所千户袁光率兵围剿，在岑子澳与番夷遭遇，战斗时中弹身亡。当时并不清楚这些人的国籍，从当时的背景来看，他们很可能是葡萄牙人。在这之后，中国沿海及船只受到的侵扰越来越多。此外，明武宗正德三年（1508），葡萄牙的迪奥戈-洛普·德·塞凯拉从里斯本驶向东方，他的任务之一就是奉葡萄牙国王曼努埃尔一世的敕令收集中国的情报，但行至满剌加，遭到当地居民的痛击而逃。1511年8月24日，葡萄牙人阿方索·德·阿布奎在遭到激烈抵抗后侵占了满剌加，满剌加变成了葡萄牙人的中转站。欧洲舰队的军事弹压与戍守沿海中国军队的反击的模式从15世纪末一直延续到了19世纪，基本模式都很类似。

葡萄牙舰队能够行至中国，肯定是在他们的海图指引下完成的，但是这些海图今天已难以寻觅。这是因为航海地图曾经是高度机密，被加以严格的保护。1504年，葡萄牙国王曼努埃尔一世推行"胡椒垄断"计划时，下令将所有航海资料保密。"要想得到一张航海图是不可能的，"一名意大利特工人员在卡布拉尔由印度返回后抱怨说，"因为国王敕令，任何把航海图送往国外的人应处以极刑。"西班牙人也试图实施同样的保密政策，把官方的航海图藏在用两把锁和两把钥匙才能开的匣子里，一把钥匙由首席领航员保管（首任首席领航员为亚美利哥·维斯普奇），另一把由宇宙志负责人保管。政府怕官方地图会被故意毁坏，也怕不能将最新的可靠资料绘入地图，因而在1508年编制了一部权威性的地图集《钦定真本》，由最能干的领航员组成一个委员会监制。可是防备工作还是做得不够。出生在威尼斯的塞巴斯蒂安·卡伯特（Sebastian Cabot，约1476—约1557）在当查理五世的领航长时，企图把"海峡的秘密"出售给威尼斯和英国。[38]在未知的海洋航行会面对诸多困难，亚洲航线的开辟对提升贸易利润具有巨大影响，及至15世纪中叶，这些航海图绘制者成为欧洲唯一活跃的职业绘图者。他们的航海图往往一模一样，尽管每幅地图都是由几名专门的手工艺人用手工绘制的。但保密和垄断产生了以次充好、剽窃原始图表进行赝品交易的黑市。随着亚洲和西印度群岛的海上贸易竞争日烈，又出现了对零星地理资料的征购，以发现秘密的汲水地点、良好的港口和较短的航路等线索。此外，私营贸易公司自己编制了"秘密"地图册。以荷兰东印度公司为例，该公司雇用荷兰的最佳绘图师编辑了大约180幅供公司专用的地图、海图和风景图片，标明绕过非洲至印度、中国和日本的最佳航线。[39] 海图意味着通向财富的"黄金图示"，掌握海图也就获得了迅速积累财富的机遇，这些绘制精美的航海图像具有打开新世界的秘密力量。

在一幅西班牙人科罗奈尔（Hernando de los Ríos Coronel，1559—1621）于1597年（万历二十五年）绘制的《中国沿海及菲律宾图》（图3）中，已经看到（相对准确的）包括中国的亚洲局部海域已在欧洲人的地图中呈现出来。然而在明代中国的地图上，基本还是以大陆本体为主，其中的原因很明显，长期的海禁政策使海上的规模化航行基本停滞，中国制图师也无法绘制外海地图。然而海禁政策虽然可以禁止自己人下海，却无法阻止域外舰船，例如海盗经由海路到达中国沿海各地，嘉靖时期的倭寇侵扰中国沿海境况的加剧，对明代社会产生了重要的影响。如嘉靖三十三年（1554）三月，海盗汪直勾结倭寇大举入犯：

> 连舰百余艘，蔽海而致。南自台、宁、嘉、湖以及苏、松，至于淮北，滨海数千里同时告警。上海及南汇、吴淞、乍浦、蓁屿诸所皆陷，苏、松、宁、绍诸卫所州县被焚掠者二十余。[40]

从明太祖洪武年间开始，日本倭寇即不断寇边，明朝即执行海禁政策，禁止民间对海外通商，但是官方的朝贡贸易（也叫勘合贸易）依旧合法。倭寇扰华及亚洲地区时间长达近三个世纪，中国沿海除华北和东北沿海程度稍轻，华东华南沿海均长期受到骚扰，而明政府也不得不多次组织和调集军队来抵抗，其间还多次发生过抗倭主帅因各种原因被换甚至下狱，例如嘉靖时期的浙江巡抚朱纨和兵部尚书张经。所以难以形成一个长期系统的沿海防御体系与对策，在戚继光平定广东和福建倭患之后，沿海的防卫实际上依然没有形成。然而此时在中国之外，欧洲的航海强

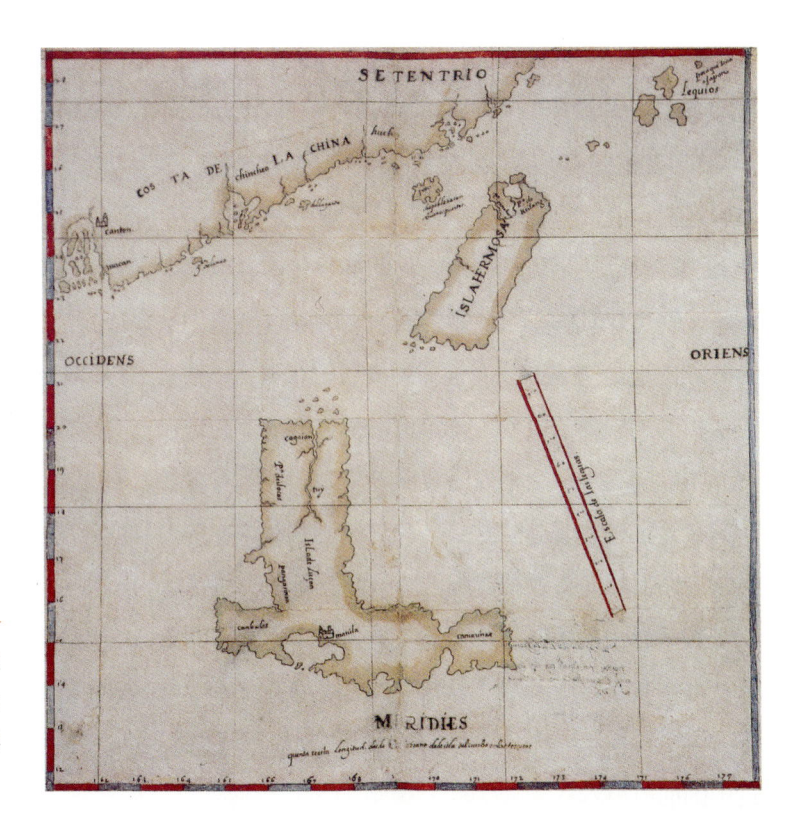

第一章 西方海图与明清时的中国沿海

图3
赫尔南多·罗斯·里奥斯·科罗奈尔《中国沿海及菲律宾图》，1597年

国在不断地集聚实力，对待海洋的态度不仅基于科学技术的发展，全球贸易是一个重要的因素，来自东方的货物越来越受到欧洲的青睐：

> 十五世纪时，胡椒、肉豆蔻、肉桂、丁香、姜、肉豆蔻干皮、樟脑和龙涎香开始一点一点从东方流入欧洲，这些昂贵但受到追捧的调味料让基督教宫廷开始学习模仿阿拉伯的异域料理，还可以治疗一系列真实与想象的疾病，并且是一些香水和化妆品的基本原料。直到十五世纪末，著名的"通往东方的门户"威尼斯都一直控制着整个欧洲的香料进口。从东南亚收割的香料先是卖给印度商人，商人们将香料运回印度次大陆，然后卖给穆斯林商人，后者将它们通过红海运到开罗和亚历山大港。威尼斯人从那里买来香料，运回自己的城市，然后卖给整个欧洲的商人。[41]

| 权力的图像

　　明代时，中国拥有独一无二的瓷器、生丝和茶叶出口，但是这些物资并没有以明政府自己的商船载往西方。令人不解的是，明代在15世纪时期的舰船规模并不小。据记载，1420年明朝的海军拥有1350艘战船，其中包括400个大型浮动堡垒和250艘设计用于远洋航行的船舶，这样一支力量还不包括许多私人经营的船舶，这些私人经营的船只那时已经在与朝鲜、日本、东南亚，甚至东非进行贸易，并为中国带来属于政府的收入，因为国家试图对这种海上贸易征收捐税。然而，郑和下西洋时期的航海实力并没有被保留下去，尤其是大型海船的制造是由朝廷下旨禁止：再以后的一项专门敕令，竟禁止保存两桅以上的船舶。此后船队船员受雇于大运河的小船。郑和时期的大战船被搁置朽烂。尽管有种种机会响应海外召唤，但中国还是决定转过身去背对世界。[42] 在讨论明初时期中国已经显露的航海潜力时，学界都对它突然戛然而止感到费解，而时间就是在有可能成为航海强国的前夕。

　　航海的重要基础之一就是海图测绘与制图术的全面提升，正如葡萄牙的萨格里什航海学校一样。郑和下西洋时采用的《海道针经》（指南针导航）结合过洋牵星术（天文导航），被认为是当时最先进的航海导航技术。在1645年就有西方人评价过中国的航海术：

　　　　爪哇人极富航海经验，并自称其航海历史最为悠久，不过很多人则把这一殊荣给予了中国人，并且认为爪哇人的航海技艺实际上源自中国。[43]

　　对于明政府为何放弃已经取得的航海优势，以至于完全改写了中国的航海面貌，学界提供了几种可能的解释，而这些已知的答案也几乎就是中国制图术受到局限（也是传统中国制图模式非常稳定）的原因。首先是明政府面对的国家安全问题：帝国北部边疆再次遭受蒙古人的威胁，把军事资源集中到这个比较脆弱的地区或许是谨慎的。在这种情况下，一支强大的海军是一种耗资巨大的奢侈，无论如何，中国尝试过南下向安南（越南）的扩张被证明是徒劳的，而且代价很高。但当后来收缩海军的弊端已经显露出来以后，看来仍未重新考虑过这个颇为有理的论据。在大约一个世纪的时间内，中国沿海，甚至长江沿岸的城市不断遭到日本海盗的袭击，但没有认真重建帝国海军。甚至葡萄牙船队在中国沿海的反复出没也未能使当局重新估计局势。达官贵人们推理说，陆上防御就够了，因为不管怎么说，中国臣民所进行的一切海上贸易不是都没有被禁止吗？其次是源于官僚体系的影响：

> 除去所涉及的耗费和其他起抑制作用的因素外，中国倒退的关键因素纯粹是信奉孔子学说的官吏们的保守性，这一保守性在明朝时期因对蒙古人早先强加给他们的变化不满而加强了。在这种复辟气氛下，所有重要官吏都关心维护和恢复过去，而不是创造基于海外扩张和贸易之更光辉的未来。根据孔子学说的行为准则，战争是一种可悲的活动，而军队只有在担心发生蛮族入侵或内乱时才有必要。达官贵人对军队（和海军）的厌恶伴随着对商人的疑虑。[44]

这些原因解释了为什么海上航行、沿海防卫甚至水师未能够在郑和之后出现在明代中国社会。政府的部分职能，例如对于沿海省份的地图绘制和信息收集，逐渐为来自非官方的民间士人关注，有一部分原因可能是源于朝廷的需要，例如《筹海图编》的作者郑若曾，但多数还是出自个人对制图和地图的兴趣，其中一个突出的例子就是万历时期任肇庆知府的王泮。明代政府之中负有管理测绘之责的部门是钦天监和兵部职方司，不过六部之中也有涉及制图的一些内容，例如吏部在给官员封授土地时，对报封田土进行实地丈测等工作；礼部则会根据重大礼仪活动需要进行测量和使用地图。从弘治至明末，钦天监也由礼部归口管理。钦天监要进行重大测绘事项，必须经过礼部上奏皇帝批准。明代政府的制图活动与同时期欧洲的制图比较而言，主要并不来自技术团体或航海的需求，而是自上而下的管理模式：

> 明代的测绘管理和其他政务一样是在皇帝直接控制下多渠道进行的。除少量有关测绘管理的典章制度外，对测绘的管理大多体现在皇帝的诏令和经其批准的一些奏章之中。[45]

在明代地图总图中，均以大陆为主题部分。被认为明初所绘的《大明混一图》

（图4）是东亚现存较早的地图之一，尽管确切的绘制日期仍只能推测。它描绘了欧亚大陆，把中国放在中心，向北延伸到蒙古，向南延伸到爪哇，向东延伸到日本中部，向西延伸到欧洲（包括作为一个岛屿的东非海岸）。关于这幅图的绘制背景，日本学者做了猜测：

> 虽然明朝第一任皇帝洪武帝于1368年将蒙古人元朝赶出中国，但蒙古人仍保持着对新王朝构成真正威胁的军事力量。1388年，北元后主脱古思帖木儿被杀，北元灭亡，形势发生了变化，明朝可能通过绘制新地图来庆祝这一历史事件。[46]

这幅明代初期（因为地图上反映的正是洪武二十二年的政区）的地图在中国沿海区域的绘制方面令人印象很深。因为它完整地绘出了中国长达一万八千余公里的海岸线地形，从辽东半岛开始，渤海湾、山东半岛、东海、黄海、海南岛和南海部分的相对准确度都很高，明人是采用何种测绘手段能够进行这样的测绘？其中的答案今天难以知晓，这幅图就和1136年绘制的《禹迹图》一样难以理解。被称为欧洲佛兰芒地图学派所绘制的第一幅《中国地图》（图5）是地图大师奥特利乌斯的佳作，这幅绘制时间比《大明混一图》晚近两百年的中国地图看上去比较奇怪，无论是中国的形状、沿海边界都无法和《大明混一图》相比。素以科学制图闻名的欧洲制图术为什么在这幅地图中失去水准？答案其实很简单，因为欧洲制图师此时还未到达中国，他们的中国图形是来自各种描述而非实测。

对东方的关注不仅是中世纪学者的理想。在地理大发现后，全球贸易迫切需要开辟驶往亚洲的新航线。在16—18世纪，欧洲大规模绘制了包括亚洲在内的世界地图，在这个时期地图中的亚洲国家图像，由于绘制时期不同，无论是疆域形状，还是管辖范围与演变都存在很多差异。这些地图曲折地反映出有关中国与周边国家之间的微妙互动接触，甚至是冲突。明清政府对中国疆域所属地域、海域和藩属国之间所采取了既统一又有区别的政策，晚明时期中西交流活动开始之后，欧洲人对中国的认识在17世纪进入了一个新的阶段。如果将耶稣会士入华前后的欧洲绘制中国地图做一比较的话，就会发现在欧洲人视野里中国国家图像出现的变化。地图绘制

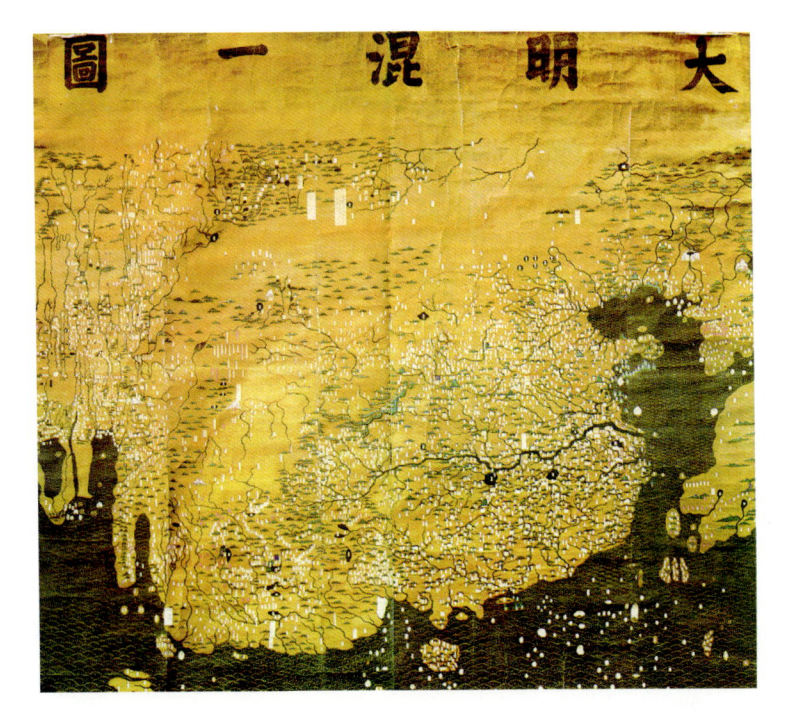

第一章 西方海图与明清时的中国沿海

图4
佚名《大明混一图》，456×386cm，1389年，中国第一历史档案馆藏

图5
亚伯拉罕·奥特利乌斯《中国地图》，1587年

23

受到的影响实际上来自多方面，政治、经济贸易、外交政策、军事活动甚至制图者本身都是左右地图面貌的关键因素，历史中地图的图像从来就未曾真正"客观"过。一个广为人知的故事，就是利玛窦为了使亚伯拉罕·奥特利乌斯系列版本《世界地图》能够为明人，尤其是那些精英知识分子和高级官吏所接受和认知，除了把中国的位置尽可能放在《世界地图》画面中央之外，还特意对中国的位置和地图设计做了改动：

> 他来华后所作舆图，可以被看作是佛兰芒地图与中国舆图的折中之作，并且有选择性地针对欧洲地图做了调整，以适应明人尤其是社会上层知识阶层的欣赏需要：利玛窦似乎觉察到传统中国地图的特点是有文字注释，加上新的文字注释，这样做更能显出中国地图的特征。对利玛窦地图的中国受众而言，欧洲科学地图的椭圆投影法、正（横）轴方位投影法、经纬度和气候带等标注变得不那么重要了。[47]

人为改变地图的结果就是地图面貌发生变化。观察晚明以来的欧绘亚洲地图，围绕各国海岸线、内陆、岛屿与行政区域的绘制出现了非常复杂但也是具有历史意义的图示。直到16世纪，西方世界对中国的认识还仅仅局限于托勒密时代的地理学说，而在马可·波罗（Marco Polo，1254—1324）之前，西方对中国内部的状况几乎是一无所知。13世纪末至14世纪最初的十年间，相继来到中国的方济各会传教士补充了马可·波罗关于中国的描述。在耶稣会士未将中国地图的详细情况传入欧洲前，欧洲对中国的认识时常出错，这就是像奥特利乌斯这样伟大的制图家为何无法绘出相对准确中国地形的原因，也是欧洲制图师尚未来过中国的佐证。在出版于1587年的《中国地图》中，有关中国的描绘使人感到很奇怪。但这幅著名样本，却成为当时欧洲竞相效仿的标准版中国及亚洲地图，如1596年法国人约翰尼斯·梅特鲁斯（Johannes Metellus，约1517—1597）根据奥特利乌斯《中国地图》重绘了《中华帝国图》（图6）。这些地图存在共同的"变形"，是绘图者当时对中国疆域认识程度有限所致，因为他们都没有真正去过中国：

图6

约翰尼斯·梅特鲁斯《中华帝国图》，1596年，台北故宫博物院藏

图中中国的外形与实际差异颇大，沿海有两个较大的三角形河口湾，似乎是指长江口和珠江口。但辽东、山东及雷州半岛均未绘出，渤海亦无标示，内陆河流和湖泊大多相互连接，好像是随兴所画。宁波（C. de Linmpo）以南的海岸线与实际差别很大，应是当时西方人对中国内陆的认识不足所致。沿海包括南方的 Quantao（可能是广东）、Quancy（可能是广西）、Malaca（马六甲，即马来半岛）、Siamo（暹罗）、Chiampa（占城），北方的 Tenchco（可能是登州）、Cinchco（可能是青州）。岛屿部分则有 Borneo（婆罗洲）、Las Philippinas（菲律宾）及菲律宾右方的 Lequcio Parua（小琉球）、Formosa（中国台湾）、Ia Pan（日本），其正确性相对较内陆高出许多，足见当时欧洲人对沿海比内陆了解得多。地图符号有山脉、湖泊、河流及城市四种，关于中国的地名有六十多个。[48]

类似的地图数量很多，在17世纪之前，对中国沿海岛屿绘制往往不够准确。在亚洲地图的绘制中，由于制图师无法亲自观测制图，而是听闻游记、文字描述或是根据仅有的（同时）也是绘制不准的地图再次摹绘，所以几个世纪以来的中国及亚洲地图往往错讹甚多，前述奥特利乌斯与梅特鲁斯所绘地图都是如此。

在亚洲地图的绘制中，国家与海域成为欧洲制图界所关注的重点。有关中国、朝鲜、日本及南亚诸国都出现在亚洲地图中，甚至一些较小的岛屿也在地图中画出来，例如琉球。在很多小比例尺、大绘制范围的地图上，都可以看到琉球岛的标记，一般而言比例尺越小，地图上所表示的范围越大，反映的内容越简略，精确度越低。在包括亚洲全境、大洋洲甚至是一部分欧洲的小比例尺地图上，中国东、南海域的岛屿均绘出图形与文字标记的出现值得深思，例如16—17世纪早期，1588年出版德文本的《新亚洲描述》（*Asia Nova Descriptio*，台北故宫博物院藏）、1600年科隆出版的《东印度地图》（*India Orientalis*，台北故宫博物院藏）、1607年荷兰制图大师约道库斯·洪迪乌斯（Jodocus Hondius，1563—1611）所作《亚洲地图》，再到19世纪（1856）法国制图师维克多·莱维塞尔（Victor Levasseur）绘制的《亚洲地图》（图55）等地图（海图）中，都十分详细地绘出了在明清时期的中国与其他国家之间海域及其岛屿、管理范围。这些海图为什么如此关注实际上在地图上非常小的岛屿？这与欧洲人对明清时期中国的了解以及当时政府的贸易、文化活动有关，以琉球为例：

> 十五至十九世纪，中国与琉球国以朝贡贸易的形式，维持稳定的经济与文化交流。清廷十分重视与琉球的关系，不仅准许琉球每两年一次前往福州进行朝贡贸易，更允许其子弟入国子监学习。在琉球与中国之间往来的贡船，是一福船系统的三桅帆船；窗海上航行风险甚大，贡船时有遭到风浪或海盗袭击而漂流至台湾，驻台地方官员则按照规定救援生还者，并从优抚恤死难者。[49]

不仅是琉球，欧洲绘中国海域岛屿还绘制了例如东沙岛等地标。东沙岛被菲利普·克鲁佛（Philipp Clüver，1580—1622）的《世界地理学概论》（*Introductio in Universam Geographiam*）中的地图收录，该书可能是1661年或1672年在阿姆斯特丹出版。地图内容较简略，仅表示了明代两京及十三布政使司。[50]但它的图名值得玩味：《中华帝国新图》（*Imperii Sinarum Nova Descriptio*，图7），是当时欧洲对

第一章 西方海图与明清时的中国沿海

图7
菲利普·克鲁佛《中华帝国新图》，17世纪，铜版纸印

明末清初中国行政疆域范围的确认。学者们认为此图是源自意大利耶稣会士卫匡国（Martino Martini，1614—1661）的《中国新地图集》（Novus Atlas Sinensis），由于卫匡国曾深入晚明中国多个省实地测绘，故而他绘图中的中国海岸线精度，远高于之前欧洲本土制图界对中国的臆测摹绘。查访卫匡国1655年及之后在欧洲出版的《中国新地图集》，在描绘明中国全貌的一页上果然也发现了东沙岛，在图中还可以明确找到海南岛、琉球、舟山群岛等岛屿，这证实了克鲁佛与卫匡国地图之间的联系。实际上在卫匡国绘制的地图于荷兰出版后，欧洲制图界对中国图像的描绘得到修正，他的地图集曾长期被欧洲的制图者作为范本。图中呈现的中国东南海域图像，也显示出明朝政府和之后的清政府与琉球有长达几百年藩属关系的史实。从制图的整个观察方式和手法来讲，卫匡国没有像利玛窦一样，将看图的受众设置为明人，采取拉丁文作为地名注释更证实了这一点。与利氏"合儒"的制图策略最大不同在于：明朝的灭亡已是既成事实，在卫匡国1653年回到阿姆斯特丹时，是清顺治十年，国家权力更迭和社会动荡使向中国文人精英阶层传教、传递科技思想的进程发生变化。[51] 卫匡国与其他传教士一样，对明朝的情感使他在明亡之后的地图绘制中，依

27

然采用旧式。

中国的海岸线长达一万八千余公里，明清政府在不同时期虽有海禁政策，但一个无法回避的现实，就是中国沿海与域外的交流或冲突却并没有因此而减少。且不说曾经长期困扰明朝政府的东南沿海的倭寇和荷兰殖民台湾，及至清代，中国与海外各国仍然维持一定程度的航海交往，尤其与东亚、东南亚的关系密切。中外商贸关系中比较特殊的是"朝贡贸易体制"，即中国以充沛的物产，诏谕吸引各国前来朝贡，以封贡维系着宗主与属国的关系；属国前来朝贡时，朝廷赏赐比贡物还要优厚许多的礼物，一方面允许携带货物前来贸易，同时豁免进出口的关税。清代的属国，北有朝鲜，东有琉球，南有安南和其他东南亚国家，而以朝鲜、琉球、安南最为常制。朝鲜、安南两国与朝廷接壤，因此来贡时多走陆路，唯有琉球远在东海外围，无论是册封还是朝贡，都要冒着海涛狂风之险。[52] 清朝政府与诸属国有着密切的联系，清圣祖在康熙二十二年（1683）平定台湾之后，对沿海事务投注了不少的心力。在《圣祖仁皇帝圣训》中，记载了康熙对于海洋事务的谕示，其中对于防御海盗和朝贡问题，多次提出主张：

> 例如康熙四十二年（1703）九月戊午："朕因欲明晰海道，令人坐商船前往，将地方所经之路，绘图以进，知之甚悉。"（卷五十四"弭盗"）康熙五十二年（1713）正月辛丑指示督抚："朕思海防之道，惟在陆路兵，守御严紧，乃为扼要……"在朝贡贸易方面，康熙二十四年（1685）四月戊申日，礼部议准福建总督王国安所奏：外国进贡船内货物一体纳税，圣祖谕示："外国私自贸易之船，或可税其货物，若进贡者亦概税之，殊乖大体，且非朕柔远之意。"[53]

明清之际中国与藩属国的往来密切，那些入华与入驻亚洲各国的耶稣会传教士或多或少有所了解。我们看到欧洲与东亚的贸易是一个重要原因：在荷兰人进入日本之前，葡萄牙人已捷足先登，自1545年在日本展开利润丰厚的丝绸贸易。葡萄牙人每年将丝绸自澳门运往长崎，换取大量白银，获利均在50%—70%之间。荷兰人到达日本后即发觉，若能直接从中国输出丝绸，利润自然会更高。葡萄牙人运至日本的中国丝绸占日本市场丝绸总量的一半，另一半来自东京和购自中国人。1636年葡萄牙人被逐出日本后，荷兰人终于摆脱了在日本市场的一大竞争对手，剩下的是难以对付的中国商人。荷兰人继续与日本的白银贸易，主要是用以促进他们在亚洲各地的贸易。荷兰东印度公司在亚洲各地的贸易与之息息相关。诸如日本白银需以中国丝绸换取，中国丝绸又需以印度尼西亚群岛的各种香料换得，同时荷兰人又需要中国的黄金和糖，来维持印度东海岸及科罗曼德尔海岸和波斯等地的织物贸易，其中日本是东印度各地盈利最丰的地区之一。因此，荷兰人极力招徕中国商人运输丝绸到台湾，从而可进行他们在日本的盈利贸易。[54]耶稣会对此亦十分重视，代表人物卫匡国在中国期间十分关注中国的经济与贸易问题，他的《中国新地图集》图文并茂，实际上也是一部地方志。卫匡国在地图记载中，花费不少笔墨论及桑蚕，《浙江省图》中绘出的漩涡花饰就是关于缫丝工艺的图像。由于浙江是他亲历之地，他很熟悉桑蚕丝绸方面的状况，甚至做了有关纳税经济的数据统计。他说："浙江省内随处可见桑林，和我们种葡萄的方法相似。蚕丝的质量主要取决于桑树的大小；桑树越小，用它的叶子喂养出来的蚕越能吐出质量上乘的蚕丝……来这里之前，我一直有个疑问，与中国丝绸相比，为什么欧洲的丝绸显得既厚又粗糙？现在我想，大概是欧洲人没有注意桑叶的问题。"卫匡国对丝绸的加工做过深入了解：

> 这里（浙江）的丝织品被认为是全中国最好的，但价格却相当低……在中国，丝绸的价格差异很大，主要取决于蚕丝的质量：用春天产的蚕丝制成的丝绸质量最好，价格也最贵；而夏天的则要差一些，尽管都产于同一年。[55]

菲利普·克鲁佛的《中华帝国新图》中有关中国的信息记录十分全面，这部地图扼要地标明了明政府一代两京及十三布政使司，即主要的行政管理区域，也细致地将台湾、东沙岛和琉球等岛屿一一绘出，乃是对中国海岸线，明代沿海行政区域以及属国经济带的（国际）制图通行共识。在这幅地图上，在东海的外围以及台湾以东的洋面上写着拉丁文 *Mare Eoum Sive Oceanvs Sinensis*，乃是"中国海"的意思，完全包括钓鱼屿（岛）和琉球的位置，这是17世纪欧洲对中国海域辖制范围的共识，这一传统延续至清代。清乾隆十六年（1751）开始由官方编纂的《皇清职贡图》不仅说明清廷对国际世界的认识加深，也显示清廷与世界各国往来互动的频繁。乾隆为宣扬大清国势与探悉地方民情，谕令边疆各督抚，将所属民族之服饰、男女图像、居住地、姓氏、历史习俗等资料，书写描绘呈送军机处，成为此图重要的文献根据。图中描绘许多海外地往来中国朝贡的属国与进行贸易的朝鲜、琉球、安南、暹罗、大西洋国等人民之身貌与国情。[56]自晚明以来，来华传教士在中国测绘地图不仅依靠来自欧洲的测绘仪器与方法，也十分重视中国舆图地志资料的学习，所以在他们所描绘的地图中也会将这样的历史线索描绘进去，并传播到欧洲世界，成为西方研究中国的重要地图资料与文献来源。同时，来自欧洲的舰队已做好海路测绘的准备，即将驶向中国的海面。

二、海图模式：全球航行与士人观测

自地理大发现和大航海时代开始，欧洲的制图学伴随着越来越频繁的海外航行活动，在技艺上日新月异，进而在社会上形成了测绘和制作海图的专门机构。16—17世纪，这些制图团队与海外贸易公司密切合作，不但绘制本国和欧洲的全面地图，更把目光投向了浩瀚的远洋。而在明代的中国，情势则完全不同，由于传统上地图在军事、防卫、矿藏和民生方面具有的特殊性，所以历代都由国家垄断管理，民间无从参与，这是来自制度的限制。不过，也正是在明清时期，地图的绘制却奇特地发生了变化，一些士人和官员投身于制图，多是因为自身的兴趣。这个时候所出现的为数众多的地图和海图，说明海禁政策并不能打消晚明时期中国士人想要了解域外的想法，在传教士到来之后这一点就更加凸显出来。中国晚明以后的制图，尤其在海图方面的特点，以及欧洲大航海时代的海图绘制是本节要讨论的方面。此外，同时期中国与西方海图的不同绘制模式、呈现和其中的内涵也将给我们提供一个全新的视角，这不仅和测绘的主体——国家和民族的特性相关，也可以带来对于海洋图像的许多思考。因为在全球视野下，中国制图的环境非常特殊，而欧洲制图的社会环境处在一种活跃的动态模式之中，随之带来全球地域、海域的全面测绘，其中的代表荷兰不仅来到亚洲，而且占据台湾长达38年，如果没有完善高效的海图测绘体系，这是无法实现的。

欧洲各国与制图专门机构的关系，也由于航海和远洋贸易的需要而变得更加紧密：地理学家，如低地国家的约道库斯·洪迪乌斯和法国的卡西尼家族（Cassini family）全都是制图世家，开始世世代代依靠国家财政研究地球仪和地图集，并且聘用规模庞大的学者、测量员和印刷工匠团队。宇宙学研究分割成一系列各自独立的活动，原本的神学和道德力量也被数学和机械学取代。有人将这种分裂视为进步，地理学也不得不全力以赴，管理帝国、规划土地用途和领土权力，为了商业和国家管理收集并分析有用数据。尽管杰拉德斯·墨卡托（Gerardus Mercator，1512—1594）的宇宙学很快被淘汰，但他受到宇宙学启发而发明的投影法，却成了新地理学的核心。这种投影法的数学原理被用于测量国家土地，以及欧洲渐渐扩张的殖民地。[57]及至17世纪时，先前领先的葡萄牙人和西班牙人的航海水平渐渐被荷兰所赶超，荷兰东印度公司的远洋贸易越来越强劲，他们需要更精确和详尽的海图为东亚贸易开辟航线。在1595—1602年这短短几年中，荷兰在遥远的亚洲国家陆续建立了14家贸易公司。荷兰东印度公司成为此后欧洲诸国建立股份制公司时的典范，在那一时间的欧洲和亚洲都还没有出现能与之匹敌、有同样优越组织结构的企业，荷兰人便充分发挥这种现代化企业团体的先进性，至少在其后17世纪的100年内，以绝对的优势压倒了以伊斯兰商人为代表的亚洲各地商人，以及曾经先入为主的葡萄牙商人和较晚涉足的英国商人的势力，推动东印度地区的贸易朝着对本国有利的方向发展。[58]

荷兰的航海水平就像在阿姆斯特丹的制图名家威廉·扬松·布劳（Willem Janszoon Blaeu，1571—1638）1630年的地图《新版世界地图与海图》（图8）展示的一样，具有全球的视野和雄心勃勃的志向：地图中，在全球海面上航行的一艘艘荷兰海船，正是这种理想愿景的写照。1619年，荷兰东印度公司在爪哇的巴达维亚（Batavia，今印度尼西亚雅加达）建立了总部，主要是负责与亚洲各交易站的货物转运，其他的据点设立在东印度群岛和香料群岛上。到1669年时，荷兰东印度公司已是世界上最富有的私人公司，拥有超过150艘商船、40艘战舰、2万名员工与1万名佣兵的军队，它的获利同样惊人，在其成立将近200年间，总共向海外派出1772艘船，约有100万人次的欧洲人搭乘4789航次的船班从荷兰前往亚洲地区。平均每个海外据点有2.5万名员工和1.2万名船员。

图8

威廉·扬松·布劳《新版世界地图与海图》，1630年，铜版彩印

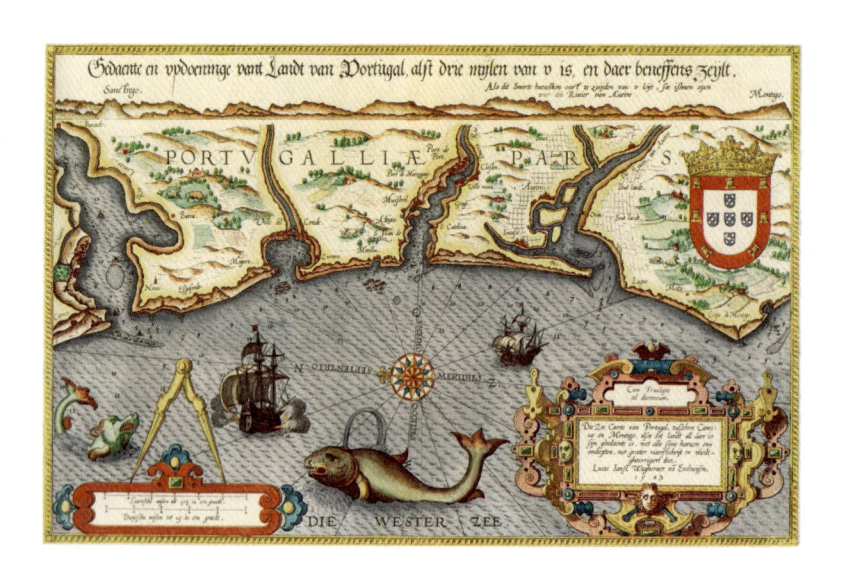

图9

卢卡斯·扬松·瓦格纳尔《航海之镜》，1584年，铜版彩印

与中国地图中大部分制图师不具名的习惯不同，佛兰芒地图学派中的重要人物威廉·扬松·布劳是知名的制图师、地图集制作人和出版商，在许多地图中都可以发现他的名字，他与其子约翰内斯·布劳（Johannes Blaeu）一起，被认为是荷兰制图学派黄金时代（十六七世纪）的著名人物，他的兴趣主要集中在数学和天文学上。1594—1596年间，作为著名丹麦天文学家第谷·布拉赫的学生，他获得了仪器和地球仪制造的资格。1600年，他发现了第二颗变星（variable star，现在被称为P Cygni）。回到荷兰后，他开始绘制国家地图和世界地图，由于拥有自己的印刷作品，他能够定期以地图集的形式制作国家地图，其中一些地图出现在1635年出版的《新地图集》中。1633年，他被任命为荷兰东印度公司的地图制作人。他还担任编辑，出版了威尔伯德·斯奈尔、笛卡尔、阿德里安·梅提乌斯、罗默·维舍尔、格哈德·约翰沃斯、巴拉乌斯、胡果·格劳秀斯、冯德尔和历史学家兼诗人彼得·科内利松·霍夫特的著作。此后，其子约翰内斯和科尔内利斯在1638年父亲去世后继续从事地图制作和出版业务，并将制图水平提升到当时欧洲的最高水平。

安特卫普，是当时海上贸易的主要中心和欧洲最富有的城市之一。正是在那里，亚伯拉罕·奥特利乌斯创作了伟大的世界地图集《寰宇大观》（*Theatrum Orbis Theatre*）。1578年，杰拉德·德·乔德出版了一本重要的竞争性地图集。也正是在安特卫普，佛兰芒制图师弗兰斯霍根伯格进行了他的早期工作。与此同时，阿姆斯特丹及其周边地区成为欧洲新的海上中心，因为荷兰舰队开始主宰欧洲和更远地区的商业，这些地区以前被西班牙人或葡萄牙人垄断。这座城市也成为地图工作的焦点：1584年，来自安特卫普附近恩克赫伊曾港的卢卡斯·扬松·瓦格纳尔（Lucas Janszoon Waghenaer，约1534—约1606）出版了第一本印刷版的海洋地图集《航海之镜》（*Spieghel der Zeevaerdt*，图9）[59]和1592年的《航行宝藏》（*Thresoor der zeevaert*），《航海之镜》涵盖了从西班牙到挪威的欧洲沿海水域，提供了详细的导航工具、航行说明和港口信息45张图表。制图师们的出色工作为航海者赢得了充分发展的可能，相辅相成的是东印度公司迫切的贸易和密集航海需求。

尽管16世纪90年代荷兰成立的商业公司缺少资金和人力，比不上西班牙和葡萄牙这样的竞争对手，但它们有成熟的印刷商、雕版师和学者团队，他们经验丰富，善于校勘地图、航海图、地球仪和地图集上的最新地理学信息。像瓦尔德泽米勒、

| 权力的图像

图10 扬·范·德·斯特雷特《地图制图工作室》，1600年，铜版

墨卡托和奥特利乌斯这样的制图师早就将制图变成了一门赚钱的生意，在公开市场上将权威而又美观的地图卖给任何出得起价钱的人。荷兰商业公司认为这样的发展是个赚钱的机会，它们雇用制图师绘制航海图手稿和印制地图，提供各通商地点之间最安全、最快也是利润最高的路线。它们也会组织一些制图师团队，对信息进行标准化，并且鼓励商业合作和竞争。[60] 成功的商业化是荷兰地图业得以发展的重要基础，这是一个双赢的结果，吸引了越来越多的职业画家参与到地图制图中，尤其是铜版画家的技艺更加适合地图的刻版和印制，能够更好地提供高质量的海图。而也就在此时，荷兰东印度公司的商船已全面驶向了亚洲的海域，也到达了中国。海图为商业公司提供了获取丰厚利润的无限可能，对制图师们来说同样也如此（图10）：

到了16世纪90年代初，许多荷兰制图师竞相为商业公司提供地图，帮助它们发展海外贸易。1592年，荷兰国会授予制图师科内利斯·克拉斯为期12年的特权，可以销售各种航海图和挂墙地图，从售价从仅为1荷兰盾的欧洲地图，到高达8荷兰盾的东、西印度群岛的地图合集，应有尽有。1602年，制图师奥古斯丁·鲁伯特开始为东印度公司提供航海图，有时单幅开价高达75荷兰盾，图中有对新发现的地区的全面描绘。地图成为一项相对高利润的生意，制图师也渐渐被有需求的公司雇用。[61]

荷兰制图师的测绘技艺建立在欧洲17世纪以来的科学成就之上。在他们绘出的地图背后，有许多隐含的故事。在同时期的晚明中国，少数开明的知识分子通过耶稣会士带来的不完整西方科学、制图学看到了中国之外的世界，然而却无法在国家的制图活动中做出改变。这是一个复杂的发展过程，比较同时期中国和欧洲人绘制的海图与远洋航图，就会发现这是两种文明模式和科学系统之间的对比，甚至是较量。荷兰东印度公司在亚洲建立的庞大贸易和殖民系统对绘制海图不断提出更高的要求，制图师经常随船奔赴一线进行实地测绘，他们的手稿和测绘数据是重要的航海文献。在之后的章节中，我们可以看到这些有名或无名的测绘师来到中国沿海的经历。标准地图册的最后完成，还是主要在阿姆斯特丹的专业化制图公司之中，布劳家族就是其中的佼佼者。

1633年1月3日，布劳获得东印度公司迟来的正式官方制图师之任命（之前因为他的政治和宗教倾向而失去一次机会）。他的合同中规定，要负责记录东印度公司领航员前往东南亚的航海日志，修正并更新公司的航海图和地图，委任"信得过"的人制作地图，绝对保密，一年两次向董事会提交报告，汇报这些工作的情况以及其他的制图成绩。为此他每年可以获得300荷兰盾的薪酬，这与其他同等级的政府官员薪酬相当，虽然微薄，但他可以从东印度公司获得制作航海图和地图的额外计件收入。[62]这些就使布劳进入了荷兰共和国政治和商业政策制定的核心，使他在该国制图业获得了前所未有的权力和影响力。布劳在荷兰东印度公司的前任制图师格里茨实际上是他的徒弟之一，当格里茨1632年去世时，留下的遗产中有6幅铜版雕刻，包含印度、中国、日本、波斯和土耳其，都是商业上的敏感区域，东印度公司正忙于与这些地区开展贸易，并且绘制它们的地图。东印度公司官方制图师的主要工作包括这些：

> 负责绘制和修正公司的航海日志、航海图和地图，并限制荷兰国外商贸航程相关地图的流通。[63]

| 权力的图像

东印度公司的贸易增长和海图制图的激增成正比。特别是开辟了从巴达维亚到达中国以及覆盖亚洲的多条商业航线之后：荷兰东印度公司一共开辟了五条对外航线：从中国大陆至中国台湾；从日本至中国台湾；从巴达维亚经中国台湾至日本；从马尼拉经中国台湾至日本；从中国大陆经中国台湾至日本。这五条航线所带来商业利益与城市交流的文明发展，凸显荷兰统治台湾时期重商主义的历史性意涵。[64] 由此带来的结果，就是荷兰共和国盛期的商船队已经拥有约2000艘船只，令其他欧洲海上强权望尘莫及，运货量约45万吨，雇用了3万名左右的商船船员，东印度公司每年从投资者处获得的资金约4000万至6000万荷兰盾，与此同时，利润也不断增加，市场扩展到香料、胡椒、织物、贵金属和奢侈品，例如象牙、瓷器、茶叶和咖啡。17世纪整个40年代，公司每年向东派遣的船队运货量超过10万吨，到了17世纪末，可能已经派遣了1755艘商船，超过97.3万人到亚洲（其中约有17万人在途中丧生）。[65] 以上数据所代表的故事，在17世纪是个不可想象的事件，即使在今天看来也令人惊讶。如此密集的贸易往来会使制图公司和制图师们非常忙碌，以保证提供足够多的海图，从海路实测、绘图和整理，形成了一套非常专业化的系统。由于荷兰国内到亚洲的海上航行路途遥远，制图师及其公司需要提供十分复杂的航海组图：

> 这些船只都需要地图和航海图才能从特塞尔岛航行到巴达维亚。船长及首席和基层导航员每人都能领到一套至少9幅的航海图，而瞭望员只能拿到一套缩减的地图。它们全部是由布劳及其助手们制作的。第一幅航海图是特塞尔岛到好望角的路线图；第二幅画的是印度洋，从非洲东海岸直到爪哇岛和苏门答腊岛之间的巽他海峡；接着3幅画的是比例尺较大的印度尼西亚群岛；随后是苏门答腊岛、巽他海峡和爪哇岛的航海图，最后是巴达维亚的海图（包括印度尼西亚爪哇岛上的万丹）。每一套都附有地球仪、手册、航海日志、空白纸张，甚至还有一个用于存放航海图的锡筒。为了限制流通，东印度公司下令，在航程结束后必须将这些航海图归还，否则需要赔偿。[66]

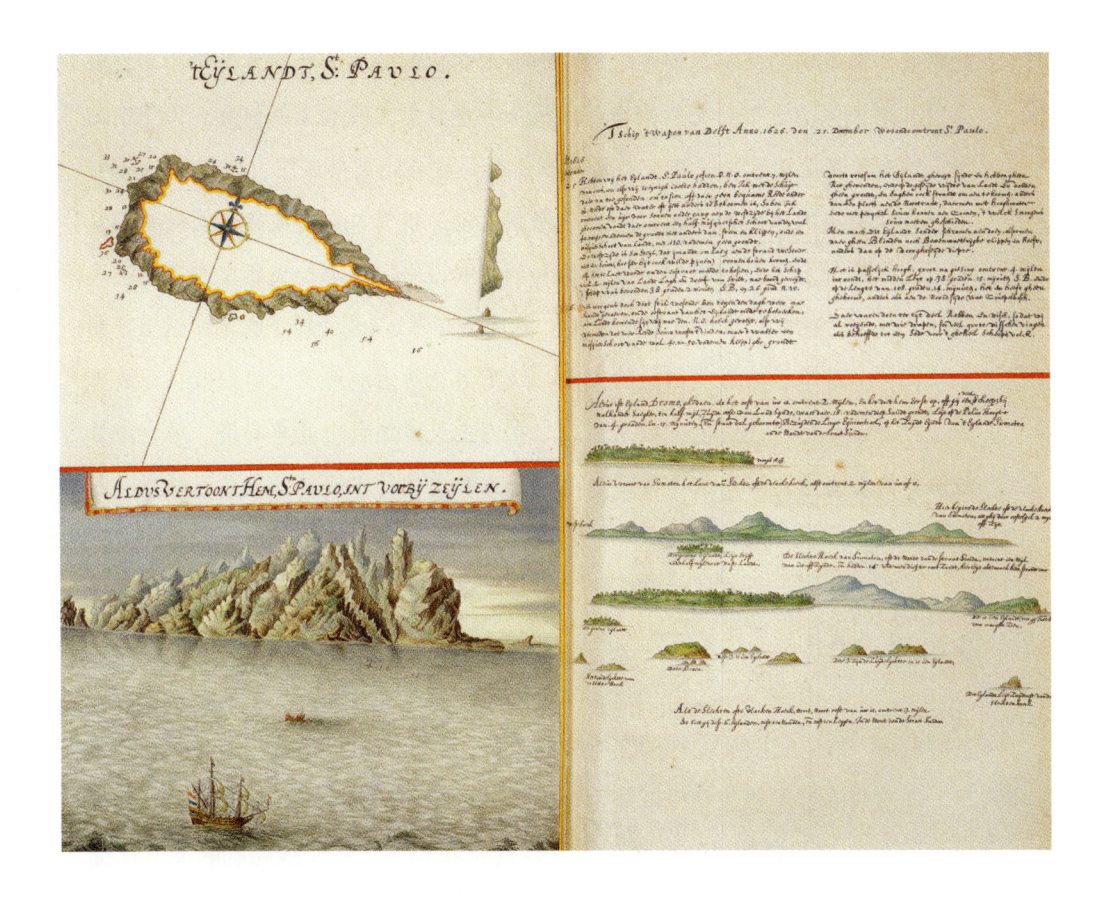

第一章　西方海图与明清时的中国沿海

荷兰与亚洲有多条往来商业海上航线，以巴达维亚为中心的东印度公司控制着这个东亚地区的贸易往来。此外，东印度公司对地图的管理十分严格，虽然不像16世纪的葡萄牙几乎完全禁止流通，但依然很有条理，这是地图资料能够完整保留至今的一项重要原因，制图师需要对船只外航的情况了如指掌：

> 身为东印度公司的官方制图师，布劳因此可以接触到公司中的所有人，从公司名下"东印度人"号上的瞭望员，一直到公司的董事和制定政策的决策者。公司每艘船只上

图11
约翰尼斯·芬布恩斯《海岛及海岸图与描述》，1625年，凡·德赫姆地图收藏

37

的船长和船员都必须将他们在前往东方途中完成的日志、札记及地形草图交给公司的制图师，而布劳必须检查并审核每一份日志，随后才能储藏到位于旧高街上的东印度公司大楼。布劳随后根据看到的材料绘制出海图，被称为leggers，作为未来完成的地图的模板，这些航海图的轮廓很简单，与最终地图使用相同的比例尺绘制。这些航海图会适时纳入新材料，它们将会构成所有东印度公司领航员使用的标准航海图套装的基础。随后会有多达4名的助手在羊皮纸上绘制航海图——采用手绘而非印刷的方式，这是为了防止航海图上的细节在开放市场上轻易流通，而选用羊皮纸是因为它在海上长途航行中非常耐用。用这种方法制作的航海图，可以快速而巧妙地进行更新。进行修改时只需要用一根针刺出新的海岸线或岛屿，然后放在一张空白的羊皮纸上，撒上煤灰。将原稿拿走后，新的羊皮纸上会有通过针孔留下的点点煤灰，布劳的助手将它们仔细连接起来，就能再现新的、更精确的海岸线。[67]

亲赴航海一线的制图师往往要在旅途之中进行测绘和记录，这些翔实的资料非常珍贵。而这些内容需要在船只返航之时不断进行修正，由布劳及其他测绘师在位于阿姆斯特丹的公司总部进行数据统计，以便不断调整，对航线绘制的准确性提升迅速。1626年12月25日，荷兰制图师约翰尼斯·芬布恩斯（Johannes Vingboons，1616—1670）的实测记录可以使我们了解荷兰制图师是怎样进行工作。图11显示出非常生动的制图师实绘海图：左侧是海岸线，数字显示了海水的探测记录，是航行经过该岛时所看到的该岛的剖面图，其中包括荷兰船只"代尔夫特市徽"（Wapen van Delft）号和划船上岸的画面，这艘船也是1628年11月曾到达过中国台湾和巴达维亚运输货物的五艘荷兰舰船之一，一共运载了840担中国生丝和332担铜料。海图右侧是芬布恩斯记述船组人员目击事件的描述："1626年12月25日。我们看到了圣保罗岛，在我们东北偏东7英里处。温度适中，所以我被派去岛上坐船，看有没有好的路标和水源或其他东西。就这样，我在黎明前一个小时到达岛的西边，在40到45英寻的深度寻找离海岸大约步枪一半射程的距离，但除了岩石和悬崖什么也没有。西边山体十分陡峭，不管你怎么努力，都爬不上海滩。因为太晚不能行驶到东边,而且船在离海岸不少于两英里的地方漂浮,我们划了回来。第二天,船绕着岛转了一圈,在岛的另一边画了一张图,没有发现什么有趣的东西,没有好的着陆地点,但是也没有危险的悬崖和淹没的岩石,必须提醒未来的水手,除了一些矮树丛之外,我们没有发现树木或植被。"在报告的最后,作者提到他们捕获了大量的鱼和海豹,足以养活船上的船员。

这类描述以亲历传达了相当具体的航海信息,结合地图和海岸线,它们最初的目的是实用的。它们向水手们通报了合适的着陆地点、可用的资源以及如何获得这些资源。然而,在一本奢华的收藏家图集的羊皮纸封面上,实用功能就完全丧失了,相反,它们成了目击者经历的载体。[68]约翰尼斯·芬布恩斯是曾经到达过中国沿海的制图师,同时也是一名职业水彩画家,效力于布劳的地图公司。芬布恩斯的海图非常具有代表性的一点,也是欧洲海图绘制的一项主要特征:不是以单一视角观察和测绘,由于制图师往往是职业画家出身,所以会以立体的形式将海岛与海岸描绘出来,这类海图具有透视感,十分直观,与风景画很近似。文字部分起到了对海图的进一步说明作用,这样将信息集合在一起,在舰船航行之时会容易识别地点和定位方向。芬布恩斯还将大小岛屿和山峰区分出来,从立体与平面的视角将重要的海上地理坐标绘出,并附加尽可能完整的文字描述,这种绘图惯例十分生动,也是欧洲航海的良好传统,而且在绘制和记录上更为细致和有条理,如尼古拉斯·波科克的《航海日志》(图12)。欧洲人在不断的航行之中,以动态的模式逐渐将全球主要海域记录了下来,赢得了空间上的优势,也赢得了贸易的丰厚利润,直至在19世纪最终打开中国的大门。

而在同时期的中国,长期的海禁政策是否是导致中国人没有开始大规模远洋航行,甚至忽略(全面)海防的主要原因?追溯历史,可以发现中国古代的航海与制船水平远比想象中强大:

> 自11世纪以来,宋朝一直维持着一支常备舰队,其船只及武器比其他任何势力都要先进得多,这成为宋朝的一大优势。宋朝的主要战舰是人力明轮船,装有20多个桨轮,可搭载两三百人。不过后来,桨轮的最大数量固定为7个,多

| 权力的图像

图12

尼古拉斯·波科克
《航海日志》，1766年

出的单个桨轮安装在船体的中心线上，或者在船中部，或者在船尾。到13世纪，中国人已经生产出真正的炸弹，其中最致命的是"霹雳炮"。为了与宋朝作战，蒙古也建造了明轮船舰队，由此打开了从汉江到长江和临安的通道。[69]

甚至在宋代，对中国之外的航海贸易也抱有一种开放的态度，至少在南宋时期，朝廷对沿海贸易的态度就十分耐人寻味。临安是中国大一统王朝的第一个（也是唯一一个）海港都城。中国的海外贸易已经发展了几个世纪，南宋统治者欣然接受来自海外的投资，这也可以补偿其在北方和西北损失的贸易机会。中国的政治中心向东南方向移动，这成为其向海洋开放的前奏。建都临安的决定反映了统治精英意识到海洋贸易对普通市民和朝廷的重要性。在开封陷落之前，有三分之二的朝贡使团是通过海路到达中国的。这已经大大超过了此前的几个世纪，随着都城迁到临安，所有朝贡使团都是通过海路前来的。在南宋开放的时代里，海外贸易收入占到朝廷收入的20%，如果没有朝廷的正式认可，这是不可能发生的。皇帝对海外贸易的态度与传统大相径庭，宋高宗认识到："市舶之利最厚，若措置合宜，所得动以万计，岂不胜取之于民？朕所以留意于此，庶几可以少宽民力耳。"这种态度转变对闽南商人尤为有利，尤其是那些在10世纪的朝代更迭时期已转向海外贸易的福建商人。随着南宋的建立，越来越多的穆斯林商人和泰米尔商人被吸引到泉州，泉州成为中国最重要的国际港口。在与东南亚的贸易中，福建商人直接参与更多的是长期的进口贸易。一开始他们在更有经验且人脉更广的外国商人的指导下进行贸易。随着其航行技能和市场知识的增加，他们便成了自己的主人。大批中国商人第一次开始进行私人海外投资，并且以自己的船来投资。他们进行贸易的地区远至印度南部，但大部分福建商人的出航范围通常不会超出爪哇王国、苏门答腊王国以及马来半岛。在那里，他们可以获得印度洋商人带来的西方货物。由于中国商人更关注相对较近的市场（从泉州到马六甲海峡的航程不超过2000英里），他们支配了东南亚与中国之间的航路。在这一过程中，他们在海外建立了移民社区，有些甚至延续至今。[70] 宋代时期活跃的海上贸易和交流与明代以后的海禁形成鲜明的对比，这种趋势在欧洲海上地理发现不断崛起之时加深，这使中国日趋成为一个仅建立沿海防御，而非主动探索海洋的国家。

中国历史上罕见的经海上攻击他国的案例，是发生在元朝忽必烈在位的1274年攻击日本和之后对爪哇的远征。元朝舰队包括三四万人的士兵，东渡伐日，不难想象这样一个舰队以及它的船只（图13）的规模。元世祖至元二十九年（1292），忽必烈派遣1000艘战舰组成的海军，从福建行省泉州渡海，登陆爪哇岛，联合满者伯夷国王克塔拉亚萨攻打信诃沙里国叛将贾亚卡特望，灭信诃沙里国。满者伯夷国王克塔拉亚萨随后反戈，打退元军，统一爪哇。这是中国历史上最远的一次跨海南征。元军利用了何种航海技术得以成功到达日本和爪哇，是否有绘制海图，现在难以找到相关的文献，不过可以肯定的是宋元时期的中国在对待航海问题态度上，与

图13

徐葆光《中山传信录》中所绘的元代船只，1721年

郑和之后有着不小的差异。然而，与明清时期封闭海洋的方针相对的是，恰恰是在这个时期留下了超过前代总和还要多的地图和海图，令人不解的是这些地图大规模出现在（明代）朝廷海禁越来越严的时期，而不是比较活跃和宽松的宋元时期：

> 15世纪30年代，朝廷颁布了第二条海上贸易禁令，且比明太祖时的禁令更为苛刻。不仅禁止中国的船只和水手出海，而且禁止建造远航船只，战船和相关军备的建造也大幅减少，太祖和成祖时期建立的沿海防御系统遭到废弃。此外，朝廷还禁止外国私商来华参观。这项禁令一直持续到16世纪中叶，当时，葡萄牙人获许在澳门进行贸易。1567年，中国商人获许进行海外贸易。海上主动权的丧失造成了深远的影响，毫无疑问，如果在葡萄牙人到来之前，有大量中国商人活跃在印度洋的贸易中，那么今天的世界肯定会是另一番面貌。[71]

在中国的海船全面退出亚洲洋面之后，海图却越来越多地出现在明代和之后清代的文人著作和政府文件之中。此时的中国海图制图师，无法像荷兰东印度公司的制图师一样，能够自由地穿梭在大海中进行测绘。此外，中国制图师也几乎都是以个人的兴趣参与舆图的制作,阿姆斯特丹的职业化制图工厂在明代中国是不可能出现的。没有职业化的训练和测绘经历,明代的制图师只能依靠自己,《广舆图》的编绘者罗洪先(1504—1564)也是明官吏系统之中的一员:史载他在嘉靖八年(1529)中己丑科一甲第一名进士(状元),授翰林院修撰。嘉靖十八年(1539),官至左春坊赞善,由于明世宗迷信道教,次年冬与司谏唐顺之、校书赵时春等见朝政日非,联名上《东宫朝贺疏》,被撤职。自谓:丈夫事业,更有许大在。此等三年递一人,奚足为大事也。罗洪先对于舆图的兴趣来自对天文、地理、礼乐、典章、水利和边塞等的笃心研究。地学和地图的绘制并不属于罗洪先为官的工作范围,而多绘制于离开官场后专注于学术研究时,他所绘制和编纂的《广舆图》有很大影响,据说是依据元代朱思本绘制的长宽各为七尺(一尺约0.3米)的地图(已失传)为蓝本,运用中国传统的测量方法"计里画方"投影法绘制地图,然后装订成书。这本地图集包含明朝中叶整个国家的地图,曾多次被后世人们参考和摹绘,具有极高的实用价值。它的第一版由浙江布政使胡松于1561年刊发,并补有两幅琉球群岛和日本的地图。1566年,山东监察御史韩君恩对《广舆图》进行了再版,还有万历七年(1579)山东监察御史钱岱刊发的版本,共两卷。

在《广舆图》中的《舆地总图》(图14)中,罗洪先已经把大明沿海的海岸和周边海域都绘出来,尽管不甚准确,例如辽东半岛、渤海湾以及山东半岛一带的地形似乎被压缩了。从江苏到浙江、福建、广东一带相对准确,日本的名字出现在地图上,但看不到国土,图中琉球的位置应是台湾所在,朝鲜的国名也出现在图中,还特意标记出鸭绿江。罗洪先绘制的这幅大明《舆地总图》要比佛兰芒制图大师亚伯拉罕·奥特利乌斯《中国地图》(图5)的绘制时间早八年,作为同时期的地图,罗洪先对明代中国整体地形的把握显然要胜过奥特利乌斯。当然主要原因是奥特利乌斯没有来过中国,只是根据当时的传闻素材进行描绘,当时欧洲的很多制图师也都是如此。然而罗洪先是怎样绘制出中国海域图的?很多具体的测绘细节已不可考,但罗洪先应没有去亲自丈量和观察过漫长的海岸,他的绘图依据是来自元朝朱思本的资料。朱思本(1273—?),字本初,是一位道士兼职业地理学家,元武宗至大四年(1311)时,朱思本曾奉命代表元朝皇帝祭祀中国各地,在其后的十

图14

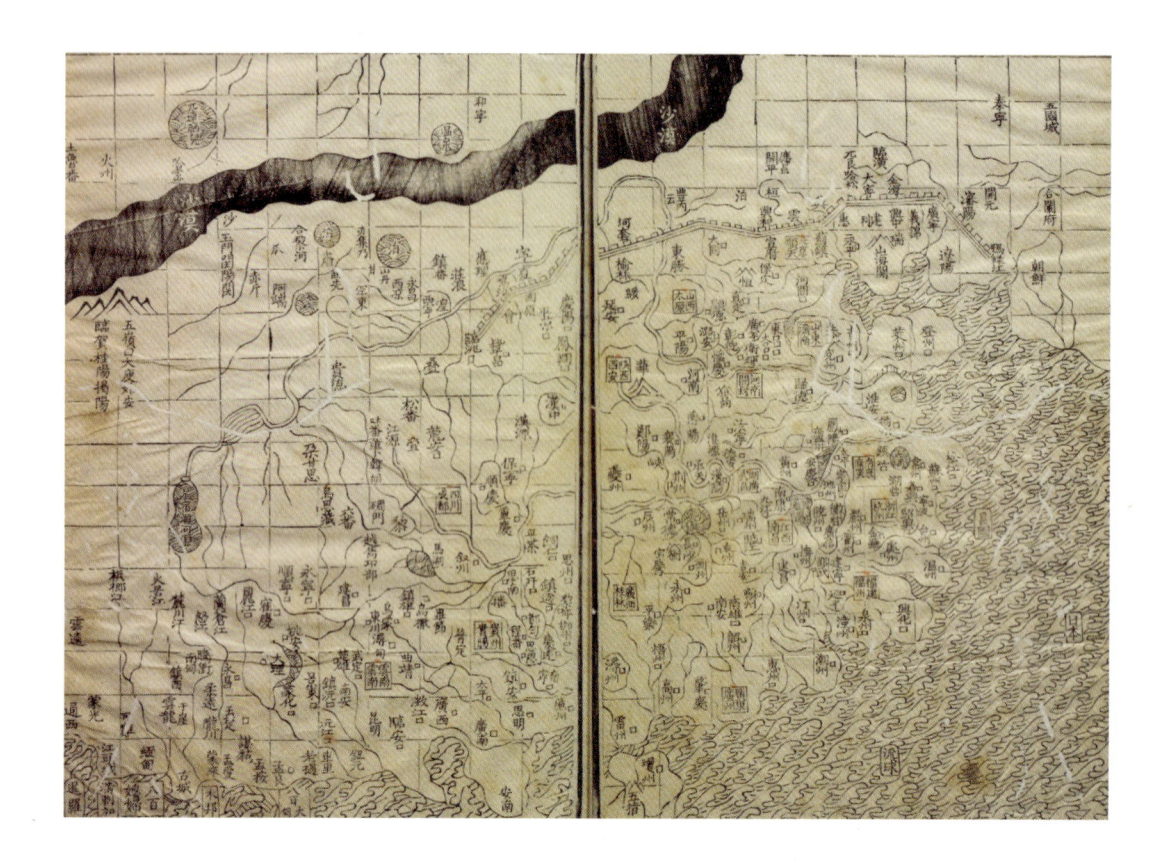

罗洪先《广舆图·舆地总图》，1579年

年间，他走遍中国，参考了古代的地理著作如《水经注》《元和郡县志》《通典》《元丰九域志》和《大元一统志》等书籍，以"计里画方"的绘图方法绘出了舆地图。而在明人所绘的中国地图主要体现出对大陆主题的重视，海岸线与海外的情况则表现简约，这是海禁之后海洋地理信息的缺失在地图之中的体现。

实际上在罗洪先绘《广舆图》时期，其他明人绘制的大明疆域图也基本类似（图15），主要呈现的地理方位一致，皆是以大陆为主体，明朝的海岸线之外依然画着平静的海水波澜。但在嘉靖时期，沿海各省并不安宁，给明朝政府所带来的问题已十分严峻。尤其是进入嘉靖朝以来，海防日趋松弛：

第一章　西方海图与明清时的中国沿海

军屯制度遭到破坏，士卒不堪忍受军官的欺压，大量逃亡。地处海防前线的辽东、山东、浙江、福建、广东等地的卫所减员十分严重，平均每卫只有一千七百九十七人，而额定的一卫人员数是五千六百人。即使在这远远不足额的士卒中，也还有不少是老弱病残之辈。用以作战的船舶和器械也很破旧和残缺。浙江、福建的战船、哨船也"十存一、二"。遇有警报，只得临时召募渔船。但"兵非素练，船非专业"，怎能抵御凶残的倭寇，"见寇舶至，辄望风逃匿"。明朝防备的松弛，明军的腐败，使倭寇更加放手劫掠我国东南沿海地区，"倭剽掠辄得志，益无所忌，来者接踵"。[72]

图15

佚名《大明舆地图》，明嘉靖二十四年至三十八年（1545—1559），美国国会图书馆藏明代还有一些海防图，如绘于成化八年至天启元年（1472—1621）之间的《江防海防图》，则分段详细描绘了自江西瑞昌到上海吴淞口之间的江防，以及闽浙至金山卫的海防水道布防情况，其中东流县、南京、杭州和福建流江水寨的水道绘制与负责防卫的卫所结合起来，能够细致到绘出各地的江口、岛屿、江心洲和水寨，显示出国家水域防卫体系的严整。

从嘉靖二年至四十四年（1523—1565）皆是倭患严重之时，然而在地图和海图中却很少发现这样的痕迹，像罗洪先这样的"制图师"并没有参与到实际的沿海防卫一线，他笔下的地图主要还是基于大明"一统"的传统构架，此外，中国古代地图与地学的学术性远大于它的时效性，虽然这一情况直到清代面临西洋舰船对中国沿海的强大威胁时才有所改变，在沿海地图中才出现了防卫的标记。人们无法在文字之外的地理图像里发现沿海地区已经发生的战事，自抗倭以来，对海防之紧迫的记载多见于官吏，尤其是实际抵抗倭寇官员的文字表述中，例如亲自参与抗倭，并督师浙江的右佥都御史唐顺之认为："国初，防海规画至为精密。百年以来，海烽久息，人情怠弛，因而堕废。国初，海岛便近去处，皆设水寨，以据险伺敌。后来将士惮于过海，水寨之名虽在，而皆是海岛移置海岸。闻老将言，双屿、烈港、峿屿诸岛，近时海贼据以为巢者，皆是言国初水寨故处。向使我常据之，贼安得而巢之。今宜查出国初海防所在，一一修复。及查沿海卫所，原设出哨海船额数，系军三民七成造者，照数征价，贴助打造福船之用。"总督尚书胡宗宪也说："防海之制，谓之海防。则必宜防之于海，犹江防者，必防之于江，此定论也。国初，沿海每卫各造大青及风尖、八浆等船一百余只，出海指挥统率官军更番出洋哨守，海门诸岛，皆有烽墩，可为停泊。其后弛出洋之令，列船港次，浙东于定海，浙西于乍浦，苏州于吴淞江口及刘家河。"[73]由于倭寇的严重侵扰，此时朝野有关海防之论渐多。令人困惑的是，在明代制（海防）图方面取得成就者，往往并不是朝廷内府的职业绘图官员，而是出于个人兴趣而关注海图的文人。绘制海图的制图师也有曾参与抗倭或亲历一线者，其中就有明代海防巨著《筹海图编》的作者郑若曾。

《筹海图编》堪称明代直面海防的第一部也是最全面的著作。这是源于郑若曾开创了将沿海几省海防要冲单独绘图和标识的先例，除明朝全境的舆地全图外，列广东沿海山沙图、福建沿海山沙图、浙江沿海山沙图、直隶沿海山沙图、山东沿海山沙图和辽阳沿海山沙图，已经覆盖当时中国沿海全境。郑若曾在投效胡宗宪军中之前，就已经绘制沿海地图并由苏州府刊行，胡宗宪将其聘入军中为幕僚，辅佐平倭事宜，郑若曾可能是在协助胡宗宪抗倭时期，完成的这部海防著述。他第一次提出了完整的中国近代海防思想。他反对拘守海港而不敢出洋御敌作战，强调"防海之制，谓之海防，则必宜防之于海"，深知"欲航行于大洋，必先战胜于大洋"的道理。制定了海中战法首先以攻船为上，其次则靠火器的作战方案，进而订立了五十条海防策略，从而确保了明中后期东南沿海的长期稳定。可以说自嘉靖四十一年（1562）该书问世直至清末，没有一部军事著作能超越它。同时《筹海图编》已明确将钓鱼屿（岛）等岛屿编入卷一《福建七》的《沿海山沙图》（图16），纳入明朝海防范围之内的海防卫所覆盖范围。

图16

郑若曾《沿海山沙图》，取自《筹海图编》卷一《福建七》，1562年初刻

自明代起，中国的海防形制就以防守为主，所以防御的理念、规划和力量能够体现出一个国家实际的海防策略。郑若曾《筹海图编》也是基于防御沿海的基本策略，可贵之处在于他对海上倭寇的了解之深入，显示出他严谨缜密的学术习惯。在书中卷二，有《日本国论》和《日本记略》，对当时日本国土地理信息、下辖地方、地名、风俗、生活喜好、船只建造、武器和寇术进行了深入的阐述（图17左）。郑氏应没有东渡去过日本，但是他对日本的了解却十分深入，在抗倭前线能够接触众多的域外信息，例如对倭寇所驾舰船的考察：

图17

郑若曾《日本国图》
（左）、《广东船式》
（右），取自《筹海
图编》卷二、卷十
三，1562年初刻

日本造船与中国异，必用大木取方，相思合缝。不使铁钉，惟联铁片，不使麻筋、桐油、惟以草塞罅漏而已。（名短水草。）费功甚多，费财甚大，非大力量未易造也。凡寇中国者，皆其岛贫人。向来所传倭国造船千百只，皆虚诳耳。其大者容三百人，中者一二百人，小者四五十人，或七八十人。其形卑隘，遇巨舰难于仰攻，苦于犁沉，故广船、福船皆其所畏。而广船（图17右）旁陛如垣，尤其所畏者也。其船底平，不能破浪。其布帆悬于桅之正中，不似中国之偏；桅机常活，不似中国之定，惟使顺风。若遇无风、逆风，皆倒桅荡橹不能转戗。故倭船过洋，非月余不可。今若易然者，乃福建沿海奸民买舟于外海，贴造重底，渡之而来。其船底尖，能破浪，不畏横风，斗风行使便易，数日即至也。[74]

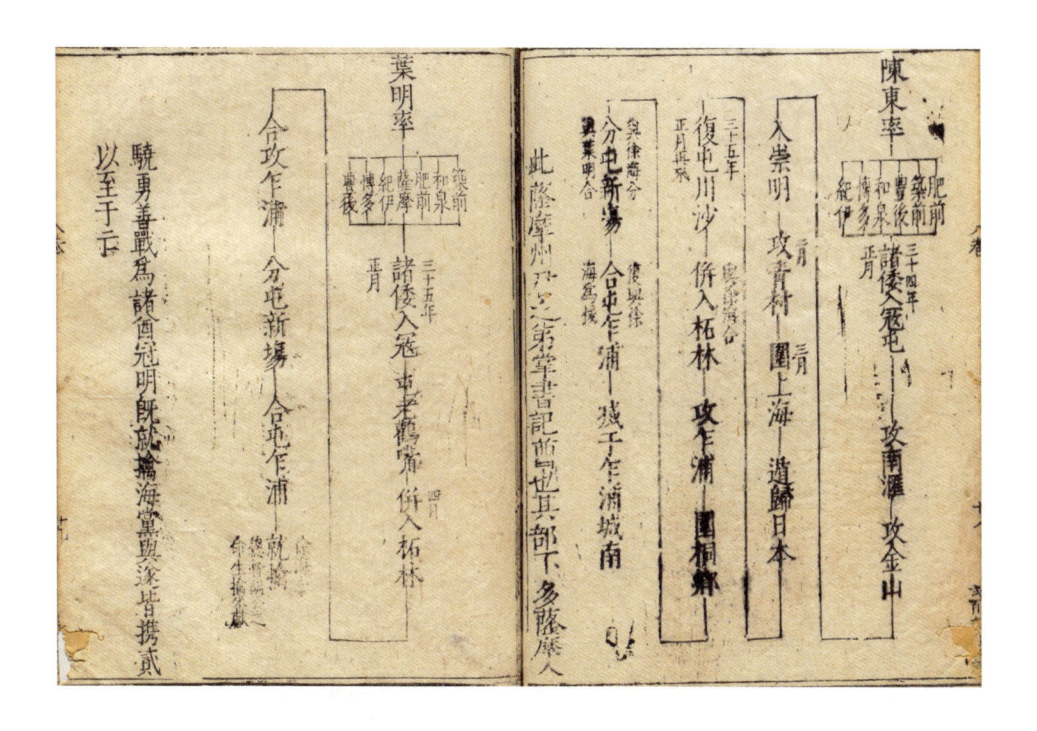

第一章 西方海图与明清时的中国沿海

郑若曾看待沿海抵御倭寇的视角，并非仅依据历史的静态记录。在书中他最为有创见的部分是《寇踪分合始末图谱》（图18），将倭寇入侵的轨迹以时间为轴动态化了。例如嘉靖三十三年（1554）时，以中国人徐海为之首，陈东、叶明为之辅，众至数万余的一次侵扰行动。

这次"倭寇"入侵前后时达三年，其中的嘉靖三十四年和三十五年被称为乙卯、丙辰之乱。嘉靖三十三年时正是胡宗宪出任浙江巡按，据郑若曾记载，徐海勾结和泉、萨摩、肥前、博多、津州、对马诸倭入侵中国，先后抢掠崇德、湖州、嘉兴、苏州、常熟、崇明等地。同一年，陈东亦勾结肥前、筑后、丰后、和泉、博多、伊纪诸倭入侵，先后劫掠南汇、金山、崇明和上海等地。"嘉靖三十五年三月，徐海等果拥众十余万，寇松江、嘉兴诸郡甚急，声言欲下杭城，取金陵，势张

图18 ——
郑若曾《寇踪分合始末图谱》，嘉靖三十三年（1554）的一次倭寇入袭时间及路线

| 权力的图像

图19

郑若曾《马箭图说》，取自《筹海图编》卷十三，1562年初刻

甚。公乃谋之王激等，以观其意。激等初欲小试殷勤，故甘于舟山之寇。至于徐海、陈东等，正其所甚倚以图大事者。且欲速直来共济。"[75] 无论是中国海盗或是倭寇屡次侵扰沿海各省，说明此时常规的沿海防卫基本失效，完全无法抵御此时来自海上的威胁。而郑氏在书中详细列举了各省沿海卫所，这些卫所是第一道防线（见附录二中列举部分广东兵防备卫所），但是，其中相当部分的卫所无法起到抵御外侵的作用。就明代抗倭的具体情况而言，实际上发生战斗之处多在陆地，而非在国界之外的海面上，所以抗倭之战严格上讲和通常的战斗差异不大，这和17世纪以来欧洲各国之间发生的海战不同，例如1652年的英、荷多佛海战。所以郑氏在书中虽然也列出了明军参战海船之样式，不过军队的训练还是以陆上为主（图19）。明清时期，广东海防分为中、东、西三路，在明代，东路依托潮州卫及所属各守御千户所，中路依托南海卫、广海卫、惠州卫、碣石卫及所属各守御千户所，西路依托神电卫、雷州卫、廉州卫及所属各守御千户所，防守附近海澳。明代，广东海防的主要对手是倭寇、海盗和西方殖民者。明代初年，朝廷在沿海要地建立卫所，加强海防。洪武元年至八年（1368—1375），广东设立6卫10所；洪武九年至二十八年（1376—1395），又设立9卫33所。特别是洪武十九年（1386），随着朱元璋与日本

外交交涉的失败，明朝海防建设也进入了一个新的阶段。信国公汤和督导浙江海防建设，江夏侯周德兴督导福建海防建设，广东都指挥使花茂负责广东海防建设。广东海防卫所的完善，主要就是洪武十九年以后的事情。及至洪武二十八年，明代在广东设立了广州左卫、右卫、前卫、后卫、清远卫、南海卫、广海卫、惠州卫、碣石卫、潮州卫、肇庆卫、神电卫、雷州卫、廉州卫、海南卫15个卫，以及大鹏守御千户所等43个所。其中，专门用于海防的有27个守御千户所，占洪武时期广东43个守御千户所的62.8%，同时，涉及海防的卫则为8个，占15个总卫数的53%，这说明明初时期广东海防重于陆防。[76] 如前所述，嘉靖时期的海防废弛、疏于防卫是导致倭寇不断侵袭得逞的主要原因。在戚继光等将领积极抗倭之后，也只是击退和歼灭来犯倭寇和中国海盗，海防基础实际上没有真正的提升和改进，在明清鼎革之后，清代也长期和西方国家在沿海一带发生争端和局部战争。

　　从技术层面来看，明清海防是海陆并联、多层次、有纵深的防御。海上是海防防卫的前沿，海岛是大陆的屏障，沿海是内地的藩篱，海湾河口是一方的门户，均为明清海防遗存所在区域。海防的纵深各地不尽相同，河口海防纵深较大，一般也不超过清初迁界的界线，如广东珠江口以莲花城为界，而浙江宁波地区则以海边几公里以内为界。海防是由国家统一规划实施的系统工程，其防务工程大局均由朝廷决策，以国家名义兴修。清康熙《新安县志》卷三记载："本城（大鹏所城）与东莞所城同年奏设，广州左卫千户张斌开筑。"清代《虎门海口炮台图说》记载："蛇头湾炮台系东莞县所属……该炮台系据绅士杨金城等禀准捐资建筑，于道光二十三年（1843）七月工竣，监工委员广东候补知府倪澧，验收委员现任肇庆府知府杨需，复验委员广东试用通判顾，理合注明。"防务工程系用于防卫御敌的军事设施，如城池、水寨、炮台、碉楼等，以及维系主体正常运转所需的配套的通信、运输、戍守、培训和后勤保障设施。[77] 海防的防卫体系与政府体系和管理关系密切，由于明代政府对海防的政策态度并不一致，所以没有形成有效的沿海防卫体系。以至于在嘉靖四十五年以前，例如广东海防只是简单地分为三路，武将也是从都司系统委派，常常只能带几个随从，不能专兵，往往形成千里海疆无水师的尴尬局面。[78] 以广东海防为例，从表1中可以看到，明初时期最为关注海防，兴建为数众多的卫所，而在明中期之后数量很少，这也体现出沿海防卫的国家策略变化。

表1 明代广东卫所设置*

序号	卫所名	驻地	设置时间	建制标识 洪武前期	建制标识 洪武后期	建制标识 明代中期	建制标识 嘉靖以后	功能 海防	功能 内地
1	广州左卫	广州府城内	洪武八年	▲					○
2	广州右卫	广州府城内	洪武八年	▲					○
3	广州前卫	广州府城内	洪武二十三年		△				○
4	广州后卫	广州府城内	洪武二十三年		△				○
	增城所	增城县治	洪武二十七年		△				○
5	清远卫	清远县治东	洪武二十二年		△				○
5	连州所	连州治西	洪武二十八年		△				○
5	韶州所	韶州府城内	洪武元年	▲					○
5	南雄所	南雄府治西	洪武元年	▲					○
6	南海卫	东莞县治南	洪武十四年	▲				●	○
6	东莞所	东莞县南头	洪武二十七年		△			●	
6	大鹏所	东莞县东南	洪武二十七年		△			●	
6	从化所	从化县治	弘治二年			□			○
7	广海卫	新会县南	洪武二十七年		△			●	
7	香山所	香山县城	洪武二十六年		△			●	
7	新会所	新会县城	洪武十七年	▲				●	
7	新宁所	新宁县治	嘉靖十年						○
7	海朗所	阳江县东南	洪武二十七年		△			●	
8	惠州卫	惠州府治西南	洪武二十三年	*	△				○
8	长乐所	长乐县治东	洪武二十四年		△				○
8	河源所	河源县治东	洪武二十八年		△				○
8	龙川所	龙川县治西	洪武二十年		△				○
9	碣石卫	海丰县东南	洪武二十二年		△			●	
9	海丰所	海丰县治东	洪武二十七年		△			●	
9	平海所	惠州府东	洪武二十七年		△			●	

续 表

序号	卫所名	驻地	设置时间	洪武前期	洪武后期	明代中期	嘉靖以后	海防	内地
9	捷胜所	海丰县南	洪武二十七年		△			●	
	甲子门所	海丰县东	洪武二十七年		△			●	
10	潮州卫	潮州府城内	洪武三年	▲				●	○
	程乡所	程乡县西北	洪武十五年	▲					○
	海门所	潮阳县南五里	洪武二十七年		△			●	
	靖海所	潮阳县大坭都	洪武二十七年		△			●	
	蓬州所	揭阳县鮀江都	洪武二十六年		△			●	
	大城所	潮州府东北	洪武二十七年		△			●	

（原表备注：▲表示洪武初期设置，△表示洪武后期设置，□表示明代中期设置，■表示明代后期设置。●表示海防，○表示内陆）

* 节选自广东省文物局编：《广东明清海防遗存调查与研究》，上海古籍出版社2014年，第30—32页。

作为海防记载和海图的绘制，郑若曾在《筹海图编》之中的中国沿海分省区域及卫所划分得较细致，但是沿岸地形的精确度与真实海岸存在差异。由于郑若曾并不是一位擅于数学算法的制图师，所以他对沿海各省的绘制依然还是基于传统中国方志图式的海图。在中国的制图史中，是否完全没有类似于西方的以数学基础的制图术？实际上在中国古代早期已出现过基于科学方法的测绘，例如魏晋时期的刘徽在他的《海岛算经》之中就探讨了相关问题：《海岛算经》共九问，都是用表尺重复从不同位置测望，取测量所得的差数，进行计算从而求得山高或谷深，这就是刘徽的重差理论。《海岛算经》中，从题目文字可知所有计算都是用筹算进行的。"为实"指作为一个分数的分子，"为法"指作为分数的分母。所用的长度单位有里、丈、步、尺、寸；1里 = 180丈 = 1800尺；1丈 = 10尺；1步 = 6尺；1尺 = 10寸。

3世纪刘徽《海岛算经》（图20）运用二次、三次和四次测望法，是测量学历史上领先的创造。中外学者对《海岛算经》的成就，给予很高的评价。《海岛算经》

| 权力的图像

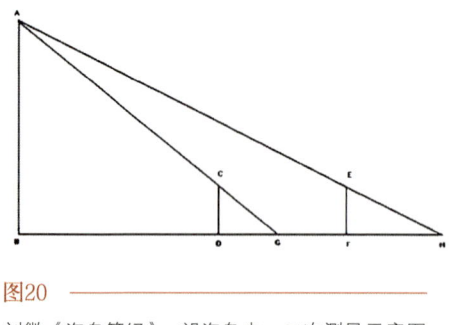

图20
刘徽《海岛算经》，望海岛中，二次测量示意图

的英译者和研究者、美国数学家弗兰克·斯威特兹，在比较西欧测量学从古代希腊、罗马直到文艺复兴时期的发展，认为希腊测量术，重点在测量器具的运用，而其数学水准远不如刘徽《海岛算经》，直到文艺复兴时代，才勉强达到《海岛算经》水准。17世纪初意大利来华传教士利玛窦和中国徐光启合著的《测量法义》十五题，并未能达到或超越《海岛算经》。简而言之，在测量数学领域，中国人的成就，超越西方世界约1000年。[79]在《海岛算经》第一题中，刘徽说：

> 今有望海岛，立两表，齐高三丈，前后相去千步，令后表与前表三相直。从前表却行一百二十三步，人目着地取望岛峰，与表末三合。从后表却行一百二十七步，人目着地取望岛峰，亦与表末三合。问岛高及去表各几何？答曰：岛高四里五十五步；去表一百二里一百五十步。术曰：以表高乘表间为实；相多为法，除之。所得加表高，即得岛高。求前表去岛远近者：以前表却行乘表间为实；相多为法。除之，得岛去表里数。

然而，以数学为基础的测绘模式，没有在刘徽之后被广泛采用，中国古代舆图的主要绘制并不依赖严谨的数学和几何方式。所以在郑若曾绘制沿海防卫卫所的时候，依据的就只是传统的方志绘制方法，这也是当时中国流行的舆图制图模式，即地图图像配合文字的描述。《筹海图编》在绘制海图方面，主要以防卫倭寇和热点地域为出发点，它的地图方向十分有趣，是采用了两种方向的暗示，在展示明朝全国地图和列举各省卫所之时都是以面朝东方、海岸在下的方式（图16），这是一种防御的姿态！而在叙述各省卫所与海防历史之时，则是西方在上、海洋在下。视角的转换具有深意，一部舆图著作中运用多元的视角，在传统方志中并不多见，这也

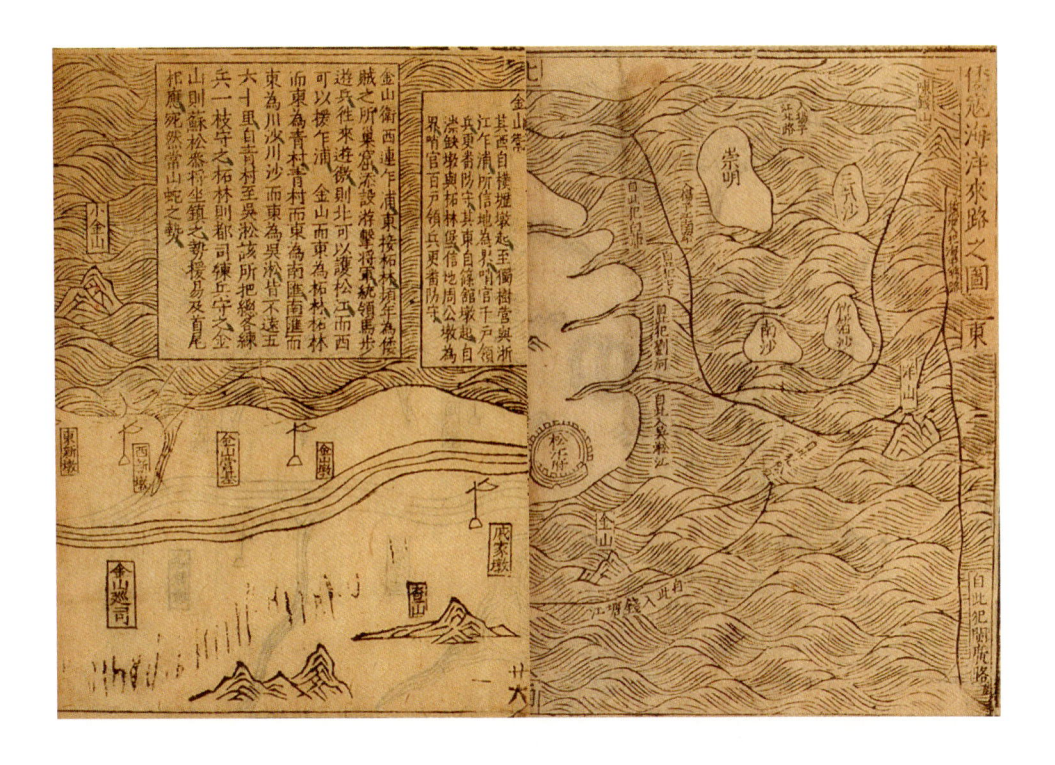

第一章　西方海图与明清时的中国沿海

许可以说明郑若曾是从自我（明军）的视角出发，图像的呈现配合文字的叙述：从海图和地图的观看模式里，将倭寇从沿海驱逐出去。除了在倭国图中出现过日本地域外，其余中国沿海海防图都不画。甚至在海图中还呈现出动态的轨迹，例如在他的另一部海防著作《江南经略》中，罕见地在《倭寇海洋来路之图》（图21右）里出现了倭寇侵扰中国沿海的线路指示，倭寇的海上线路经外海海岛，如洋山、陈钱山等进入扬子江南路、刘河、松江、吴淞江和钱塘江，还标记出进犯闽广的路线。这种生动的图示看起来十分清晰，能够对倭寇的进犯路径一目了然。《江南经略》中沿海卫所之上所做的简介与注释也是郑绘防海图的一个特点（图21左），这部书的指南作用十分明显，对防卫的具体辖界、兵力规模做了仔细介绍，如《金山

图21　郑若曾《江南经略》，卫所简介（左）、《倭寇海洋来路之图》（右），明嘉靖四十五年（1566）刊本

卫图》中记道：

> 金山卫，其西自横沔墩起，至独树营，与浙江乍浦所信地为界。哨官千户领兵，更番防守。其东自篠馆墩起，自潥缺顿与柘林堡，信地周公墩为界，哨官百户领兵，更番防守。金山卫西连乍浦，东接柘林，频年为倭贼之所巢窟，添设游击将军，统领马步游徼，则北可以护松江，而西可以援乍浦。金山而东为柘林，柘林而东为青村，青村而东为南汇，南汇而东为川沙，川沙而东为吴淞，皆不远，五六十里，自青村至吴淞该所把总各练兵一枝守之。柘林则都司练兵守之，金山则苏松参将坐镇之，势援易及首尾相应，宛然常山蛇之势。

可以说，郑若曾的海防图以一种新颖的舆图视觉形态出现在当时海防地图之中。在明史中作为一名远离官场、潜心学问之人，却在明代海防中起到关键的作用，正如顺治时，清人张能鳞在《重刻〈筹海图编〉序》中所言："江、浙、闽、粤四省迄登莱以北，海滨广斥，计里逾万里而遥。元、明时，洋寇岛彝更迭为患，海之有防，严于边塞矣。明嘉靖之季，海氛浸虐，江、浙濒边数州郡，几蹂躏子遗。……而当日运筹帷幄，指授方策者，则实推昆山郑开阳先生为首庸焉。"《筹海图编》在明代海防所涉及问题之全面也是前所未见的，各省沿海卫所、水寨的详情考察极为细致。如福建泉州府的浯屿水寨，书中记述其"原在海外，今移入厦门澳。每岁分水宁、漳州二卫官军二千八百九十八员名更番备倭，领于把总指挥，以控泉州郡之南境"。据清乾隆时《泉州府志》记载：嘉靖年间，浯屿水寨迁往厦门。起因是有官员认为浯屿水寨"孤悬海外，难于驻守、管理，议将其移至厦门。同年，尚书薛希琏经略海上，以其地孤远，奏移之，嘉靖间移入厦门"，这说明郑若曾对海岛的考察皆有根据。在《筹海图编》卷四之《刻图》中，浯屿和浯屿水寨分别标记在两幅图（图22）。书中的记载则是："福建五寨俱江夏侯所设。浯屿水寨原设于海边旧浯屿山，外有以控大、小咀屿之险，内可以绝海门、月港之奸、诚要区也。后建议迁入厦门地方，旧浯屿弃而不守，遂使番舶南来，据为巢穴，是自失险也。今欲复旧制，则孤悬海中，既鲜村落，又无生理。一时倭寇攻劫，内地哨

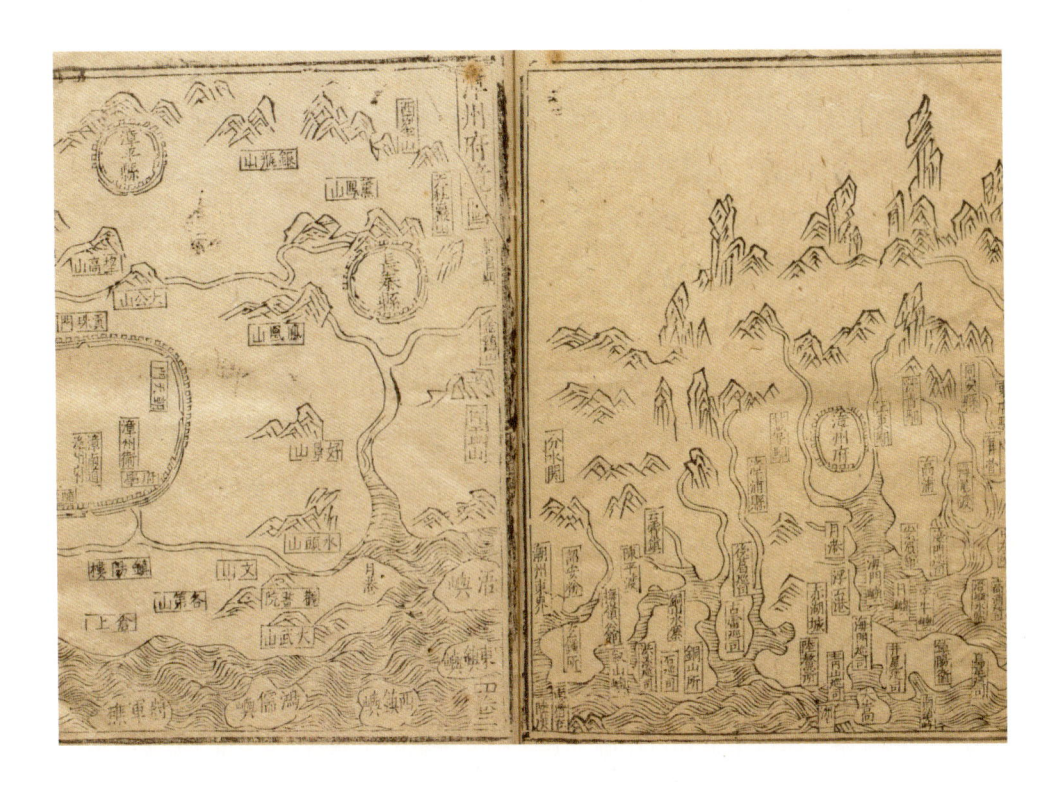

援不及，兵船之设何益哉！故与其议复旧规，孰若慎密厦门之守，于以控泉郡之南境，自岱坠以南，接于漳州，哨援联络，岂非计之得者哉！"此外，对周边的其他水寨如南日、烽火门、铜山和小埕水寨等均做了深入描述。

明代尤其是晚明时期，关注海防的明人和著作不断出现，以舆图的形式将关注转向沿海防卫。除《筹海图编》外，各级官吏尤其是身处沿海的官员们多有绘著：侍郎钱邦彦有《沿海七边图》、御史姚廉《岭海舆图》、兵部侍郎郭仁《两浙海边图》、都御史周伦《浙东海边图》、太守秦汴《浙东海边图》、总兵俞大猷《浙海图》、总兵卢镗《浙海图》、都司黎秀《浙海图》、把总指挥陈习《苏松海边图》、都御史喻时《古今形胜图》和罗洪先的《广舆图》。有关海防著书亦多，如吏部侍

图22
郑若曾《筹海图编》卷四，福建漳州海防，1562年初刻

郎叶盛《水东日记》、总督尚书胡宗宪《三巡奏疏》《督抚奏疏》、总兵俞大猷《平倭疏》、松江府同知罗拱辰《战守二议》、副使茅坤《海防事宜》、参将戚继光《纪效新书》《三台经略》、通政司参议张寰《筹倭末议》、刑部主事唐枢《海议》《一庵杂记》、刑部尚书郑晓《淮扬奏疏》、礼部郎沈应魁《江南实录》《平倭奏草》、举人归有光《备倭事略》、姑苏皇甫冲《备倭议》《枕戈杂言》、侍讲倪谦《朝鲜纪事》、抚按操司会议《海防录》、都御史翁大立《督抚江南奏议》、都御史朱纨《甓余杂集》、都御史唐顺之《南北奉使录》、都御史胡松《奏疏稿》、都御史李遂《军门节制》《平倭事略》、海道副使谭纶《军政条约》、工部侍郎赵文华《平南纪略》、都御史章涣《平倭四疏》、太常寺卿魏校《海防议》、礼部侍郎吕㮣《南省奏稿》、福建都御史刘焘《海防议》、兵备副使王崇古《海防议草》、御史徐栻《奏疏稿》、总兵卢镗《浙洋哨守策》、主事沈㳺《南船纪》、备倭都指挥李釜《两浙战船则例》、五官挈壶正胡国材《平倭管见》、太仓毛希秉《海盗事宜》、兵部主事黄元恭《蠡测海警》、俞大猷《海寇议》、昆山沈友《海防漫抄》、给事中陈侃《使琉球录》、宁波李贤《备倭考》和昆山郑一莺《朝鲜考略》等著作，长期的倭寇侵袭是官员们不得不关注沿海的一个原因，然而及至晚明时期，尤其是嘉靖、万历时期的朝政疏离，导致了沿海防卫力量的衰落：

> 万历二十六年（1598）援朝抗倭战争一结束，明朝裁减沿海军备就开始了。在广东，北津水寨原有各种战船74只，兵2277人，经一再裁减，到万历十五年（1587），战船只剩35只，官兵只剩997人。柘林水寨原额官兵1677人，后裁减至696人。潮州的备倭船是日本侵朝时添设，共25只，以后裁至14只。南澳游兵，原有福、哨、冬、鸟船40只，官兵1835人，到天启二年（1622），尚有冬、鸟船34只，官兵874人，在汛期还有贴驾的征操军420名，但到崇祯六、七年，只剩船10只。崇祯十年，仅剩船8只，官兵721人。[80]

值得一提的是，明末的另一部海防图籍《经国雄略》，由福建泉州人郑大郁编撰。此书辑于明亡之际，旨在切于时事，有裨强国。共四十八卷，分为：天经考、

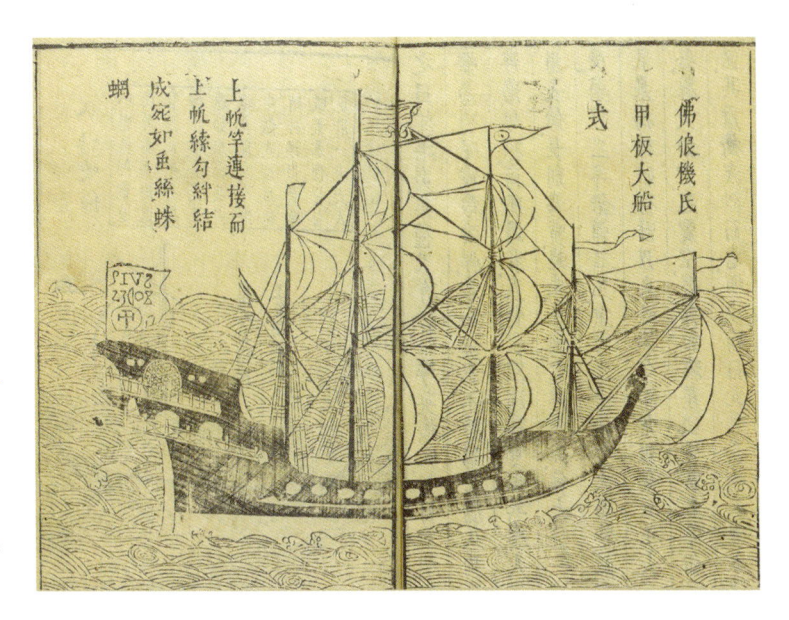

图23
郑大郁《佛狼机氏甲板大船式》，取自《经国雄略》，南明隆武潭阳王介爵观社刊本

畿甸考、省藩考、河防考、海防考、江防考、赋徭考、赋税考、屯政考、边塞考、四夷考、奇门考和武备考。这部书中也出现了海防考和沿海各省的地图，和《筹海图编》一样，也论及江防事宜，虽然并不是一部专论海防的书籍，但是其中亦对全国各省及沿海舆地情况做了相当详尽的讨论。

除倭寇外，书中还专门讨论欧洲人到达中国沿海的情况，还绘制了欧洲海船图——"佛狼机氏甲板大船"（图23），郑大郁说："（欧洲船只）尝为海患，不时驾巨舰入内海，游荡劫掠，商船遇者，人货俱空，深为可恨。其夷人惯用长枪、长剑、鸟嘴、连珠巨炮、虎蹲大铳，每大铳一口，受药可二斗，铅弹二丸，重可二十余斤，火药精炼。……红夷所造巨舰大如山，而固如铁桶，坚不可破，上可容千人，用板木合造，可数十万重。"[81] 这说明郑氏已了解欧洲人来到中国的情况。这部书的序言是由郑芝龙所作，郑芝龙在明朝封闭海疆的背景下，以民间之力建立水上力量，周旋于东洋及西洋势力之间，并且是在台湾海峡抗击及成功击败西方海上势力的第一人。崇祯元年（1628）九月，郑芝龙受抚于福建巡抚熊文灿，率部众3万余人，船只千余艘降明，诏授海防游击，任"五虎游击将军"，驻安海。郑芝龙利用安平镇作为拥兵自守的军事据点和海上贸易基地，打破官方的海禁，繁荣海市，武

59

装船队旗帜鲜明，戈甲坚利，航行于中国大陆沿海、中国台湾、中国澳门和日本、菲律宾等东南亚各地之间，几乎垄断了中国与海外诸国的贸易。

明人将葡萄牙及西班牙称之为佛郎机，实际上有明一代，鉴于倭祸之烈，海禁最严，外商入市最所不喜。葡萄牙人东来中国，乃欲发展其在东方之贸易，其时尚无侵占中国之野心，且葡萄牙在当时亦未具备此种力量。然与当时政策，则极不合。中葡所有冲突，亦即由此发生。[82]据《明世宗实录》记载："嘉靖二十六年，佛郎机国夷人，入掠福建漳州，海道副使何乔御之，遁去。巡按使金城以闻，且劾浯屿把总指挥丁桐，及去任海道副使姚翔凤受金默货，纵之入境；请正其罪。诏以桐及翔凤令巡按御史纨来京究治；防禁事宜，兵部详议以闻。"[83]明人提出了积极的防卫理念："制倭于内，不若御倭于海。士卒入海，人无还心，皆殊死战，无所逃难，一也；洪艟巨舰，易以凌贼，势便，二也；毒药火器，且战且焚，三也；贼载水而饮，开口待卤，势不能持久，四也。"

《经国雄略》中出现的欧洲人与佛郎机船记载，是晚明至明末时期出现的新情况，也是对《筹海图编》的进一步补充，这方面的具体情况将在后续的章节中将继续讨论。郑大郁绘《海防图》包含中国从南到北的涉辖海岸，最北为辽东半岛，我们可以很清晰地看到山海关和沿渤海湾、山东半岛一带的主要城市及卫所（图24）。接下来是包括河北和山东半岛、江苏沿海、浙江沿海、福建沿海、广东沿海、海南岛、北部湾海域和交趾，基本上涵盖了大部分中国海域。

令人惊讶的是，郑大郁在书中绘制了三套舆图，第一是全国分省舆图；第二是在《海防考》中专门绘制的海防舆图，以分省和辖制省份的海域、海防卫所；第三是在以中部和西部各省为主的《边塞考》之中，亦出现了一部分海图，例如《九边图》和《辽东图》，从中可以看出郑氏对海防的关注和重视。郑大郁实际的考证并没有缺乏实际的浮言，而是以生动的文字将沿海防卫之情和历史沿革描述出来：

> 万历壬辰，倭权臣平秀吉使将侵朝鲜，据八道，掠王子，属国请援师甚急。乃命侍郎宋应昌往，经略战守事宜，而用兵不解，倭以创去。夫日本国，四际皆海，乘风入寇，杳不可测，总其大凡，恒在清明后前乎。此风候不常，过五

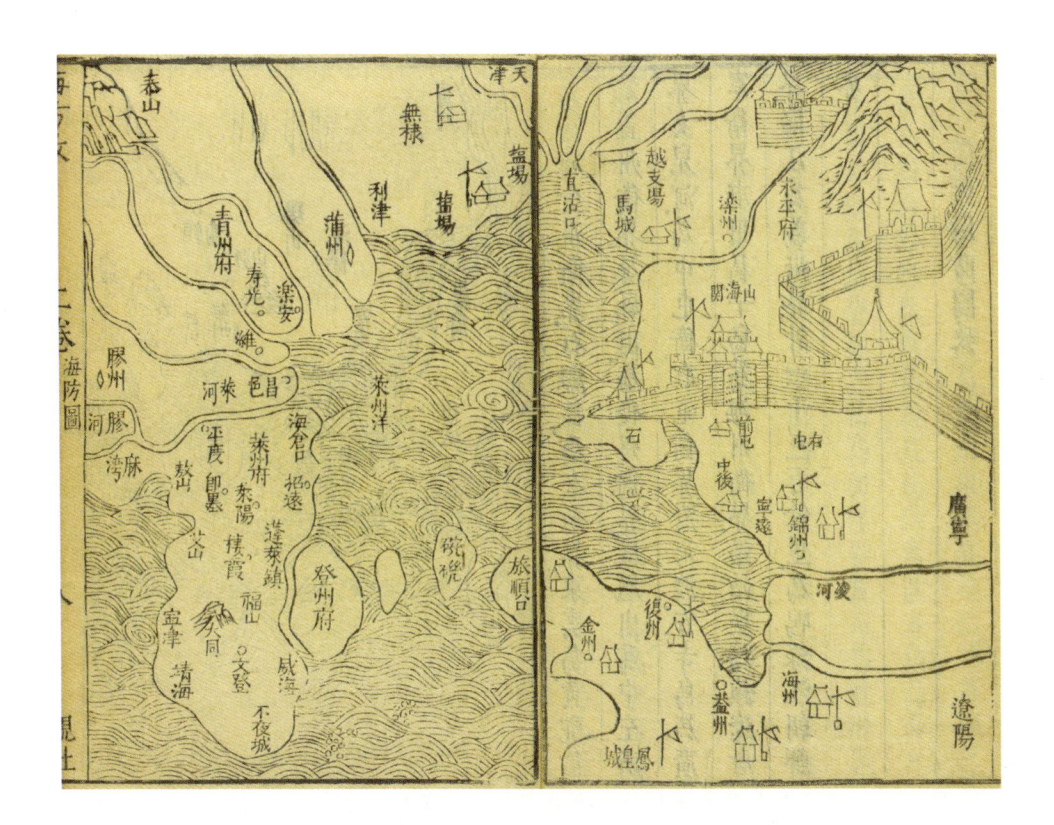

月，风自南来，倭不利。重阳后，风亦有东北者。过十月，风自西北来，倭复不利。故防汛以三、四、五月为大汛，九、十月小汛。沿海诸镇，有广东、福建、浙江、南直、淮阳、登莱、辽阳，凡七，足以防剿。是皆今日海防之切务，所当商确者一也。[84]

图24
郑大郁《海防图一》，取自《经国雄略》，南明隆武潭阳王介爵观社刊本

郑大郁的舆图绘制虽然无法用数学的准确性来衡量，却是十分标准的传统舆图，这些舆图能配合文字的描述，使观者在阅读之时，对山川海洋之地理分布形成一个直观的理解和判断。郑大郁所做的工作，近似于在他之后一个世纪荷兰所出现的，被称之为"描述的艺术"（the art of describing）式的地图制

| 权力的图像

图术,即文本与图绘(包括地图)有机联系的一种内在语境。荷兰人在地图集中生动的描写技巧可以称之为自然知识,地图制图术和铭文在著作之中备受关注并且配以精美的插图。《经国雄略》之中的地图、海图与文字描述对应十分紧密,与《筹海图编》一样,海防的策略是防倭寇于海上。

在图述辽东半岛的海防情势时(图25),郑大郁指出与东南海防之间的差异和防倭之间的关系,还有着明确的策略分析:

> 愚按辽阳海防,视闽、浙为稍缓,辽地负山阻海,北邻沙漠,北有辽海、三万、沈阳、铁岭之统于开元者,足以遏虏之冲;南枕沧溟,有金、复、海、盖、旅顺联络海滨者,足以防倭之剧。辽阳沿边守备,既定为五路,分守应援,亦为得策。今沿海卫所,亦得如辽阳分一之制。令旅顺而西,以金州辖之;三岔河而南,以盖州辖之;三岔河而东,以三屯辖之,当事者,遇秋汛则防边为重,防海次之;春汛则防海为重,防边次之。则边、海俱有赖矣。然后繇闽、广以至浙江、南直,繇江北以至山东、辽阳,严搜接济之徒,罗守要害之地,练水兵,操战舰,精火器。下令沿海守备,以守外海为上,守内海次之;水战为上,陆战次之;以贼不登岸为上,登岸战胜者次之。则万里海防,可以免鲸鲵蜃雾之忧,剥寨焚城之患矣……国朝专设备倭都指挥一员,巡海副使一员,分驻二郡,卫所森严,墩堡周备,承平日久,不无废弛,申明振励,庶几其无患乎!虽然,倭船至岸而后御之,亦未矣。孰弱立水寨,置巡船,制寇于海洋山沙,策之上也。尝闻宋以前,日本入贡,自新罗以趋山东,今若入寇,必繇此路矣。[85]

在防御倭寇的策略上可以看出,御敌于外是一致的共识。《经国雄略》之《四夷考》卷中,也将钓鱼屿(岛)画在图中(图25),郑大郁是在《筹海图编》之后又一位在大明海范围中绘出钓鱼屿位置之人。对比两幅海图,在钓鱼屿周围,如彭家山、鸡笼屿、瓶架山等地名都反复出现,这说明在晚明时期,明人对这一海域岛屿的了解已很清晰。

多数的中国制图师都已湮灭在历史当中,中国的制图师往往不在地图上留下自

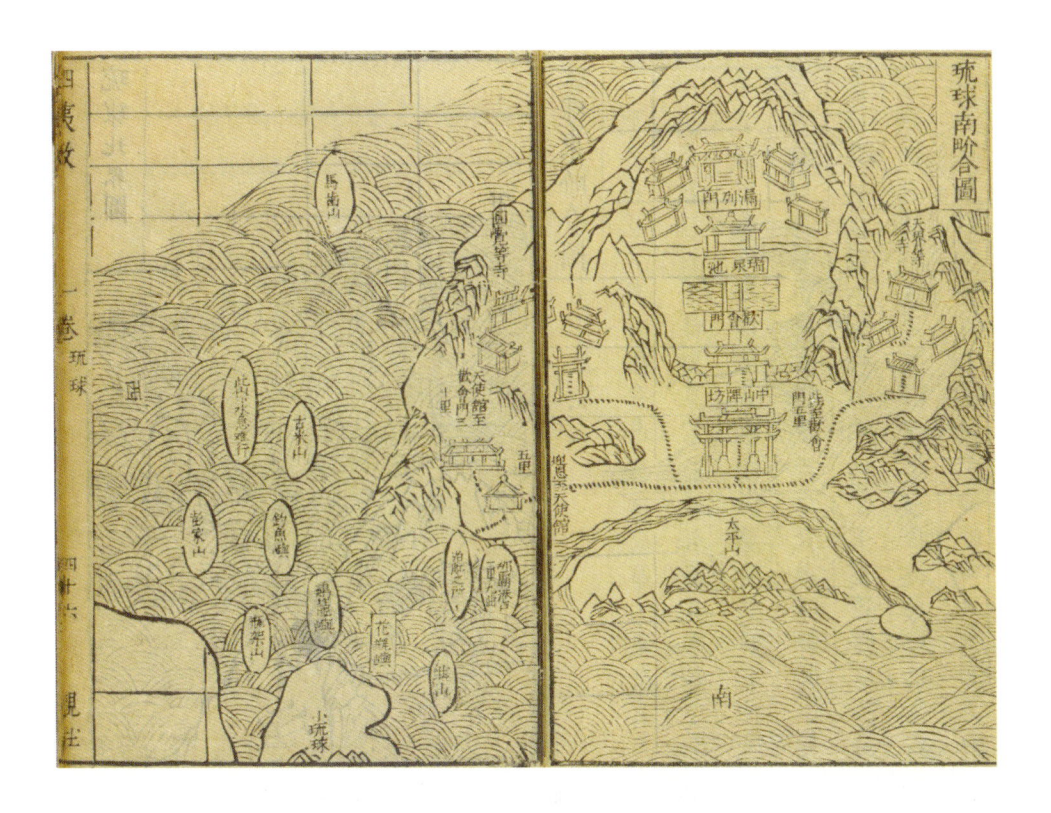

第一章　西方海图与明清时的中国沿海

己的名字。所以像郑若曾和郑大郁这样的杰出的制图者和他们留下来的海图就更显得珍贵。无独有偶，明朝的领航员（制图师）长期以来亦一直默默无闻，这是由于中国商人们对他们的运营事务始终讳莫如深，使我们一直无法了解他们。船主会在账本上记录领航员的薪资情况，但商家们都极端谨慎，绝对不会让账本脱离其控制，更不会让竞争者乃至税务官员有机会窥探其财务状况。18世纪以前中国商业机构存留至今的账本仅有一部，而贸易团体则根本没有任何账本保存下来。所以，我们无从得知明朝任何一位领航员（制图师）的名字。由于他们自己也未做记录，因而撰写历史的人并没有将他们纳入调查的范围。[86] 这些关注中国海防的文人兼制图师并不在朝廷中担任职务，郑若曾在抗倭获胜之后，也未接受被委以锦衣之职。

图25
郑大郁《琉球南界合图》，取自《经国雄略》，南明隆武潭阳王介爵观社刊本

明代的制图师和来自欧洲的测绘师的知识获取途径不同。当葡萄牙、荷兰的舰船航行到中国沿海时，他们的测绘师也一同到来，在漫长的航海路线之中不断地绘制途经各地、岛屿和路线的海图。在数学和几何学的辅助下，欧洲海图绘制的准确度不断提高，这是一个处于动态和不断变更的制图模式。明代文人们无法自由地航行在海上，他们的很多地理知识来自当时可以看得到的地理著作，尤其是古代的舆地著作，以及通过口述而获得的信息和十分有限的实地考察。明代的海图在抗击倭寇的战争之中究竟发挥过多大的作用，现在已无法知晓。但是可以肯定的是，同时期欧洲人如果不是凭借大量的实地测绘，肯定无法顺利到达东亚，进而获得一个又一个殖民地和巨额贸易利润。从这个角度讲，地图对于欧洲人来说起到的作用是决定性的。倭寇的长期侵扰具有海盗和匪寇的性质，他们不会对中国沿海做深入和长期的测绘，但是欧洲人向亚洲的航行将中西交流的大幕渐渐拉开，在这场史诗终于登场之际，中国和欧洲的制图师在同一个世界之中，运用自己的智慧画出了完全不同的海图，晚明以来中西之间的"竞争"，除了国家的军事、贸易和制度之外，制图与海图则是一个隐藏在幕后的关键因素，它往往无法呈现得那么明晰而被历史所忽略。和职业化的佛兰芒制图公司及制图师相比，明代的制图师往往具有更加深刻的浪漫情怀和历史感，他们的肺腑之言足以证明这一点，郑若曾说过他的制图缘由：

> 于戏，天地剖判，厥有华夷，华内而夷外，阴阳之大分也。山川之险，天固将为之防乎？是故先王因其防而防之，因之时义大矣哉。善因之，则我可以守，彼不可以来。不善因之，则所谓险者，彼反乘之敝我矣。
>
> …………
>
> 是编为筹海而作，必冠以《舆地全图》者，示一统之盛也。不按图籍，不可以知厄塞，不审形势，不可以施经略。边海自粤抵辽，延袤八千五百余里，皆倭寇诸岛出没之处。地形或凸入海中，或海凹入内地。故备倭之制，有当三面设险者，有当一面设险者，必因地定策，非出悬断。世之图此者，类齐直画一，徒取观美，不知图与地别，策缘图误，何益哉！今略仿元儒朱思本及近日念庵罗公洪先《广舆图》计里画方之法，凡沿海州县、卫所、营堡、关隘，与

夫凸出凹入之形，纤微不爽，庶远近险易，展卷在目而心画出焉。其边防填注地名，则一如其旧云。《总图》载府州卫所者，举大以该小也。若山沙图，若则又详外而略内。各有所重，亦互见也。附《日本国图》者，先内而后外也。……舆地有图，沿海山沙有图，入寇有图，复图各藩者，何详之也？八千五百余里之地，载之方尺之纸，仅其大都尔，非分图何以备考？观者得其概，复尽其委，不必驰金城，而方略具矣。[87]

这无疑也是制图和测绘世界的对比甚至是较量。全球测绘或以科学的模式与工具测量世界的西方制图者，与身在明代中国，依据古代地学典籍和依然未知测绘过程的明代文人之间，会有多么大的差异？显然，海禁政策与对外洋情势的陌生并没有打消文人们对海上情况之兴趣，这不仅因为倭寇对明中国的骚扰，也来自晚明时期社会所发生的一些新的状态。有明一代，知识传播的可能性大大增加。随着经济的强劲增长，识字率显著上升，士绅文化大为兴盛。大量文人学士游离官场，广结文社，或私下集会，或聚谈于寺院之中，书籍出版亦空前繁荣。晚明时期的中国，实际而有用的知识正在增长。早在结交耶稣会士之前，高级官吏徐光启、李之藻就著有水利和测地之书。进一步来说，星罗棋布的书院成为授课和讨论的场所，连同东林党，以及后来的复社构成了至少在一般意义来说传播新知的渠道。同时，广阔的知识潮流风起云涌，强烈地波及当时的学术、教育、政治、宗教、哲学和道德领域。值得注意的是，对西学的强烈共鸣产生在那些心忧天下而又坦率直言的知识分子圈子中。可以这样说，明朝末年，相当数量的文人学士对西学已不再陌生。[88] 如前所述，众多的海防著述显示出晚明时期的官吏阶层对海防的关注度非常高，这与深居京城的嘉靖帝、万历帝等最高权力者为人所知的怠政形成鲜明对比。

专论海岸的书籍在中国历史中出现较晚。郑若曾的巨著《筹海图编》是在明嘉靖四十一年（1562）刊行，而李约瑟认为书中附有一些"画得很粗糙"之地图，这类著作的出现与沿海各省当时经常遭到倭寇的严重侵扰有关。但也有一些专门著作是为保护海岸、防止海水侵蚀而撰写，如方观承所辑《敕修两浙海塘通志》（1751）。李约瑟对《筹海图编》的观感说明西方人对中国方志图的通常概念，如果请一位荷兰东印度公司的测绘师来看郑若曾的海图，他也许会认为这种海图缺乏实际功用，只能用于欣赏或作为某种装饰，没有经纬度、水深、航线、比例尺和方位的海图在欧洲航海者眼中的确是难以解读。清代时，欧洲的测绘师曾经对中国的地图与海图做过评价，认为它们绘制粗鄙，使用价值不大。然而，处于不同科学体系中的测绘模式和传统也不同，如文字对舆图的补充便是中国地图的一大特点。长期的海禁政策，的确使明人无法延续像郑和船队一样强大的航海水平，在欧洲人到达亚洲海域之前，如何防范倭寇就是明代海防的核心问题，无论是文人还是官吏们都提出御敌于海上是一项理想化的策略。嘉靖时期明政府多次组织和调集军事力量阻击入侵倭寇的国家防御行动，都不可避免地把巨大的关注点投射在东南海防上面。由于明世宗罢黜市舶司，随之带来的倭寇侵袭活动更为加剧，中国历史上的海上威胁始于明代，这种威胁一直延续到清代，明清两代所面对情况有相同之处，亦有差异。海防体系的建立是一个十分复杂的问题，而制图与制图师在其中所扮演的角色，以及他们在海防政策、中西交流关系中所起到的微妙作用，在历史长河之中被时间湮没了。

　　相辅相成的是，明清时期有关沿海的地图明显增多，中国舆图的图像材料自明代开始丰富起来。将明代舆图作为考察的主要对象，不仅是因为欧洲制图术和地图的传入，明代地图保存较多也是个基本条件。有明一代，地图首先需要体现出国家意志和对社会的掌控，地图广泛应用在各种方志与地籍中，明代地图制作的繁荣更加集中地体现出当时的国家意识。政府收集地理信息具有行政和国防目的，重要的是，绝大多数的中国古地图都是政府（主导）绘制。[89] 倭寇曾严重影响到明代中国沿海各省的安全和经济，这类海图所关注的方面在中国沿海附近的海域，例如《筹海图编》和《经国雄略》所涵盖的海域包括中国沿海、琉球和朝鲜一带，很少将其他大洋水域绘制进去。当然，对世界全图的认识与耶稣会传教士来华后的地理知识有关。明初时，郑和的海图从严格意义上来讲是实用的航海地图，而非各大洋的全貌，图中有很详细的航行方向说明，并注明航行里程以及沿途所见重要的岛屿与地物。整个地图的方向不是一致的，全图中各个部分地图的左右边，都是航行的方向。换言之，该图是以地图使用者定位的。在中国古代，对海洋范围的选择与绘制，及绘制精度的问题非表面看上去那么简单，制约因素还存在诸多不明确的方面，也并非按照线性进化论的规律发展。例如早于明代《筹海图编》（嘉靖本）四百余年的宋代《禹迹图》在绘制精准方面反而更胜一筹，《筹海图编》作为17世纪的地图，在绘制的技法方面没有提升，画面显得拥挤和琐碎，这可能也是使李约瑟感到绘制不佳的一个方面。可以看出这些图和一般的地方志附图的相似性，亦可能就是方志图的作者本人来绘制完成。

郑若曾强调海防地图之重要，也书写了十分难得的制图心得，这些海图具有海防的象征意义，加之海岸地形或凸入海中，或海凹入内地，不以当世诸图观美为标准。《筹海图编》之中的各区域图与明代方志地图差异不大，实际上是沿海地形图，绘有山、岛、海、河流、沙滩、海岸线、城镇、烽堠等，在军事上很有价值。[90] 与它相似的是另一幅明代的《海图》，海岸描绘的理念类似，是从海南岛到鸭绿江口的中国沿岸军防布局，以及沿海附近岛屿、城镇分布状况。不同之处在于这幅《海图》采用山水画法，海洋绘以蓝色鳞状波纹并辅以白色浪花，黑色双线勾出河道形状并填以蓝彩，山脉用青绿渐变表现，府、州、县以及卫所则绘出蓝色圆形或椭圆形平面城围。这幅有明人冯时（生平不详）序跋的海图展现出的是一个富于装饰性的海岸，它的视角和郑若曾的相类，即以沿海防卫的姿态来画，而不是遵循上北下南的朝向方式。此《海图》也再次说明中国古代地图是以使用者为中心的地图定位，不一定是上北下南的模式。中国地图的定位自古以来就是多向的，著名的《禹迹图》和《华夷图》都是以地图的上方为北；汉代的马王堆地图以及南宋程大昌撰《雍录》所附《唐都城内坊里古要迹图》和《汉唐都城要水图》则以地图的上方为南；宋代《建康志》所附《皇朝建康府境之图》和元代张弦纂《至正金陵新志》所附《茅山图》以地图上方指向东方；南宋程大昌所撰《禹贡山川地理图》中的《九州岛山川实证图总要图》《今定禹河汉河对出图》和《历代大河误证图》等，又以地图上方指向西方。郑和下西洋的航海图亦是如此：

> 整个地图的方向不是一致的，全图中各部分地图的左右边，都是航行的方向。换言之，该图是以地图使用者定位的……例如，清代的台湾地图，地图上方指向东方，右边指向南方，左边指向北方。这是因为清人从大陆上看台湾，这

样驻在福建的高级官吏在阅读台湾地图时,地图可以提供一种比较真实的感觉。[91]

明代冯时《海图》也是如此,以上海区域海岸为例,可以看到崇明县(岛)位于地图上方,也就是东方,地图中各岛屿、烽堠、镇场、巡检司和县所一应俱全,地图绘制者面朝东方,即抵御外敌进犯之方向。然而,作者构思机巧之处在于,并非所有图内的海岸线都朝向东方,这幅沿海地形图采用了以海洋为中心的方位指向法。例如海岸线鸭绿江部分,鸭绿江入海口是中国大陆海岸线的最北端海岸,面朝的是西南方,江浙一带为东方,广东至海南一带则是南方。此后,欧洲各国在中国沿海的舆图绘制中,将沿海的情况刻画得十分深入,他们正是沿着水路进入中国。安东尼·瑞德(Anthony Reid)的研究表明:"东南亚(以及中国)船员总是尽量沿着海岸,凭借他们渊博的风向和海流知识向前航行。《马来海商法》规定了他们的任务:'舵手必须在海上和陆上根据风向、海浪、海流、海水深浅、月亮和星星、时节和季风、港湾、岬角和海岸线、暗礁……珊瑚和沙洲、沙丘、山脉,进行导航。'阿尔西纳认为,菲律宾导航员比西班牙、荷兰或中国舵手在这些方面更胜一筹。这样看起来,似乎只有远程航行在长时间看不见大陆后才需要指南针,而这些指南针可能来自中国。"[92]中国水手的航海技艺在当时是可圈可点的,只是很少有文献真正记录下来,多数人凭借的是多年的航海经验而非依靠海图航行,中国的水手们也极少传承和绘制海图,而欧洲的航海者却在不断完善这一工作。

刊印于明天启元年(1621)的《兵垣四编》,是又一部涉及绘制海图和关注沿海防卫的图籍。图籍的作者闵声、闵映张在附编中收入了许恭襄《九边图论》与胡宗宪《海防图论》。其中《海防图论》"小引"记述:"嘉靖辛酉,大司马梅林胡公总制吴越,值海夷蠢蚀沿海,诸州郡皆弗靖,因奉命扫荡之。自岭南至福浙,迄吴、淮、登莱抵辽左。计里辨方八千五百余里,沿海山沙、险扼延袤之数,一一如指掌,博而不失泛,约而不失简。十洲三岛宛然缩地,古所谓虏在目中,信不诬矣。"[93]《海防图论》包括《海防图论序》、《海防图论评》、《海防图论》目录和《海防论》,涉及内容包括《海防图》《广东要害论》《琼管论》《广福通番当禁论》《福洋要害论》《福洋五寨会哨论》《福宁州论》《广福浙兵船当会哨论》《浙江四参六总分哨论》《舟山论》《浙直福兵船当会哨论》《苏州水陆守御论》《江北设险方略论》《江淮要害论》《山东预备论》，以及《辽东军饷论》和《日本考略》，把全国海疆沿海基本上梳理了一遍。《海防图论》有胡宗宪所作序，他说："宗宪不敏，天子以东南半壁付之。……人巧未极，故能优游而坐镇。及不敏受事，而海之患益不可言矣。盖不特倭奴之能窥我圉而群不逞之徒，且狡而决我藩也。故昔之防海，重防其入。今之防海，重防其出。重防其入，则砺我戈矛，戒我楼橹，可以御日本之倭。重防其出，则支流必辨，合港必稽。所以御通日本之倭者，正未可以更仆数也，盖不敏所日惴惴焉，而不敢即安。凡耳目所历，哨探所传，无微不核，无细不综，因汇次为海防诸论。"[94] 胡宗宪作为一线指挥与倭寇作战的官员，熟悉了解倭寇与海防之间的关系，《海防图论》以地形和倭情为依据，论述了沿海各地的战略形势和在抗倭中的战略地位，提出了加强防御的措施。其总的防御思想是御之于远洋，歼敌于近岸，各省联合防御，协同会剿，内外夹持，水陆兼备。具体措施主要有加强渔船管理，除掉内奸、使倭寇失去耳目和向导；占领海上要害岛屿，封锁倭寇必经之路；分哨和会哨紧密结合，尤其要加强防御接合部的会哨，堵塞一切空隙；在沿岸港口设水陆把总和游兵把总，既能水上击敌，又能在陆上堵截歼敌；组织团练乡兵，使处处有御倭之兵。[95] 辑录者在各篇各地海防论述中，常加以眉批，在结尾处附上红字评注，如"广、福人通番当禁论"后，针对原文"稽察之说有二。其一曰'稽其船式'，盖国朝明禁寸板不许下海，法故严矣。然滨海之民，以海为生，采捕鱼虾有不得禁者，则易以混焉。……其二曰'稽其装载'，盖有船虽小，亦分载出海，合之以通番者，各官司严加盘诘，如果采捕之船，则计其合带米水之外，有无违禁器物乎"，红字批注："稽船式，稽装载，此实法也。责在守港官，谨司其钥，万一防检少疏，纵其出海，则亡命之徒倒行逆施，非唯无可稽，抑且不容稽矣。"

书中《海防图》绘法与《筹海图编》不同，亦颇具新意（图26）。中国沿海和日本之间的海域中，用字符生动列出倭寇进入沿岸之路线，从南至北分别书写：倭寇至闽广，倭寇至直、浙、山东总路，倭寇至朝鲜辽东总路。在中国海岸线，则根据各省地点写着从此进入，如从此入宁波、从此入钱塘等，倭寇登陆的总体形势清

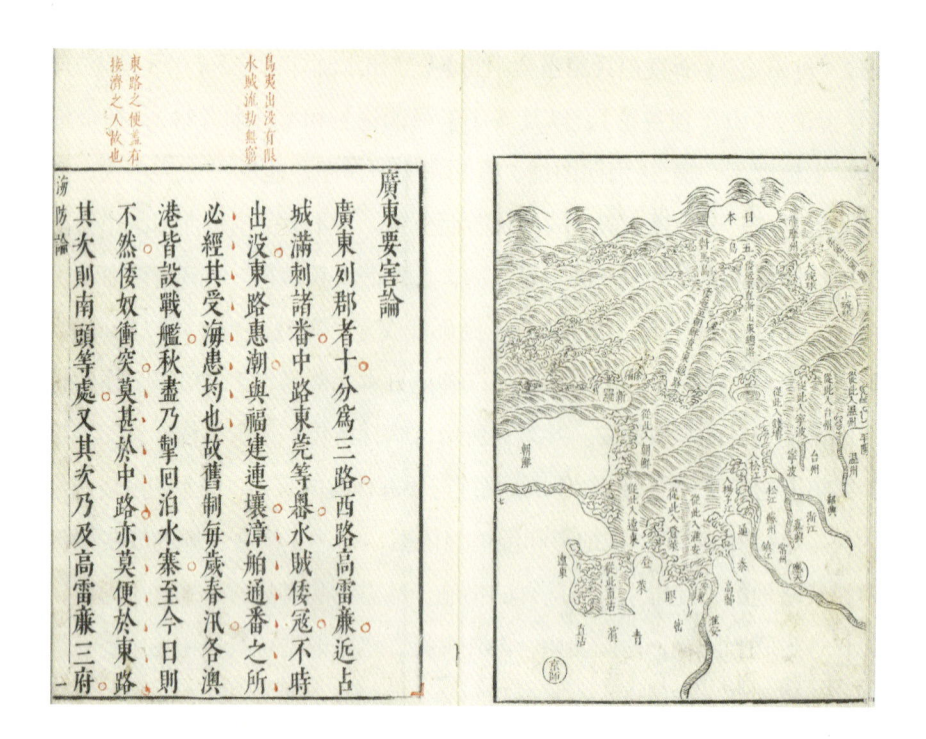

图26

闵声、闵映张《海防图》，取自《兵垣四编》，明天启元年（1621）吴兴闵氏朱墨套印本

晰展现这幅海图之上。可以看得出，这是给对海防也许没有太多知识背景的人去了解倭寇侵袭的总体形势，沿海各卫所的位置并没有标记出来。明代的制图师并不遵循西方式的数学测量法则，在这幅地形不很准确的国境沿海图中，作者的绘图初衷却丝毫不受影响，抗击倭寇的严峻形势扑面而来。地图的绘制实际上都是主观的过程，历史上的舆图演变充分说明了这一点，中国古代的制图模式至少在明代时期，已不局限于固定的方志套路，而是出现了微妙和多元的变化。

晚明时期，密集出现的海防图著作，证明这一时期的国家防务情势转移，即对继北方民族之后新的国家威胁的普遍关注。身在大陆眺望和进行观测的晚明"业余"制图师们正在注视着波澜泛起的中国沿海，他们处在无法航行在海面上的"驻岸"状态，而全球航行的欧洲舰队及其测绘师们即将抵达中国的海面。

第二章 晚明以来的中绘与西绘中国海图

> 中国是一个重要且非常富裕的大国。要控制中国,马六甲的总督不需要使用太多的武力,因为这里的人们非常软弱,因而也就很容易征服。经常去中国的船长宣称,只要有10艘船,占领马六甲的印度总督就能沿着海岸占领整个中国。
>
> ——16世纪葡萄牙驻马六甲总督托梅·皮雷斯

一、国家制图系统的渐变

自欧洲人的海船行驶到亚洲和中国外海之时,对这片广阔地域的测绘也同期开始了。从最早的16世纪一直到19世纪,系统性的绘制活动一直在进行之中。明清两代,西方各国都以各自的形式展开观测和绘制,在贸易的强大推动下,迫切需要开辟和掌握准确和高效的海上航线。也是在这个时期,针对荷兰人殖民台湾、"夷人"试图与中国通商所发生的接触和冲突,以及清代中后期所发生的多次沿海战争,都使中国面临着比明代倭寇对沿海各省侵袭更加深刻的国家与社会危机。从保留至今的内府档案、舆图和各种记录之中,可以发现,就海防而言,清代比明代所投入的管控时耗、经费支持和关注度实际上是有明显的提升，此时保留的大量海防舆图以及相应的文字描述都会给人留下这一印象。除晚清短暂的洋务运动对欧洲海防军事的学习与模仿外，由明到清数百年的国家海防系统是在几乎不参照域外的独立体系之内发展。然而这个系统在与西方真正的较量之下，很快就被证明，是无法有效抵御近代西方建立在科学技术基础之上海军及其战略的。

及至晚明时期，关注国家海防的士人越来越多，由于沿海发生的局部动荡（如倭寇）而给国家带来的威胁已经超过了漠北。明嘉靖时，刑部给事中王希文在《重边防以苏民命疏》云：

> 臣窃惟天下之务，莫急于边防，边防之害，莫甚于海徼。天下之民，莫困于力役；而力役之竭，莫甚于东南。臣谨以耳目所见闻者，披沥言之。且如番舶一节，东南地控夷邦，而暹罗、占城、琉球、爪哇、浡泥五国贡献，道经于东莞，我祖宗一统无外，万邦来庭，不过因而羁縻之而已，非利其有也。故来有定期，舟有定数，比对符验相同，乃为伴送。附搭货物，官给钞买。其载在《祖训》，谓自占城以下诸国，来朝贡时，多带行商，阴行诡诈，故阻之。自洪武八年阻，至洪武十二年方且得止，谆谆然垂戒也。正德间，佛郎机匿名混进，突至省城，擅违则例，不服抽分，烹食婴儿，掳掠男妇，设栅自固，火铳横行，犬羊之势莫当，虎狼之心叵测，赖有前海道副使汪鋐并力驱逐。肆我皇上临御，威振绝域，边境辑宁，凡俘获敌酋，悉正极典，民间稽颡称庆，以为番舶之害可永绝，而疆圉之防可永固也。何不逾十年，而折俸有缺货之叹矣！抚按上开复之章矣！虽一时廷臣集议，不为无见，然以祖宗数年难阻之敌，幸尔扫除，守臣百战克成之功，一朝尽弃，不无可惜。若使果皆倾奉贡，则谁不开心怀柔，以布朝廷威德。设有如佛郎机者，冒进为患，则将何以处之乎？其间守巡按视频烦，官军搜索，居民骚扰，耕樵俱废，束手无为，鱼盐不通，生理日困，皆不足论，以堂堂天朝，而纳此轻渎之贡，治之不武，不治损威，诚无一可者。臣窃仰陛下控御西北诸夷，恩威并用，若知其跋扈之状，必不轻从此议也。幸今番舶虽未报至，然守备已先戒严，刷掳民船，海岛生变，边衅重大，

诚为可忧。如蒙皇上重威守信，杜渐防微，乞敕部院转行巡按，除约束备倭不致侵扰外，仍乞申明祖宗旧制。凡进贡必有金叶表文。来者不过一舟，舟不过百人。……番舶一绝，则备倭可以不设，而民以聊生，盐货可通。[1]

王希文在这道疏文中，将国家海防的重要性，以及东南沿海所处的特殊位置都已言明。像郑若曾等心系海防的明人一样，王希文亦是文官出身，但却提出革新武器火炮之说，《明史·兵志》四《火器》中对此有记载：

嘉靖十一年，南京给事中王希文请仿郭固、韩琦之制，造车，前锐后方，上置七枪，为橹三层，各置九牛神弩，傍翼以卒。行载兵甲，止为营阵。下边镇酌行。[2]

在中国沿海防卫的局部战斗中，我们还很少发现海图用于实际的作战部署，古代中国舆图的时效性并没有像同时期欧洲地图那么显著。海防图、国家一统图作为礼仪和舆地知识的意义实为主流，况且有关国家军事舆图非普通人士所能一窥，也几乎收聚于内府而无法流行于市。就明代而言，初期的制图规范似乎更加严格一些，晚明以后，朝政衰微，制图就远不如前，而且正如我们所观察到的那样，民间人士和低层官吏往往才是制图的主导。洪武十四年（1381），朱元璋诏令天下，编赋役黄册，每册前面均需"总为一图"，以彰明赋役情况。二十六年，对造送地图的内容、要求和时间及负责造图的部门都做了明确规定："凡天下要冲去处，各画图本并军人版籍，须令有司造成送部，务知险易，仍按元代之制，三岁一报，官军车骑之数偕上。"并指定造送图册的地方为陕西、四川、贵州、云南、湖广、河南、山西、山东等布政使司，辽东、大同、宣府、延绥等边镇，松潘等处、郧阳等处、凤阳等处、苏松等处、雁门等处、紫荆关等处、蓟州等处、顺天等府，腹里城池各都司总送。此项规定成了明代地图造送的一项重要制度，明代中期及以后都再三重申，但根据需要对造送地图的内容和时限有所变化。如成化三年（1467），明宪宗要求图本、户口文册限三年一次造送。弘治元年（1488），明孝宗又令图本、官军、户口、马骡文册三年一造送，并规定了各地报送的月份。嘉靖十年（1531），明世宗仍重申三年造送一次地图，但官军、马骡文册改为十年造送一次总数。[3] 从这些信息中可以看出，海图在明代相当长的时期并不是主要受到关注的呈送图目，其中的原因很容易解释：

> 边界地图可以用以标示统治范围；北部边界地图，则更是盘踞在明朝统治者的头脑之中，始终萦绕不散。当然，考虑到边境地区长期以来的掠夺及动荡，这也很正常。但是，国家同样也需要内部地图，以便标明哪些地方需要加强防卫，确定哪些土地应该纳税以及它们的位置及范围。[4]

总的来说，明代舆图之中方志图、鱼鳞图册的绘制数量和完整性远超于海图的绘制。前述倭寇对明代不断的骚扰是一个关注海图的动因，《筹海图编》《经国雄略》《兵垣四编》和茅元仪的《武备志》等书都与东南沿海的防卫有着直接的关系。然而尽管可以绘制出海岸线大致的形式，但是细节部分总与实际海岸有不小的差别，这是由于制图者可能未必能够亲自去丈量测绘，例如《大明舆地图》中的海岸部分，初看时，主要海域边界形式总体尚好，但细查在《福建舆图》（图27）中海岸诸岛都未绘出，只是笼统画出海岸，甚至将金门岛画在了大陆之中。如果说明代中后期，朝廷还能以绘制鱼鳞图册的态度来对待海图的话，那么官方制图的优势就会体现出来，但遗憾的是，海图或海防图的制作者往往是自己完成这个较为艰巨的工作，更为主要的是，由于没有专业的制图机构协同，文人们著书时往往可能自己动手绘图，或者请画工来做，致使舆图的精确性是无法保证的。国家制图到了清代时期，发生了不小的变化。清代在开国之初即着手收集明朝遗留的舆图：

> 顺治五年九月，曾以纂修明史的名义，谕令京内六部、都察院等衙门，在外督、抚、镇、按及都、布、按三司等衙门，将有关明朝的档案"作速开送礼部汇送内院，以备纂修"。康熙四年十一月再次谕令礼部："尔部即再行内外各衙门，将彼时所行事迹及奏疏、谕旨、旧案俱着查送。其官民之家，如有开载

第二章 晚明以来的中绘与西绘中国海图

图27
佚名《大明舆地图》局部《福建舆图》，明嘉靖二十四年至三十八年（1545—1559）

明季时事之书，亦着送来，虽有忌讳之语，亦不治罪。尔部即行作速传谕行。"根据皇帝的谕令，各地陆续收集到许多明朝的档案图籍，送交清廷，存于内阁大库。现存于中国第一历史档案馆三千多件明朝内阁、兵部、礼部等国家机关的档案和图籍，基本上都是清初为修明史而搜集来的。特别是在这批明档中，有一部分珍贵的明代地图。[5]

清初开始的国家测绘活动也是前所未有的。早在顺治十二年（1655）七月，兵部有奏："凡天下险隘要冲地方，职方司皆有图籍。而边事特重，故镇戍总图、九边图，以及沿海腹里并彝蛮猺僮宜备御者，著于图说。疆宇之或险或易，兵马之宜增宜减。一览瞭然。今时势既殊，图籍应易。请敕下直省各督抚，将所辖境内水陆冲区及险隘形势，绘为二图。仍录明季设置兵将几何，今改设几何，详注图旁。"[6]康熙年间，逐步解决"三藩之乱"、统一台湾和准噶尔叛乱后，康熙帝表示：疆域错纷，幅员辽阔，方舆地理，又今昔互异。面对疆域如此广大、地形地理复杂的国家，舆图非常重要，尽管收集明朝舆图，然而错讹和失准时常存在，重新绘制各种舆图十分迫切。康熙二十五年（1686）五月初七，即下旨纂修《大清一统志》：

> 务求采搜博，体例精详，厄塞山川，风土人物指掌可治，画成地图。万几之暇，朕将亲览。且俾奕世子孙披牒而慎维屏之寄；式版而念，小人之依，以永我国家无疆之历。[7]

在明清帝王之中，康熙对舆图的关注之深尤为特殊，这无疑是推进国家舆图测绘最重要的直接动因。我们看到他主持召集传教士对全国疆域的一次大型测绘：康熙四十七年（1708）四月十六日，命传教士雷孝思（Jean Baptiste Régis）、白晋（Joachim Bouvet，1656—1730）、杜德美（Pierre Jartoux，1669—1720）及费隐（Xavier Ehrenbert Fridelli，1673—1743）开始绘制地图。于次年五月十八日，测量辽东从黑龙江到鸭绿江一带，绘制《乌苏里江图》《盛京全图》等舆图。实际上在12年以前，康熙对测绘的兴趣已有表露，他与传教士一起研究数学、几何的背景，可能是他对地理测绘兴趣的由来。康熙三十五年（1696），在亲征噶尔丹行军途中，他甚至记录了测量独石口（今河北赤城）至喀伦的情况：

  自独石口至喀伦，以绳量之有八百里，较向日行人所量之数日见短少。自京师至独石口为路甚近，约计不过四百二十三里。皇太子可试使人量之。喀伦地方用仪器测验北极高度，比京师高五度。以此度之，里数乃一千二百五十里。[8]

康熙三十六年（1697）三月他在回军途中，记录了在宁夏测量的情况：

  朕至此以仪器测量北极，较京师低一度二十分，东西相去二千一百五十里。今安多以法推算，言日食九分四十六秒，日食之日晴明测验之，食九分三十几秒，并未至昏暗见星。[9]

  康熙帝在海图和沿海海防方面亦有留心。康熙二十二年（1683）统一台湾之后，仍每每问及海防诸事。例如康熙四十二年（1703）九月戊午："朕因欲明晰海道，令人坐商船前往，将地方所经之路，绘图以进，知之甚悉。"遣人仔细地考察沿海情形，在康熙五十二年（1713）正月辛丑指示督抚（图28）："朕思海防之道，惟在陆路兵弁，守御严紧，乃为扼要，如盛京、山东沿海汛地官兵，能加意防缉，以致贼势穷蹙，遂革心向化，以次投诚，此即严防之明验也。"水师官军亦有圣训，康熙五十年（1711）三月壬辰，康熙说："朕于水陆兵丁，调度年久，深悉其情事，船出海洋，必俟风候，若不查风而强行之，必致兵损船坏。官兵系朕历年养育之人，遇贼自应效死，如无贼而徒以巡哨受伤，实属可惜。凡提镇等官，当于此留意，务加谨慎。"康熙二十四年（1685），清廷设立南澳镇总兵官，驻扎于福建汕头外海的南澳岛，此岛位于福建和广东两省之间。以镇标右营驻广东，隶广东提督统辖，镇标左营则驻福建。康熙五十六年（1717），周士元（？—1718）任南澳镇总兵后，随同闽浙总督觉罗满保（1673—1725）和两广总督杨琳（？—1724）一同

| 权力的图像

康熙五十年辛卯三月壬辰

上谕兵部朕於水陸兵丁調度年久深悉其情事
船出海洋必俟風候若不察風而強行之必致
兵船損壞官兵係朕歷年養育之人遇賊自應
效死如無賊而徒以巡哨受傷實屬可惜凡提
鎮等官當於此留意務加謹慎

康熙五十二年癸巳正月辛丑

上諭大學士等曰朕思海防之道惟在陸路兵弁
守禦嚴緊乃為扼要如藏京山東沿海汛地官
兵能加意防緝以致賊勢窮蹙遂革心向化乂
次投誠此即嚴防之明驗也蓋海賊原無富業
初時不過數人或係窮民或為水手其力不能
自備船隻亦無器械因飢寒所迫搶奪營伍及
商賈之船隻漸次嘯聚久而勢泉又苦無
米糧乃往來海洋肆行刦掠海起夏月南風至
山東盛京等處至十一月西北風發方能南回
其停留數月之中或被官兵緝獲或因風雪凍
餒漸次傷損所餘無幾如現在浙江巡撫王度
昭招撫海賊陳尚義等詢其原夥賊船十一隻
賊眾不下六七百人令止賊眾不滿百
人矣觀去年十月十七日陳尚義等在山東與
官兵抵敵一事遊擊閩福王率官兵船六隻在
劉公島地方巡哨遇賊船四隻乘西北風而來
見官兵船即先發碱官兵放船追勦遊擊閩福

图28
《圣祖仁皇帝圣训》（局部），康熙五十二年（1713），台北故宫博物院藏

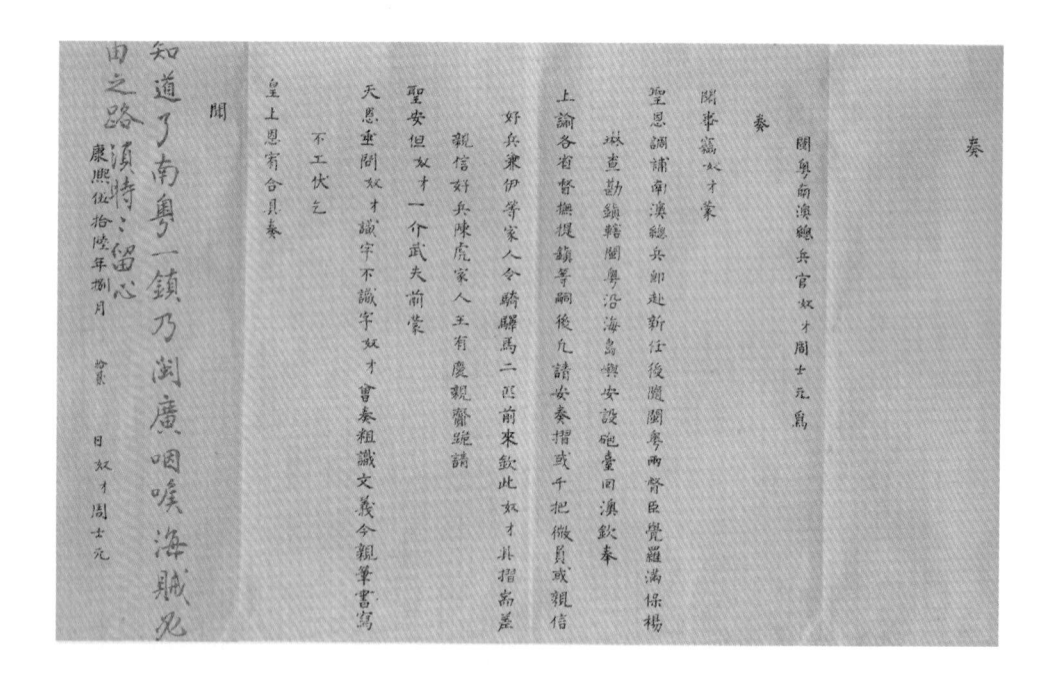

奏
閩粵南海總兵官奴才周士元為

閩粵謹奏才案

聖恩調補南澳總兵卻赴新任後膽關粵兩督臣覺羅滿保楊
琳查勘鎮轄閩粵沿海島嶼安設砲臺回澳欽奉

上諭各省督撫提鎮等摺後九請安奏摺或千把微員欽信
好兵棄伊等家人令驕驛馬二匹前來欽此奴才共摺高舉
親信好兵陳虎家人王有慶親覲請

聖安但奴才一介武夫前蒙

天恩重倒奴才識字不識字奴才曾奏粗識文義今親筆書寫
不工伏乞

皇上恩宥合具奏

閱

知道了南粵一鎮乃閩廣咽喉海賊出
由之路須時之留心
康熙伍拾陸年捌月   日奴才周士元

图29
周士元《奏报查勘闽粤沿海炮台并呈折》，康熙五十六年（1717），台北故宫博物院藏

查勘沿海岛屿，并安设炮台，周士元亲笔写就请安折，派遣亲信陈虎和家人王有庆亲将送抵北京。康熙帝阅后朱批："知道了，南粤一镇，乃闽广咽喉，海贼必由之路，须时时留心。"[10]（图29）康熙帝并不介意周士元自诩一介武夫且文笔不佳，只是关注海防要务。海外朝贡贸易方面亦同，康熙二十四年四月戊申日，礼部议准福建总督王国安所奏：外国进贡船内货物一体纳税。圣祖谕示："外国私自贸易之船或可税其货物？若进贡者亦概税之，殊乖大体，且非朕柔远之意。"强调朝贡与贸易两者本质上的不同。

康熙四十一年（1702）九月戊午日，浙江巡抚赵申乔奏称琉球国进贡使臣，遭风船坏，救出二人。上谕："琉球失水二人，拯救复苏，着该地方官加意赡养。俟便船赍给发还，此等船只损坏，人被溺伤，皆因修舱不坚所致，嗣后琉球贡使回国时，该督抚须检视船只，务令坚固，以副朕矜恤远人之意。"[11]要求当地督抚切实协助。康熙时期，最大规模的全国测绘制图当属《皇舆全览图》，1708年由康熙帝下令编绘，以天文观测与星象三角测量方式进行，采用梯形投影法绘制，比例为1:1400000。地图描绘范围东北至库页岛，东南至台湾，西至伊犁河，北至北海（贝加尔湖），南至崖州（今海南岛）。绘图人士有耶稣会的欧洲人士雷孝思、白晋、杜德美及中国学者何国栋、索柱、白映棠、贡额、明安图以及钦天监的喇嘛楚儿沁藏布兰木占巴、理藩院主事胜住等十余人。其中传教士雷孝思、冯秉正（Joseph-Francois-Marie-Anne de Moyriac de Mailla，1669—1748）及德玛诺（Romanus Hinderer，1669—1744）几人，赴浙江、福建和台湾测绘。这个测绘团队是采用欧洲的三角测量方法和桑森投影法，已不是中国传统舆图的绘法。康熙五十八年（1719），地图集进呈北京，康熙帝对舆图仍提出修订之语："此朕费三十余年心力，始得告成。山脉水道，俱与《禹贡》合。尔以此与九卿详阅，如有不合处，九卿有知者，举出奏明。"[12]康雍乾三朝实际上都对国家制图非常用心，以勤政而著称的雍正帝一如其父康熙一般关心制图，他时常观看舆图，从记述来看，雍正对舆图的绘制细节十分关注，甚至对图的制作、绘法和主题的选择都有见解：

雍正五年（1727）四月十五日，"据圆明园来帖称：十四日，郎中海望画得

| 权力的图像

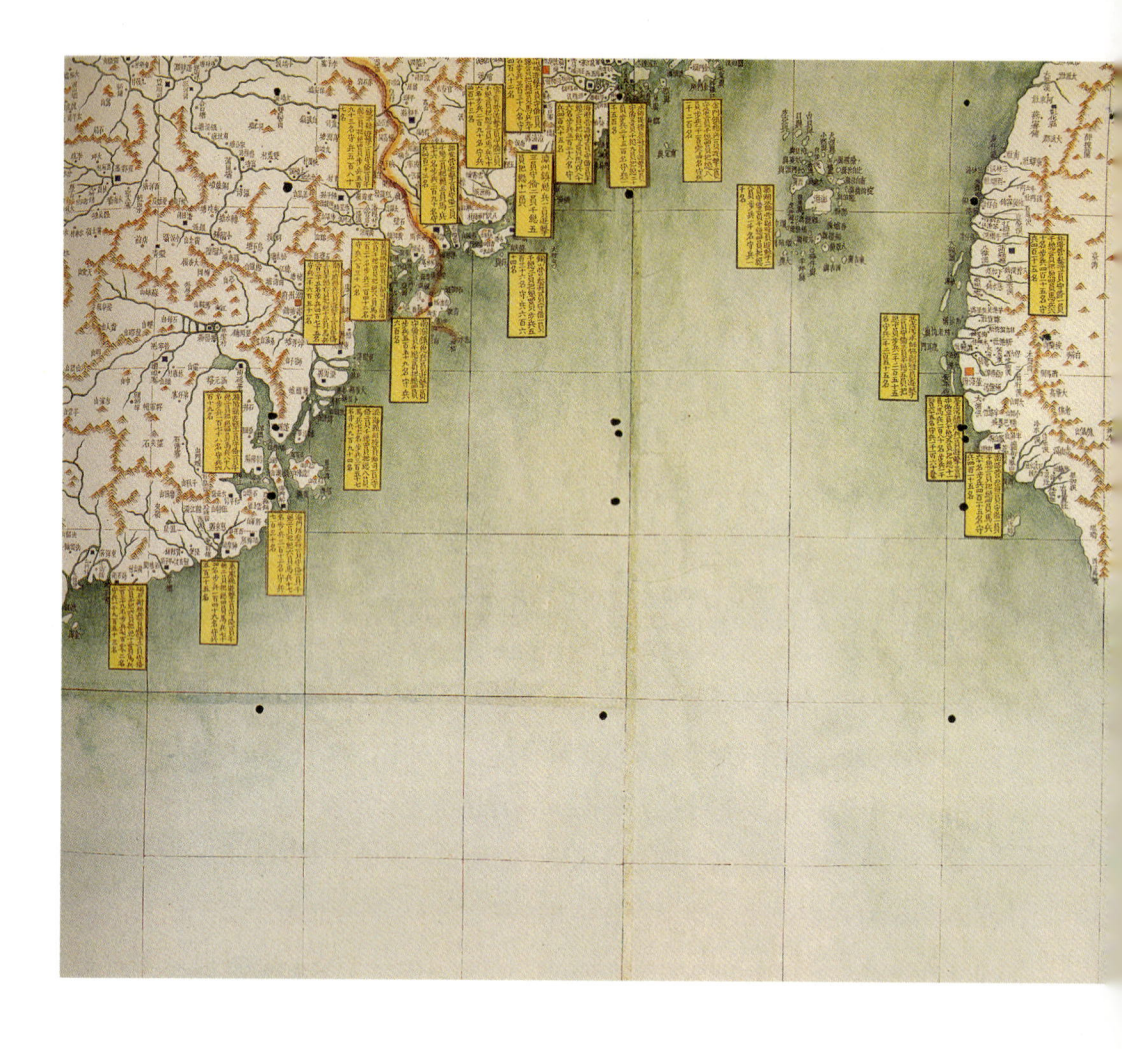

图30
《着色雍正十排图》中福建沿海，雍正七年（1729），中国第一历史档案馆藏

舆图二张呈进。奉旨：'舆图上的汉字小了，着另写。舆图改做折叠棋盘式。钦此。二十四日画得，海望呈进讫'"。

雍正五年九月二十日，"据圆明园来帖称：郎中海望钦奉上谕，着单画十五省的舆图一份，府内单画江河水路，不用画山，边外地方亦不用画，其字比前所进的图上字再写粗壮些。用薄夹纸叠做四折。再画十五省的舆图一张，府分内亦不用画山，单画江河水路，其边外山河俱要画出，照例写满汉字，查散克住处不用添上，钦此"。[13]

海防与沿海防卫部署在《雍正十排图》（图30）中表现得十分醒目。这套舆图有三个版本，有木刻、设色和大图版，大图版尺寸较前两个更大一倍，是方便皇帝御览而制。《雍正十排图》是在康熙时实测地图的基础上绘制的。图按纬线自北向南每八格为一排，共分十排。雍正初年，虽于传教一事，禁止甚严，但对内廷效力的传教士，仍令照旧供职。此图是中国和西方测绘人员利用国内外新资料对康熙时实测地图所做的补充和修订。图上经纬线网呈方格形，方格每边长约6.3厘米。值得注意的是，此经纬线网并不是地图投影的经纬线网。十排图的范围，北起北冰洋，南到中国南海，东起太平洋，西到地中海，其范围比康熙《皇舆全览图》更大，主要是向北、向西扩展较多，实为一幅中外地图。图用汉满两种文字注记，关内（长城、山海关以南）用汉文，关外及边远地区用满文。图上注记的地名较康熙《皇舆全览图》为多，山脉的表示与《皇舆全览图》略有不同，而河流、湖泊以及府、厅、县等的图例与《皇舆全览图》基本一致。[14] 图自长城以南，凡重要关隘、卫、堡、城、镇、营、汛均贴黄纸浮签，汉文注记官兵人数，防卫意味极重。如福建沿海各主要隘口，均有详尽的兵力部署记述，如海澄营有游击1员、守备1员、千总2员、把总3员、马兵86名、步兵328名和守兵465名。澎湖岛和澎湖水师，以及台湾岛海防水师部署也详细标出，这是一个国家海防严整的体现。

从康熙至乾隆三朝，朝廷制图总离不开传教士的协助，故而此时官绘地图的面貌与普通方志图有所差别，西洋式透视投影法在实测国家疆域之中的运用，亦开历史之先河。每朝均有大型国家疆域舆图，雍正之后的乾隆朝，绘有《乾隆内府舆图》《钦定皇舆西域图志》以及《坤舆全图》等大型地图。康乾盛世时期的中国舆图制作视野是开放和严谨的，国家实力大大增强，统管疆域十分广大，绘制舆图数量众多，大大超过之前历朝。

清朝皇帝时常亲自关注海防事宜，这是明代难以出现的情况。例如山东登州是扼守渤海入口的前哨，也是海防重镇，雍正三年（1725）八月十八日，山东登州镇总兵黄元骧奏报：他与山东巡抚陈世倌（1680—1758）规划沿海冲处炮台19处，每炮台各派马步兵17名，子母炮2位，行管炮1位，营房8间及炮亭1间。黄元骧规划炮台皆有围墙，安设炮眼并提供完善的防护。至于僻处18座炮台，则各留兵士6名，管房3间、炮亭1间和子母炮2位，这些炮台是用于防御沿海的小股海盗。此折虽未有朱批，但黄元骧叙明了此折来由，系因其于八月十六日面奏世宗山东沿海炮台事宜，雍正帝谕示："这事情说不明白，具折子十八日带来。"黄元骧因而奏报此事。由此可知，雍正帝期盼了解舆筑炮台的细节，而不只是官员的口头报告。[15] 沿海一带为上所重，戍海疆之官吏经常上呈相关奏报，是这一时期沿海各省奏折之中的常见内容，也与海防舆图有着密切关系。

雍正八年（1730）鄂弥达任广东巡抚，十年（1732）署两广总督，鄂弥达在署理广东总督时就曾为兴筑广州城外海防和炮台上奏折给朝廷。在清代的政府公文中，涉及海防的奏折数量很多，地方官员在处理海防事务时，常常需要向朝廷陈情与说明，很多具体的问题都需要皇帝本人知晓，这对于海疆防卫来说是十分重要的。清前期国家测绘兴盛的另一个特征，就是专门的舆图机构设置，康熙中叶以后，随着全国大规模测绘活动的开展，康熙帝特命在宫内设画图处，又称舆图处，以便召进中外人士绘制皇帝交办的各种舆图。画图处为一临时机构，图绘完后机构便撤，以后随着中外臣工及西洋传教士呈进的舆图日益增多，即在宫中设立了舆图房，初在养心殿旁，后迁至白虎殿后，属内务府养心殿造办处管理。舆图房是专门收集和管理皇朝舆图的机构，《清宫史续编》卷九十七载："舆图房掌图版之属，凡中外臣工绘进呈览后，藏贮其中。"卷一百又载："舆图房隶在禁廷，典守綦重。自夫金石杭传，宣赉臣工而外；兹则珍藏什袭，卷幅充盈，实河雒观象以来未有之秘策也。"《十朝诗乘》载："宫中有舆图房，藏疆吏所进山川、疆野各图，旁及边荒要塞，凡万余种。"舆图房在造办处西南，有黄琉璃瓦房三间。又载："康乾时，两次命需臣将所进舆图萃集成册，题曰《萝图荟萃》。仁宗复命翰林官续加考定，编入宫史。法梧门（式善）预焉。有诗云：'吾尝纂宫史，日侍舆图房，舆图十万卷，堆满三间房。'"[16] 这些描述显示出清宫舆图收藏之众，舆图房的设立是国家对天下舆图管理、绘制和收藏的专业化标志，所收藏舆图之多，令人称奇，据阮元《梧门先生年谱》记载：

宫史《萝图荟萃》者为南书房翰林前后两次编集，守土大臣所进山川、疆野及异方殊域，献纳各图贴说，装为卷册不下万余种，内之大观而人间所未见者也。[17]

法式善亦在《陶庐杂录》中言及："舆图房隶今养心殿造办处，中外臣工所进图式，存贮于此。乾隆二十六年勘定分十二类：曰天文、曰舆地、曰江海、曰河道、曰武功、曰巡幸、曰名胜、曰瑞应、曰效贡、曰盐务、曰寺庙、曰风水，为《萝图荟萃》。乾隆六十年勘定分九类：曰舆地、曰江海、曰河道、曰武功、曰巡幸、曰名胜、曰效贡、曰寺庙、曰山陵，为《萝图荟萃前后二编》。为幅三百一十二，为帧十一，为卷四十九，为轴十三，为册二百九十，为排三十五。"[18]作为清廷负责舆图的专门部门，舆图房按舆图收录时间记载舆图收藏的详细情况，例如在"康熙四十八年十一月初四日，本房传旨交来直隶宣府地舆图一张，直隶居庸关图二张，直隶南山图二张，直隶宣府镇图二张，海子图一张、康熙二十六年九月二十六日，外进黄河图一轴、康熙四十五年十一月初四日，奉旨交来黄河源图一张、康熙三十一年五月十三日保和殿交来大明一统混一图、康熙五十六年四月初二日，西洋人德里格进西洋地理图五卷、康熙五十八年四月十一日，懋勤殿太监苏佩升交来西洋坤舆大圆图一张、康熙六十年正月初七日太监陈福交来西洋印图七张、康熙六十一年十二月二十五日，养心殿交来娑婆界图一本，西洋地舆图一本，木板刷印图三张"，等等。在《萝图荟萃》续编跋中，细述了舆图对国家的重要作用：

> 右图目五十有七条，自乾隆二十六年敕编《萝图荟萃》后续贮舆图房者。盖图籍伊古所重，而沿革与时咸宜，或前之所具而后更扩而大之，或彼之所创而此更化而裁之，皆时之为之也。我国家版宇之广、典章之富，皇上政治之详、勋业之大，具见前诸图者，诸臣既瞻仰赞叹以跋于后，而其时诣盛京者方再，巡南服者亦二，武功十全始成三焉。溯初纂至今阅卅有四载，四幸陪都而歌函咏镐，事迹于是益显焉；六临江浙而筹河观海，平成于是益奏焉。至再定金川以下诸战图，尤为铿锵炳耀，足以摹金石而勒鼎钟。极西之杖锡自来，藏外之象马底贡，指旧绘而知前路，更为恢无外之鸿功，铄有光之骏烈矣。图件视前虽仅什之二，而拓之弥远、密之弥精，皆由我圣人功德之敷施、精神之运量，

操本于至诚悠久，以参伍错综而函括天地之巨观也。臣等盥阅排类，依前门目汇为续册，敬循前编之例，欢喜鼓舞，恭缀言于简末。乾隆乙卯孟冬，臣王杰、臣福长安、臣董诰、臣彭元瑞拜手稽首恭跋。[19]

舆图房的日常管理比较严格，据载凡舆图处造报舆图目录，都要经造办处主管官员审核，再加盖满汉文合璧"养心殿造办处图记"印章后，才能呈皇帝阅览。舆图房设有郎中、员外郎、催长、制图匠役若干人。为了收存舆图，不但设有专门库房，而且还将每件图册加以装置、整理、编目后安放于柜架之中，例如内务府《活计档》记载："雍正六年正月初四日，首领太监李统忠传做盛舆图杉木箱二个，十卷全图杉木箱一个。"[20] 海图与海防图在江海和武功之类中收藏，主要涉及几类：一是营汛图，"凡营制，相都邑之冲会，山川之险要，设戍置兵，以绥靖嘉师，控驭遐裔"。《嘉庆会典》卷二载："设营汛墩堡，以控制险要，令各分兵而守之。"各种营汛图，如《江海墩台营汛全图》《福浙两省江海炮台式样图》都属于该类藏图。二是海防图，清代海防舆图绘制数量较多，主要为沿海各省海防哨所，沿海地理和防卫状况。及至清道光时期，宫中收图情况为：

《舆图房道光二十二年正月至二十四年十二月底止库贮舆图清册》载：旧存图二千五百四十七件，包括《萝图荟萃》及《萝图荟萃续》所录一千一百二十九件。新收香山画图横披一张，共实存图二千五百四十八件。[21]

清代海防的系统性比明代大大提升，虽然倭寇之患渐已消失，但是来自海上的忧患不但没有减少，反而大增。欧洲的西力东渐，对清代中国沿海的威胁逐渐增加，由沿海各省一线官吏的实地勘察、舆图的绘制与上报舆图房收录三者，构成一个较为有效的舆图与国家海防之协同体系，这在清中期之前是比较有效的。例如道光时期，时任两广总督的邓廷桢在粤期间，十分重视海防事务，自己会亲往实地勘察，在道光十九年正月十二日奏折（图31）中说：他本人"自十六年起，每岁秋操亲往虎门，会同提臣关天培认真校阅，均经奏报在案。查虎门为粤海中路咽喉，通

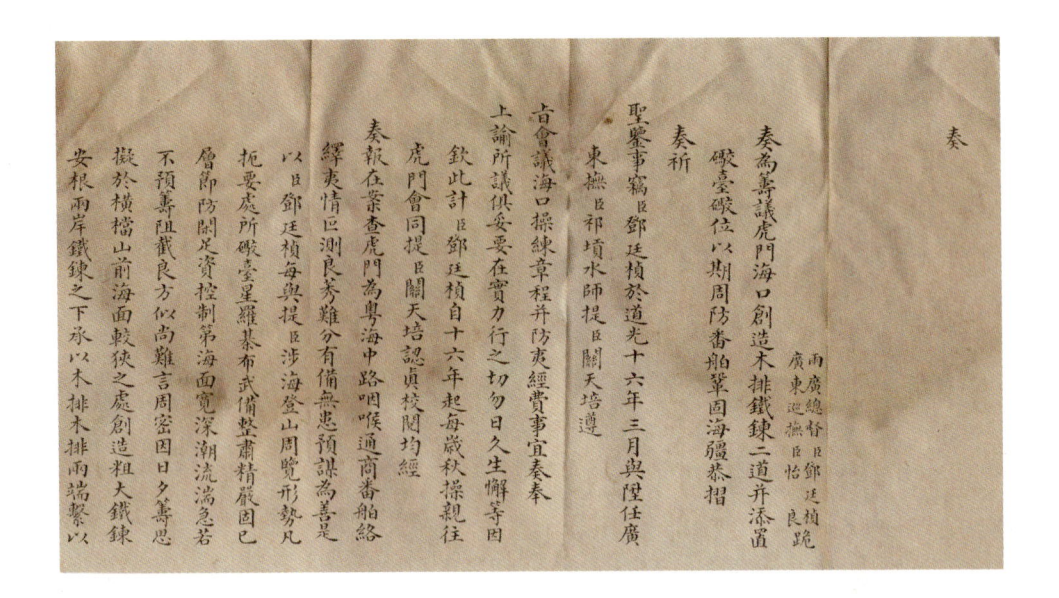

商番舶络绎，夷情叵测，良莠难分，有备无患，预谋为善。是以臣邓廷桢每与提臣涉海登山，周览形势，凡扼要处所、炮台星罗棋布，武备整肃，精严固已。层节防闲，足资控制，第海面宽深，潮流湍急，若不预筹阻截良方，似尚难言周密"。

广东海防处于一线，这份奏折非常具体地将虎门海防亟待修整之细节上奏，其中有关添置炮台和炮位的奏陈，恰好与五年之后的一幅《虎门外海威远炮台图说》（图32）对应起来。这幅舆图属于《广东炮台图》中三十一幅图之中的一幅，包括广东沿海，如东莞县、虎门外炮台图十四幅，番禺县、香山县和海南县炮台十七幅。图中清楚地绘有新添置筑敌台，长四十丈，炮台依山傍海，兵营、军装局等处都具体绘出。这幅海防图的观察视角是从海面之上看岸边，采用青绿山水画的方志手法，山川和兵营采用的是两种透视模式，没有比例尺、经纬度甚至是方格计里，就是说没有西洋制图绘法参与其中。在各地呈送和绘制的地方沿海舆图中，很难找出存在统一的格式，绘

图31
邓廷桢《奏筹议虎门海口创造木排铁链及添置炮台炮位奏折》，道光十九年（1839），台北故宫博物院藏

| 权力的图像

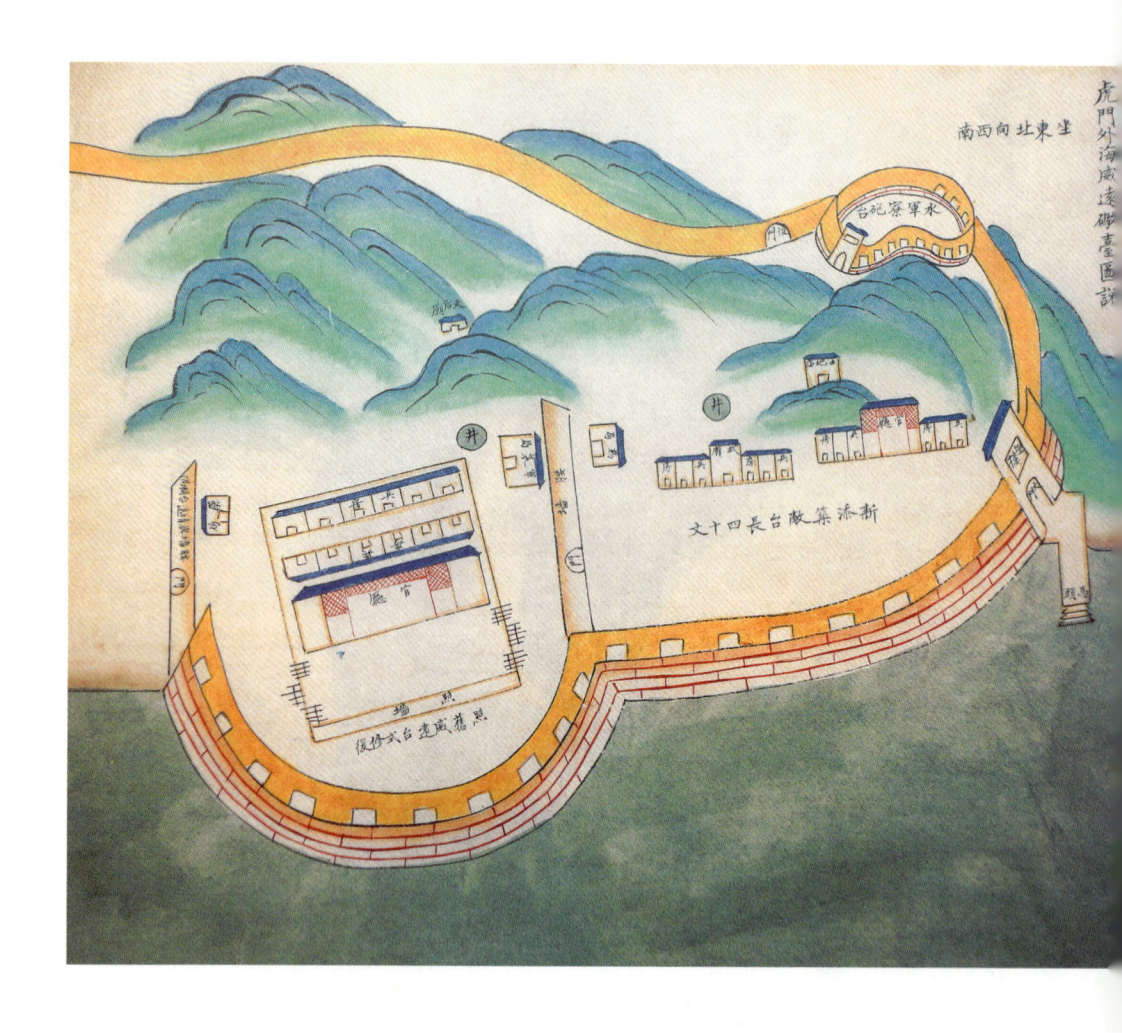

图32
顾炳章《虎门外海威远炮台图说》彩绘本，道光二十四年（1844），国家图书馆藏

法各式各样均有。由于中国舆图的绘制往往不具名，制图师的信息也几乎不被外界所知，各地官府是如何招募舆图制图师的文献记载阙如。

《虎门外海威远炮台图说》少见地留下了制图者的资料，查史料可知绘者顾炳章，号鉴堂，浙江海盐人，监生。道光间以通判分发广东，补广州粮捕通判，历任海防、佛山、虎门同知等，曾勘建海防工程。升道员加盐运使衔，后因军需亏累罢官，卒于粤，著有《道光间广东防务未刊文牍》。其时任广东试用通判。道光二十六年五月（1846年6月）奉委实地勘估九龙寨城、炮台等工程所需费用；随即正式出任督办九龙工程委员，与署广东新宁县知县乔应庚、丰顺县汤坑司巡检袁润业等人一起，督建九龙各项营造。九龙防卫于1846年11月25日正式动工兴建。1847年1月，顾炳章又奉委同时督修虎门及广州南石头等处炮台工程。同年5月31日，九龙城寨炮台等工程全部竣工。此后，他督修的广东琴沙炮台、广济墟弁署、永胜火药局、广州省城内外城工和虎门七炮台兵房等工程也相继完成，1849年年初，顾炳章兼署广州佛山同知。[22] 顾炳章实为技术官僚，在勘建海防工程之时绘制舆图，拥有现场考察资料，不过绘制较为简单，仅作图例。

在清政府对海防和舆图的重视与严格管理下，沿海各地督抚在涉及和处理沿海事务时，都须上报北京，在之后的章节之中，我们会看到这些往来公文的详细情况。清廷对沿海事务的管理远比晚明时期严格，各地政府也都能恪守这一原则，沿海所发生涉及防卫的大事小事，基本都可以为皇帝和内阁所知晓，并做出相应的判断和决定，这是一项清代国家的基本防卫策略和运行机制。同时，由于清代历任皇帝对舆图皆重视，关注各地测绘，内府对造办处之舆图房有严格的管理制度。舆图房所存舆图，以《萝图荟萃》及《萝图荟萃续》为基本账目。以后每年一次将有无新收、开除的舆图呈明存案。每五年将收贮各项舆图按旧管、新收、开除、实存细数汇总分析，造具清册二册，钤用"造办处印信"，一本交档房存案，一本交舆图房贮库备查。[23] 不过就舆图房所收录的舆图数量来说，还不足以涵盖当时所有的舆图绘制，至少像顾炳章绘制的这一类沿海防卫图并没有收录在舆图房之中，所以，可以说当时的实际制图数量会更多一些，除了官绘全国舆图外，还有相当数量的各地、私人的绘制也在流传。例如历任广东巡抚、两广总督与粤海关监督的阮元所编修的《广东通志》始修于嘉庆二年（1797），成于道光二年（1822），共分舆地、山川、闸隘、海防、经政等二十六目，全书承袭明嘉靖、万历与清康熙、雍正本等《广东通志》之载录，以一州一县为一图，沿海洋汛则为长图，并增补内容至道光年间。其中，可以看到清廷对广东沿海岛屿、海域、航道的载录十分详细，在各岛屿、港湾处设置炮台、烽台与水师战船，组成严密的海防体系。亦详述外国人在华活动的区域与其朝贡典故，如广东省下辖的澳门，自明代天启朝至清代，许多外国人已在此定居绵延数代，且谨守约束，无传教扰民之事。[24]地方通志在编修之时，往往会附有当地的山川地理舆图，有些绘制简陋，有些则绘制精致，这取决于编纂者个人的品位。

《广东通志》的编辑者阮元（1764—1849），为清代卓越的学者型官员，乾隆五十四年（1789）进士，选为翰林院庶吉士、散馆授编修，督山东学政，任侍郎。嘉庆三年（1798），任浙江巡抚，曾与李长庚督水师讨伐海盗，兴修海塘。后任湖广总督、两广总督、云贵总督，任内主张加强海防，对抗英军挑衅。他本人在广东期间于嘉庆二十二年（1817）十二月，奏请建大黄、大虎山两炮台。翌年正月，又奏请增兵200人防守大虎山、蕉门炮台等处。这就可以理解为什么在《广东通志》之中会有详细的沿海洋汛图，阮元学养深厚，深知舆图之重要，也了解宫内舆图房的收藏，故而在他进行编纂的《广东通志》之中会有详尽的沿海海域图谱。清廷管理阶层十分了解海图的重要性，国家意志与海防图绘结合在一起，沿海各地绘制了数量庞大的海（防）图，它们是近代中国和西方交流与抗争的图像见证。

二、经纬线中的交流：中国与西方的海图

> 泰西人善于行远，帆樯周四海，所至辄抽笔绘图，故其图独为可据。
>
> ——（清）徐继畬

在中国历史上，17—19世纪是个特殊的时期，中西之间的交流随着传教士和外国使团的陆续抵达而不断加深，这也是中国与世界接触的开端。尽管长期的海禁和封闭政策限制了中国人了解世界的可能性，但是却无法阻挡欧洲航海国家的到来。也许说被迫加入与世界的"联系"是晚明时中国面对"交流"时不得已的情势，毕竟这时朝廷不会再派任何一艘船驶出外海，中国的海岸自此面对的就是来自各国的一艘艘商船与战舰。单向度的到访成了特殊的"交流"模式，毕竟明清两代政府并

没有以同样的方式回访海外。如前所述，中国的知识阶层对沿海地域、时政和海图的兴趣日益高涨，与此同时，欧洲人在新兴科学的推动和商业贸易的支持下，展开全球航海和全方位的海洋测绘。开始于17世纪的测绘活动与西方社会整体的发展与影响相辅相成。

一份晚清时期的宁波档案，最直接和明确地说明了中国沿海地区长期所处的困境：

> 其中"贸易之胜利"的详细内幕堪称最伟大的史诗之一，随之而来的是掠夺、敲诈、勒索、奴役、口头威胁和动手殴打、榨取以及想尽种种办法修改法律以配合这些罪行。在宁波的葡萄牙人被招募来剿灭当地的海盗，但再一次榨取，只有把广州的海盗招募来才把他们消灭，而广州的海盗也在榨取，于是双方一决雌雄，英国人得到了沿海贸易。[25]

中国人对西方人所具有的怀疑和鄙夷态度与最早来到中国的葡萄牙人有关。1548年，提督闽浙海防军务的朱纨指出："佛狼机夷通艘深入，发货将尽，就将船二只起水于断屿洲，公然修理。此贼、此夷，目中岂复知有官府耶！夷贼不足怪也。"当时，明朝政府并没有打算严格执行法律。一位反对朱纨政策的官员虽然承认葡萄牙人是走私贩，但他认为，葡萄牙人作为贸易中间商，为货物付出好价钱，亦使食品和供应品的市场价格上涨了两倍，使当地经济从中受益。葡萄牙人始终致力于在中国正式立足，仅仅十年之内，他们就在澳门获得了治外法权。[26]晚明以降，中国地图制作依然没有大的变化，当这一切未起波澜时，无人预料到耶稣会传教士会在16世纪末携带欧洲绘《世界地图》入华，也没有人会意识到这将对中国舆图产生的新影响，无论它的影响究竟有多大。学者们认为此时地图有一种中西方法同时并进的态势，然而具体的情况更扑朔迷离，加之原始档案不同程度的缺失，使回溯这段制图历史具有某些不确定的因素。从今天来看，这是佛兰芒地图学派与中国舆图直接接触的结果，双方都在这一过程中成为参照和被参照的对象，甚至在表现手法上出现了微妙调整。例如地图中一种标示符号——水纹，它的绘法本是不同文化体系地图中技巧与图像的呈现方式，耶稣会传教士来华后出现了明显改观。这个细节使我们不得不考虑它所联系的制图法渊源，以及所涉及的知识系统。佛兰芒地图学派对晚明时期中国舆图的影响体现在三个方面。第一，是地图的蓝本问题。最初影响明人的欧洲地图是在安特卫普刊刻出版的《世界地图集》，它们绘制准确、装饰精美且印刷出版量大，有一部分被耶稣会传教士带至中国。汾屠立神甫在1911年出版的《利玛窦中国报道》中描述，利玛窦于明万历二十三年（1595）在南昌赠建安王（朱多㷿）的两部书之一是出版于安特卫普，由佛兰芒制图大师奥特利乌斯绘制的《寰宇图志》（即《地球大观》），以及万历二十九年（1601）在北京向神宗献上"本国土物"：《万国图志》一册。[27]

不过这些地图通常作为进呈给皇家或官员的礼物，只在有限的范围被当作艺术品欣赏，很少能够发挥它们地理认识之用。

第二，是传教士在中国根据欧洲地图再绘的《世界地图》。例如利玛窦绘于万历十二年（1584）的《山海舆地图》（已佚）、万历三十年（1602）的《坤舆万国全图》、万历三十一年（1603）的《两仪玄览图》等，这些地图以欧洲原图为基础，在尺寸、内容、地图文字、地理量度、图像表现和标注方面均有变更。明人汉字版地图依据的是佛兰芒地图学派制图的方法：

> 利氏所绘地图的投影和奥特利乌斯图集投影相同，运用穆尔怀德投影（Mollweide Projection）。图中岛陆、海洋的分布，都有比利时（佛兰芒）地图学派的风格。《坤舆万国全图》的投影、画法和地理知识都与奥特利乌斯1570年版图集中的世界地图一般无二。[28]

第三，也是最重要的方面，是欧洲地图的本土化过程。明人根据西来地图蓝本，附加自身的理解和认识，在中文著述中收录、辑刻上述世界全图。由于明代中国没有像同时期欧洲诸国那样，在大学和教会中普遍开设有关数学、地理和几何制图的专业课程，中国学者与文人无从获取这些知识体系，导致对欧洲地图理解的差异。出现在明代文人编纂图籍中的世界地图面貌各异，水平亦参差不齐，甚至

輿地山海全圖

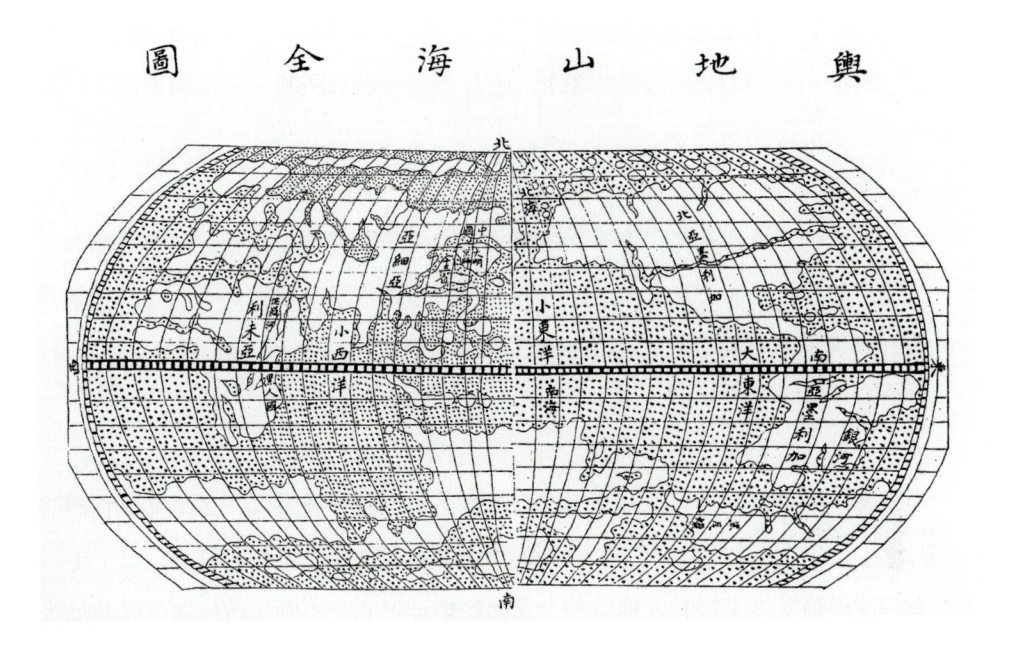

出现错讹。例如章潢《图书编》收录的《舆地山海全图》（图33）和《舆地图》、冯应京《月令广义》收录的《山海舆地全图》摹本和王圻《三才图会》对冯摹本的摹本、程百二《方舆胜略》收录的《世界舆地两小图》（*Doi mappamondi piccoli*）的翻刻本，以及王在晋编《海防纂要》中的附图《周天各国图四分之一》、周于漆《三才实义》中的《舆地图》和潘光祖汇辑的《舆图备考》等，这些摹刻本地图显示出明代学者的地学水平与具备丰富地理知识的欧洲传教士相比很不对等。他们中的有些人对西来地图只是模仿表面形式，而未能领会其地理含义，故而"唯其为翻刻本，故多谬误。倘更从而翻刻者，则其谬误当愈甚"。

学者们认为利玛窦还参考过明人严从简于万历二年（1574）编纂的《殊域周咨录》、罗日的《咸宝录》和胡宗宪的《筹海图编》等图籍。就利玛窦对中国舆图资料的深入钻研

图33 —
章潢《舆地山海全图》摹本，取自《图书编》

来说，学习并运用中国地图的表现技巧正像他阅读中国典籍、身着儒服、讲汉语的"合儒"策略一样不难理解。除水纹外，还有一例可以说明利氏对中国舆图表现形式的借鉴：

> 利氏世界地图受《广舆图》的影响是在中国北部绘出那条长长的沙漠。不过《广舆图》将沙漠涂成黑色，而利氏地图却以许多小圆点表示，这又可以认作利玛窦受明人徐善述《地理人子须知》一书所附《中国三大干龙总览之图》影响的证据。[29]

利玛窦地图中水纹的表现符合中国舆图和山水画的传统方式，会提升他刊刻的《世界地图》的视觉之美与亲和力，这符合中国士人欣赏者的观看习惯。由于中国人在利氏来之前从未见过有关地球整个表面的地理说明，不管是做成地球仪的形式还是画在一张地图的面上；也从未见过用子午线、纬度和经度来划分的地球表面，更不知道赤道、热带、两极，或者说地球分为五个带。奥特利乌斯的《寰宇大观》中经纬线、赤道的标注对利玛窦绘制的更大尺寸的挂图而言，仅具有象征的意义，因为连中国的经度位置都被人为更改过了。密集的水纹刻画对佛兰芒地图学派小尺寸地图所造成的影响在《坤舆万国全图》等大型挂图中可以被忽略，经纬线仅在南极洲、非洲、美洲和亚洲等主要大陆上较为明显，赤道的标注有三分之二多与海洋水纹交融，变得模糊；反而汉字的"序言"、诸多名人和官员的"跋语""题识"在地图中十分醒目。

在地图摹本中，王在晋翻刻利玛窦地图的例子十分特殊。王在晋（字明初，？—1643，万历二十年进士，累官至兵部尚书）编撰的《海防纂要》（成书于万历四十一年）收录了一幅小图《周天各国图四分之一》（图34），东亚海域都呈现出密集的点状。蹊跷之处在于，此图是全部42幅地图中唯一一幅以点而不是水纹线来表现海域的，其他41幅图都是传统的中式水纹，并结合了多种不同的样式。此图不会是王在晋或其他中国人绘制的，因为他们当时不具备这种地图投影和世界地理知识。王在晋被认为是喜好虚名之人，如果是他所绘，定会署上自己的名字，不会将此美事让给利玛窦。[30]除王在晋称作者是利玛窦，在图序中只有"利玛窦刊"四个字之外，这幅图没有任何其他记载。在目前留存的利氏世界地图中，好像只有描绘南北极的两幅小型地图才有这样描绘的水纹，此种佛兰芒地图学派常用的方法在利氏在华绘制的地图中比例极小。从另一个方面来说，也正显示出《海防纂要》之中中国传统舆图样式的影响。《海防纂要》作为一部沿海防御的著作，录入了西洋舆图，显示出这时的明人已经能够看到、接触到中国知识体系中不存在的东西。中外制图界和知识界，对于作为西洋"科学图像"的地图或海图所存在的认识传统与视觉心理差异总体是接纳的，在晚明之后的岁月，中国越来越多地与西来文明进行接触

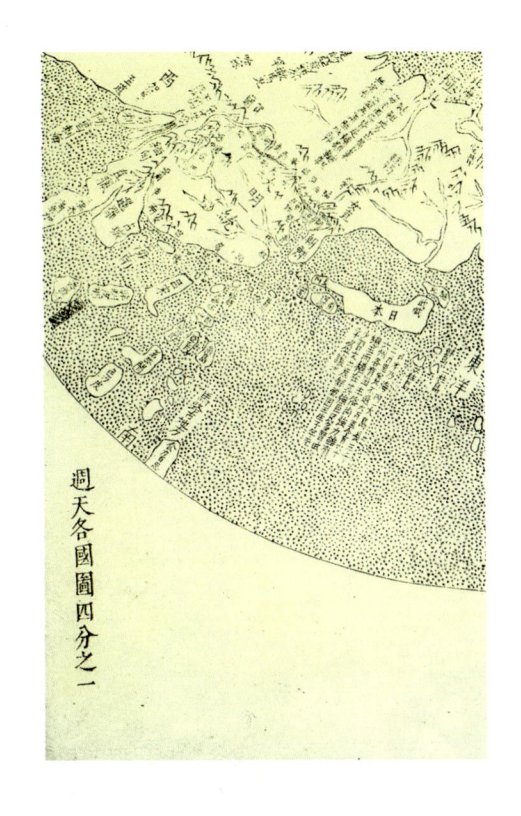

图34
王在晋《周天各国图四分之一》，取自《海防纂要》，万历四十一年（1613）刻本

与碰撞，然而中国舆图中"水图"程式伴随着方志图传统的强大惯性，一直延续到清末才发生变化。

　　中国的制图者和西方的制图师，在17世纪开始都以自己的方式描绘着同一片海域。中国的海图基本都是用于防卫目的，欧洲人则是需要准确的岛屿、海岸、水深和方位信息，有的甚至包括中国省份之中的风土、人口和文化习俗记载。对于没有来到中国的西方制图师来说，往往是根据听闻和不完整的资料来绘制，存在诸多的错讹。而至今仍然使学者感到困惑的是，中国人在古代时期的国土舆图绘制精确性很高，例如公元1136年的《禹迹图》（图35），这幅图在对中国沿海形状的绘制上，要比几百年后佛兰芒制图大师奥特利乌斯的《中国地图》精确得多，地图标示了

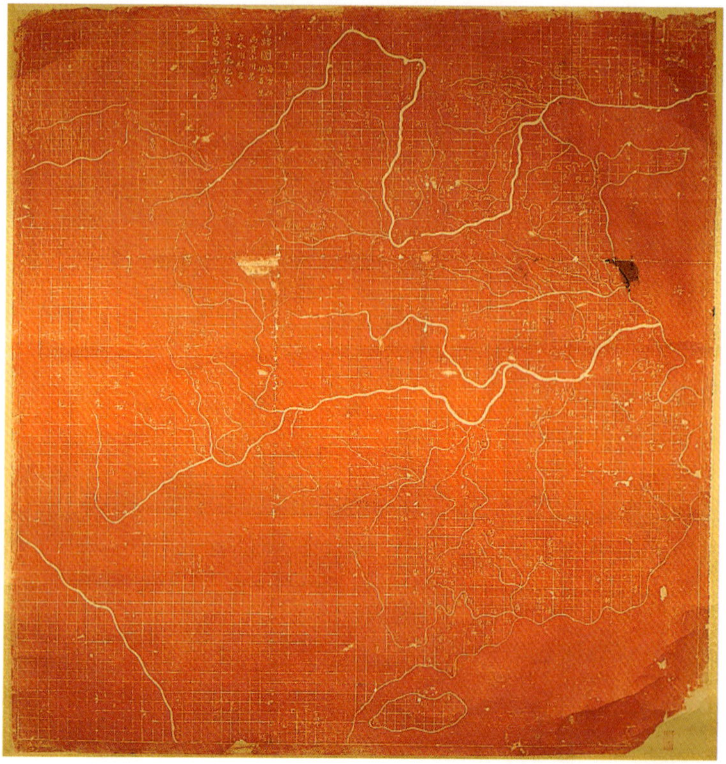

| 权力的图像

图35
佚名《禹迹图》，阜昌七年四月（南宋绍兴六年［1136］四月）

380个行政区、近80条河流、近70个山脉和5个湖泊，而海岸同江河位置，以当时来讲，都相当准确。地图的方向为上北下南，地图上标出了500多个地名，描绘了宋朝时期中国的全景。水利系统亦描述尤为详细，包括近80条河流的名称。黄河和长江的路线与现在地图的表现方式十分相近，海岸的轮廓也十分准确。在现存的石碑雕刻地图中，这幅地图是最古老也是最早用网格符号表现比例的地图。它是反映宋朝制图技术的一个最佳范例。《禹迹图》以计里画方的方法绘制，图名标示："每方折百里"，即一个方格长宽各100里，打横有71个格，打直有73个格，总共有5183个方格。海岸线的绘制是相对完整的，从辽东半岛直到北部湾一带，和明清时期不同的是，宋代的中国还没有面临来自海上的频繁威胁或者到访，然而当时的舆图却依然能够完整地绘出海岸线，这证明中国舆图是可以获得相对准确的测绘和表现，不过这样的传统却没有延续下去，也没有不断地发展而形成类似西方式的科学测绘。

17世纪初，欧绘中国沿海地图的背后因素，是此时已经有来自欧洲各国的传教士和商人开始到达东亚地区，而远在欧洲本土的制图师们往往还没有机会，所以这时的中国和亚洲地图失真很普遍，从这些地图的外观往往可以判断出它的大致成图时间。如1606年，属于"墨卡托和洪迪乌斯系列"的《中国地图》（图36）就是一个典型的图示，这幅图的制作时间已经比奥特利乌斯图晚了几十年，但还是没有摆脱它的影响，因为都是根据听闻的信息而不是亲测地图。虽然在图中有关中国各省的地名很多，但也有很多错误，而中国的海岸线被画成了一条直线，中国海的位置还画了一条西洋帆船，这大概是一种渴望航行的期许，但它的绘制无法指导真正的航线。墨卡托和洪迪乌斯的地图集的增补出版于1630年，包含60幅地图，大多数为欧洲地图，几乎没有非洲和亚洲地区的地图。在这60幅地图中，至少有37幅来自洪迪乌斯。[31] 而在六十多年后，由耶稣会士卫匡国所编纂的一套《中国新地图集》（图37）却发生了质的飞跃。图中，中国台湾的位置与形状和中国海岸线的精准度都大大提高，卫匡国因参考了明代罗洪先的《广舆图》，故将中国区分为两京和十三布政使司。图上有经纬线，应是圆锥投影；有七种地图符号，包括山脉、河流、湖泊、沙漠、界线、长城及城市；河流、湖泊的位置大致无误，同时也注意到了黄河夺淮河入海；台湾、澎湖群岛及东沙群岛的位置相对正确。图上可见沙漠、长城，这些图示是《广舆图》特有的资料，卫匡国的地图无疑是17世纪欧洲有关中国最佳的小比例尺地图。[32] 卫匡国在中国曾亲历多省，深入腹地，耶稣会成员多数都掌握数学、几何甚至制图的才能，他们在不同城市测定过经纬度。卫匡国比前辈传教士利玛窦更胜一步，在这部《中国新地图集》中，他详细绘制分省地图，并配有各地的地方介绍。图中中国沿海一带的地形已经十分接近近代的科学制图，除了朝鲜的形状还不太准确之外，这套地图集已经代表了17世纪欧洲传教士对中国及其周边地域绘制的较高水准。此外，由于是传教士制图，出发点在于从知识和地理文化的角度来描述中国，对沿海的描绘没有标记水深、汲水点和重要港口的位置，这和之后的荷兰东印度公司所做的航海地图不同。

晚明时期由明人绘制的单幅全国舆图数量并不多，多数是舆图集的形式。嘉靖二十四年（1545）的《大明舆地图》的沿海与卫匡国之图比较，海岸线的形制接

| 权力的图像

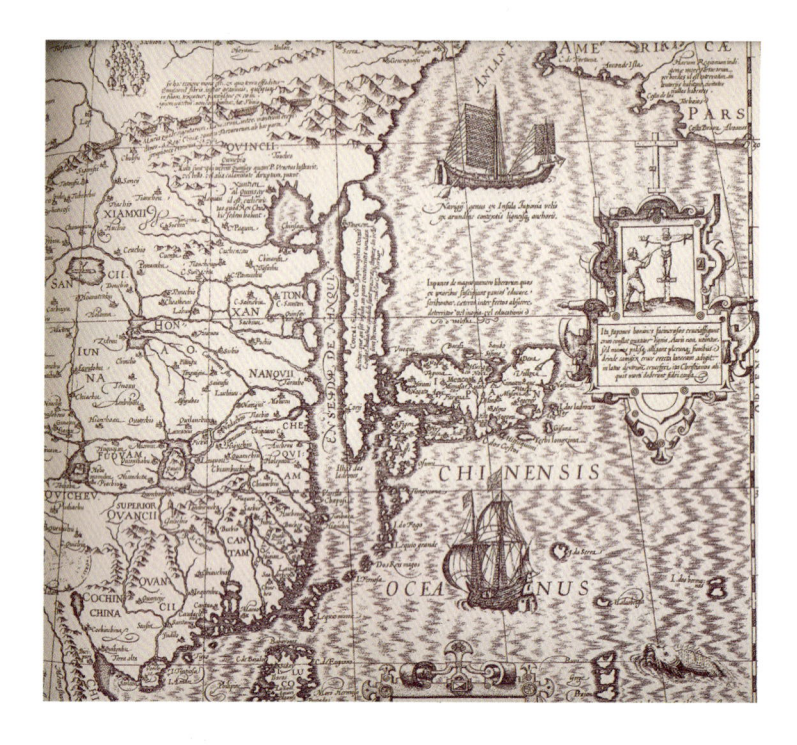

图36
墨卡托和洪迪乌斯系列《中国地图》（局部），1606年，铜版

图37
卫匡国《中国地图集》，1655年，普林斯顿大学燧石图书馆藏

近。而真正在沿海海图上展示丰富细节和多元绘制模式的，当属清代。收复台湾的康熙帝十分重视沿海事务，康熙《皇舆全览图》之《福建全图》（图38），将澎湖和台湾的重要地点一一绘出，尤其是沿海密集的城镇和卫所地名，这种类型的海图也是中国舆图和传教士科学测绘相结合的制图模式。

　　清代的沿海舆图不仅包括大范围的海岸线图，也有不少地方和局部制图。例如绘于道光时期的《金山县会勘海塘图》（图39），这幅小型的海岸图为红签墨书图题：全图不附比例、图例，方位注记于固沿四周，采南上北下，图中以形象描绘海浪波纹、城池、寺庙、墩汛、沙塘、盐灶及灰场。另有四处贴注红签墨书，标示沙塘分段各县所属及卫城与滩涂、海塘的道里。全图覆盖范围，大致是松江府金山卫城以西至江苏、浙江交界的浙江平湖县海塘；图上各处注记地名，亦有文字注明界线，其中颜色较深的沙堤有一段说明文字："此处本系铁板沙堤一道，乾隆48年（1783）八月海潮冲漫，将沙堤冲塌，渐次潮水上漫，日久积为浅水。红线之内系南汇营所辖，线外浙江乍浦营管辖。"以图中所反映的内容来看，此图为海塘工程的官绘图。[33]《金山县会勘海塘图》的视角和诸多之前的海图一样，是采用"防卫"的观察角度，即从陆地朝向大海或者说从内向外的视角。从另外一幅荷兰东印度公司的测绘地图（图40），可以看出这种视角的对比变化：荷兰东印度公司来到广州城，他们是从海面上观察着中国的城市，也就是从外部绘制。这种图景并非绘画，而是荷兰测绘师绘制的实景地图，当时有超过40%的阿姆斯特丹画家参与到地图的绘制工作中。图中，远景以山为背景，呈现广州市景观，前景是几艘悬挂荷兰国旗的船只和几艘中国船只，城墙被描绘成横跨整个图像的宽度。地图透视视角与社会的关系，以及欧洲16—17世纪制图测绘的发展可以从另一个侧面来看，就是欧洲人对远东地区，包括中国沿海的测绘。欧洲对明清时期中国沿海的测绘在16世纪末已经开始，早期来华的意大利传教士如罗明坚、利玛窦等人并非职业制图师，他们的地图绘制没有像当时欧洲流行的制图法一样运用绘画透视的三维立体图景，而是采取平面图形式。荷兰国内的制图师往往是职业画家出身，这种特殊的身份使17世纪荷兰所制地图成为世界制图史中最辉煌之作，其也是最具有"如画美"之艺术的科学制图。

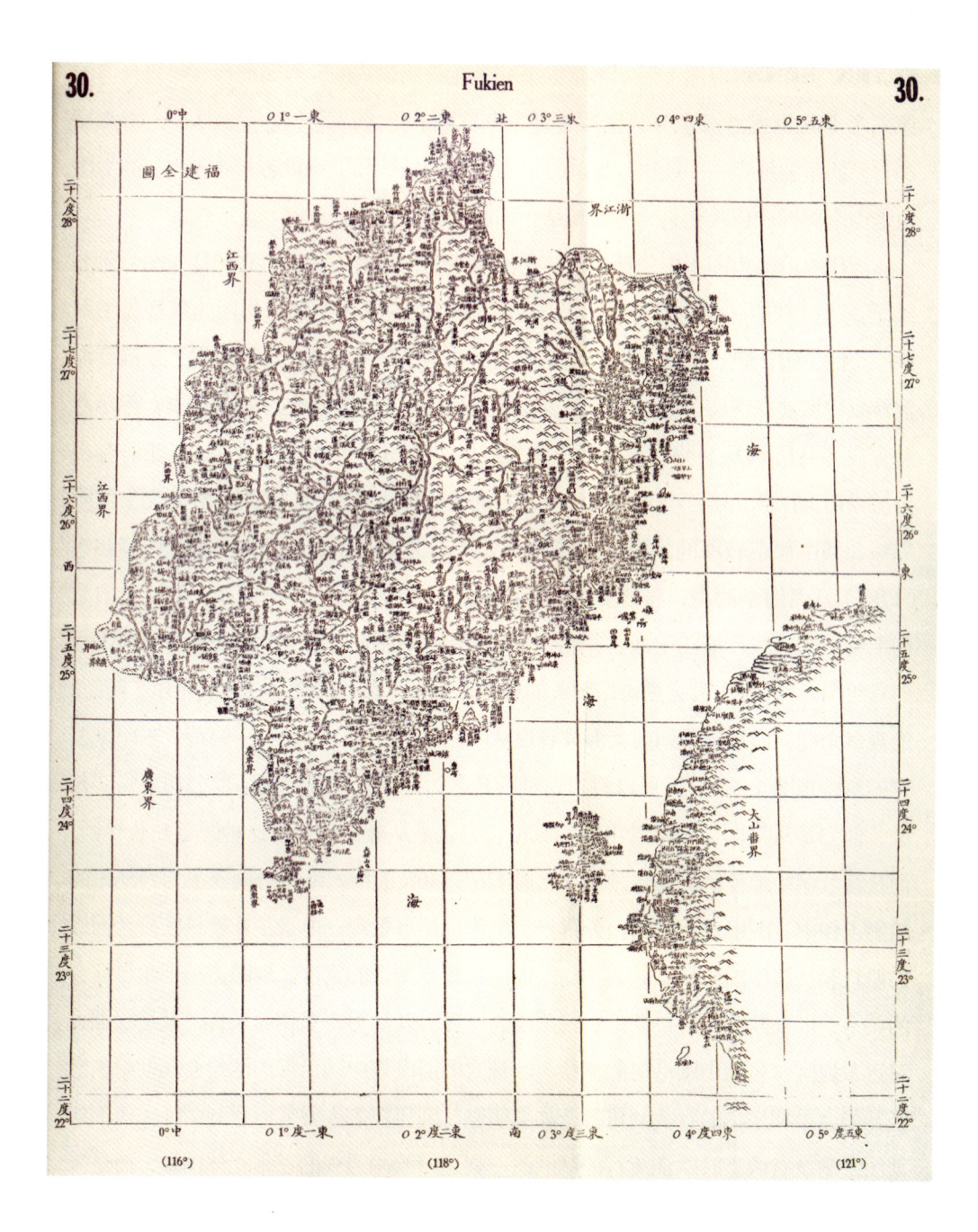

图38

雷孝思、德玛诺、冯秉正《福建全图》，取自《皇舆全览图》，康熙四十七年（1708），美国国会图书馆藏

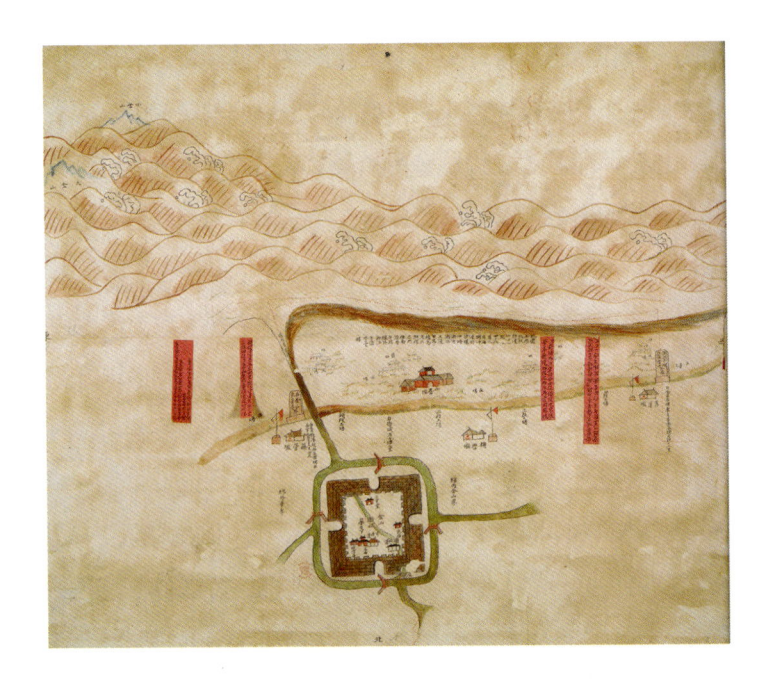

第二章 晚明以来的中绘与西绘中国海图

图39
《金山县会勘海塘图》，道光十八年至二十三年（1838—1843），纸本彩绘

图40
约翰尼斯·芬布恩斯《广州市图》，1665年

99

来到过中国，且在阿姆斯特丹工作的水彩画家与制图设计师约翰尼斯·芬布恩斯在透视视角方面的工作值得详述。他出身绘画世家，其父大卫·芬布恩斯是来自佛兰芒的画家，也是荷兰黄金时代最多产和最受欢迎的画家和印刷设计师之一，其创作深受老勃鲁盖尔的影响，而勃鲁盖尔的作品在风景与空间的建构方面在当时独有建树。约翰尼斯·芬布恩斯为他的父亲制作地图、漫画和绘画，他与地图测绘产生密切关系则是在1640年后，作为地图测绘师与水彩画家效力于蜚声海外的地图出版商琼·布劳家族。约翰尼斯·芬布恩斯也许没有亲历过许多地方，但他严格依据收集到的素材资料，绘制异国情调的水彩作品：依据东印度公司和西印度公司的海外报告，以及包括精通航海的师傅、舵手和商人的旅行记录和草图，芬布恩斯绘制了城市立面图、建筑规划图、沿海图绘和海图，直到他制作了一系列独特的图像，绘出了与荷兰进行贸易的大部分地区的准确图像，在这个领域中他是最早和最出色的绘者。

芬布恩斯在海岸线、海岛方面的作品主要是描绘在荷兰以外的异国风景。在他的画集中，中国广东、澳门和台湾等地被细致描绘过，由于荷兰在17世纪继西班牙之后成为世界上最大的殖民国家，荷兰人对海外殖民地、军事占领区和贸易区的测绘首先是迫在眉睫，其次是极为深入详尽，这在某种程度上印证了杰伊·阿普尔顿（Jay Appleton）独特的看法：

> 在《风景的体验》（The Experience of Landscape）中，杰伊·阿普尔顿将风景模式与动物行为和"栖地理论"，特别是猎食者的眼睛联系起来。猎食者把风景看成是一个战略要地，一个瞭望、庇护和冒险的网络。对这种眼睛来说，标准的如画风景是特别愉悦的，因为它通常将观者置放于一个受保护的阴暗处（一个"庇护地"），两边的遮蔽物利于从背处伏击或者诱发好奇心……[34]

自万历三十二年（1604）荷兰指挥官韦麻郎（Wybrand van Warwijck）率船到达台湾澎湖，荷兰共计殖民台湾38年。"荷兰联合东印度公司"首先具有政府职能，经过半个世纪的经营，17世纪50年代时该公司的商馆就包括长崎、东京、台湾大员、班达群岛、美洛居（印度尼西亚东部之摩鹿加群岛）、安汶、巴达维亚、满剌加（马六甲）、暹罗（泰国）、锡兰（斯里兰卡）、科罗曼德尔、赫尔德里亚（Geldria，印度东海岸港口）、苏拉特（印度西北部港口）和波斯等地方。荷兰政府赋予东印度公司的一项特权就是征战权，在芬布恩斯的所作水彩测绘图中，全面涵盖了上述荷兰殖民与贸易地区，除1640年完成的一幅台湾地图（题为《澎湖岛及台湾海岛图》[The Island Formosa and the Pescadores]）是较为严格的地形测绘图外，芬布恩斯多以风景画速写的手法展示出中国的沿海城市图，例如广州（图40）和澳门（图41），这些"地图"的共同之处就是作者采用高视角鸟瞰透视，尤其在澳门，城市的建筑、民居、港口和军事布防等重要建筑一览无余，海面上游荡着悬挂荷兰国旗的商船与军舰，仿佛游弋在自家的水域。这样的画法也许不仅是透视角度的改变，海外资本主义的输出在制图领域，可能意味着风景不仅表示或象征权力关系，它是文化权力的工具，也许甚至是权力的手段，不受人的意愿所支配。[35]这类制图在体裁上具有高度的相似性，视角、画面的呈现、图中的元素（如挂有国旗的商船军舰、他国海港与城市）使我们的讨论回到米切尔有关风景的一个重要命题：

风景是一种特殊的历史构型，与欧洲帝国主义密切有关。[36]

安·伯明翰进一步指出："存在一种风景的意识形态，在18世纪到19世纪，风景的阶级观念体现了一套由社会，并最终由经济决定的价值。"[37]在中国城市以外的地方，如马尼拉、印尼的班达群岛的图绘中，芬布恩斯一样严格遵守东印度公司的制图精神，荷兰人不仅要在现实世界中获得贸易和战争的优势，也将这样的想法图示化在他们对殖民地的地图、风景的测绘中。在芬布恩斯笔下，惯例式的鸟瞰视角在空间构成上，显示出试图对局势的某种掌控，也可能暗示了潜在的危险，这恰好是荷兰殖民台湾几十年充满战火与杀戮的历史：东印度公司对散居于台湾南北、互不隶属的各个部落采取了长达十余年的血腥征服，如1636年对1200名台湾小琉球岛民之屠杀、对汉人逐年课征重税，以及在大员的转运贸易中获取十分丰厚的利润。驻扎在台湾的荷兰人从天启四年（1624）的134人，增长到清顺治十八

图41

约翰尼斯·芬布恩斯《澳门鸟瞰图》，1665年

年（1661）的1800人（非军事人员），驻扎兵力1500人。[38] 有关台湾的制图与明清时期的海防策略，将在后续章节中再进行讨论。

与芬布恩斯约同时代的荷兰风景画家扬·凡·戈延（Jan van Goyen，1596—1656）的作品，可以从透视视角与之做一番对比，荷兰东印度公司的海图与风景画之间的透视感差异，是解读荷兰海外制图测绘的另一个视角。除海外贸易与殖民方面的因素外，还有一个主要方面，即荷兰社会非常分散，个人同时属于不同的经济、政治、宗教共同体（东印度公司可以被看作是一个共同体），风景画在不同层面提供了一种集体的身份认同。许多荷兰画家在描绘荷兰的景致时，这种居高临下的视角就很少出现，且不说在哈尔斯、伦勃朗笔下气质昂扬的民兵连队肖像群像中荷兰共和国反击天主教宗主国的爱国主义，甚至维米尔在他《读信的蓝衣女子》中，也通过家书将少女与远方浴血奋战的将士联系起来。在风景画中，艺术家也很擅长将某种情感隐藏在其中，凡·戈延的《河景与乌特勒支的贝勒库森门，以及哥特式唱诗班圣坛》被人们理解为在新教盛行之时天主教徒的抗议，画面中哥特式教堂的高大与庄严感恰恰是戈延"有意"地将视角大大降低（戈延的其他作品如《水边的乡间别墅》亦同），地面或海面景物占画面不足三分之一的构图法，也为17世纪荷兰风景画家时常采用，例如雅各布·凡·雷伊斯达尔、阿尔伯特·库伊普等人的作品也是如此。至于在中国沿海、印度和东南亚各国的海岸风景（图）中舰船上飘荡荷兰国旗，除宣示爱国外，还有征战的暗示，这在荷兰海景画家彼得·凡·德·威尔德（Peter van de Velde，1634—1723）的海战作品（如《荷兰焚毁英国战舰》）中就可以觉察。而实际上，高视点并不是一个为画家们通常接受的风景视角。英国圣公会教士、艺术家和作家威廉·吉尔平表示："过于开阔之处并不适合入画。"英国人格雷、威斯特、扬和吉尔平都认真区分了高视点和低视点之间的差异，前者通常不适合画家，后者相反，主要是画家可以把握前景。17世纪的荷兰画家能够把实景地图和国家主义结合起来，在他们的笔下，海图即是权力的宣言。

透视性的观察以两种不同模式实现。第一种是再现性的，允许在单一平面上如实表现立体物，使观众能够真实地体验空间；第二种是政治性的，欧洲通过掌握所有实际和象征的测量结果而实现了领土扩张。尽管"自然风景的不规则性使其丧失了作为理想舞台的资格"……但自然风景的确在后来"一次次三角测量、一场场战争、一个个条约"的政治和经济世界中发挥了作用。空间与权力概念相互联系，无论是将其作为话语形式、现实的再现，还是实存的现实来审视的话，风景和领土都浸透于权力与知识关系之中。[39]

| 权力的图像

图42

弗雷德里克·约特伯格《TAB-12，广州沿岸景观透视图》，1748年

有关地图呈现的视角与殖民主义之间的关系，还可以从清代的欧洲文献对西人来华绘图透视的问题再做讨论，瑞典人古斯塔夫·弗雷德里克·约特伯格（Gustaf Fredrik Hjortberg，1724—1776）记述的《1748—1749年的东印度航行日记》（Ost-Indisk Resa 1748 och 1749），这部航行日记是瑞典东印度公司（SOIC）现存的航行日记与航程记录之一，该公司从1731年运营至1813年。荷兰、英国和葡萄牙是领先与东印度开展贸易并盈利的海上强国，而瑞典东印度公司也取得了非凡业绩，成为当时瑞典最大的商贸公司，主要经营茶叶，也进行瓷器、丝绸、香料和其他商品的贸易。约特伯格是该公司在1748—1753年间三次航行的随船医生。他将航行报告交予瑞典皇家科学院，报告中包括他对地理和动物的观察。返回瑞典之后，约特伯格被任命为瑞典南部瓦尔达教区的牧师。这部手稿采用红色斑纹纸装订为四开本，包括三幅地图在内，共179页。据约特伯格的记述来看，他也到过中国，恰巧他也详细绘制过一幅具有透视法的风景（图42）。约特伯格似乎对独立的地貌很有兴趣，在题为TAB-11的图绘中，似描绘了位于伶仃洋中的岛屿与建筑，时间是乾隆十三年（1748）8月16日，从手法上看他本人并非职业画家或技艺精巧的绘者。

在图TAB-12（广州）中，约特伯格描绘了广州岸边的景色，远处的广州与由近及远的三座塔，在笔记中标记"2"处为琶洲塔的西班牙语拼音，"3"为赤岗塔的西班牙语拼音，这些记述从清人记述中似也可以找到一些踪迹，清末仇巨川纂《羊城古钞》卷七中记载：

> 海鳌塔，在城东南四十里琵琶洲上……洲当会城下游，有二山连缀，穹然若魁父之邱。其内一石山冢高平，建塔其上，名曰海鳌，盖以常有金鳌浮出，当如白日也。赤岗、海鳌两塔屹然与白云之山并秀，为越东门户，引海印、海珠为三关，而全粤扶兴之气乃完且固。盖吾粤诸郡以会城为冠冕，会城壮，则全粤皆壮。乃今三塔在东，三浮石在西。西以锁西北二江之上游；东以锁西北两江之下流。而虎门之内，有浮莲塔（即莲花塔）以束海口，使山水回顾有情，势力愈重。是浮莲塔又为江上之第三道塔云。[40]

约特伯格画中近处最大之塔似为莲花塔。此塔与这幅画中形状很接近，建于明万历四十年（1612），番禺举人李惟凤等建。由于是欧洲人从水路进入广州见到的第一座塔，与赤岗塔、琶洲塔形成三座灯塔一样引航指路，外来船舶以此为航标。为何约特伯格的画与荷兰人的中国沿海图绘的透视感不同？据查，瑞典东印度公司并未在与清朝的贸易交往中交恶，而被视为对中国有助益的东印度公司，瑞典人的贸易目的地主要是广州。瑞典东印度公司在鼎盛时期，是瑞典最大的雇主，拥有1000名工人，一个航次往返航行3.5万海里，耗时两年多，沿途访问20多个城市与港口。该公司船队共做过135次远洋航行，除3次抵达印度，其余都抵达广州。据称，瑞典东印度公司一条商船赚取的利润，竟相当于当时瑞典全国一年的国内生产总值（GDP）。1743年8月29日，"哥德堡"号抵达印尼爪哇。根据随船牧师彼德·霍尔莫兹的日记记载，由于食物和淡水严重匮乏，加上疾病的折磨，船上已有21名水手丧生。"哥德堡"号经过单调乏味的长途跋涉，从南中国海进入珠江。1744年9月8日，水手们终于眺望到远处的琶洲塔，欣喜若狂，因为目的地广州就在眼前。约特伯格的日记手稿主要目的是记录旅行见闻，或给不曾到过中国的人观看。这幅广州沿岸图并不符合严格的透视法则，尽管按照近大远小的规则画出了由近及远的景致，而不是如芬布恩斯的图示那样高高在上，将自身设想为掌控者而非过路客。

荷兰风景画与制图业的高度发达、制图者的设计理念以及海外殖民活动是否改变了人们的观察方式，进而在图绘中以不同的透视感表现呢？在对台湾的殖民过程中，荷兰人自始至终危机四伏，战争与杀戮乃是常态，为荷兰东印度公司制图的画家们从往来的贸易公文、舵手和商人的旅行记录中不难获得这些消息，甚至可以称之为绝妙的心理暗示：

> 荷兰风景画因而能够把共同的注意力集中于对一个潜在的危险敌人的驯服和控制上。风景的视觉改造及其历史感也一定能使那些正在打造新政治制度的市民和一个由大量移民构成的群体安心。它通过一个关于这片土地的虚构的共同史，在视觉上给这个群体一种稳定感。[41]

芬布恩斯与约特伯格眼中和笔下的"广州"除了可以用制图透视进行解读之外，在对明清以来欧洲人在中国沿海地区图绘做初步检索后，我们看到的是一个由透视视角带来的有趣现象。在不同时代的制图者面向自然景观时，并不存在"纯真之眼"。具有意味的是，风景不纯粹是帝国的规划工具，也不仅仅是由帝国主义引起的。例如，荷兰风景制图被认为是风景话语和绘画实践的欧洲起源，至少在一定程度上具有反帝国和民族主义的文化姿态。而讽刺的是，在17世纪荷兰从一个反叛的殖民地转变成海上帝国后，这种风景可以同时具有帝国主义和反殖民的特征。[42]荷兰人在域内和域外的描绘体现出了两种截然不同的姿态，空间与权力的概念相互联系。无论是将其作为话语形式、现实的再现还是实际存在的现实来审视，风景和领土都浸透在权力与知识的内在关系之中，上述这些案例可以概括为：空间感是通过透视法来表现的。通过这一方式，人们对风景完成了视觉意义的占有。同时，对领土的政治意义占有也开始了——这是一种空前的行为。作为17世纪世界地图制图业最发达的国家，荷兰占据台湾长达38年，很少有人会想到这一切的发生与荷兰掌握先进的航海与测绘制图技术之间的密切关系。

清康熙元年（明永历十六年，1662）一月二十五日拂晓，郑成功下令发动了最后猛攻，28门重炮发射了2500发炮弹，摧毁了荷兰人据守之城堡，人员伤亡大半，于是，长官揆一于次日愿在合理条件下献城投降，并于二月十七日撤离大员沿海，驶往巴达维亚。荷兰东印度公司对世界多个地区的深入测绘，是荷兰海外殖民文化策略的关键组成部分。这些类型的风景测绘，在科学、地形学的修辞中要求纯粹的客观性和透明度的同时，压制"风格"和"类型"的美学特征。[43]从图绘角度、几何透视也能够映衬出殖民主义触角和对利益的渴求。与中国制图模式（透视模式类似）多个世纪以来的恒定性和闭关锁国的国家管理模式不同，欧洲人在地理大发现之初就启动了全球探索引擎。三个世纪以来，欧洲的知识构建机制一直首先用航海术语来解释世界。人们在1704年就有可能谈到"欧洲帝国"延伸至地球最边缘处，好几个国家在那里有战利品和殖民地。[44]科学家与制图师利用了测量技术，依靠建筑物的比例立面图和规划；利用科学仪器，如星盘来测量视角，改编了中世纪光学科学（perspetiva）几何公式，以修改托勒密在地图中所使用测量地球和天空的投影技术；并在平面表面上，采用绘画的"简单"步骤，使用测量技术（特别是在城市规划的背景下），规划和海拔高度的测量记录。运用一系列来自中世纪和古典科学的技术，包括光学、天文学、测时法（horology）与地图学。殖民之力源自科学的发展，沙文主义自信正如丹尼尔·笛福所表明的那样：这个世界的历史主体是世俗的、有文化的欧洲男性。近代中华帝国沿海"肖像"的绘制者，正是被称之为欧洲"帝国主义"的海上捕猎者。

17世纪之后，欧洲人在航行全球的过程之中，对海上航行路线的观测是十分全面和深入的，而中国几乎完全失去了这样的探索机遇。1814年，在巴黎出版的《地理与物理图册》中，亚历山大·冯·洪堡（Alexander von Humboldt）特意在书的扉页上放置了一幅寓言画，画中墨西哥帝国的波波卡特佩特火山与乔卢拉金字塔映衬着战败的阿兹特克王子，受到智慧女神雅典娜与赫尔墨斯的安慰，画中的附加文字是有关人类、知识与经济。在南美洲充满激情和收获的深入考察旅行中，洪堡力图用写作、绘画和地图将其充实起来，他在美洲的研究之旅被视为"典范的探索之旅和至高无上的地理成就"。这三十三卷百科全书的美洲考察著作既绘制有十分精美的风景画，也有深入的地图测绘，包括地图与风景图绘在内的图像在知识之外也起到了不同的作用：欧洲不得不重新想象美洲……对于精英分子来说，（世界的）重构与欧洲资本、技术、商品和知识系统的扩张主义密切相关。[45]

洪堡的例子并非偶然，在文艺复兴后期，威尼斯共和国的制图方式曾记录了从航海经济向土地资本化的发展,是这种资本主义图像方式的生动例证。具体而言,具有透视法则的观察从多方面适应了商业资本主义对秩序的需要。除了与土地相关的内容之外,它涵盖了更广泛的内容,这种新的观测视角具有实用性,可以用于制图学和土地勘测——在这两个领域,光的艺术效果以及线性透视和空气透视作用已经引起关注。欧洲制图和测绘在相当长的时期内,在普通测量方面采用的是几何学原理,直到17世纪才有新的变化。当荷兰东印度公司在亚洲的贸易如火如荼开展之时,它的测绘海图团队高效地绘制了大量的各地海图和实景景观图像,以便于记录航海信息。

而在荷兰画家用十分娴熟的写实技巧绘制地图的时候,中国的舆图和沿海海图的绘制者们依然沿袭着十分传统的舆图绘制仪轨。清代所出现的各地沿海防卫图,在传统的舆图方志模式中却具有某种新意。首先是沿海各省都在绘制辖制区域的海(防)图,如前所述,这和清代重视海防、海图和疆域有关。和康熙帝一样,雍正帝对沿海各省的防卫事务亦十分关注:例如雍正十二年(1734)四月二十九日,水师提督王郡(?—1756)自京师抵达泉州,向总督郝玉、巡抚赵国麟、福州将军阿尔赛(?—1745)传达了雍正帝的口谕,雍正帝要求官员们查匪类,务必立刻严拿,细加审问,不得迁延贻患。阿尔赛随后奏报此事,雍正帝再次御笔朱批:"第一要事,况闽海岩疆,更刻刻不可懈怠者!"(图43)再次提醒阿尔赛福建防务的重要性。

在一些地域的海图中,出现了多样的绘图形式。传统的方志图上,水深的信息往往不会体现在图中,如果需要在图中呈现的话,则是用文字描述而不是数字的形式。不过,在《海门厅各港水势深浅全图》(图44)中并未附图例,方位指示附于图沿四周,采南上北下为图示。全图以简单形象制海门厅属各港汛。图中4处墨书红签,分别记录厅属若干地点的里程和沿海海水涨退潮水位深浅。图中上方加盖满、汉文"江苏海门同知关防"之印,属典型的官绘本军事图。此图与另一幅图《海门阖境各港分界全图》为同一套图。由于没有比例尺和经纬度,图示中的具体里程远近通过文字来描述,如"自崇明向北,至厅境圩角港,江面计一百余里"。在红底墨书的题记中,制图者对水深给出了具体文字描述:"查卑境自西至东,绵

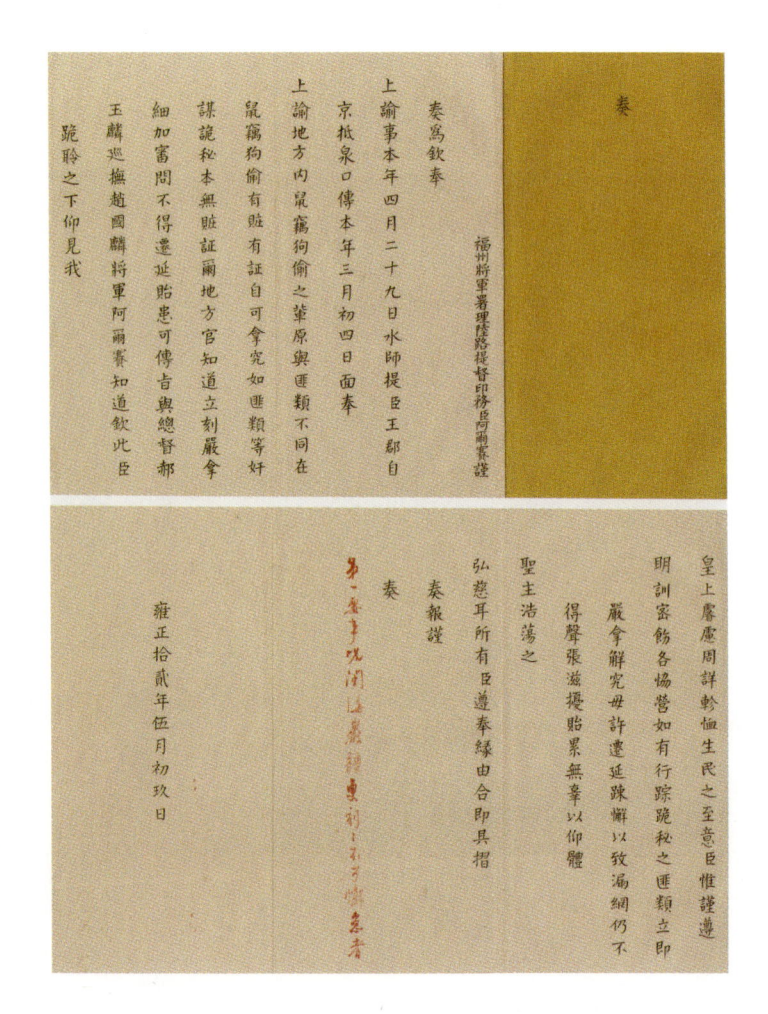

第二章　晚明以来的中绘与西绘中国海图

图43

福州将军署理陆路提督阿尔赛奏折，雍正十二年（1734）

长一百九十里。自厅署南至圩角港二十里，东至糖鲈港一百四十里，糖鲈港至大洋七十里，牛洪、浒通、圩角、青龙、悦兴等五港潮退时，水深三四尺，潮长时，六七尺不等。"[46]

在明清时期的舆图之上直接标记或写明水深的图数量有限，这幅图属于官绘本军事图，如果了解水深和涨潮、落潮的水深变化，有利于进行海上防卫。这样的海图绘制与实际的防卫具有密切的关系，例如广东海防就有水深方面的考量：

量浅深以置船大小。夫广东六寨汛地，各有港以避风泊船，但港门有浅深，

| 权力的图像

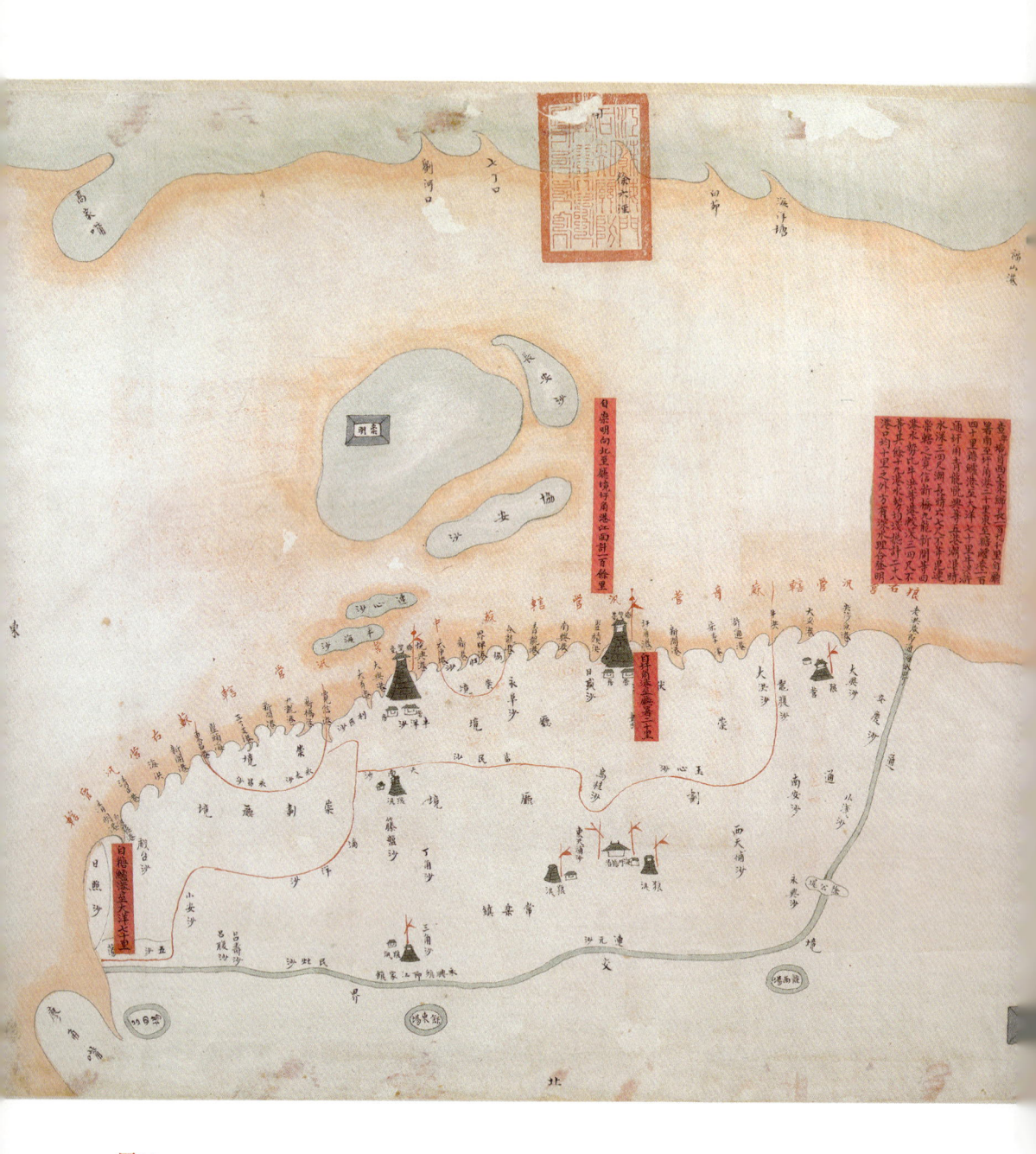

图44
《海门厅各港水势深浅全图》，道光二十年至二十二年（1840—1842），大英图书馆藏

湾澳有险易。港深而易泊者，无论船只大小，皆可驻扎。若港门浅狭，则利于小船而不利于大船。今六寨之中，水深可泊者，在南头，则有屯门、佛堂门也；在柘林，则有东山下、河渡门也；在恩阳，则有神电、马骝门也。港澳既深，虽有飓风骤发，船易入港，用大船以御敌诚为上策。若白鸽门汛地，惟北監头可以泊船，其港亦浅，兼以巡哨锦囊，永安二所往来洋中，俱有沙，行大船恐未利也。白沙寨汛地，惟清澜可泊大船，而白沙、万州诸港俱浅、鬼叫门亦有沙，此二寨也，然犹有可泊之地，卒遇飓风，坏船犹少也。至若碣石卫一寨，殆又甚焉，碣石汛地，惟白沙湖颇可泊船，然湖中泥烂，湖尾浅狭，仅可容十余船耳，若碣石卫则海石嵯岈，船易冲磕。甲子门则港门甚浅，船易涸顿，一遇大风，大船不能入港，屡被覆灭，岂能遽而造补。而本寨之汛地，未免空虚，海寇倏至，如入无人之境，孰从而御之？故甲子门屡被寇劫，而竟无一兵与较胜负，非兵退怯，苦无敌船也，今于碣石、白沙、白鸽门三寨须酌用三号、四号之船，遇飓可以入港湾泊，其船常存，则其威常振耳，或谓三寨海寇要冲，而小船不利于战，然与其必用大船而屡被冲破，孰若多置船而振耀兵威？小船多，与大船相当也。况所谓小船者，非若小哨马之类也，惟其可以入港而已。[47]

从上面的描述来看，已将港口水深与海上防卫之间的关系说得很明白，清代局部的海防图已经能考虑到水深与海防之间的关系，与欧洲海图不同的是中国海图是用文字而非数字进行描述，不是像欧洲人直接在海面上用数字标记。

然而，绘于同治年间的一幅《大清一统海道总图》（图45）却出现了值得注意的符号，图中的水深状况既不是纯粹的文字描述，也非用阿拉伯数字标记，而是用汉字数字标记。这幅图有经纬度的标记，中国舆图式样的痕迹很少，推断是中西合璧之作。图中亦有几处罗盘方位的刻度，是一幅相当准确的海疆总图。图中覆盖范围如图目之下的经纬度附记：自北极出地21度30分，至41度6分，自偏西3度55分，至偏东11度15分，即南自广东广州府上川岛石头湾一带，往上沿海疆迤北至中、朝边境的鸭绿江江口，图中朝鲜西半部沿海岸线亦详细描绘；沿岸海面附属岛屿亦收列图中，其中也包括台湾及周边岛屿的描绘；全图对于中国沿岸水文、暗沙、经纬

| 权力的图像

图45
《大清一统海道总图》，同治十三年（1874）后，大英图书馆藏

刻度及海水涨、退潮时分都详细著录。在台湾及周边岛屿附近，题写了一段文字："见台湾浅滩迭浪，并其深浅不一，大约图中之所记拓数，恒多于实浅拓数"，很明显对台湾沿海情况的掌握也十分了解，堪称一幅精致且详细的海道总图。图中沿岸地名与海面上岛屿的名称与惯用的称呼不同，如台湾周边岛屿的凸岛（即花瓶屿）、克来格岛（即梅花屿）、挨金可尔特岛（即彭嘉山）、凸列岛（即橄榄山，又

名薛坡兰)、和平山(即钓鱼屿,英图误作花瓶屿)、低牙吾苏岛(即黄尾屿,英图误作钓鱼屿)、尔勒里石(即赤尾屿)、波兑尔土巴哥岛(即绿岛)。这些译名采自英国傅兰雅(John Fryer,1839—1928)口译、王德均笔述,同治十三年(1874)江南制造局出版的《海道图说》(总十五卷,附长江图说一卷),此书据《东西学书录》称:"起自琼州,迄于辽东、台湾,后附朝鲜、琉球、日本各处沙线、限风、礁石、诸忌,胪列详尽。"[48]这是一幅比较稀见的海图,中国沿海描绘的准确度很高,不像中国传统舆图风格,东起辽东半岛,被称之为辽东海,接下来是直隶海,沿海各处均密集地标记汉字计数,应为水深标记。海中几处在黄海和东海有罗盘刻度标记,甚至朝鲜海域一带也同样绘制得十分精细。在浙江外洋处题有"海水自北向西南流行较冷转别处",以及台湾外海题有"黑濑川海水自流每日流行三十里至四十里",这些题记说明海图已经观测到洋流的动向,实属罕见,也再一次证明这幅海图是建立在精确观测的基础之上。

《大清一统海道总图》的来历目前还缺乏更多的信息,它采用墨色石印,所有地名均为汉字楷书书写,没有制图者的介绍。作为一幅海道图,对中国沿海与周边密集的海道及洋流的记述不涵盖在中国沿海舆图的测绘涉及范围,我们发现这是18—19世纪北美和欧洲的制图习惯:

> 1768年,有人请求担任北美殖民地副邮政局长的本杰明·富兰克林解释,为什么从殖民地到英格兰的路程要比从殖民地到北美花费的时间更少。在自己的表弟(一艘楠塔基特船的船长)的帮助下,富兰克林描述道,"墨西哥湾流是一种在佛罗里达湾产生的强劲水流,以每小时4英里、3.5英里、3英里、2.5英里的速度自东北方向涌入",从而使向西航行的船只减速,使向东航行的船只加速。这位邮政官员出版了一幅湾流演示图。1775年至1785年间,富兰克林曾3次横渡大西洋,通过观察改进了上述的湾流演示图。在富兰克林开始研究墨西哥湾流的10年后,东印度公司的测量员乔治·伦内尔(George Rennell)沿着东非海岸绘制出了阿加勒斯海流的演示图。自18世纪末19世纪初以来,亚历山大·冯·洪堡测量出了向北流动的秘鲁海流,不久之后便以他的名字被命名为"洪堡海流"。[49]

海图水道方面制作的先导是亚历山大·达尔林普尔（Alexander Dalrymple）。作为东印度公司的一名水道测量员，他承担着公司轮船航海日志的审查及改进东印度群岛的航海图等非常有用的工作。而后，通过设计一种"航海日志摘要"，美国海军气象台上尉莫里使这一过程发生了革命性的变化。通过这一方法，船长们能够记录日常风与水流的方向与速度、磁差及海水温度。通过收集数千次航海所得的数据，根据航海图和仪器制作一系列"风向海流图"，展示出一年当中每个月的风及海流的情况，从而"概括出各种可能出现在水手面前的情况"。据此，便可以绘制出到达目的地的最佳航线。莫里绘制的海图于1848年首次出版，对预估航行时间与航运费用有着惊人的影响。[50]这些描述印证了《大清一统海道总图》是西人参与的测绘，考虑到海图受众，只是用汉字标记，尚不知是否是清政府的要求，不过在当时已属精度极高的海图。在这幅涵盖主要中国海域的图中，需要注意的是钓鱼岛（图名为和平山）的出现，这座位于北纬25度44分、东经123度28分，面积仅有4.38平方公里的小岛在同治时期，亦明确画在大清的海道总图之中。明清时期的多幅海图与海防图中，均没有遗漏钓鱼岛（屿）作为归属明清中国海疆的所属岛屿，这一点在历史之中毋庸置疑。

同为官绘海防图，绘于道光二十一年（1841）之前的《宁波府六邑及海岛洋图》（图46）揭示了宁波作为海防一线辖署变化，宁波府原领五县（鄞县、慈溪、奉化、定海和象山）；康熙二十五年（1686）五月奉上谕："山名为舟，则动而不静，因易名定海山颁赐。"康熙二十七年建县治，赐名定海县，而以旧定海为镇海县，道光二十一年，定海县改置直隶厅。全图偏重对定海镇总兵辖中、左、右三营及昌石营辖管洋面的描述，以红色线条标示各营内外洋汛的界线。从图中的信息很难判断此图绘制的年代，图上方称"江南省洋面"，按康熙六年（1667）江南省已改称"江苏省"，但称谓"江南省"一直沿用至清末，仍见于光绪时期的清代档案中。其余图中所示多处卫所大都在顺治年间裁废，其后改置为汛所而隶各营管辖，如昌国卫、大嵩所、穿山所、霩衢所、钱仓所、爵溪所等，但基本上从图中出现多处的"奉禁海山"，判断全图为之前，即定海县改置直隶厅前的海防军事图。[51]

将海防区域分块划分也是这幅图的特点之一，图中海域用红色直线和曲线进行

第二章　晚明以来的中绘与西绘中国海图

图46

《宁波府六邑及海岛洋图》（局部），道光二十一年（1841）前，大英图书馆藏

分割，每一区块都进行明确标记。例如定海县周围的定左、中、右营外和营内洋汛，东、西昌石营内、外洋汛和很多的题记。宁波外洋的区块划分辖制十分明确细致，在清代地方防卫海图中也并不多见，如图中海岛南韭山南北两侧就分属于不同的管辖区域：南韭山南首系昌石营外洋汛、南韭山北首系定中营外洋汛，乌屿岛旁写着东属定海营外洋、西属定中营内洋，均系象山县管辖。台明屿、明台屿、小塘、鹁鸪头四处陆地归象山县昌石营管辖。水汛归宁海县健跳汛管辖，又南田一处奉文，归宁海营管辖，等等。沿海所绘海岛繁多，均有名称及描述，海岸之处用简要的形式画出卫所，各山、海、岛屿和沿岸的管辖范围一目了然。在图的最东部边缘，题写着"汪洋大海接日本琉球"。作为官绘海防图，其所承载的功能完美地嵌入在图中，尽管没有经纬度和比例尺，但是传统舆图所展示的详尽地理特征会使观看者能够清楚地定位和判断，这不得不说是清代海防图的出色案例。《浙江通志》卷九十六《海防（二）》中对这种严格的海防区域划分有过记载：

> 浙省海防自宋、元迄明略具规制，然未有如本朝之严密周详者。其大要在设立提镇重臣，统辖得宜，且分置水陆，各营与城守为犄角，臂指联属互相声援，而又移提督于宁波，设雄镇于舟山间，玉环以障护，内地驻乍浦，以教习水师，城寨星罗斥堠棋布，扼要制胜远过前朝，至如商渔船只，亦必严夹带之禁，定出入之期，申保甲之令，立稽查之法，彻桑绸户，随时变通。盖自此可永清寰海之尘，而非仅为全浙固疆圉之计也。[52]

清代宁波水师有过多次变化，顺治三年（1646），清政府在宁波组建绿营水师左、右两营，各设参将为营官，两营官兵合计800余人，共配战船52艘。顺治十四年（1657），建立宁（波）、台（州）、温（州）水师镇，统辖3处水师。康熙初年，清政府在宁波一度设置浙江水师提督，但不久又恢复水师镇总兵。康熙十四年（1675），第二次设立浙江水师提督于宁波。四年后，再度被裁。到乾隆年间，宁波仅剩1个城守营，水师主力拨给定海水师镇。定海水师镇创建于清朝初年，设有右、左、前、后共4个营，营官均为游击，战船202艘。康熙九年（1670），减为

图47

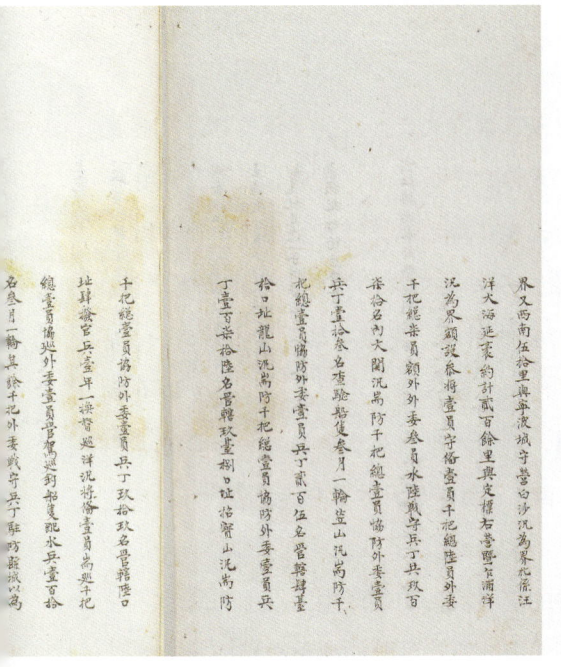

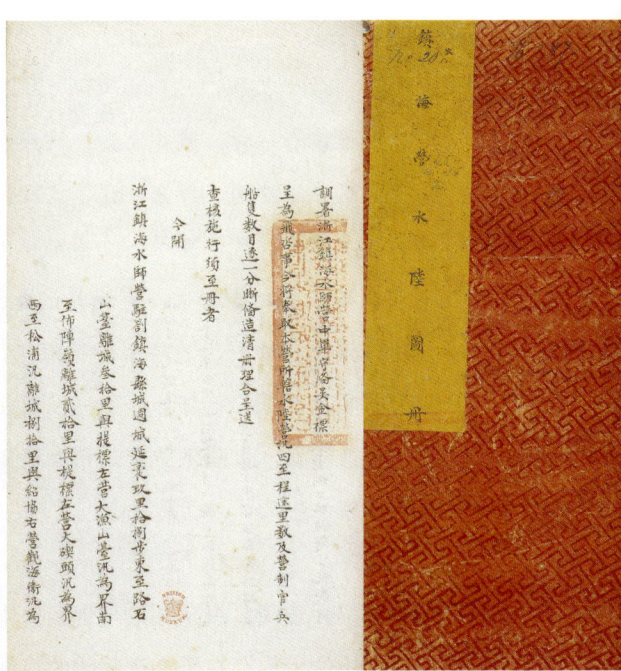

《镇海营水陆图册》，道光二十一年（1841）三月

中、左、右3个营，战船剩80艘，另有哨船20艘，官兵共剩2800多人。定海水师镇兼辖的象山协官为副将，左、右两营共1200多人，配有哨船14艘。昌石营营官为都司，官兵560多人，配有战船6艘。镇海营营官为参将，官兵1160人，配有哨船8艘。[53] 从图中可以看到在道光时期，宁波防卫较前期有所提升，这幅海防图绘制时期，即道光二十年（1840）时的定海水师镇兵力有2000余人，战舰21艘，舰炮共170余门，在定海城外东南设有炮台1座，且装炮8门[54]，它的防卫实力并不弱。需要说明的是，欧洲的军事实力在19世纪虽具有长足发展，然而在道光二十年六月初五日，英军军舰进入定海海域以及之后的定海城陷落，并不仅仅表明中国军事实力处于劣势，而更是战术指挥和缺乏经验的问题，密集的协防并未发挥作用，而海防图本身所构建的理想化区域防卫与现实中的实际效果存在差异。

在《镇海营水陆图册》（图47）中，可以观察到这时对海防分布思虑之深入。

文中说道：

> 窃惟镇海一营，城处海滨，汛兼水陆，南抱浃江，北枕巨泽关口，乃商艘总汇之区，达诸闽、粤东、辽、旅顺、天津，并抵日本、琉球各海番，洋峙岛岙，奸良莫辨，盘诘宜严，且招宝一山，扼江海之口，抵障汪澜，不独郡国之咽喉，实东浙之藩翰也，南北各汛逼临，沿海在在均关紧要，巡防更宜严密。至所辖洋汛，如蛟门屹峙，环锁海口，吐纳潮汛，虎蹲雄踞于其内后海一带，以及东霍、西霍、七姊妹等处，一望汪洋，浩瀚穷际，洵为严险；际今海不扬波，商渔乐业，水陆汛防未敢稍有疏懈，以期无负大宪重海疆之至意云尔。将本营分辖水陆汛口，以及程途、里数、官兵、出洋船只数目敬陈。[55]

这些生动的描述表明，海防图绘与现实之中的防卫实力的确产生了不小的反差。海防图中展现出的世界存在于一个封闭的空间，海战实战经验的缺乏和科技发展水平的不对等，是否使精心绘制的海防图仅具有历史和审美的意义？过去对清代海防图的考察和研究还比较少，尤其是从图像和舆图发展的历史角度，以及清代对国家海防比较严格的管理系统和繁复的往来公文，都可以给我们提供一个全新的视野。还需要厘清的一点是，要把清代时期所发生的多次海战（尽管多数是以失败而告终）和它的海防图与海防体系区分来看待，也就是说海防图是一种理想化的舆图和防御模式，而实战却需要面对复杂的政治社会环境和军事技术的发展差异。

《宁波府六邑及海岛洋图》出现的密集区域防卫图式，很少在西方海图中出现，在大范围和局部海域地图中也是如此。在同时期欧洲人描绘中国海图中，提高描绘精度是一个主要方面，在之后的章节中，我们可以看到出于军事目的的海图特征，例如具有详细的水深参数、港口和重要的战略位置等，由于越来越多的欧洲舰船来到中国，到19世纪之时，中国的海岸形态基本上可以准确反映在西绘中国海图之中了。法国制图师皮埃尔·拉皮埃（Pierre Lapie，1779—1850）在1809年绘制的《台湾、琉球和中国东南部版图》（图48）详细描绘了中国华东、华南一带的地形，台湾的形状尚不够准确，但做了颜色的强调，合理的推测是他本人并没有到过台湾，

图中台东一带比真实形状具有明显的凸起。不过，这幅图却也强调了台湾海域周边的岛屿归属：涂有黄色的标记在金门、台湾本岛、钓鱼岛和赤尾屿一带都做了统一的描绘，表明这是属于清政府的管辖范围，琉球则是属于清朝的藩属国。

也就是在皮埃尔·拉皮埃制图的同年，即嘉庆十四年（1809）五月十九日，清政府制定《民夷交易章程》付诸实行，主要内容有：各国护货兵船，俱不许驶入内港；夷商销货，要依限回国，洋商要早清夷欠。澳内西洋人不准再行添屋；民人眷口，也不准再有增添。引水船户，给照销照，俱责成澳门同知办理。夷商买办，要选择殷实可靠人，始准承充。洋货到粤

图48
皮埃尔·拉皮埃《台湾、琉球和中国东南部版图》，1809年

后，由该国自行投行，公平交易。在对待夷船和夷人方面，依然采取比较严格的管理条例。这时期所发生的打击海盗蔡牵（1809年8月17日）和之后1832年在台湾所发生的"张丙事件"，都显示出清廷对东南海域控制的力度：清军渡海平乱期间，福建陆路提督马济胜于1832年率兵2000人，乘船13艘抵台湾鹿耳门，金门镇总兵窦振彪亦率兵1300人抵达。[56]

荷兰及东印度公司在晚明时期就已来到中国，占据台湾达38年之久。作为最先到达中国的航海国家，在被郑成功驱逐出台湾后，在清代就没有再回到中国海域。不过在荷兰制图家约翰尼斯·凡·科伦所绘制《中国沿海地区：广东、福建和台湾》海图中，依旧能够显示出其对这片充满贸易利益之地的关注。这幅图绘制于1728年（雍正六年），中国沿海地区密布着多向度的航线、水深数字标记，以及对重要港口的强调。海图的副标题"包括所属的所有群岛和沿岸海底深度与下锚区"（met alle daar onder gehoorende Eylanden als mede de dieptens en ankergronden）表明这是用于航行的海图。图上并标示了纬线、纵横交错的方位线。比例尺上亦交代了里程与经度每分的换算法。而左上角的方框则为福建向北继续延伸的海岸线。本图也提供许多台湾内陆村社的数据，如二林（Girlint）、猫儿干（Vassican）、虎尾垄（Vavonolang）、他里雾（Dalivoe）、东西螺社（Davoley）、哆啰咽（Dorkay）、萧垅（Soulang）、新港（Incan）、大武垅（Tivorang）、麻里麻仑（Vorvorang）、茄藤（Gadaadain）和放索（Pangsoya），山区里所分布的原住民村落，也多有标示。在垦丁半岛则描绘了由西岸跨过大武山到东岸的路径。另外，在台湾东部也可明显看出荷兰人曾经探勘金矿所行走的路线。此图出版时，荷兰东印度公司已不再统治台湾，然而此图所标示的资料却相当详细，这表示在当时东印度公司内部所保存的图籍中，仍有相当详尽的中国海岛地理资料。[57]这幅图应该是描绘了晚明时期的荷兰对中国沿海的测量和理解，而在清初，荷兰对沿海事务的关注程度依旧如前，所做的测量非常完备，几乎所有主要航线与岛屿的水深都有数据呈现。

19世纪下半叶，法兰西第三共和国开始侵入中国传统的藩属国越南。1856年，法国远东舰队因越南处死传教士，而炮轰土伦港（今岘港），并于1858年一度登陆占领。战争的成功需要具备良好的制图和情报收集的能力,需要对这个世界了如指掌。从18世纪开始,法国海军就开始了对中国沿海深入的测绘行动。1773年,里格伯特·伯奈(Rigobert Bonne,1727—1794)接替水文地理学家雅克-尼古拉斯·贝林(Jacques-Nicolas Bellin,1703—1772)成为法国皇家制图师,在海洋局(Dépôt de la Marine)的水文学办公室工作。伯奈以官方身份编制了这一时期一些最详细、最准确的地图,他的作品代表了欧洲制图思想从17世纪和18世纪早期的装饰性作品,转向更加注重细节和实用的美学发展的关键步骤。关于地形图的绘制,伯奈地图在风格上与他的前任贝林有许多相似之处。然而,伯奈地图通常放弃了18世纪常见的装饰特征,如手工着色、精致的卡通装饰和指南针玫瑰。在19世纪之前,荷兰和法国的制图能力实际上超过英国。在1771年,伯奈就绘制了关于越南、广东、福建和台湾的海图,他详细地刻画了中国和越南接壤一带和北部湾的边境、海岸地形,也对福建和台湾、澎湖一带做了深入的绘制,这一区域恰恰也是在1883年12月至1885年4月间中法战争所牵涉之地,而在这之外的省份却全部留白,海图的关注点集中在沿岸一带狭窄的区域。作为法国海军的制图师,他是否能想到在一百多年后的图示所在区域,爆发了著名的中法战争?

还有一幅有记载的法国绘制中国海图《1787年探勘中华海域图》也是由海军来完成的,1787年法国海军军官拉彼鲁兹伯爵(Comte de La Pérouse,1741—1788)率领两艘战舰,"指南针"(Boussole)号和"星盘"(Astrolabe)号由马尼拉向北航行到堪察加半岛,图中正好路过中国大陆沿海和台湾一带。这次航行是拉彼鲁兹奉国王路易十六及海军大臣卡斯特里侯爵之命(图49),带领一支探险队环游世界。该探险队的目标是完成詹姆斯·库克(James Cook)对太平洋的探索,修正并完善该地区的地图,并建立贸易联系、开辟新的海上航线,丰富法国科学及科学收藏。他率领两艘船、共114人,于8月1日从布雷斯特出发。随行的船员中有10名是科学家,其中包括天文学家兼数学家约瑟夫·勒帕特·达格莱特(Joseph Lepaute Dagelet)、地理学家罗伯特·德·拉马农(Robert de Lamanon)、植物学家兼物理学家约瑟夫·胡格斯·博伊西·拉马提尼埃(Joseph Hugues Boissieu

| 权力的图像

图49
尼古拉斯-安德烈·蒙肖《1785年6月29日，路易十六向拉彼鲁兹下达了指令》，1817年，法国凡尔赛宫藏

La Martinière）、3名自然科学家以及3名画家，包括加斯帕德·杜赫·德·凡西（Gaspard Duché de Vancy）。

海图中标记了此次航行的测绘线路。在航行中，拉彼鲁兹的船只曾在大员附近停泊（图上标示为 Tayan），但他并未上岸，由于当时台湾正处于爆发林爽文民变时期，故拉彼鲁兹认为在此动乱时刻不宜上岸。后来再折返台湾东部北上，沿途经过兰屿（Botel Tabaco Xima）、久米岛（I. Kumi）、花瓶屿（L. Houpinsu），再北上往日本和俄国。后来俄国库页岛与日本北海道之间的海域也因拉彼鲁兹的航经，便以他的名字来命名（La Pérouse Strait）。此次的航行经历后来写成《1785—1788年拉彼鲁兹的环球航行》(*The Voyage of La Pérouse, Round the World in the Years 1785-1788*) 一书（1798年英文版），书中收录有关于航经台湾的一些记录，并有一张由布朗德拉所绘的《花瓶屿图》(Plan de l'isle Hoapinsu)。拉彼鲁兹在书中提到关于台湾与澎湖位置的重要建议，想要占领台、澎二地的西方国家只要与占菲律宾的西班牙人联手，成功占领的机会大增，可得到来自马尼拉的军事补给。另外，他也提到台湾因盛产茶，使得英国人极重视此岛。[58] 拉彼鲁兹的航线在图中清楚地描绘出来，首先是从马尼拉出发，航行在南海上，到达台湾和澎湖一带，在澎湖和花屿之间船只多次折返，应该是在进行勘察。之后绕下来经过台南海域再次北上，再经过东海到达朝鲜海域，继续沿着朝鲜东部沿海向北航行。也在清代档案中似乎没有关于法船此行的记载，船队也并未考虑接近中国的沿岸城市，而仅仅是针对海洋航线本身所开展的学术性和军事测绘考察。海上舰船的航线精度绘制得很仔细，在左右两侧添加了密集的数字，是代表水深的记号。与荷兰东印度公司的商船一样，法国海军的舰船会有专门负责测绘和制图的专业人员，在之后的章节中，我们还会看到在中法战争时期，专业化的制图勘察对作战结果和国家战略会起到何种作用。

　　拉彼鲁兹在《1787年探勘中华海域图》中左下方，画出了一个不太起眼的点状小岛，查看航线轨迹，显示他的船只并未涉足此岛。这就是著名的东沙岛，图中标记为Pratas，是南海诸岛历史中最早被开发的。中国渔民前往东沙海域进行渔捞活动，在晋代裴渊的《广州记》已有记述："珊瑚洲在（广东东莞）县南五百里。昔人于海中捕鱼，得珊瑚。""珊瑚洲"即指东沙岛及其环礁。康熙时期，有高凉镇总兵陈伦炯著《海图闻见录》中有东沙岛之图（图50），陈伦炯字次安，号资斋，同安人。其父陈昂，康熙二十一年随靖海侯施烺平定台湾。施烺又使搜捕余党，出入东西洋五年，叙功授职，官至广东副都统，熟闻海道形势。这个面积仅为1.8平方公里的小岛却与近代的世界历史具有密切关系，是个充满争议的地方。

　　陈伦炯的《海图闻见录》中，将南海诸岛分为四个群岛，且明确标绘有四大群岛的地名和位置。当时称东沙群岛为"气沙头"，西沙群岛为"七洲洋"，南沙群岛为"石塘"，又称"千里石塘"，也称"万里长沙"。东沙岛是南海上东沙群岛的主岛，是南海数百个岛礁中最大的岛屿之一。1910年《地学杂志》记载"大东沙岛"提及大东沙岛交涉一案，"日本已承认为中国领土，兹将所考求该岛之位

图50

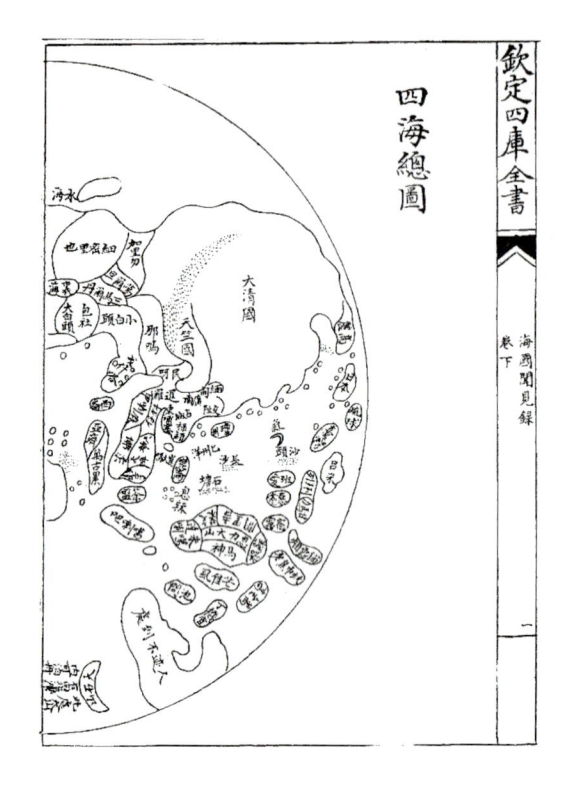

陈伦炯《海图闻见录》之中的东沙岛,1744年,木刻

置、形势、历史、物产及其关系数端特录"[59]。这是关于东沙岛主权的记载,这件事源于英国欲在岛上建置灯塔,所生之归属问题迫使清廷不得不正视东沙岛为日人所占的现状。光绪三十三年(1907),广东巡防营统领李准出巡外海,至东沙岛,发现倭人已占据该岛两三年,将其命名为西泽岛,并已建轻便铁道十余里,机器、厂屋若干座,亦派兵监视。李准回广东后,请示两广总督张人骏,电告外务部,与倭人交涉。倭公使要求出示二百年以前之图为证据。广东按察使王秉恩(1845—1928)博览群书,以康熙间有高凉镇总兵陈伦炯著《海图闻见录》中有东沙岛之图,送外务部与倭公使,证明为我国版图,使日本将该岛交还中国,仍名为东沙岛。通过地图,能够不用战争的形式归正主权的划分,在近代史中实属罕见,这证明古代舆图在历史和国家关系之中,具有不可替代的佐证作用。寻找舆图的关键人物,广东按察使王秉恩,学养深厚,曾师从张之洞。同治十二年癸酉举人。历任广东布政司、广东知府和贵州按察使、广东按察使。东沙岛是清廷处理有争议岛屿的一次艰辛历程,据1909年《东方杂志》(第六卷第四期)记载:"广东近方以澳门勘界之举,与葡国有所交涉,尚未开始着手,而日人占据东沙岛之事,又随之而起,又我国与日本因间岛问题,彼此往复,交涉逾年,而今者东沙岛问题,又随之而起。此皆留意广东地域及中日之交谊者,不可不知之事也。"[60] 事件的起源是来自日本的一篇报道:

先是丁未年九月十六日，日本大阪《朝日新闻》登有一事云：广东省三门湾之东北太平洋中，有一无人岛，名蒲拉达斯，目下经营该岛中之事业者，为台湾日人西泽及水谷两人，并南洋客罗连群岛日本贸易商恒信社。恒信社自从前年，由该社所属船长风丸发见该岛以来，叠与驻日清使、驻横滨各国领事、上海关道、英领香港政厅交涉，最后遂确定该岛"全无所属"，且得日本外务省许可，特于本年夏季，再派长风丸前往该岛，近时长风丸在中途与西泽、水谷等之轮船四国丸相遇，该船亦系前往该岛者。据最近之调查报告云，该岛之区域，南北计日里一里强，东西二十町（日本以六曲尺为间，六十间为一町，每曲尺合中国九寸五分余）内外，当满潮之时，该岛海岸，高出海面二十五尺左右，岛内之燐矿积层，有达于七尺厚者，此外，海参、贝壳等类，产出不少。近日恒信社拟禀请日本政府，将该岛决定为日本政府之领属云。[61]

清政府自然无法认可日本的说法，遂开始详查始末：

所谓蒲拉达斯，即东沙岛之西名也。日人指为无人岛，自是一面之词，然报言当时，已与驻日清使及上海关道交涉，则固已关会我国官吏矣，彼时不知如何对待，忽确定为全无所属，此不可解之事也。至丁未九月十三日，中国外务部接得报告，略谓香港澳门附近美属小吕宋群岛交界处所，有一向归中国管辖之荒岛，近被向居台湾基隆日本人西泽吉次纠合同人等，前往建造宿舍，筑立石界，有占据该岛之势。当以该岛领海，暗礁极多，华人因之畏而不居，并非弃之不问，且彼处矿产木植，俱繁盛丰富。迅派干员，乘坐兵轮前往查察情形，赶紧详报，以便经营一切，俾免外人觊觎云。粤督接电后，即交洋务局各员查复，惟查港澳附近，并无广大荒岛，据某兵轮管带，以意误会，谓离香港三米，有一岛，西人名之为卑斯卑，岛旁四周，水极深浩，可以湾泊大船，岛面向南，可以避风，实为粤中不可多得之地，从前德国曾拟设法据之，开作军港，嗣为英所阻，知难而退，中国海军兴盛时，丁汝昌亦经派船巡视，商之李鸿章，欲开作海军根据，卒以款绌罢议。今部中来电，谓有日人占据，想必此岛，因除此处之外，更无别岛可以当日人一盼也。此岛离三门湾不远，盖在香山、新安两县境界之内云，时督署对此事颇为注意。[62]

实际上日本人西泽吉次在1907年8月聚众占领东沙，插旗改名为"西泽岛"，在岛上修筑码头、铁轨等建筑，目的在开采磷酸矿物、海人草、鱼介贝类及海龟等水产资源，兴建木造房屋20余座，建海水淡化厂一间和水池供蓄及养龟，设电话线及吸水管路等设备，这些发生在东沙岛上的事情清廷都未知。

对未知海岛在没有厘清主权的情况下擅自侵占，日本国内报纸纷纷记载发现无人岛事，争以占领新发现之海岛为荣，大有哥伦布寻得美洲新大陆之势，录日报所记如下：

> 住台湾基隆之南洋贸易商西泽吉次氏，近在北纬一十四度四十二分二秒，东经一百十六度四十二分十四秒附近，即中国澳门、美属非律宾群岛之间，太平洋上，见有无人岛在，乃纠同志一百二十人，于六月三十日午后四时，同乘汽船四国丸驶向该岛，途中在澎湖岛一泊后，于七月初二日上午十时，徐至该岛，是日午后二时，结队上陆，即共建筑宿舍，随于岛内探险，知该岛乃周围约三十七八里之一小岛，岛之一端、则有大小暗礁起伏，联缀海中，亘约六十里，岛之陆上，有燐矿石甚多，并有无数之阿沙鸟，栖息其间，海岸则有鱼族群集，暗礁均有贝类依附，采集极易，将来该岛事业大有可望也。今拟续行探险后将该岛确实占领，第二探险队定于七月二十一日，运载轻便铁道材料、栈桥材料，装足汽船二艘、货舟一艘，并携医疗机械前往云。[63]

要证明岛屿归属的关键，即是否有东沙岛的舆图记录，但是要查询如此大小的海岛难度很大。清"外务部饬查此岛之后，旷日持久，又误于据旧图，查中国官私各地图，皆以广东琼州府所属廉州北纬十八度为最南之界，日人现踞之岛，在北纬十四度间，固中国地图未见有绘至此岛。在以英海部1886年所刊海图考之，按此经纬线之处并无岛屿，惟稍偏东北有小礁一处，出水三尺，在北纬线十五度十分，东经线一百十七度四十分,与此亦不相符,是必英国刊图时,尚未见此岛,而近年方觅得者,中外地图皆未见有此岛,今欲证其为何国属地,其地尚在小吕宋以南,距中国海岸千里而遥,其为中国属地之据,各国皆无从考核,今日人已树国旗,若欲与之交涉,非先自考出确切凭据,无从着手"。钧电云"凡闻粤之老于航海及深详舆地学者,皆知该岛为我属地,自系访闻此事者所言,拟请部令其设法,向粤闽航海家及舆地学家,将此项凭据访求明确,购觅发下,即由此间选派通晓舆地谙悉交涉之员,乘坐兵轮,前往该处,相机酌办"云云。[64] 证明海岛归属,在东沙岛的勘定过程与舆地学者之间建立起重要的联系,这无疑是具有说服力的做法,也符合国际惯例,尽管历史上由中国人绘制的相关海图较少,面积较小之岛屿受关注的程度并不高。

英国人在19世纪的制图界后来者居上,成为各国竞相效仿的对象,如果在英国绘制中国沿海的海图中,并没有发现有关东沙岛的记载,那么就需要深谙近代海图者方能有所突破。另外,清人在当时肯定尚不知道拉彼鲁兹的《1787年探勘中华海域图》的存在,因为在此图中,蒲拉达斯(东沙岛)的位置十分清晰地绘制在文字"中国海"(Sea of China)范围之内,这样的证据非常直观有力,况且是由第三国制图师绘制,能够提供客观的立场。在当时,有关舆图的收集似乎无法掌握更充分的资料:

> 以英海部所刊海图为据,而忘其为十一年前所刊,陈旧之物,今日已不适于用,遂几为其所误,此以知外人所刊之海图,吾国宜择其新出者,时时译刊,更宜自行派员测绘,时时修改,庶有事时或得其用也。又西泽占领东沙岛事,日人视为至荣,报纸争相揭载,而吾国官场及留心时事之人,似尚无所知,故无起而议其后者,此以知吾国官学两界,极宜留意探讨外事,而东西各国有名之报纸,尤宜专设一局,择其所载事实,与吾国有密切关系者,全行译刊,以供官场及社会之披览,庶不致临事周章也。[65]

实际上,勘定归属新图并不如旧图更具有说服力,所以"陈旧之物,今日已不适于用"是对舆图的历史并不了解熟悉所致。但建议"更宜自行派员测绘，时时修改，庶有事时或得其用也"虽然好，未必能够真正实践，及至清末时期，虽有欧洲测绘技术的传入，但中国测绘师整体上对西式测绘技巧的掌握程度相对较低，亲临现场就更难以实现。

清政府在勘察东沙岛归属情况时，提出一些具体证据：

> 查日本人未到该岛以前，沿岸渔船，及闽粤渔户，通年匀计，不下数百艘，此外尚有半捕鱼半捞海半采矿之小船，不计其数，每年获利，大船自数百金至数千金不等……又查，该岛向有大王庙一所，为各渔户所公立，庙内预藏许多伙食，备船只到此日用之需。自昨年忽有日本人多名，迳到该岛，将大王庙一间毁成平地，致绝渔户之伙食。又面毁撤渔板，驱逐渔船，有新泗和常记渔船之附属渔板六只，每只长二丈，阔三尺，价值银七十元，已尽被日人撤去。今年正月初十日，新泗和常记渔船复到该岛，日人竟驱逐之不许湾泊，该渔船开往西北湾捕鱼，至二月十九日，日人复到干涉，将渔船驱逐，渔船遂仓皇驶去。此外，按当委员往该岛查问时，驶赴委员前禀诉，我船历来往来东沙岛，捕鱼为生。[66]

英国人普拉塔斯及其地图之说最具有说服力：

> 英人蒲拉打士航海，曾在此地遇险停船，厥后西人地图，即以蒲拉打士名之，注明广东地。当西历一千八百六十六年五月，英兵船"西板特"号尝泊其地、英书中又言中国人至此捕鱼，已不知若干年云云。按观于以上各条，足知东沙岛实为我国领土，并非无人岛，已确凿无疑矣。[67]

粤督张制军自经委员禀复，确知东沙岛实为中国领土，于是始照会驻粤日领事，为正式之交涉，略言现查惠州海面，有东沙一岛，向为粤各港渔船前往捕鱼时聚泊所在，系隶属广东之地。不过，在没有舆图明确勘定之时，日本并不认可清政府的说法，并提出了依据："闻驻粤日领事曾照复粤督，送岛志一本，言此岛乃彼国人初发见，从前并无此岛，按照万国公例，应归发见之国所有，如贵部堂以为不然，请查现呈某国前编之岛志，有无本岛"等语。此后，据东京电言：

  本处各报，载日政府以大东沙岛，现在虽系不知属于何国，而日本决不据为己有，且日本亦能承认此岛属于中国，若中国能示以的确之凭证，此后该岛之日本侨民，亦须由中国担任保护。现已将此意对华政府宣告，并将该岛之各种紧要事件，电告北京日本公使及日领事等，此外须要求清政府许以相当之居留地云。据上海某报言，日本外务省已将对于此问题之意见宣布，略言日本并未主张在该岛有领土权，惟亦不认中国在该岛有领土权，且信该岛为一无所属之无人岛，日人西泽晋作之经营该岛，乃个人事业，日政府绝不闻知云。[68]

有关东沙岛的争议在清政府和日本之间不断地发酵，粤东社会举出几项证据，颇有意味："亦将大东沙岛情形，布告同志，并叙述该岛属我之证据：（一）沿海渔户在该岛所建庙址，为该岛显属我确据；（二）日本人前后布置该岛惨逐渔户实情；（三）英美二国公认该岛为我国领土之电告；（四）西人地图证明该岛属我之确据；（五）本省大吏叠次派员查勘始末。"[69] 在第四点中，已提出用西人地图证明属我之证据，但不知是否寻找到相关的西人地图。我们在前面所列举的法国人皮埃尔·拉皮埃1809年绘制的《台湾、琉球和中国东南部版图》和荷兰人约翰尼斯·凡·科伦1728年绘制的《中国沿海地区：广东、福建和台湾》之中，均有东沙岛的明确位置，二图均明确将东沙岛归属于中国海（*DE CHINEESCHE ZEE*、*MER de CHINE*）的范围之内，此外，又见苏格兰地图出版商约翰·托马森于1815年出版的《中国地图》之中，亦绘出东沙岛的位置，岛屿的名称和范围正好被重叠覆盖在"中国海"（CHINESE SEA）的字样之下。这幅地图为1793年英国特使马戛尔尼出使中国的路线，英国使节团的船舰也曾通过台湾海峡向北航行，在18、19世纪间，有关马戛尔尼使中国的书籍与海图在英国出版很多。此图中中国沿海旁绘出的使团航迹很清楚，他们路过东沙岛并穿过台湾海峡。

| 权力的图像

虽然很多在今天看来不费周章就可以看到的西人绘海图能够提供佐证，但根据描述来看，当时似乎并没有西人所绘地图被找到并起到证据作用。欧洲各航海国所勘察之航海图，待完成后一般是由专门部门收藏管理，属于机密，不会轻易流落坊间，所以试图寻觅西人海图的想法虽然合理，但却难以实现。

关于东沙岛的争议广泛引起国人和清政府的关注："东沙岛问题，今方在交涉中，中东各报所纪，人各一说，不能尽据为典要也，姑为汇录如下，借观大概。又自此问题发现后，我国士民，争搜求颠扑不破之证据，为官吏之后盾，足以破无人岛之谬说，此皆吾人所不可不知者也，因并录之，以告当世两国之交涉。"据日本《时事新闻》"东沙岛问题，中国所交出之证据，多有可恃，设再调查确实，则日本政府即可承认中国该岛之主权，惟无论如何，开拓该岛人西泽君之利益，日政府必为保证"云（并闻有须准日人在该处随便杂居之说）。上海《泰晤士报》得日本消息刊载：

> 东沙岛交涉一案，虽由日本承认为中国领土，不久将可议结，归还中国矣。据《粤报》言：大东沙岛交涉一案，闻日本领事移文，已认为中国领土其驱逐中国渔船，及拆毁天后庙之事，亦认为西泽所为，惟云西泽在该岛营业，前后共费去五十一万余元，所得物产，仅值一万余元，应由中国补回，张督驳之，略谓一：须西泽赔偿渔船损失；二：须西泽建复庙宇；三：须另行调查西泽运去该道物产，实值若干，责令西泽交回，并补缴出口税。[70]

中国提出的主要证据也导向了舆图，前述福建同安县陈伦炯所著之《海国闻见录》，已曾记有东沙形势，与今日政界所查，大同小异。此书出版在数十年前，更可为证。还有人关注东沙岛，丹徒陈君庆年，近因此事，致书即引陈伦炯之《海国闻见录》为证，其略如下："日来在舍间，检阅所有海道各书，见陈伦炯《海国闻见录》沿海形势图，惠州甲子港之西，明有东沙一岛，其东北为田尾表岛，西南为南碣岛，当碣石镇之南海中，即其位置所在，是日人所占之东沙，确为华属无疑。伦炯当雍正初年，以台湾总兵移镇雷廉，此书成于雍正八年，可以引据也。又书云,陈伦炯之父,以习于海道,从施琅征澎,台事定,擢碣石镇总兵。伦炯为侍卫时,圣祖曾示以沿海外国全图,后又自台湾移镇高雷廉等处,故于闽粤一带海岛,最所熟悉。东沙一岛,即西人所谓扑勒特斯岛,检英人金约翰海道图说,谓是岛形如圆环,而伦炯是图,于东沙岛即绘一小圈,与西人圆环之说适合,西人之来斯岛,探此处深浅,据金约翰书始于嘉庆十八年间,而伦炯此书,成于雍正八年,其编撰海岛,又在先世,则西人未能或之先也,何况东人乎?"[71]

舆图在勘定归属中起到了非常重要的作用,对于东沙一岛,在中国朝野引发强烈反弹,如"惠州周君孔博、联合绅商学各界、订于闰月二十一日,在府学宫内开大会集议,是日县令暨绅商学各界,到者千余人……提议办法有五:(一)联合各界,分电张督宪、高大臣,恳尽维持之法;(二)分函粤绅商自治两会,及北京同乡官,协同筹议维持之法;(三)分函各属绅商学界,调查一切;(四)一切费用,由商学二界担任"。又据广州消息,"近日惠州士民,除已由自治研究社,派代表至省,与自治会诸绅,连和议争外,昨有李兆书(广东归善县廪生)特作一书,由邮局寄往京师,呈递摄政王,书中痛陈该岛被占,有五害,并历举该地为中国领土,有四证,请摄政王饬外部照会日使,刻日开议,以全疆土"云云。[72]

还有一个说法,1909年中国向日本驻广州总领事馆交涉,最后清廷举出《中国江海险要图》一书、《国朝柔远记》等相关典籍,证实东沙确为中国领土,由清廷以16万银元偿还日商西泽开发之费用,扣抵3万元作为补偿渔民损失,实付13万元,并签订《交还东沙岛条款》,由清政府支付日商16万银元,广东海军军士随即登岛驱离岛上渔民,后于同年11月派员接收,正式收回东沙岛。《中国江海险要图》是清末陈寿彭所翻译,原书为1894年英国海军水道局编绘的《中国江海险要图志》。

在东沙岛牵扯争议之时,正是日据台湾时期,窥测东沙岛的不仅有来自日本本土的目光,当时的日本驻台湾总督也要来分一杯羹:

> 台湾总督颇欲谋占此岛,引中日和约,关于割让台湾者,曾有一条,指台湾所属岛屿,皆属日本,欲指东沙岛为台湾所属岛屿之一云。按当时条约割让台湾,并及所属岛屿,乃明指澎湖列岛,若必如斯解释,远在广东者,尚欲指

为台湾所属，则近在福建之岛何限，日人其将图占乎？又据日本报纸载台湾民政长官大岛之言论，略言西泽开拓以来，已阅几多岁月，乃绝不闻清国有一言之抗议，今督之举动，抑亦可怪矣。又言该岛价值，虽不过蕞尔一小岛，而燐矿最富，大非可以海岛而冷眼视之者，况西泽之开拓该岛，殆倾全力，投资本亦殊不少。[73]

东沙岛从被占到回归的案例，凸显了舆图资料在发生国际争端时的重要性。清政府在处理东沙岛问题上的反应和对佐证材料的选择，比较及时有效，从而避免东沙岛被日本侵占，这是近代史中维护主权领海的成功实践。清代海图对有争议岛屿归属和防御性的重视程度很高，这是与不断袭扰的外夷来犯分不开的。而用于海上航行的海图就相对较少，能够去往外国的船就更少：

自中国来长崎的南京船并没有因为日本方面允许贸易而增加，每年不过一两艘，最多也只有几艘。[74]

虽然实际的地理距离几乎不是中国舆图的主要考量对象，但是附加文字后的舆图也总能够"合理"地被放置在空间之中。中国制图者在地图上通过线条与文字的组合可以赋予观看者一种"想象空间"，这些也是基于中国漫长的舆图和方志绘制传统。在嘉庆和道光年间的《江海全图》（图51）就是一幅有关中国船只海上航行的海图，图中深色区域是中国沿海省份，浅色区域为渤海、黄海、东海海域。全图以传统舆图形式绘制，详细描绘浙江、江苏、山东、直隶、盛京数省的海岸线及沿海省、府、州、县城、卫、所等行政区划及山川、河流、海湾、河口、岛屿、沙洲、寺庙、山海关与边墙；无比例尺及图例，并以圆形、方形等符号区别各级行政区划。全图对于中国沿海河口、岛屿、暗沙、水深及航海里程都有着重记录，图题上侧的图说，则记载沿水道里数；海面上则航行着成列的船只。从注记内容所示，此图或为导引海上行船的航线，或指导航行中宜避开的海中暗沙。图中特别在山东和辽东半岛沿海或河口详加注记：注记河港、沙嘴、水深托数，水深以"托"为单

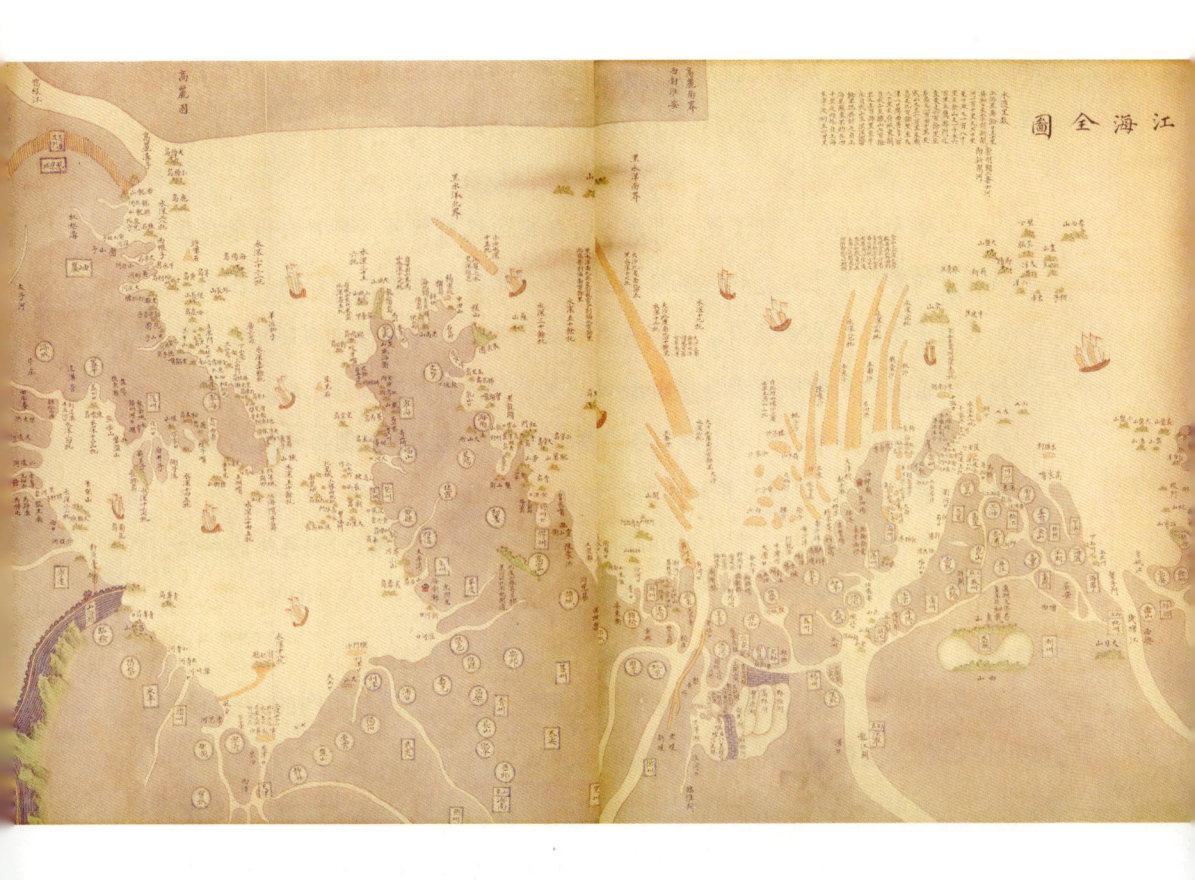

第二章　晚明以来的中绘与西绘中国海图

位；习惯以两手分开的长度为一托，约1.5米。测量水深时必须从船左和船右取数。铅球底部涂蜡，可供水底泥沙取样。此图对于海上信息较为准确，判断或为航行使用的图绘。全图未标示图例，仅以圆圈代表县级行政区域及方形表示府、州、厅。[75] 航行在中国海域的中国船只在图中非常醒目，这幅图具有和欧洲绘中国沿海图近似的水深参数，航海距离则依然是通过文字的描述：上海至吴淞口五十里，吴淞口至崇明新开河一百十里又七十里，等等。对海域中的地理形势描述详细，船只航行于海上可以参照选择适宜的路线。

在这片繁忙的海域中，特别是以北部沿海城市为主要活动领域进行积极活动的是以长江口周边为基地的沙船。[76] 清代后

图51
《江海全图》，1812—1843年，纸本彩绘，美国国会图书馆藏

期的沙船经营状况在英国人创办的《北华捷报》（The North China Herald）第30号、咸丰元年（1851）二月二十二日的记载条目"帆船贸易"中有详细的描述：

> 上海和山东（北部）之间开展着大规模的帆船贸易，每月自山东有豆、豌豆及豆饼等运往上海。这些帆船几乎全部属于在上海及其近郊的居住者，仅有少数属于居住山东者所有。因贸易而被雇用的各式船舶至少有1500艘。在上海居住的最大的船舶所有者叫作Singyuh，据称他大约拥有60艘帆船。这些船舶的装载量从6000坦到1200坦不等，各类型的船舶一般在船身侧面至船尾部分标记船只所属的地名。"坦"并非外国的计量单位，山东的谷物单位的2坦相当于上海谷物单位的1坦2石。能装载1000山东坦的帆船大约能输送200英吨的谷物，帆船的价格由航海来决定。[77]

《江海全图》在河流入海口的水深记录测量是运用和西方不同的方法。不过，这幅图却和许多驶进中国沿海的欧洲船只一样，对沿海和江河入海口的水深做了测量。所以它有可能是为往来于从南到北的商船、沙船等贸易船只而绘，在洋面上的一些关键位置上，除了水深之外，还简要地描述了需要注意的地理信息，对于避开水中的暗滩等具有指导意义。

清代的海洋管理将沿海海域分为南、北洋分治。在《南北洋合图》（图52）中，涵盖范围相当辽阔，不仅包括北起堪察加半岛、南至印度支那半岛的整个亚洲东海岸线，还包括日本、朝鲜半岛、中国台湾、中国海南岛，还将长城、黄河及长江悉数纳入图中。此图完整表现中国南、北洋海疆形势，中国沿海标注较内陆详细。南、北洋沿海通商事宜分属南洋大臣、北洋大臣掌管；其权限辖地之划分，以江苏省北部淤黄河口为分界。咸丰十年（1860）成立"总理各国事务衙门"，下设三口通商大臣，管理牛庄、天津、登州三口通商事务。同治九年（1870），三口通商大臣改称北洋通商大臣，由直隶总督兼任，管理直隶、山东、奉天（今辽宁）三省对外通商、海防及其他洋务；同年，亦纳入了原设于道光二十四年（1844）的五口通商大臣，改称南洋通商大臣，由两江总督兼领，办理江、浙、闽、粤及内江各口

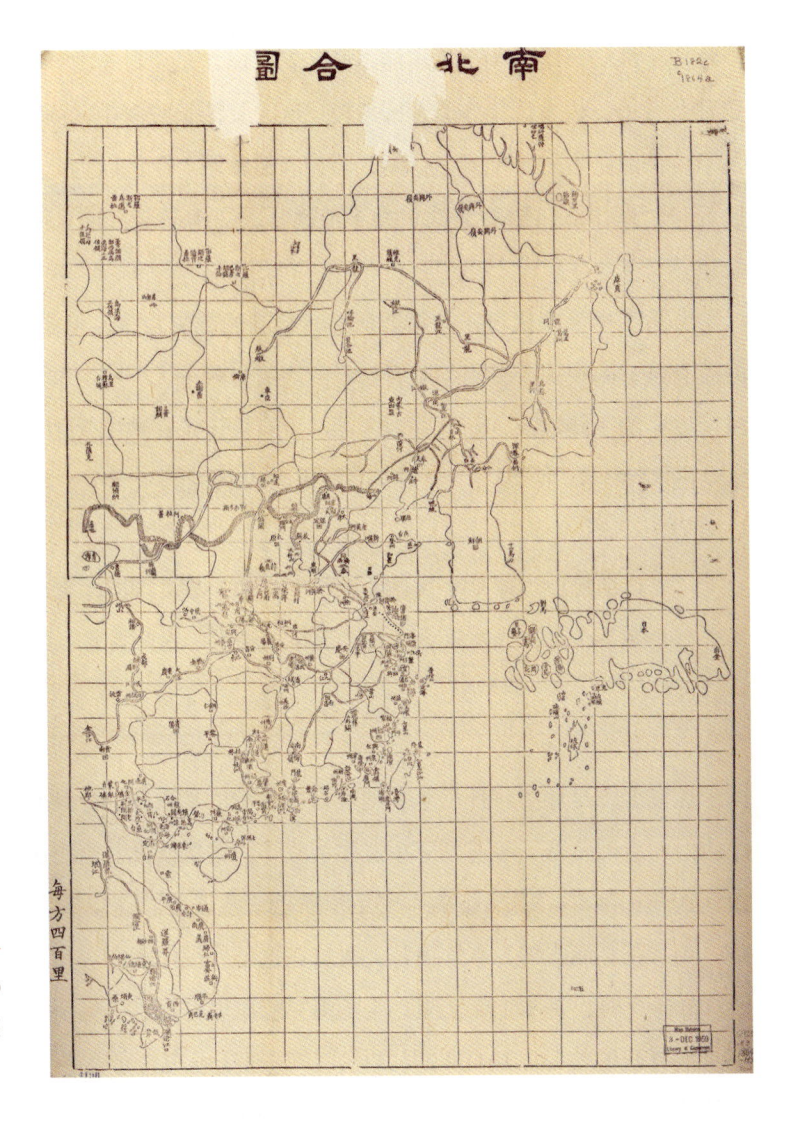

图52 ————
《南北洋合图》，1870年后，木刻墨印，美国国会图书馆藏

的通商事务，南、北洋大臣及所辖事务至此明确。[78] 从我们所列举的海图中，可以看到清初时期制定的海防策略一直延续下来，沿海各省督抚的一项主要工作就是海防日常维护。光绪五年四月二十五日，福建巡抚丁日昌呈奏说道："海防为全局所关，凡筹兵筹饷，自系督者总其成，此外无论会办、帮办，其责全在于巡查各省海口险要，稽察沿海各营士卒勤惰，操演轮船炮法、阵法篷索、舢板、水雷，熟认沙线礁石诸事，当风涛汹涌之时，尤当训练进退、避就之法，使士卒视险如夷，然后

能临变不乱。其地段北至黑水洋,南至安南洋,东至日本海,西南至小吕宋洋,相距几及万里,极少每年亦须查阅考校二次,计即长驻海中,尚恐周转不及。然以上各事,任海防者一时不身在行间,即为有忝厥职。臣愚以为此差非独衰病如臣不能胜任也,即由江防出身之武员亦不能胜任,盖海防与江防,劳逸悬殊,夷险迥别故也。"[79]

海防图作为清代海防的重要资料,绘制的数量较多,但是面貌形式非常多元,并没有统一的模式,受到绘制者自身的因素影响很大。有一些海图之上还记录了当时所发生的一些情况,而这些内容往往没有被记录在史书之中。在《前山寨与澳门形势图》(图53)中,图左上方有一段署名W. A.的英文注记:

这纸前山(葡萄牙人称为卡萨布兰加)与澳门图,是1841年2月26日攻占虎门要塞不久后,我在著名的关(天培)将军(水师提督)卧房寻获。W. A.记于澳门。[80]

原来这幅海图是属于时任广东水师提督关天培的私人物品。1841年英国远征军进攻广州门户虎门要塞,与清朝守军发生了战斗。这场战役共有三次战斗,分别为沙角山、大角山战斗,横档岛水道战斗和横档一线战斗。这场战役最终以虎门要塞陷落,英军获胜而告终,水师提督关天培在这场战役中阵亡。清军的沿海防御力量在鸦片战争之时,基本上无法阻挡英国海军的军事打击,这幅海图就是攻陷虎门后英军士兵寻获的物品。1841年2月25日,广东巡抚发布告示,悬赏缉捕英国人,生擒或杀死都可以,这是中国方面的回击。2月26日,义律发出通告,宣布"虎门炮台已于本日陷落在女王陛下的军队手中。俘虏敌人数百名,敌军四散奔逃,据报到现时为止我方并无损失"。同日,伯麦准将也发出通告,宣布商船"可开至虎门,一俟获悉江面障碍物全部清除,即可驶入内江"。英国军舰随即开进,黄埔南面一座炮台在27日被毁,"冈不里奇"(Cambridge)号轮船被炸沉,中国方面的40艘师船逃散。[81]曾作为关天培收藏的这幅《前山寨与澳门形势图》,应该是他作为水师提督负责海防每日阅览的图籍资料,尚不知英军在他的卧室中究竟发现了多少海防

第二章 晚明以来的中绘与西绘中国海图

图,但至少可以确定的是,海防图对沿海一线指挥官来说是案头常备之物。

《前山寨与澳门形势图》绘制的是嘉庆时期的前山寨海防。该地在康熙三年(1664)始筑土城,乾隆八年(1743)总督策

图53
《前山寨与澳门形势图》(局部),嘉庆十六年(1811)后,纸本彩绘

楞奏请肇庆同知移驻澳门前山，稽查出入海船，兼管澳夷，归广州府管理；其原管捕务，归肇庆府通判兼理。又将香山县县丞，移驻澳门，专司民蕃词讼，属该同知管辖。再照理同知之例，给予把总二员、兵丁一百，在香山、虎门两协内各半抽拨，并酌拨巡缉船只、添建衙署营房，铸给印信。嘉庆十四年（1809），海防营改为前山营；督抚奏请设立专营控制澳门，移平镇营游击、守备、兼拨千总、外委作为前山营，隶左翼镇管辖。嘉庆十五年（1810）设水师提督，区分水、陆，改归广州协管辖。内河水面两只桨船，在澳门东西南三处海面往来巡缉；嘉庆十六年（1811），改为前字第一、二号；即图中红签"前字第一号入额桨船一只"及"前字第二号入额桨船一只"。[82] 图中船桨为红色船只分别就是"前字第一号入额桨船一只"及"前字第二号入额桨船一只"，前山寨的位置，在香山县东南130里的滨海港口。这幅海防图中呈现的地图信息很少，没有比例尺和计里画方，作者在近景处和右侧图景位置的画法没有掌握透视技巧，所以看起来比较奇怪，这种鸟瞰式的海图往往无法解决绘图透视问题。图中山川、汛守、炮台、港口及澳门岛上各式洋式建筑绘制得很清楚，地标之间的距离依旧是靠文字的描述，在指挥官眼里就是一地防御总体一览。

关天培每日俯察的山水写景式海防图，与英国海军所掌握的中国沿海科学地形图之间的差异，也许预示出这场早已分出高下的战役结局，中国海图之中的"静态世界"，完全看不到欧洲海上强国所具有的先进武器装备及其完备的海路测绘技术。

及至清代晚期，中国的海图绘制模式依然变化不多，虽然沿海各地都绘制了相当数量的海防图，也有传教士参与的国家制图活动，如康熙之后的《雍正十排图》和《乾隆十三排图》等，从朝廷对于沿海各省的海防事务管理系统，到各省对海防日常事务的应对处理，都相对有序。然而，在1840年鸦片战争发生之前，中国的海防系统并没有接受过实战的检验，这个主要用于防御的海防体系，在图像的呈现里，是一个未经打扰的空间。正如一幅未完成的海防图（图54）绘出的那样，在接下来的章节中，可以看到随着中外交流的开始，冲突与矛盾亦不可避免地到来，中

第二章　晚明以来的中绘与西绘中国海图

国东南部沿海是最先经历这种"交流"的地方。从晚明直到清末，中国与域外世界的碰撞不仅仅在漫漫海岸线中上演，也被一幅幅地图所描绘和记载，它们都是近代中国历史演变的图像见证。

图54
《海防图未完稿》（局部），清代，纸本彩绘

139

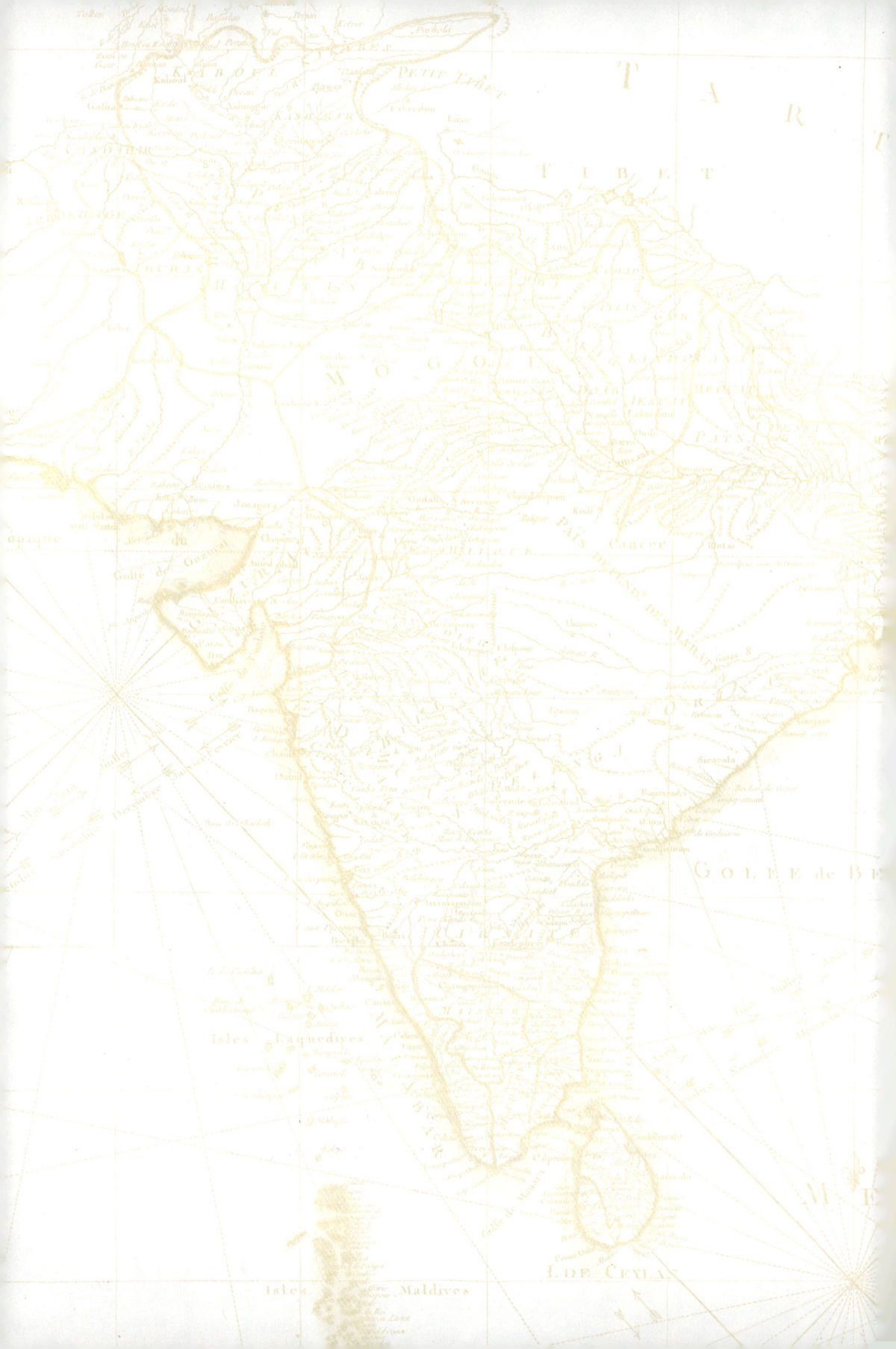

第二部
东南海域海图：交流与矛盾

> 中国人不知道外国人已经睡在了波浪上，他们的殖民地正在迫近……他们没有意识到装甲船就像山一样坚固。
>
> ——19世纪日本学者

第三章 欧绘海图中的中国沿海

进入19世纪之后，欧洲各国针对亚洲的航海和贸易增长迅速，对东亚尤其是中国沿海的测绘更加频繁，测绘技术的革新提升了沿海地形勘察的精度，这一步骤是之后一系列矛盾和战事的基础。先是英国，之后是法国，均介入了与中国沿海的直接对抗。1884年8月23日福建马尾海战中，法国海军中将孤拔（Amédée Courbet）的远东舰队完全击溃了福建水师，清廷和法国由于越南的归属问题而发生了一系列军事冲突。尽管清政府实行过海运贸易的短期禁令，但会通过贸易和商业与藩属国保持联系。中法自越南问题开战以来，清政府由于缺乏应对现代战争的准备，仅靠引进西洋武器的洋务运动，无法真正提升对海疆的守卫与海权的维护，这个致命的问题在19世纪长达一百年的时间里没有丝毫改变，自鸦片战争以来的历次海战总体是以失败告终。中法海军在马尾的测绘地图是珍贵的历史图像档案，它们以直观的面貌揭示出两国海军之间的差异以及背后的缘由，对这些图像的研究可以从新的角度解读历史。

法国制图大师维克多·莱维塞尔在1856年绘制了精美的《亚洲地图》（图55），这是他的《世界图景》全球地图集之中的一部分。莱维塞尔是法国著名制图师，以独特的装饰风格而出名，他绘制的地图具有展示各地场景的文化内涵。这幅地图以极为精美豪华的优秀质量呈现亚洲当地的英雄人物、物产、景观、服饰、国家边界、乡镇和城市中心。通过地貌晕线显示

| 权力的图像

图55
维克多·莱维塞尔《亚洲地图》，1856年，彩印

主要地貌、沿边界的颜色、河流。文字显示了当地人口统计和地图图例，并讨论了土地与新奇的事物、物产和商业贸易，堪称一部亚洲的百科全书。在《亚洲地图》中，中国的形状已经比较准确，显示出这时的法国制图界对中国东南沿海一带的地理状况已初步掌握，如前述，法国海军的测绘舰船已经多次来到中国沿海一带。地图显示出欧洲人更加关注了解地理疆域之外的人文知识，海外殖民地与军事和贸易的进展。也可以看到中国地图在不同时期的地图版本中所发生的变化。但在34年后，图中部分区域淹没在战争的硝烟之中。1884年8月23日下午的马尾海战中，法国海军中将孤拔率领的远东舰队完全摧毁了福建水师，而这只是清廷和域外世界所发生一系列沿海、海

权军事冲突中的一个片段。先是欧洲，继而是日本，对洋务运动以来构建的晚清海军进行了无情的军事碾压，先于海上军事行动的海外测绘为欧洲各国提供了惊人的行动基础，其重要性却鲜为人知。汉学家拉铁摩尔（Owen Lattimore）认为：在某种程度上，中国与其大陆边疆以及中国与世界其他各地的关系的新表现，可以由世界史上交替出现的大陆和海洋时代来解释。新海权时代产生于西欧，与近代资本主义的发生、发展与胜利有连带关系。尽管清政府实行过海运贸易的短期禁令，但新的社会力量很快与海权发展建立了联系，原因之一是与它们相冲突的旧社会结构仍拥有陆权时代的利益：

> 17世纪满族入关，逐步统一全国，是长城边疆上起伏不定的、自上古以来即对中国历史发生决定作用之潮流的最后一浪，到了19世纪，从海上涌进中国的势力已不可抗拒。[1]

这正是晚清中国社会所面临状况。中国已无法置身于全球贸易和商业活动之外，需要与海外国家保持密切联系，特别是与东南亚的商业关系，独特的朝贡贸易制度在政治和经济上都发挥了作用，旨在加强国际威望的政治经济策略促进了沿海贸易。商业关系的联系密切，实质上从嘉靖四十五年（1566）左右就已开始，明朝政府把走私贸易特别旺盛的福建月港，升为漳洲府海澄县治。翌年（隆庆元年，1567）正式准许人民航海往东洋及西洋贸易。东洋指的是以菲律宾群岛为中心的海洋，前往贸易的商人多数到菲律宾北部的吕宋岛尤其是马尼拉。他们自国内运到那里的货物，除用来满足西班牙人日常生活的各种消费品外，以生丝及丝绸为主。在中国每担值银一百两的湖（浙江湖州）丝，运抵马尼拉出售，起码可售得两倍的价格。除西班牙人外，有时日本商人也到那里采购湖丝。当西、日商人在市场上竞争抢购的时候，湖丝价格更急剧上涨，每担售银高达五百两。由于国内和马尼拉价格高下的悬殊，中国商人经营丝货贸易，利润非常之大。[2] 同时，晚明到清代的海上活动与政治和军事变迁密切相关，折射出此时沿海事务的多样性，晚清国家事务的重要方面，是与欧洲列强对包括台湾、华南沿海和藩属国安南在内的中国沿海发动的多次军事行动，以及随之而来的政治谈判和不平等条约的签署有关，对这一历史的重新审视就变得十分重要，而地图与图像即为开启尘封历史的新路径。

前述自17世纪始，欧洲各国对海外的测绘日益深入，亚洲作为各国贸易往来的重要地域，在航海与海域地图的绘制中也备受关注。17世纪以后，荷兰（地图）学派渐趋衰落，法国和英国的舆图绘制水平提升很快，维克多·莱维塞尔的地图具有非凡的气势，它的制作形制仍然是荷兰地图学派具有装饰性和先进测绘技术的结合。从历史角度来说，荷兰绘亚洲地图被关注的程度始终要超过法国和其他欧洲国家，主要是从地图制作的水平、数量和影响程度来看。然而，在涉及对亚洲地区，尤其是中国的地图绘制来说，法国制图界则是一个无法忽略的重要地图制图来源，它的历史亦非常久远。自中世纪开始，法籍方济各会修士威廉·卢布鲁丘在13世纪中叶受法王路易九世（Louis IX）所托，前往蒙古汗国寻求合作，共同对抗回教徒，他在1253年到达黑林行宫（今乌兰巴托），次年西返。1652年，法国制图名家尼古拉斯·桑松（Nicolas Sanson，1600—1667）在巴黎出版了他的《亚洲地图集》，其中的《中华帝国地图》（图56）描绘明代中国，有比例尺和经纬线。另外有几点值得注意：绘有万里长城，但无戈壁沙漠，有两种城市符号，但是许多城市只有符号而没有地名。南京（今江苏和安徽）东部沿海多河流和港湾，却画成分散的岛屿；朝鲜也画成岛屿，注记为朝鲜岛（Corey I）；四川（Suchen）和贵州（Quiche）两个地名互相误置；台湾的位置被误放在北回归线以南，将台湾称为I. de pakan ou Formosa，应该参考了荷兰东印度公司有关台湾的材料，但台湾离岛画得比较详细，除了澎湖群岛尚有绿岛（Tabaco Miguel）和兰屿，此外将日本海向南到菲律宾的广大海域统称中国海（Mer de la chine）。桑松地图上的线条和符号画得很好，整个地图的设计也是上乘的。[3] 可见当时欧洲人对沿海地区比对内陆了解得多，桑松没有来过中国，他的海图应该是借鉴了其他地图，尤其是真正到过中国沿海的制图资料。

17—18世纪，还有如法国制图家皮埃尔·杜瓦（Pierre Duval，1619—1683）所绘的《亚洲图》、18世纪的法国制图权威让-巴蒂斯特·波吉尼翁·德安维尔（Jean-Baptiste Bourguignon d'Anville，1697—1782）的《中华帝国总图》（图57）等，

第三章　欧绘海图中的中国沿海

图56

尼古拉斯·桑松《中华帝国地图》，1652年

| 权力的图像

图57

德安维尔《中华帝国总图》（局部），1732年

这些地图显示了法国制图界对中国地图测绘的重视。据说德安维尔的地图根据的母本，可能是康熙《皇舆全览图》，由于参考实测数据，因此很快取代了晚明时耶稣会士卫匡国的《中国新地图集》，成为18世纪欧洲绘制中国地图的范本。这幅有图例、比例尺及经纬线，也有很详细的地名和注记的中国地图，被地图学界视为法文版的《皇舆全览图》。德安维尔的地图和之后法国海军的中国沿海测绘图不同的是，不仅海岸线绘制细致，尤其是广东、福建和台湾几省要比辽东、直隶和山东半岛更加详细，此外，内陆地区省份的情况亦有深入考察。

18、19世纪还见证了西方势力范围在全世界迅猛扩张的事实。工业革命、蒸汽机的发明以及贸易需求是最重要的催化剂，工业化也意味着新交通路径的开发。在政治领域，民族主义和帝国主义成为19世纪的两大主导力量，而制图学则迎合了这个帝国时代的需要。这导致了越来越多的政府开始干预所谓的行政制图。一个早期的例子就是拿破仑下令绘制30000个《最小地方行政区图》（Communes），它彻底根除了法国旧政治和社会制度中的行政地理学。[4]

在最新的测绘科学、对远东地域的深入了解和海外资本贸易等多重因素影响下，法国继荷兰之后，成为地图测绘的强国。这不仅使法国在对包括中国在内的亚洲战争之中取得了一些战果，也是其日后在华攫取利益的隐秘线索。除英国之外，法国海军从18世纪开始，多次派出舰队勘测亚洲和中国一带的沿海地理情况。特别是对中国华南、台湾、北部湾及安南一带进行了深入的勘察，从1771年法国皇家海军测绘师里格伯特·伯奈的《亚洲水文地理图》到1853年法国海军水道测量师德拉罗什－庞西（Ferdinand de La Roche-Poncié，1810—1881）测绘、法国海军部出版的《中国沿海：台湾海峡图》（图58），可以看出法国海军对于东亚和中国海域情况的掌握程度，德拉罗什－庞西的海图参照了最新版的英国海军测图，海图制作（制版刻图）者为查桑（Chassant）。这幅海图与1856年佩里的《美国舰险远征中国海域与日本记》一书中收录的台湾岛图大抵相同，几乎是完全翻版。

19世纪英国海军所测绘海图，是当时西方各国绘制地图时的标准范本。19世纪中叶前，英国便已有觊觎台湾之心，其中一项重要的因素为所谓的"黑金"——煤，蕴藏丰富煤矿的台湾基隆自然成为英国人垂涎之目标。1845年，英国派遣海军上校克里森来台探测并绘制《澎湖群岛海图》，1847年海军少校D. M.戈登曾来基隆探察煤田，并完成报告于英国皇家地理学会的会议中宣读，当时英国海军应该也会依据克里森和戈登二人的相关数据来绘制台湾地图。[5]在中法开战之后，法国海军封锁台湾，也对台湾北部煤矿产生兴趣。德拉罗什－庞西的海图并没有画出航线，只是标记出水深，尤其是台湾和福建沿海一带城市与港口的水深，图中也对台湾北部基隆一带的煤矿山脉做了强调。法国海军在18—19世纪对中国沿海所绘制的海图在日后中法战争时期发挥了一定的作用，例如法国海军中将孤拔统率远东舰队，在马尾海战中击溃福建水师，击败南洋水师，取得台湾海峡制海权，并先后占

| 权力的图像

图58 德拉罗什-庞西《中国沿海：台湾海峡图》（局部），1853年，石版墨色

领台湾基隆和澎湖两处，就是直接或间接依靠这些先前测绘的海图发挥实际作用的。所以海图的战略作用在当时非常重要，荷兰、法国和英国都有长期的海外贸易经验，海图的资料收藏管理十分完备，尤其是远在东亚的未知水域，海图在战时所起到的作用，实际上会被战事本身所遮蔽，但是它的重要性却始终没有被航海强国所遗忘，并且其实用性和精确度越来越得到提升。实测海图作为有力的工具，已运用在近代中国所面临的一系列国家纷争之中。

第四章 海战与晚清的沿海策略

伏思防守海口，益防敌船进港溯流而上，侵我之内地也；亦防敌船停泊于海，轰击我近海之城邑也。

——（清）杜冠英

一、马尾海战中的海图勘测

光绪间进士张景祁（字蘩甫，号韵梅，浙江钱塘人，道光七年［1827］生），曾为薛时雨门下士，以庶常改知县。晚岁由福建渡台湾，宦游淡水、基隆等地，他曾写下《曲江秋·马江秋感》，十分感人：

寒潮怒激。看战垒萧萧，都成沙碛。挥扇渡江，围棋赌墅，诧纶巾标格。烽火照水驿。问谁洗、鲸波赤？指点鏖兵处，墟烟暗生，更无渔笛。　嗟惜，平台献策。顿销尽、楼船画鹢。凄然猿鹤怨，旌旗何在？血泪沾筹笔。回望一角天河，星辉高拥乘槎客。算只有鸥边，疏苙断蓼，向人红泣。

马尾海战是整个中法战争中最悲壮的一幕，在仅仅半个小时的战斗中，福建水师即告全军覆没。有关中法战争的著作不乏其例，对中法两国这一时期的交锋史实学界做过不少研究。在更大的背景中看，西方与中国相遇的故事，应该从环球地理大发现以及随之而来的欧洲经济、政治力量在15、16世纪的扩张谈起，任何试图弄清欧洲和亚洲思想会面问题的研究都会在这一语境下展开。一系列探险昭示了对东南亚海域更深入的探寻，它为商业贸易的迅速扩张铺平了道路，也推动了欧洲在经济和政治上的革命性变革。[1]

在法国与越南和中国沿海发生的一系列军事冲突之中，一个容易忽视的方面就是地图制图所发挥的巨大作用，清廷的虽胜尤败和法军先后在越南和中国沿海的基隆、镇海、澎湖、福建马尾的海战作战中积极进行的战争准备：法军勘测地形的系统性和有条不紊，与清军指挥防卫的不足形成很大反差。关于其他方面的不对等因素，学者们曾做过系统的总结，例如军事武器、指挥官、作战人员及其受教育程度的不同，都是中国在战争爆发之时处于劣势的直接原因，可以说是两个不同社会体系之间的较量。

1884年5月11日，中法签订《中法简明条约》五款（即所谓《李福协定》），中国应允从东京（北圻，今越南北部）撤军，法军则同意不要求赔偿，且其未来与越南议约时决不插入伤碍中国威望体面的字样。然此约却激起政坛弹劾李鸿章的风暴。李鸿章遂未敢上奏该约内关于清军撤出北圻的日期：6月23日，法军中校杜森尼（Alphonse Dugenne）率兵约1000名前往中越边境谅山接防，然而当时驻守观音桥的清军并未接获撤退命令，双方乃发生激烈武装冲突，清军伤亡300余人，法军亦受重创（官兵伤亡共99人）而退。三天后的26日，法国集合东京舰队与中国海舰队，要求巨额赔款及履行《李福协定》，逾期法国将恢复其行动自由，而且必要时将以占领台湾为手段，以迫使清廷屈服。[2] 来自朝廷内部的不同意见对战争的走向起到了影响。例如"自强运动"的领袖李鸿章反对向法国开战。他认为中国军事能力不足是一方面原因，另一方面，他不愿意让自己的军队参与一场不在其北方势力范围内的战争。然而，京师的主战氛围占据上风，朝廷最终还是派正规军到越南参战。两广总督张之洞提供了部分军需。李鸿章立刻试图与法国人商讨停战，但巴黎和北京都不买他的账，激战仍在继续。1884年，法国人试图通过把战场转入中国海域来结束这场冲突。法国海军在台湾登陆，封锁东南沿海。惊觉广东受到威胁的张之洞迅速封锁港口。如此一来，法国人若想把中国人逼上谈判桌，就只能进攻另一个主要目标——不易防守的福州船政局：

> 法国人轻而易举便突破张佩纶的防线，摧毁了船政局。此战表明，军事地方化的代价之一就是主要督抚之间的猜忌。他们维护自己的兵力和武器，不愿将其投入到别处的战争中。李鸿章这种心胸狭窄的做法，自然会遭到其他人的记恨。[3]

实际上，在法军首次进攻基隆失败后，海军中将孤拔将海军舰队主力调集在马尾港，做了充分和专业化的战争准备。以福建水师的准备情况来看，这也是一场早已分出胜负的战争，等待清军水师的无疑是毫无悬念的杀戮游戏。法军舰队在马尾造船厂下游组成两个梯队，前梯队由巡洋舰（旗舰）"窝尔达"号，炮舰"益士弼"号、"蝮蛇"（Vipère）号、"豺狼"号和"都装"号、"都拉"号两艘杆雷艇编成；后梯队由巡洋舰"杜居士路因""维拉""德斯丹"号编成。再加上开战前赶到的巡洋舰"凯旋"（Triomphante）号，法军共有舰艇10艘（2.4万余吨）、火炮77门，兵力1700余人。情报舰"梭尼"号、巡洋舰"雷诺堡"号泊于长门口内监视长门、金牌山炮台，闽江口外还有5—6艘军舰作为预备队。[4]后世对马尾海战的战争经过着墨较多，法军取得战争胜利除了在军事实力远超清军外，在备战技术细节方面值得关注，其现代战争的专业素质体现在诸多方面，而地图与地形的测绘就是一个关键之处：

> 兹以近现代战争中应用性极强、使用十分广泛的地图进一步说明之。同样是记录中法战争的历史档案，中国和法国记录方法的显著区别在于：前者基本上只有文字，显得呆滞古板，直观性差；后者则图文并茂，显得生动活泼，极富视觉效果。
> 地图是部队制定作战方案的重要参考资料，没有地图，只能凭印象意气用

事，作战方案的制定会因之带有盲目性，缺乏科学性。为此，侵越法军十分重视地图的绘制，战前绘有水陆交通及山川地势等图，以便指挥决策部门选择进军路线、确定仗该怎样打；战后则绘制战场示意图和工事结构图等，以便配合文字叙述战事经过，总结经验教训。[5]

值得注意的是，"法军所用的地图并非随便乱画，而是运用近代测绘技术，经过精心观测，按照严格的尺寸比例绘制的。1884年3月11日，为第二天对北宁附近的防御工事及北宁城发起总攻的需要，法军指挥官尼格里命令测绘人员在已占领的堡垒内设立瞭望台，把即将进行的新战斗的必经之路标定下来。瞭望台内的军官用望远镜不停地观察远方，每两小时换班一次。军官把观察到的情况在测定地图上标出，并根据当地人和翻译员提供的情况核查各个点的位置和名称。最后，由绘图员将北宁外围Trong-Son（中山？）至Yen-Dinh（安定？）这段路绘制成一幅全景图和一幅直观的半圆形立体图"[6]。在整个法军在越南和中国的战事中，负责测绘的军士都是标准配置并装备专业测绘仪器，清军之中鲜闻其有。比较这一时期的地图绘制，包括法国在内的欧洲国家与晚清即立判高下。需要说明的是，从图像史的角度来看地图本无高下之分，只是风格、科技、时代的特殊印记，但是作为国家布防和战备的专业地图来说，近代以前的中国地图总体呈现出极少的（测绘或军事）专业化素质，无法做到知己知彼，甚至对自身的海岸、水域、山川、河流与内陆都无法精确有效地掌握，这种情况甚至及至抗日战争时期亦同，日军对作战区域的了解要远远超过中国军队，区域地图的绘制可以精确到一棵树、一条小溪。几百年来，中华民族抵御外侵所谓作战失败，实谓"地图"失败在先。

以福州一地地图为例，清代绘制的军事地图《浙江福建沿海海防图》（图59），画法依然采用的是已经沿用几百年的中国青绿山水式地图绘法。中国舆图似乎也没有忽略过图绘方式（从历代的传世地图中可以看到），由于要表现地理疆域、地形与地质的面貌，就自然和山水画结合在一起。科学模式的不同导致了中国地图图像自汉至明代以来的表现模式很少有突破，中国舆图发展到明朝之时，依然在沿用从晋代裴秀开始的"计里画方"制图术。如果能够对流传至今的历代中国舆图整体

第四章 海战与晚清的沿海策略

面貌进行通览的话，会发现就图像而言，它们具有非凡的稳定性。[7] 山水传统在中国的舆图绘制中具有压倒性的地位，一直到清末，不受西方影响的本土制图都采用这种方式：19世纪以前，中国地图学跟视觉艺术是分不开的，因为在中国传统地图的绘制中，艺术技巧（在某种程度上）是"核心"，不是边缘。中国和西方的地图表现方式和自身的视觉传统有关，绘制方法都属于自身的体系，地图与绘画都通过视觉图像来观察和欣赏，都需要"画"这个过程，它们共享视觉的经验、技巧甚至是情感。中国舆图和绘画的关系十分密切。至少自宋代以来，地理景观就形成了一种最有价值的绘画类型。[8] 在方志中的图亦是如此，艺术的人文情结对中国舆图的影响是压倒性的，保持书画中的设色、构图、笔法和题跋更是作为一种制图的惯

图59
《浙江福建沿海海防图》，清代，台北故宫博物院藏

例，在很长一个时期，中国古代舆图都具有这样一种特点，"图如画"也是制图师在绘制地图时的一项标准。

然而这样的地图如何对军事防卫进行有效的指导呢？《浙江福建沿海海防图》呈现的是一个大致的地形方位，和所有类似的海防图一样，清人对地形的图像认识到此就不再做深究了，"美感"仍是一项不可或缺的图示参数，没有比例尺、水深、等高线和经纬度这些因素，但它们却是影响战争的重要方面。[9] 相比而言，法军都做了哪些测绘准备？有学者研究认为："法军有专职的战地绘图员，他们掌握较先进的测绘技术和制图方法、技巧"，战事地图的存档也十分系统，所以"留下了大量的中法战争地图，其中许多图相当精致，是今人研究这段史事极为珍贵的材料。而作战的另一方——清军，他们绝少绘制战场地形图，偶尔为之，也是错漏百出，令人疑窦丛生。不用说双方战具之优劣、战法之良莠，仅就地图这一近代战争相当重要的工具的绘制，便可窥见清军测绘学知识之匮乏"。[10] 应该说，欧洲自文艺复兴以来的制图传统和不断改进的测绘与制图科学，与欧洲人在海外开拓殖民地与征战密不可分，及至近代更为系统化。而虽有海防制图，但无法在实际防务之中应用的清军实质上在开战之初已处劣势，因为处于防御性的海防系统，没有也不会派出军力在海上进行主动布防。

在开战之前，从法国海军及殖民地部长1884年5月20日于巴黎致孤拔的电文中，可以发现海洋勘测已经开始被提上日程：

海军中将先生：

　　巴德诺先生负责与顺化朝廷缔结的最终条约第二十款，规定了法国有义务保障该王国国内外的安全。至于您，我相信，通过您的舰只的活动，在不久后便能保证安南和东京整个海域航行的绝对安全。在我以前的一封信中，请您研究有关设置必要的照明和信标装置的事；一俟您将研究结果告诉我，我将会以极大的兴趣加以阅读。另外，我请您极大地关心海道测量工作，尽可能以您所拥有的一切手段推动此项工作的完成是十分必要的。[11]

图60
清金牌山炮台遗址，炮台圆形的基座部分至今依然可见，作者拍摄

从后来发生的情况判断，法军在进攻马尾之前，对福州和闽江一带的地形地势做了专门的考察和相关测绘。在开战前数月，海军舰队与法国政府就多次深入商讨有关作战的方案与准备。海军少将、中国和日本海分舰队司令利士比甚至在当年4月23日还亲临马尾港参观（战斗就在4个月后打响）。从利士比和海军及殖民部长的谈话中，可以看出法军对作战环境所做的细致准备，利士比谈到，（福州）要塞的布防情况与"鲁汀"（Lutin）号舰长海军上尉的描述完全一致："炮口均对准航道，但炮台的射幅过小，这就使进攻者能很快冲过危险区或钻入死角，从那儿可以轻而易举地摧毁炮台。地势高低不平的闽江两岸有许多很理想的防御阵地，但均未设防，它们倒可被我们利用来发动攻击。只要派一支登陆部队，在山上架上几门大炮，就可不费吹灰之力夺取所有的炮台，因炮台的四周都是高地，其后方又无驻军防卫。我估计入海口和闽江通道的所有炮台（图60）上总共不超过两千九百名士兵。最后，我应说在航行方面确实存在困难，但远比我研究海图时想象的要容易，因而不用冒太多的搁浅危险，我们的巡洋舰就可以一直开到罗星塔（Pagode Rasante）。至于深水雷问题，据我所知，在罗星塔海军兵工厂中确有几枚鱼雷，但至今尚未布放。至少这对中国人来说是一件过于复杂的武器，所以在他们手中也就

不令人可畏了。"[12] 利士比在到福州前就研究过相关水域的海图，实地的勘察进一步修正了航线，提升进行军事行动的可能性，而到此时，福建水师和清军官兵对即将到来的战斗还一无所知。

在初步测绘和实地考察之后，1884年7月10日，法国政府和军方已经开始预评估未来中法新冲突可能引起的后果，将目光锁定在中国海域的三个岛屿。首先是提出正式占领澎湖列岛（第2231号海图，图片阙如）：

> 如能趁中法之间发生新冲突，去占领台湾海峡的澎湖列岛，那是最好的。
> 这个群岛可视为中国海中的马耳他岛。
> 它有几个深水锚地，防卫也很方便。在主要的岛群上有鹿港海湾、澎湖港、马公港等。
> 在罗弗（Rover）岛群中，有两个小型停泊场。最美丽的港口首推马公港。该港水深为8—16米不等，港长4千米，平均宽度为1.5千米。该港四面都有屏障。
> 西南有多姆（Dôme）半岛海湾；
> 东南有形成港口河底的地峡；
> 东北有澎湖列岛的其余部分；
> 西北在通向澎湖港的航道处有形成澎湖港一面的渔翁岛；
> 一般在进入马公港之前，必须经过澎湖港。从南部进入澎湖港内。
> 在渔翁岛的一端离西滩（Li Si Tah）沙嘴上，距离15海里处，可看到一个堡垒，在港的这边有小炮台。通过鹿港，可从北面进入港口。航道水深约4—5米。
> 马公港是由一个小堡垒防守的，堡垒的四周有高山环绕。山上筑了一些难以攻克的堡垒。

第二个是台湾岛（图片阙如）：

> 澎湖列岛（Pescadores）是台湾岛的外府，在17世纪时，曾被荷兰人侵

占。……如果法国政府想占领澎湖列岛，我们就能对台湾推行保护国制度。

当与中国重新签订和约时，也许能使该保护国具有自主权或同中国领土主权结合起来，比如说，签订一个类似英国同土耳其曾签订过的《塞浦路斯占领条约》。

中国居民已将台湾的居民同化，人口超过三百五十余万，其中有从福建移居的华人；有广东省移来的，主要是客家（Häk Ka）人；有西班牙教士称为土人的当地居民，其中大多数人都已受中国教化。

第三个海岛即是海南岛（第1844号海图，图片阙如）：

法国政府可能也想染指海南岛，因它担心英国人也会有一天把魔爪伸向东京湾的岗哨上去。

以我看来，最好以越南国王的名义巧妙地把该岛划入安南王国的版图之内；由顺化朝廷发出一道谕旨，命令越南的官员和驻军，在我们法国兵舰和登陆部队的支援之下，占领这个岛屿。

实际上，海南岛从未属于越南王国。[13]

早在18世纪末，法国皇家海军测绘师里格伯特·伯奈就绘制了关于越南、广东、福建和台湾的《亚洲航海图》，尤其是越南、海南和广东一带绘制十分细致。结合7月10日法国政府和军方对中国的澎湖、台湾和海南三岛之计划来看，这个构想的提出并非临时起意，而是经过较长时间的考察和准备。法军甚至还研究了中国南部方言和人类学方面的问题：

汉语中，广东话的发音和越南话的发音比和北京话的发音更接近，该岛的中部，叫黎母山（Li Man Chan）或齐山（Tchi Chan）（黎母山即野人很多的山），他们的皮肤呈浅红色，同（越南）东京山上的野人肤色很相似。[14]

在图61中，可以看到法国海军对闽江航道两侧的山川、堡垒和炮台都做了草图

图61

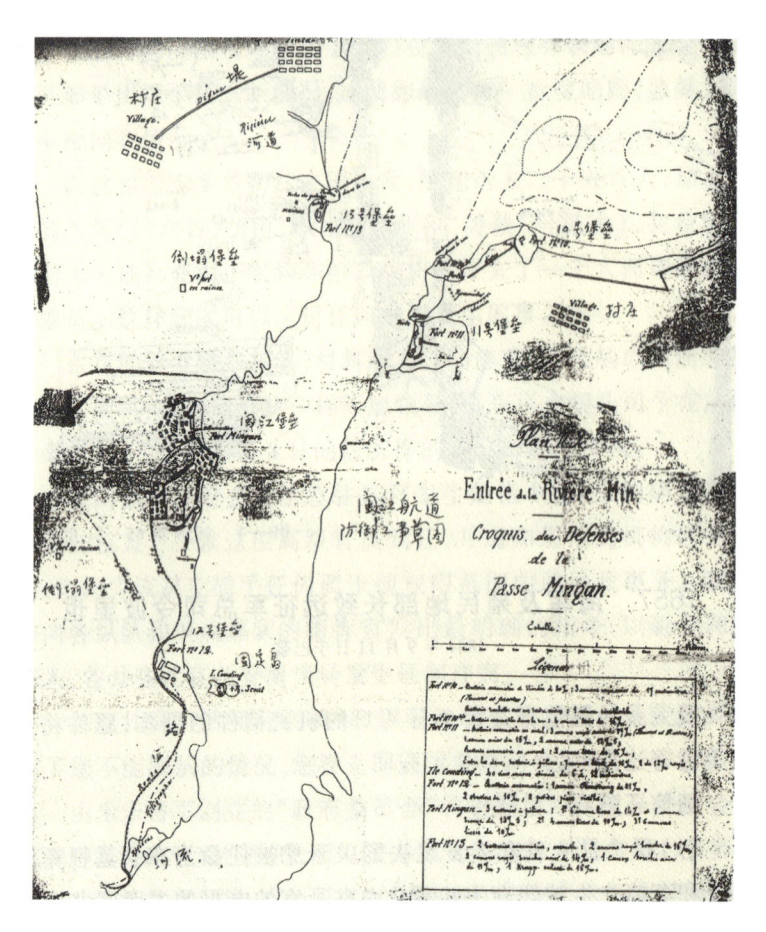

法军测绘《闽江航道防御工事图》，1884年

绘制，以便研究战争开展的细节。

实际上，在战前也有意见并不支持开战，如在1884年7月18日的一封信件中，认为"如果中国在8月1日没有满足我们的要求，我也不建议向它宣战，但可以采取一些战争行动。假如我处在法国政府的地位，我可能会命令海军舰队占领下列地点：首先是位于罗星塔（就在日意格的船政局旁边）的福州海关，军舰可以容易地开到该处。福州城虽也在这条航线上，但距离更远，只有小船才能溯江而上；第二，厦门海关，该市与马赛贸易往来密切，而且厦门的锚地码头非常安全，可以接待世界上所有舰队；还有宁波海关和汉口海关。掌握了这四个海关，而又不打乱它们对中国贸易的管理和安排，我们就有可能轻而易举地完全得到所要求的赔款"[15]。

关于为何法国选择福州作为主要攻击目标，一般认为孤拔决定摧毁马尾造船厂、闽江沿岸炮台等河防设施，彻底瘫痪福建沿海的海军，是为了顺利达成法军掌握台湾海峡制海权的战略目标。唐景崧在日记中对此亦有表述：

> 天下滨海诸省，独福州海口奇险天生，当事者苟未雨绸缪，虽铁胁亦难飞渡，何至令人直捣而入哉！
>
> 越南之役，中外构衅，识者咸知法必移祸中国。广东筹备严密，而福州独疏；迨张幼樵卿使来闽，始稍整顿。闰五月中，法兵船直抵马江，督、抚、卿使共议添勇，而增募粤勇最多。二十四、五、六等日，均有法轮进口。有请照万国公法，兵船入口不得逾两艘，停泊不得逾两礼拜，违者即行开仗；穆将军欲行是说，何制军深恐开衅，不从。因此穆将军出守长门，张卿使亦出驻马尾。"扬武"管驾游击张成有口才，张卿使喜之；遂劾闽安副将蔡根业，而以成署之，仍令管驾"扬武"，统带兵船，一切水师听其调度。陆续调回大小轮船十一号，驻泊处，则"扬武""济安""飞云""伏波""福星""振威""艺新""永保""琛航""福胜""建胜"是也。[16]

唐景崧认为福州的防卫不如广东严密是主要原因，而占据良好的地理位置也没有发挥作用。张幼樵即是三品卿衔会办福建海疆事务的钦差大臣张佩纶，唐景崧亦批评了张佩纶对以商船示人，且对停泊在马尾港达一个月的法军战舰掉以轻心，致马尾海战中福建水师不开战即全军覆没。张佩纶兵败后逃跑，在他与李鸿章多年的通信之中，有关海防之事多次被谈及，张佩纶对海防的看法与他在马尾海战中一败涂地具有鲜明反差。光绪六年（1880）四月二十六日，他致信李鸿章说到台湾海防：

> 臣惟现在整饬海防，台湾实势所必争。失今不治，终必折而入于日本。而如前之增兵筹饷，则非但力有不及，亦复扰而无成。天下之事，徒法不行，欲速不达，诚任人而持久，终当渐致富强。台湾绅士急公，民气可用，与其防营之忽调忽裁，何如利听民开，事归绅办；与其抚臣之忽前忽却，何如派员督理，

坚忍图功。[17]

十月初一信札中说：

> 夫当此海国争雄之日，中国不一用武，势难自存。但欧东诸国，炮利船坚，时流震於庚子庚申之役，莫敢毅然言战，实亦相距过远，即兵力强武，岂能跨海劳师？独日本夜郎自大，外强中干，终必蹈徐偃王、宋襄公故辙，我若不取，终为西人所残。亚洲同壤，我得之则门户益严，敌据之则肘腋为患，故佩纶妄意欲公全力经营，一当倭以取威定霸，可为海防洋务作一转捩，作一结束。[18]

光绪七年（1881）十一月二十四日，李鸿章致信张佩纶：

> 畏威甚于怀德，自是驭外常经。惟海防严密，谈何容易，且环顾海内，孰为认真办防之人、有贝无贝之才？陆战未精，而言者又请节省糜费。水师更乏，抑岂两铁甲、两快船遂能雄视泰西耶？[19]

李鸿章对清海防的看法比张佩纶更现实，在法军进攻福州马尾港之前，四月二十日李鸿章就告诫张氏，奉劝其不必多练陆队，专为督操水师，夏秋后铁舰必来。在8月开战之前，他们二人有关战事和防卫的讨论很多，光绪十年（1884）闰五月二十四日，张佩纶就马尾防卫存在的问题致信李鸿章：

> 闽实天险，似沽而有山，严备断不能入。病不在无饷、无炮。听至马尾，越重险，去炮台及省远，首尾难顾，一病；张得胜，营官，或宋私人，各军散漫，二病。今革营官，并散军。拟日内驻前敌督操，使兵临战不溃，方可出奇守险。恨译、督、藩均不甚应手。[20]

而在两天后，李鸿章的回信之中已将法国海军欲攻打马尾港的消息透露给了张佩纶：

> 光绪十年闰五月二十六日亥刻：顷法领事林椿自沪来密言，巴使、孤拔与外部商定，廿八哀的美敦限满，即攻打马尾船厂。若先允将船厂作押，法仅派人看守，可免动兵，详约议定仍交还。此为救急之计，鸿不敢许，诸公可否相机与议。闻利士比亦带船赴闽，事急奈何！鸿。[21]

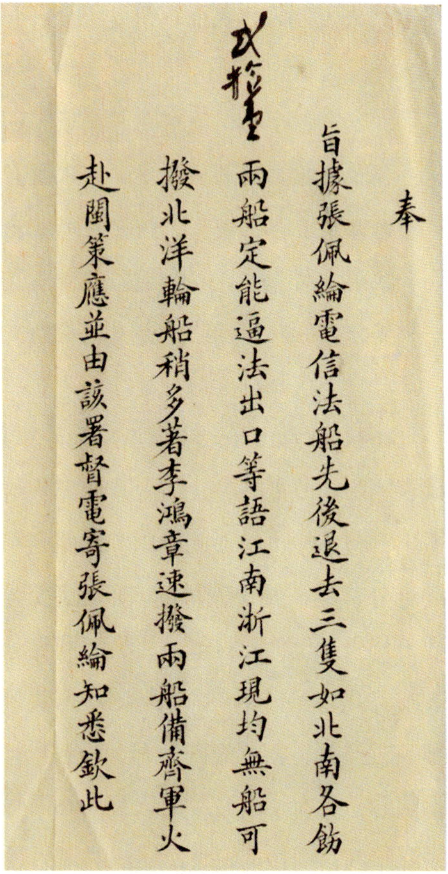
奉
旨據張佩綸電信法船先後退去三隻如北南各飭
兩船定能逼法出口等語江南浙江現均無船可
撥北洋輪船稍多著李鴻章速撥兩船備齊軍火
赴閩策應並由該署督電寄張佩綸知悉欽此

图62
《军机处命李鸿章派遣轮船赴福建支援电文》，光绪十年（1884）

实际情况是在法国海军开战之前，张佩纶也曾上报请求增援，对福建水师的真实迎战能力也颇为担心，军机处之后亦命李鸿章派舰船支援福州（图62）。闰五月二十六日实为7月18日，距离开战时间8月23日已不足一月。马尾一带的实际地理状况是：马尾港离马江入海口约30公里，是福建水师的基地，清朝当时最大的造船厂与海军学校在此，它也是重要的通商口岸，距离省城福州仅百里。当年马尾港水浅，排水量3000吨以上的船只退潮时不能到马尾，只能到罗星塔以东的下游。因此7月23日开战时法军巨舰都在罗星塔下游，4500吨的“凯旋”号在涨潮后才开往上游，与其他3艘2000吨以上的巨舰在罗星塔下游共同作战。[22]在战前的勘察中，法海军已经了解和掌握了这一情况。实际上，张佩纶亦有相关的防卫考虑，如在闽江口聚集了30艘装满石块的轮船，准备等法舰驶入闽江后沉入江中堵塞河道，令法舰无法出逃，形成关门打狗之势。8月5日，张佩纶与何如璋电请清廷，请

| 权力的图像

求塞河先发制人，然而军机处不允：

> 光绪十年，甲申六月戊子。谕军机大臣等、电寄何如璋等、据何如璋、张佩纶电报，如长门报法船再入数舟，我塞河先发为一策等语。塞河一事，前经总署照会各国使臣，该使臣等议论纷呶，现在闽口有英美等国保护兵船，德国兵船亦将前往，此时堵塞，应就地与各国领事说明举行，庶免与国借口，着与何璟等相机妥办，现经美国调处，局势未定，所称先发，尤须慎重，勿稍轻率。电寄[23]

1884年7月12日，法国东京远征军总司令米乐致海军与殖民部长的电文中，明确表明除作战部队外，还有其他部队给以（作战）支持，但在占领这些驻地后即行撤出，包括一个地形测量组（有两名军官）。[24] 在对马尾港的勘测方面，法军的图绘十分详尽，做了大量翔实的勘测，包括地形、海港、军事堡垒和炮台，甚至是战争场景。例如1884年，法国《世界画报》（*Le Monde illustré*）以封面方式刊载法舰在马尾港列阵的图画（图63），法舰计有"窝尔达"号、"维拉"号、"德斯丹"号、"野猫"号、"蝮蛇"号、"杜居士路因"（*Duguay-Trouin*）号（图64）、"益士弼"号，另有"南台"号以及"45"号、"46"号杆雷艇两艘。[25] 画面以透视三维景深绘制，到19世纪时，欧洲的风景景观绘制已经十分成熟，可以将所观测的地域很精准地绘制出来。以风景画的模式绘制地图也是欧洲的传统，起先是荷兰，之后在欧洲范围内，地图制图师都可以兼作两种地图，即风景式地图和平面式具有比例尺的地图，能够对场景予以相对准确的表现。

西方几何透视学的发展与资本主义的海外扩张一同在近代登上历史舞台。德尼斯·科斯格罗夫表示：地理风景的概念被人文学者们采纳。但风景概念史表明，它的起源远在文艺复兴时期，与其说是个人主观的媒介，还不如说是人文主义者对确定性的探索。风景是资产阶级、个人主义和超越空间、权力的观看方式，观看风景的基本理论和技巧是线性透视（linear perspective）。在图像领域中，阿尔伯蒂的透视直到19世纪都是写实主义绘画的基础，它甚至与社会阶层和空间等级（social class and spatial hierarchy）都紧密相关。透视运用的几何学与商人们用于核算、导

第四章　海战与晚清的沿海策略

图63
马尾港《法海军列阵图》,《世界画报》,1884年

图64
法国军舰"杜居士路因"号,《世界画报》,1884年

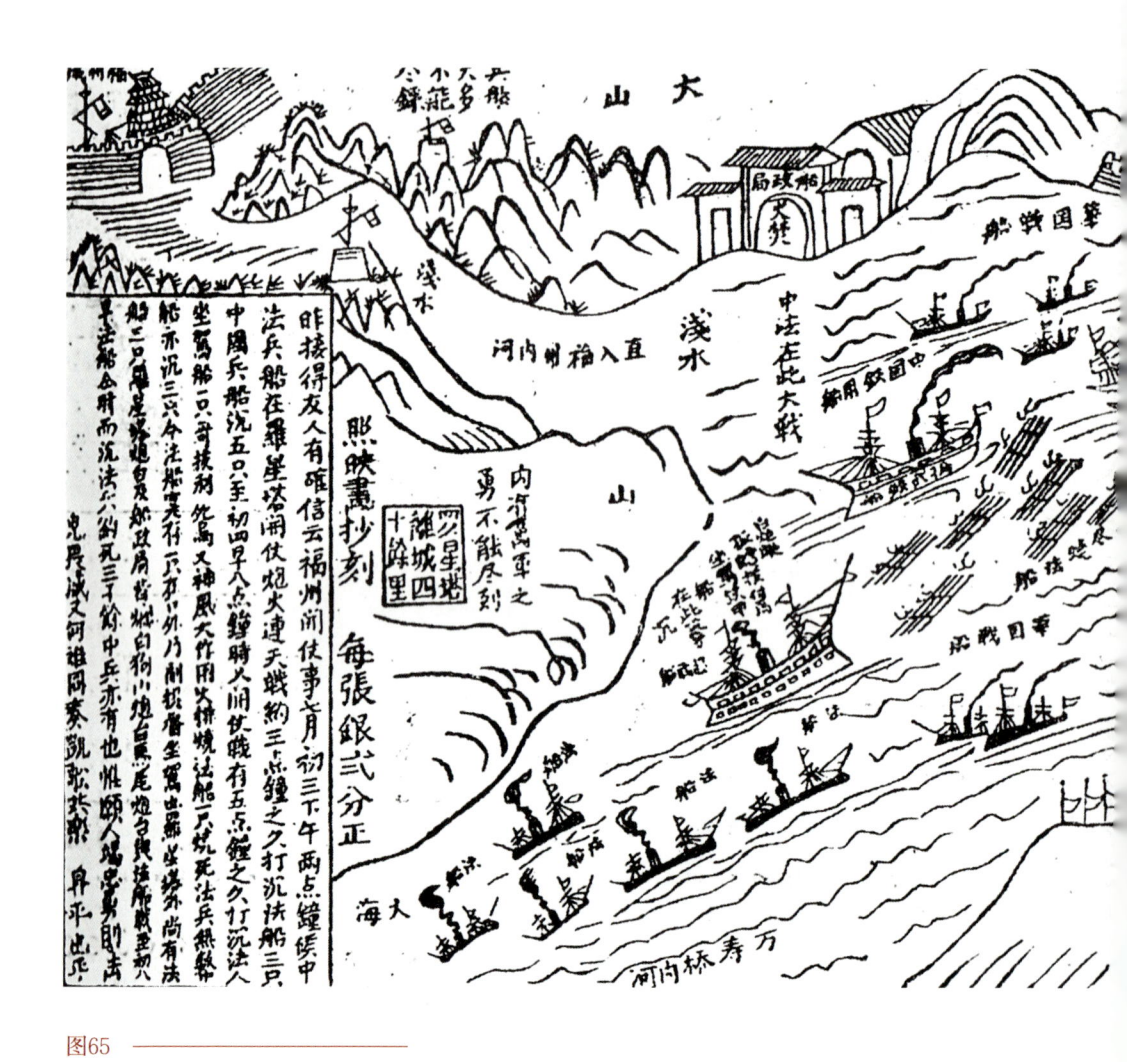

| 权力的图像

图65

佚名《阵势图》，《世界画报》，1884年

航、土地调查、制图和火炮术采用的技术没有什么不同。[26] 需要说明的是，法军在测绘方面的系统性，还体现在他们甚至收集了中国人的相关图绘，《世界画报》中亦有两幅马尾海战过程的示意图，被称作《阵势图》。这幅由不知名的清代制图者绘制的战事舆图（图65）表现了法国海军攻击马尾港时的地理一览，绘图者的观测位置应该在罗星塔对面的山上，用长卷的形式将入海口长门到罗星塔一带的水域描绘出来，虽一览无余但是观感较为凌乱，加上中法战舰杂列其中、炮台兵营穿插在

内，在整体的信息获取方面不够理想。制图者是以传统制图模式兼爱国情怀处理图内的具体元素，画面中山川、佛塔、福州城与军营建筑与一般方志图没区别，是以木版刻制而就，画法较为粗陋但具有史料价值，这样的舆图无法用实际的距离概念加以衡量，不具有实用性。作者在地图的边角处亦自述，兵船大多不能尽录，还说了是照映画抄刻，售价为每张银三分正，据此来看，这幅地图是作为某种用于出售的宣传地图（画）。

法国海军的制图情况则完全不同，对马尾一带水域的防卫、舰船、炮塔和兵力做了较为全面的了解并绘制成图。除战后所做的十分细致的铜版画外，有一些地图是根据当时情势所绘，具有亲临感，法国海军所采取的专业化绘图模式，源自欧洲已非常系统化的制图科学和模式，以及严密完整的档案记录规定：

> 早在中法战争之前，法军的军队建设就迈进了有章可循的法律化门槛，法国海军部档案里保留有关各级海军军官及士兵的制度、条令就是很好的说明。……如舰队的舰只动态表……整个舰队各舰每天的调动、出航、巡逻、作战等，在表中一目了然。……舰队的航行日志，这些日志逐日详细记录某舰队各舰只的行踪，包括走过什么地方，执行何种任务，海（河）面的流速、风向，舰上的人员及装备，搁浅舰只的具体方位及事故调查委员会的组成、调查结果及处理意见，等等。[27]

法国海军的专业化素质与它的近代历史背景有关。18世纪初，法国渐渐进入快速发展期，它通过殖民海外国家（海军起了重要作用），也变成了一个殖民大国，控制了加拿大、密西西比盆地的大片领土、西印度群岛的一些岛屿、印度的部分国土和非洲辽阔的地区。而海军的特点是高度的机动性，能秘密集结兵力，出敌不意地组成强大集群。[28]在具体战务报告中，法军规定在每次作战之后，无论输赢，参战部队必须写出报告，总结得失，逐级上报，最后由最高指挥官汇总，上报海军及殖民部门。这些报告中往往附有作战草图，有些图相当精确，标有比例尺或近似比例尺，山峰通常还标有海拔高度。[29]这些描述在不少目前尚保留的图册中得到了印证，例如与上面提到中国绘制的《阵势图》对应的法军在马尾海战的《平面示意图》，每支军舰所在位置、清军的炮台位置都很清晰。海战平面图在海军作战之中并非新奇之物，在马尾发生海战的104年前，法国海军就在作战之中运用直观的海图：一幅于1780年绘制的水彩手绘地图（图66）显示了法国和英国军舰在罗得岛海岸之海面上展开一次无名海战中的阵地和运动轨迹，该战役发生在美国独立战争期间。法国舰队的军舰根据名称和关联号在地图上被列出，而英国舰队的军舰仅使用通用的X被标识。这些法国军舰是海军上将查尔斯·路易斯·德·特内（Charles Louis de Ternay）率领的舰队的一部分，该舰队将罗尚博伯爵让-巴普蒂斯-杜纳坦·德·维缪尔（Jean-Baptiste-Donatien de Vimeur, comte de Rochambeau, 1725—1807）率领的法国远征军运送到了北美。1780年4月15日，特内率领舰队从布雷斯特起航，并于同年7月10日抵达纳拉甘西特湾。军舰相对位置的指南针读数在地图的中间位置标示出来。地图的右上象限显示了军舰的首个阵形，随后根据战斗的演变以逆时针方式显示第二、第三和第四个阵形。这部地图集由罗尚博所有，在美国独立战争期间（1780—1782），他担任法国远征军的总司令。在独立战争期间，罗尚博利用了其中一些地图。

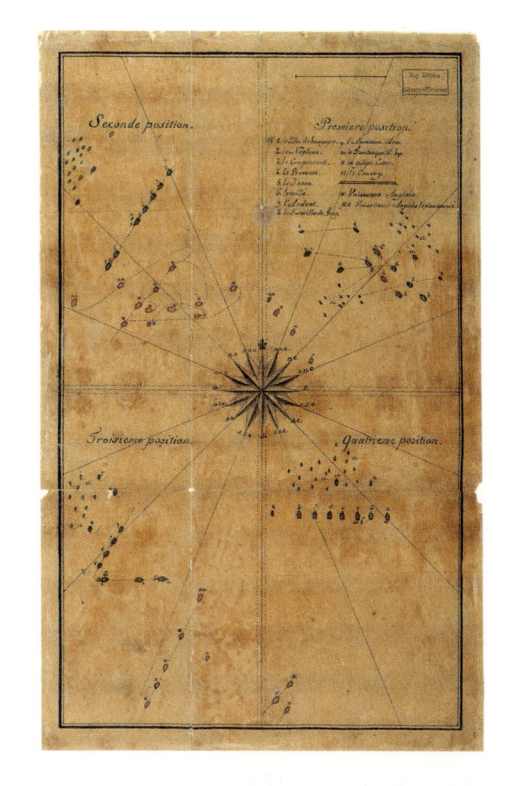

图66
《法国和英国军舰在罗得岛海面对峙》，1780年，美国国会图书馆藏

这幅海图清晰地显示出参战双方舰队的具体位置与变化，与马尾海战《平面示意图》相类。在图中可以看到围绕着罗星塔的法舰、岸上受到攻击的军械库（Arsenal）、清军炮兵阵地（Batterie）、堡垒（Fort）、军营（Camp）等关键位置，以俯视的角度观看，交战双方的部署一目了然。1727年英国海军大臣、托林顿子爵乔治·宾（George Byng）在《海战》一书中明确指出："在海战中，在进一步采取攻击敌方领土之前，必须先将海上守方的军舰或分舰队清除干净。"[30] 法国海军在福州的马尾海战行动中印证了这一军事理念。

法军对清军的军事部署细节掌握十分清楚，据载孤拔在8月22日接到开战命令后，已对清军进行了战术分析：

（清军）有"扬武"等十一艘战舰，一共装有四十七尊炮，其中为可发射一百八十五公斤的榴弹炮或炮弹，口径二十五公分的大炮二尊、威斯沃斯（Withworth）口径十六公分大炮十九尊；可射出八十二公斤炮弹，口径十九公分大炮六尊……这些船只都是木制，未装铁甲，外表美观但质地脆弱。舰上人员众多（正式人数为一千二百二十人），没有机关炮，也没有机关枪，但他们手中有很新式的步枪……所有这些海上力量又有张佩纶将军众多的步兵和七座新式的炮台的支援：两座在罗星塔的小山上，其中一座有克虏伯（Krupp）制口径八公分的大炮三尊，两座高踞在罗星塔和造船厂的高岭上，同样装有克虏伯大炮三尊，其余三座各有两尊大炮在船政局附近。[31]

实际上，在长门炮台尚有克虏伯炮五尊，口径210毫米炮一门，170毫米炮四门，另有土炮数门。金牌山有克虏伯炮两门，福州将军穆图善坐镇长门指挥。[32]法军在马尾海战中绘制的《平面示意图》中所标示出的炮台具体位置与文献中的描述吻合，在罗星塔附近还特意标出"Krupp"——克虏伯大炮的字样，足见法军对重要火力的重视，他们甚至在开战后采取了进一步行动：

二十五日上午，我（孤拔）令"杜居士路因"和"凯旋"号陆战队去攻取装有三门克虏伯炮的马尾炮台。当我陆战队（在罗星塔登陆）到达该炮台时，守军早已弃台而逃，上午10时，汽艇及陆战队全部回到舰上，并带回三门大炮。[33]

表2　闽江防御工事及炮台被毁大炮一览表

闽江航道左岸	闽江航道右岸	金牌山航道左岸	金牌山航道右岸
21厘米阿姆斯特朗炮一门	17厘米膛线炮四门（福塞·雷斯通、利韦索尔）	16厘米滑膛炮三门	17厘米克虏伯两门
16厘米大炮二门	膛线钢炮三门（福塞·雷斯通）		18厘米滑膛炮一门

续表

闽江航道左岸	闽江航道右岸	金牌山航道左岸	金牌山航道右岸
14.5厘米大炮一门	12厘米膛线炮一门（福塞·雷斯通）		14厘米滑膛炮二门
14厘米大炮一门	12厘米膛线铜炮一门		12厘米滑膛炮二门
克虏伯炮一门	15厘米钢炮一门		
11厘米大炮一门（福塞·雷斯通）	16厘米滑膛炮十三门		
14厘米铸铁滑膛炮六门	14厘米滑膛炮一门		
13.5厘米青铜滑膛炮一门	12.5厘米滑膛炮二门		
10厘米铸铁滑膛炮十四门			
无名大炮及大口径短炮各二门			
6—12厘米大炮三十二门（固定岛）			

而除了平面图之外，法军对马尾战况还做了具有透视感的实景图绘（图67）。法军测绘师在一张纸上分四帧画出闽江口不同的区域，皆是关键军事要害，最上面一帧乃是8月23日，描绘法国舰队在击垮福建水师后，法国旗舰"沃尔达"（Volta）号在罗星塔以西炮轰马尾船政局的一幕。可以看到在罗星塔一带，江面上战舰开炮和岸上爆炸战火之景以速写的方式绘出，其中"沃尔达"战舰做了特殊强调，绘图者的位置约是在江面其他法国战舰之上，标示时间为8月23日，也就是开战之时。画面右侧绘出了参战的一艘27米型杆雷艇"45"号，按孤拔的部署，首先用杆雷艇突击福建水师旗舰（木质巡洋舰）"扬武"号和木质炮舰"伏波"号。

第二帧图是"闽安要塞"（Forts Mingan），时间为8月27日，描绘法舰顺流而下炮轰闽安两岸炮台。测绘师用了拼音拼写中国地名，闽安是由海入江的第二道要隘，为闽江之咽喉：南北两航道（南航道大船不能通航）到此复合为一。它地势险要，两山绵亘十余里，水道较窄（最窄处不及百丈）。南岸沿江无路，北岸虽能行人，但甚崎岖。中法开战前，清军加修了南北岸炮台和田螺湾炮台。南岸暗炮台设

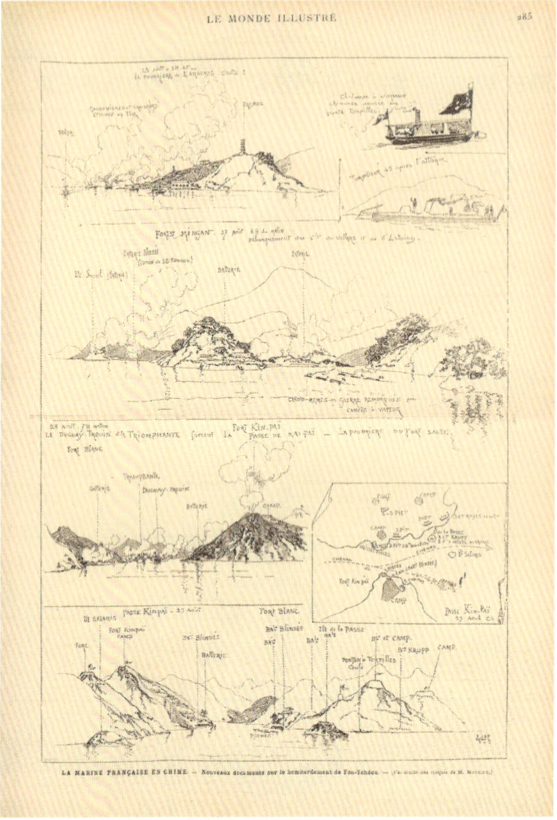

| 权力的图像

图67
《马尾战况实景图绘》将主要军事要塞都标记出来，《世界画报》，1884年

炮六门、陆勇一营，明炮台设炮八门、陆勇二营；北岸建铁门炮台设炮七门、陆勇二营，田螺湾炮台设旧式炮数门、陆勇二营。由闽安协参将蔡康业指挥。[34] 图中，闽安一带对沿岸的炮兵阵地位置做了一一对应，用速写且写实主义的手法将不同的炮位画出，还标出具有38吨重炮的位置。沿江不同的山丘高低十分明确，树木及倒影画得十分轻松娴熟，应是具备熟练绘画技艺之人所作。

第三帧为"金牌山炮台"（图60）的立体图，依旧对兵营和炮兵阵地逐一标出，还附加了一幅平面图在其中，描绘法舰"凯旋"号与"杜居士路因"号二等巡洋舰在轰击金牌山炮台。时间是8月28日，图中上方写着法军装甲巡洋舰"凯旋"号、一等巡洋舰"杜居士路因"号通过金牌山炮台。8月28日，也正是在孤拔决定向马江口威力最大的金牌号、长门炮台总攻的日子，凌晨4时"凯旋"号与"杜居士路因"号就开始悄悄移动泊位，占据发起进攻的有利位置。天色破晓后，仍然利用清军炮台射界小的缺陷，法舰躲在炮火射界外进行射击，辅之以登陆队进攻。福州将军穆图善与建宁镇总兵张得胜分别在炮台上督战，无奈兵心溃散，加上一些守军为躲避法军猛烈的炮火，不听号令而擅自撤防，激战至当天傍晚，金牌山、长门炮台大部失守。交战过程中，清军在江口布设的电发水雷防线又被法军发现破坏，丧失了拦阻法舰出江的最后机会。

第四帧图也和上面三帧一样，标记所有军营炮台等处，写上了"通过金牌山炮台——8月29日"（Passe Kin Paï—29Août），有一幅侧视图和一幅俯视图，描绘法国舰队8月29日通过金牌山炮台和长门炮台的作战场景。从此格右侧的俯视图，可以看出长门炮台是由山巅炮台和江岸炮台两部分组成，它与图左侧闽江南岸的金牌山相夹峙，成为闽江口最窄的咽喉要塞。图右侧的山巅炮台为电光山炮台，设在海拔77米的电光山顶。图右侧山脚下绘出了江岸炮台的城垛式外墙，这里的炮口朝向东南。至此，在8月29日，法国海军的中国和日本海分舰队司令利士比少将乘坐的"拉加利桑尼亚"号装甲巡洋舰出现在马江江口，与孤拔率领的军舰会合，一起攻击残存的金牌山、长门炮位。法舰炮击一直持续到下午3时，长门、金牌山炮台均被损坏。法国军舰全部顺利通过马江口，进入了大海。[35]

由上可见，法军测绘师能够在现场详细进行测绘，掌握先进的测绘方法和严格规范的测绘制度，对交战地的了解十分深入，这无疑对战争的取胜和经验的积累起到了重要作用。我们尚未从清军的文献中找到相应有效的军事测绘图，清军可能会有用于日常防御的海防图（例如关天培所用之海防图），但却没有掌握法军的动态行程，也没能利用实际上具有优势的地理位置进行有效的备战，这在19世纪晚清饱受海战失败的经历之中皆是如此。

马尾海战与福建水师在半小时之内的覆灭只是晚清一系列中国海权失利中的一个片段。此前44年前，也就是1840年，英国的40艘战舰和4000名士兵组成的海军力量已经使清政府尝到了苦果：中国的武装力量彻底瘫痪了，濮鼎查向中国的将领们表演了一下他炮兵的威力，他们一个个目瞪口呆，像是一个世纪之后东条将军遇见广岛的原子弹一样。1842年8月29日，《南京条约》在英军旗舰"康沃利斯"号上

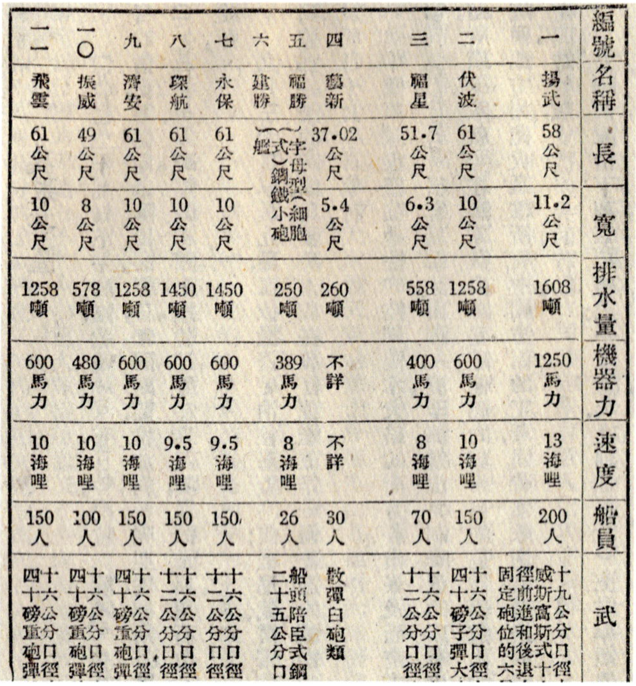

編號名稱	一 揚武	二 伏波	三 福星	四 震新	五 福勝	六 建勝	七 永保	八 琛航	九 濟安	〇 振威	一一 飛雲
長	58公尺	61公尺	51.7公尺	37.02公尺	(艦式字母鋼鐵到小砲艇)	61公尺	61公尺	61公尺	61公尺	49公尺	61公尺
寬	11.2公尺	10公尺	6.3公尺	5.4公尺		10公尺	10公尺	10公尺	10公尺	8公尺	10公尺
排水量	1608噸	1258噸	558噸	260噸	250噸	1450噸	1450噸	1258噸	578噸	1258噸
機器力	1250馬力	600馬力	400馬力	不詳	389馬力	600馬力	600馬力	600馬力	480馬力	600馬力
速度	13海哩	10海哩	8海哩	不詳	8海哩	9.5海哩	9.5海哩	10海哩	10海哩	10海哩
船員	200人	150人	70人		26人	150人	150人	150人	100人	150人
武	固徑威一定前斯九砲退窩公爾斯分達後分的六退十徑……	四十六磅分砲口大徑子彈……	十六磅分砲口大徑……	散彈白砲類	二十一陷五公臣分式口鋼	十六磅分砲口彈徑	十六磅分砲口彈徑	十六磅分砲口彈徑	四十六磅分砲口彈徑	四十六磅分砲口彈徑	四十六磅分砲口彈徑

图68

法国海军制《罗星塔参战的中国舰队》,1884年*

* 取自中国史学会主编:《中法战争》第三卷,上海人民出版社1961年,第559页。

签署,大炮取得了商人与外交官很久以来梦寐以求的东西。[36]然而在近半个世纪之后,当中法再起战端之时,中国的海军防御能力竟然没有半点儿提高,依旧遭到毁灭性的打击,这还是在洋务运动大举引进西方军事技术与装备之时,看来有关海权与沿海防御的关键并不在于单纯武器硬件方面的提升改良,而是国家的系统工程。在后来对历史档案的了解中可以发现,法国对福州的袭击的确不是一时之举,而是做了全方位的预先考察与准备。法国海军甚至在事后还对福建水师参战的舰船做了非常详细的战况统计(图68),包括所有参战军舰的大小、吨位、排水量、马力、速度、武器装备和受到的打击与损害,甚至还包括舰船的下水时间,如此细致的作战统计显然清军是无法做出的,督战钦差张佩纶本人战败逃跑。法国海军史学家夏尔·沙博-阿尔诺(Charles Chabaud-Arnault)认为,在开战之初,清军实际上占据有利地形:例如8月22日晚上清军已经知道要开战,如果23日早晨涨潮时罗星塔下游的三艘清舰往上游驶,与其他清舰与炮台一起攻击法军的"窝尔达"号与三艘炮艇，可以重创法军，而更大的法舰因为吃水太深将无法参战。[37] 法军并没有绝对优势，如果清军果断行动，有可能打胜仗，然而指挥方面的迟滞将福建水师带入了深渊。海军少将、中国和日本海分舰队司令利士比曾亲临马尾港，在法国驻福州领事白藻泰的协助下登陆参观福州的兵工厂，对地形与港口的防卫状态做了第一手的考察，他在给海军及殖民部长的电文中表示：

> 然而在目前情况下，把他们的实力全部暴露在我们面前，只能收到相反的效果，即增强我们取胜的信心，要塞的布防情况与"鲁汀"号舰长海军上尉的描述完全一致：炮口均对准航道，但炮台的射幅过小，这就使进攻者能很快冲过危险区或钻入死角，从那儿可以轻而易举地摧毁炮台。地势高低不平的闽江两岸有许多很理想的防御阵地，但均未设防，它们倒可被我们利用来发动攻击。
>
> ⋯⋯⋯⋯⋯⋯
>
> 至于深水雷问题，据我所知在罗星塔海军兵工厂中确有几枚鱼雷，但至今尚未布放。至少这对中国人来说是一件过于复杂的武器，所以在他们手中也就不令人可畏了……部长先生，概括地说，由我指挥的分舰队发动对闽江的攻击，是完全有希望取得成功的。[38]

有关这场战斗，法军不仅在当时就留下诸多测绘草图，而且在法国1884年出版的画册中，显示出的法军对于福州和马尾港的了解程度是令人震惊的！制图者用细致娴熟的铜版画、钢笔速写和套色版画将这个城市的风貌、参战细节和状态的完整、客观和"科学"传达出来（图69、图70）。相比而言，清政府、清军和民间除了之前不知名作者刻画的地图外，就罕有介绍法军状况的任何图像文献，仅见《点石斋画报》中的部分叙述性的描绘，虽然福州的兵工厂就是源自法国的军事技术，然而福建水师对法国的海军状况竟然一无所知。具有讽刺意味的是，在福州兵工厂的中国工程师曾在法国瑟堡和土伦的军校接受过训练，福建的船坞里甚至还有两艘（德斯丹型）巡洋舰、一艘护卫舰（介于"布尔圣"号和"侦察"号之间的船只），还有一所附属制图学校，设计图的标题用法文标注，（中国）工兵在夏隆

| 权力的图像

图69
法军战前所做马尾港和福州地理测绘

图70
法军所做马尾海战图绘之《战舰列阵》

（Chālons）和埃克斯的技工学校或布雷斯特的海军士官学校学习过。但还需教他们法文，使他们能查阅和看懂法国工程技术人员的著作。[39]在整个中法战争的历次战役中，法军均能像马尾海战一样，对攻击地做翔实勘察和细致的描绘，例如在马尾海战之后（10月1日）对基隆的再次攻击，法军测绘师像描绘闽江一样对基隆沿岸一带的军事工事做了细致观测（见第八章），我们无法得知这两幅地图是否为同一人所绘，但看得出不仅描绘得很细致（尤其是基隆图），整体画面具有控制力：在起伏的山峦刻画中，明暗阴影非常妥帖，如山峰背面阴影、树木等处的扁平电缆处理非常专业化。作者并没有把地形的描绘当成纯风景画写生，而是对堡垒、炮台和军营阵地做了精确的标识。画面背景用灰色渲染，衬托出军事设施所在山峦，这样的图示在风景画速写之中也是佳作，证明法军测绘人员所具有的专业化素质，能够在临战时对所需要描绘的地域绘出客观的、利于做出战争判断的地形图。

中国在战争期间所绘图像始终很匮乏，或者说没有人去专门记录和整理，朝廷和海军之中没有专门负责此项图绘的部门和人员，也无法从战役之中获取有效的经验乃至教训。1885年法国《费加罗报》刊出一幅《刘永福军得胜图》（图71），这是刘永福在桑台打败法军的中国战斗海报。这是一幅木刻套色版画，山川河流还是采取中国传统山水画的皴擦勾勒之法，法国与中国地图的绘制差异，实际上是一个欧洲与中国人如何看待视觉空间的复杂问题：地图与风景画具有相似性。严格来说，无论东西方，空间的表现都加强了制图与绘画的关系。概言之，空间的经验是机动的，跟一个人对时间所具有的经验密切相关……对空间处理的差异，导致对透视图不同的处理方法，即将三维空间投影到平面上的方法。在欧洲文艺复兴时期以来的平面制图法则，是用逐渐后退的地面、退到地平线的灭点来表示深度，垂直线的高度则相对地渐短。欧洲艺术家所使用的汇聚于一点的透视几何法（例如马尾港和基隆的勘测图），一般来说中国画家并不掌握。中国舆图和山水画透视有自身的法则，表现了对自然世界独特和深刻的空间理解，这无疑是一个复杂的话题，对它的深入讨论将远远超出地图话题的范围。历代地图的绘制，无疑参考过山水画的表现方法。相似的写景符号既出现在地图中，也出现在画作中。[40]我们无法指责清代的制图者画不出法军测绘师的图稿，因为这完全是不同的体系。《刘永福军得胜图》

| 权力的图像

图71
《刘永福军得胜图》
（局部），《费加罗报》，
1885年，木刻彩印

还用书画题跋的方式叙述了刘永福的胜利，画面的人物描绘颇具诙谐感，例如在画面高处题写："经略刘永福亲自督兵追阵，法人一见亡魂丧胆不能交锋。"有趣的是，制图者把中国山水地图模式与漫画般的人物结合在一起，在今天看来，呈现出和战争之惨烈不一样的感觉。与之近似的法国人描绘的画面是《马江海战标准图》，在开战的当月就在法国《画刊》上出现，画面应该比较真实地反映出8月23日开战的情景。

如果说中国与法国中法战争中一系列的军事行动被后世称为"不败而败和不胜而胜",那么在一场取得了多次局部战役胜利之后,人们对清政府为何还做这样的定论?除了都已熟知的惯常原因,如清廷的消极防御、技术装备落后、兵勇缺乏训练和北洋水师不愿伸出援手之外,更主要的原因在于西方自工业革命以来,在社会、军事、海外殖民与技术发展等方面,已经使大清帝国远远地落后于当时所处的时代。严格来讲,晚清洋务运动时期对西方武器技术的引进并非不多,清人对海疆海权也并非不重视,而是十分在意,这体现在他们连篇累牍的政府公文和奏折之中。光绪八年(1882)十二月十五日山西道监察御史陈启泰奏曰:"泰西各国,互市既已据我心腹,吸我脂膏,挟制要求,有加无已……西洋各国,横行海上,无非恃其铁甲之多,火器之利,东洋蕞尔岛邦,亦颇振作有为,仿效西法,节次添造战舰,狡焉思逞。中国相形见绌,屡为所侮,耻莫大焉。"[41]清代书画家和浙江盐运使秦缃业在《虹桥老屋遗稿》中专论《海防议》:

> 今之谋国者莫不以海防为首务,而亟亟焉购船、制炮、筹饷、练军,盖欲为自强之计,备一朝之用也。顾中外通商以来,西洋人居中国已数十年,江海码头十数处,其贸易在是,室家亦在是,相安既久,和约益坚,虽小有牴牾,恫吓刁难时所不免,而彼惟利是图,得利即止,初无决战之意,即有一二国狡焉思逞……与西洋不同,然东洋畏服西洋,通商口岸,西人资本所在,意必自为保卫,不任鸱张。现在情形与前明之倭寇实异,虽有船炮亦安所用之,然则谓海防不必讲求乎?曰:非也。今之所欲讲求者,用我之所长,攻彼之所短,彼之所长若何?曰铁甲船也,曰后门枪及开花炮也。铁甲船能拒枪炮,冲风破浪,实足纵横于海洋之中。[42]

西人武器之先进,无论是官府还是民众都已看得明白,马尾港布防已装配了不少欧洲武器,也就在分舰队司令利士比登陆福州的三天后(26日),福州兵工厂致电李凤苞(驻法公使),请求克虏伯120毫米大炮两尊,每尊炮弹400发,哈乞开斯87毫米大炮四尊,每尊炮弹3000发,并嘱咐:"鱼雷快送来,越快越好!"李凤苞在

5月2日回电说:"克虏伯大炮六千英镑,九个月交货;哈乞开斯大炮三千八百英镑,三个月交货……"[43]而福建水师的全军覆没就在四个月之后,这是一场在实力不势均力敌、情报完全不对等、清军没有侦察军事图(包括地图)、对敌军几乎一无所知的状态下进行的战斗,结果可想而知。

晚清有关沿海的军事策略,被一次次开战与战败曲折地反映出来。在过去,中国的政策是在它自己的帝国与外在的世界之间建立一个中立地带,使它自己为许多缓冲国所环绕。[44]而自19世纪以来,清帝国越来越感受到来自海上的威胁,欧洲列强也正是通过突破中国沿海布防,攻陷一系列堡垒,签订一系列不平等条约和割让强租一系列城市获取了尽可能多的利益。而维持任何设防海军场站体系,归根结底还是要依赖海上优势,即依赖海军。一处完全孤立的强固哨所,尽管能将其陷落时日延缓很久,但陷落终将难免。1779—1782年,持续三年之久的直布罗陀围攻战就是一个最为引人注目的实例。[45]此外,清政府与国民对于潜在的战争危机的敏感和认知与法军也完全不在同一水平。难以置信的是,除了利士比造访福州外,文献还透露出,马尾海战的指挥官孤拔也在7月中旬率领兵舰开进福州港:

> 到达罗星塔的时候,孤拔曾受到友好的接待,当时好像把他当作一个强国的代表,好像这个强国同中国是处于和平状态……他的来临使中国人束手无策,这并不完全是由于他们(中国人)的实力薄弱,而是因为在处理有关国际法的问题上,中国人好像是权威面前的门外汉。直到八月十九日为止,没有一个中国官吏曾经在任何时候体会到他的国家已经处于战争的边缘。当时局势的特色是,在八月十六日那天,一切船只,包括法国的船只在内,都悬灯结彩以庆祝中国皇帝的诞辰。[46]

马尾海战后,清政府下诏对法宣战,指出"该国专行诡计,反复无常,先启兵端,若再曲予含容,何以伸公论而顺人心",下令"沿海各口,如有法国兵轮驶入,着即督率防军,合力攻击,悉数驱除"。[47]然而此后所发生的一系列海战,如基隆海战、基隆河防御战、封锁台湾、镇海海战、澎湖失陷以及在越南所展开的战

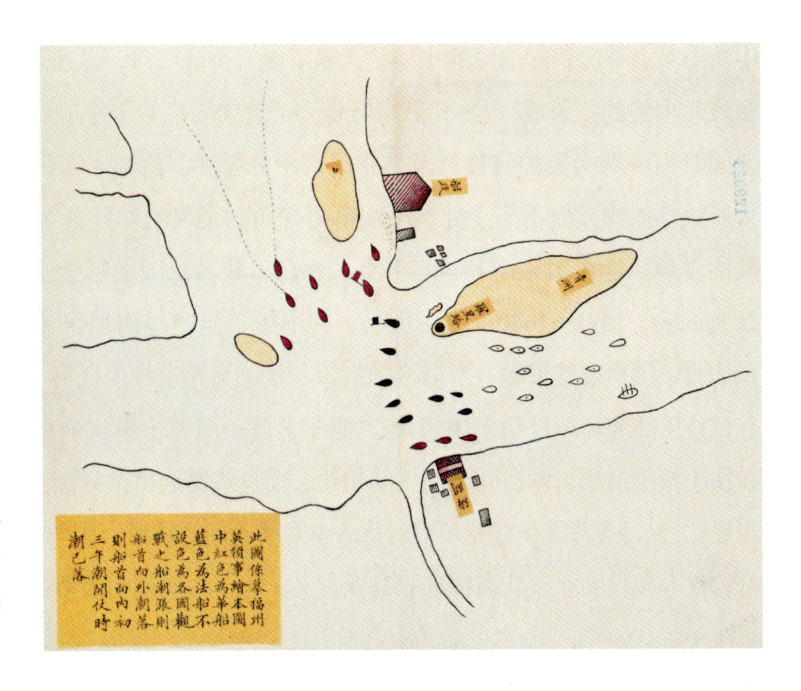

图72
《闽江马尾海战潮汐图》（摹绘英国领事馆图）

役之中，中法虽互有胜负，但清政府也付出极大的代价。以总体而论，在海权与海岸防卫策略和装备基础（地面战争相类）上的传统劣势，以及对现代战争技术、规则的陌生致使清朝在中法战争中最后的结局乃是"不败而败"。

清人对与外敌交手的策略与自身进行了反思，在一定程度上也对晚清的军事方针与管理模式进行过总结。光绪九年（1883）九月，曾任旅顺港坞工程总督办的袁保龄对与法国海军军队作战的清军之不足分析深刻，在《阁学公集》中有云："台湾将士，平日训练不精，省帅到防未久，基隆事出仓促，挫我军威，殊滋愤懑！闻有进攻马尾之说，彼族奸狡，志在挟索重费，我辈责在疆场。"[48]袁保龄也明白测量与西洋用兵的关系，从马尾海战双反的历史图像、地图测绘之差异，已看得出战事的结局。军事防御乃是一国实力、科技水平和多方面传统的综合，即使有识之士做出观察也无法对风雨飘摇的时事有所帮助，清帝国已处在国祚已衰，大厦将倾之时。

19世纪以来，欧洲列强和美国都利用海军扩大了各自帝国及其影响范围，欧洲列强与清政府的一系列交战中所使用武器的变化就是当时技术发展的晴雨表。[49]在福州的英国领事馆曾绘制了一幅《闽江马尾海战潮汐图》（图72），就在开战期间，中法海军之外的美国海军的小型护卫舰军舰"企业"号,以及悬挂英国海军军旗之多威尔中将的"警戒"号、"冠军"号和"蓝宝石"号等军舰也在闽江观战,欧美诸国对中法海战会如何进行及其结果都十分关注。这幅平面图据推测也是由中国人所执笔绘制,但不同之处在于观察的视角和表现的差异。 法国人对越南以及中国的了解,远在明末清初就已开始,1650年著名法国耶稣会士罗历山(Alexander de Rhodes, 1591—1660)造访罗马,并出版了当时越南地区传教的一份报告,教皇们对中国也很感兴趣。[50] 著名航海家、法国海军上校安托万·德·布甘威尔伯爵在1711年的《环球行记》中表示:"地理学是一门关于事实的科学,你不能只端坐在扶手椅中推测思索,同时还不能犯错,而这些错误常常只能以海员作为代价才能纠正。"[51] 马尾海战仿佛是不同时代战争对手之间的较量,在当代战争理念匮乏的国度,仅靠纯粹的西洋武器被证明毫无意义,也再一次证明战争的核心在于人本身。

二、中国制图者——镇海之役

中法战争期间,1885年2月,法军攻台湾不下,就转而从海上封锁台湾。法军统帅孤拔率领舰队攻打福州,清廷派总兵吴安康率南洋水师"开济""南琛""南瑞""澄庆""驶远"五艘兵舰前去救援。孤拔探知这股援军前来,就驶到浙江大陈洋面与五舰相遇,"开济""南琛"和"南瑞"则遇敌折趋镇海口内。浙江巡抚"刘秉璋以三船在镇,法必踵至,电商欧阳利见并饬各将领严密防守"[52]。关于法军对测绘地图的战前准备工作,前文已有表述。清军在测绘方面的落后也是当时的普遍状况,然而在镇海之役之时,却罕见地出现了由中国人测绘制图和用于防卫的事件。

率军守镇海金鸡山的浙江提督欧阳利见在《金鸡谈荟》中记述,光绪十一年(1885)3月11日,"宗守来函,沈春元等绘成《口门布防图》":

镇海口门炮台、营垒、桩船森布,去冬因宁郡办志,文会天算斋有精于测算之人，特延生员沈春元等携带圆仪、方矩至镇，将北岸之招宝山威远各炮台；南岸之靖远、镇远、天然、自然以及新添之乌龙冈、沙蟹岭各炮台、炮洞与洋面各山、各浮筒相距里数，各处灯楼、望台、标竿以及口门相距里数，口外水势深浅，一一测准胪载。距里开方每一格六十步，每六格为一里。一切台垒方向远近，皆由测算而来，无一不准，与随手画图者不同。其数十里外相距之山，虽未画入，而亦测其道里，载于图内，于施放炮弹远近之准，不无有裨。军门军暇披图，发纵指示，一切机宜，可坐而决胜矣。兹特专差送上一帧，即祈鉴存。[53]

沈春元所绘地图已不可考，不过就《金鸡谈荟》中的描述而言，他应是有制图经验之人，而且能够熟悉运用测绘仪器，这一点颇不寻常。关于制图师沈春元，没有太多资料可循，仅知可能是秀水（今浙江嘉兴）人，工画，是因为修方志招募精于测算之人而出现。沈春元首先测绘了南北两山与炮台和建筑物，也是采用"计里画方"的方法，此外重要的一点在于他还测量了"口外水势深浅"且会使用绘图的仪器。有关测量海岸水深的海图，在17世纪荷兰对台湾周边海域和港口的测量图中多见，中国人的舆图通常没有水深的参数，这也是中国舆图与欧洲科学制图的一项差异。

与欧阳利见去函者，乃是宁波府知府宗源瀚（1834—1897），字湘文，江苏上元（今南京）人，中法战争时，曾严备海防。光绪初年，官浙江，历署衢州、湖州与嘉兴府事，敏于吏事。宗源瀚对战场舆图的关注与上报和他本人有密切关系，史载源瀚优文学，尤精舆地，所绘《浙江舆图》世人称之。宗源瀚是在镇海之役中精通方志舆图的官员，他在光绪七年（1881）的一通书札谈及他"蒙恩调补宁波知府，政绩未敢稍懈，去年因俄倭事，宁波为浙江第一海口，募勇练兵，并奉文设支应及军需，实则兼顾为难，禀请开去本缺，专办海防"。宗源瀚本人编纂相关方志著作，如《湖州府志》和《浙江全省舆图并水陆道里记》，在官员之中属于舆地专家。中法战争时，"法国兵船犯浙洋，源瀚从宁绍台道薛福成筹海防，多所赞画，数有功。晋道员，署杭嘉湖道。二十年，日本构兵，调温处道，沿海戒严，处以镇静，清内匪"。宗源瀚熟悉舆地，对于海防颇为留心。

宗源瀚的《浙江全省舆图并水陆道里记》（图73）是一部测绘详尽的浙江舆图

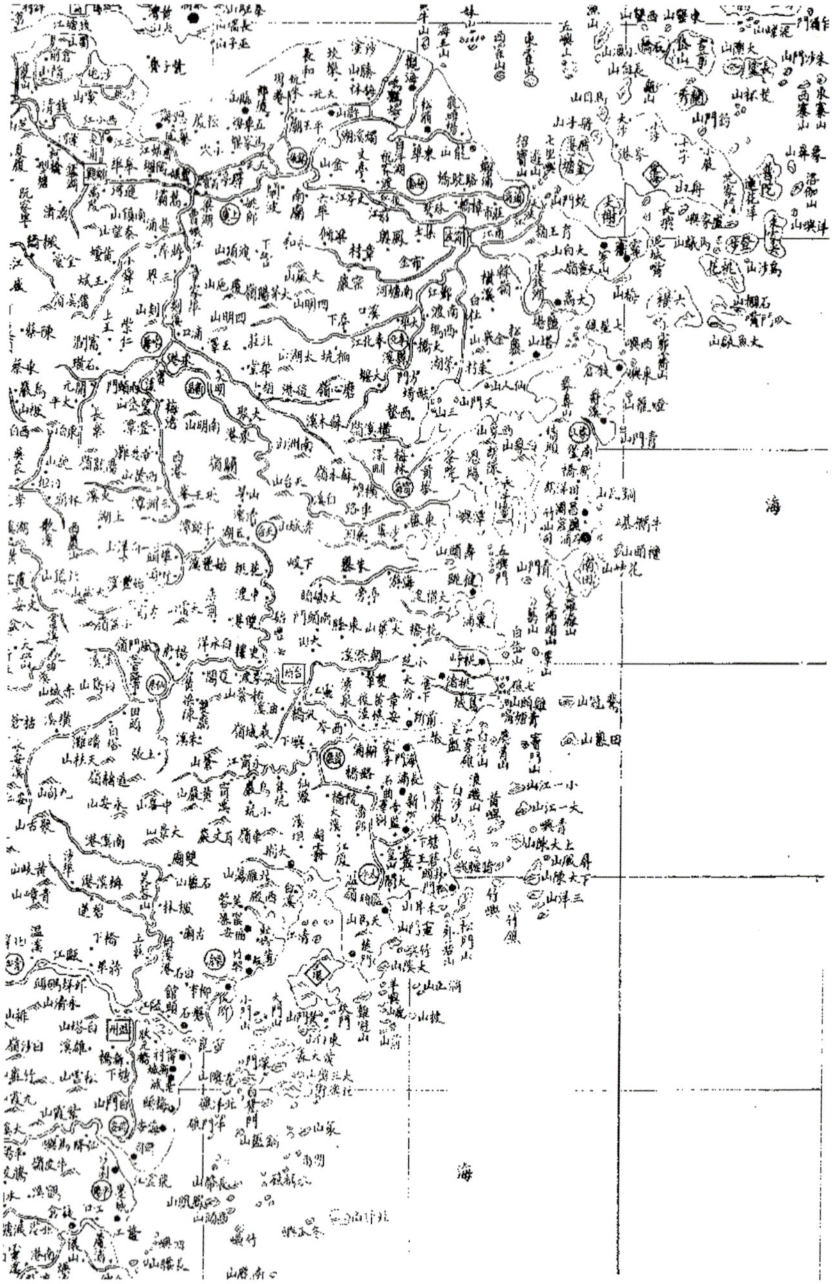

图73

宗源瀚《浙江全省舆图并水陆道里记》附图，1894年

集，尤其是对浙江的海岸线绘制十分细致，大小岛屿都一一标记。从其中的地图绘制与宗氏的描述，的确可以验证有关他精通舆图的评价，例如他说道：

> 沿海沙涨之地迁变无常，潮汐所及更旦暮易势，图所绘者，测量时之情形也，时过情迁，未能逆臆海面岛屿，凡有民居村落测量所及者入图。[54]

宗源瀚称沈春元："距里开方每一格六十步，每六格为一里。一切台垒方向远近，皆由测算而来，无一不准，与随手画图者不同。"说明沈春元具有用数学计算测绘的能力，经过他的观测，一切机宜，可坐而决胜矣。遗憾的是沈春元《口门布防图》未能保存至今，使我们无法一窥由中国人绘制具备较严谨数学测量的地图案例。

这样的做法，和法军在战役之中预先测绘地形地图一样，对了解战斗形式具有重要意义，在清廷与欧洲和日本各国的多次战役中极为罕见。镇海之役在清末的海防战役中最后取得胜利，在战术运用、战备部署、舆情引导等方面均做了充分的准备，而预先进行地图测绘，是把握战场形势的一个时常被人忽略的方面。在当时的文书之中多次提到已经进行的测量："水则乘轮再巡，测量海道；陆则轻骑减从，周历辖疆。"和之前一样，法军亦绘制了镇海之战的相关海图，但不及在福州马尾期间的系统，这是因为镇海守卫在预先的战备方面做得很好，法军难以像在福州一样可以进行充分的勘测。在镇海守备严防法军进攻之时，清军对战事的预判也展示出地图的直观作用。宗源瀚在《宗守湘文抄寄洋务委员李圭禀稿》（1884年7月18日）中，预计法必自象山港进。他的判断理由是："顷纪税司谈及彼与理船厅葛灵霓细测地图，法人若来宁波，必自象山港而进；以镇口水浅，虽三等兵舶吃水亦深。法又早知有备，又系通商之船必经之路，断不进镇海。象山港水深，自岐（崎）头至大嵩一带约一百五十里，皆应防备。招宝山以沉船塞口为上策，卑职屡屡陈及，如先备船石，临时亦可从容凿沉，能商之军门，从速预备船石，并布置象山港一带最妙。看大局不至竟决裂，第风声既紧，不能不结实料理也。"[55] 对法军即将发动的战事，浙江巡抚刘秉璋在确定防御方针、完善统一指挥和协调的机构、筹饷这最关键的三个问题上，指挥得当。而且对法国海军的作战意图了解十分清晰：

"探敌所垂涎者，粤、闽、浙三省。迩来左中堂督师闽疆，杨石帅总制浙闽，粤有彭、张两钦使，均皆布置周密，足杜敌之窥伺。查夷逆自出福口后，常以数艘游弋海上。彼族诡计多端，难保不蹈瑕浙境，每一念及，心绪如焚，此目前防务难恃之情形。"他与宁绍台兵备道薛福成对进行了一年多的中法战争早有准备，要远比福州马尾充分。例如已经把外国传教士全部统一看管，关于地形和测绘方面，则是出重金雇用熟悉甬江水道的外籍引水员，防止被法军聘用：

> 法事日棘，刘秉璋函饬薛福成遵照北洋大臣电传密谕，设法暗阻敌船引水。宁波向有引水洋人必得生、师密士两人领新关执照，驾小船在镇海口外受雇领港。薛福成与约月给厚费俾敛船入口，交杜冠英差用。是时，师密士适接法船密信雇为引水。薛福成使拒绝法人，另给重资以酬之。既又函会税务司葛显礼，派洋人随同杜冠英拆去新关向设之七里屿、虎蹲山等处塔灯、标干、浮筒，以迷敌轮之路。迨开战后，薛福成侦知孤拔在上海以重资募英人赫尔、德人贝伦为入浙向导。因亟电禀南洋大臣，饬江海关道邵友濂派员禁阻，如不听，则撤销其执照，永不许在中国引水；仍各酬以千金而罢。薛福成函告各国领事，如有洋人为法人引水，宁郡民情强悍，必相率而攻毁洋房，此一无业之莠民累及合埠安分之富商也；且难保非法人诡计，欲故坏各国声名。诸领事以为然，密致书驻沪领事，禁约洋人。后闻孤拔欲募引水以攻镇海，悬价六万金而莫之应云。[56]

为防止法军熟悉水道而采取的一系列政策十分有效，中法战争期间，镇海的防务准备可以说经过了周密的筹划。在镇海协办海防事务的宁波府试用同知、宁镇海防营务处杜冠英在1884年1月的《禀镇海防务至要》之中，谈到了地理位置对防务的重要意义，他对海防武器规制深有了解，且对近海防御分析非常翔实：

> 窃照镇海口，招宝拱其北，金鸡耸其南，两山并峙，犄角相形，实为甬江关键。前次办理海防，于招宝山嘴建威远炮台，金鸡山麓建靖远炮台，小港口建镇远炮台。三台虽经筑成，而于守台之道，堵口之方均未议及。卑职谬承委

任,念念于兹,应行筹划事宜,不得不缕晰详陈宪听,以冀采择焉。

伏思防守海口,益防敌船进港溯流而上,侵我之内地也;亦防敌船停泊于海,轰击我近海之城邑也。是以言海防者,口门内外设立炮台,河港中流拦阻船路。然必须炮台之炮可以攻穿铁甲兵船,放炮之台可以抵御敌炮轰击;即沉下船只当察其石块压力、口阯深浅,置设水雷亦宜究其火药轰劲、水势缓急。卑职连日察看海口形势,测量浅深。虎蹲东南当钱塘江水之冲,油(游)山港水深溜(流)急,均难安置水雷沉船。虎蹲之南,水势稍缓,置雷沉船是可设第一重拦阻之险。招宝山中腰山麓直对小金鸡,水浅势缓,沉船设雷最为相宜,是可设第二重拦阻之险。但沉船石块,梅墟两岸有石砌旧台四座,有事时可以取用。水雷须吃药数百磅者方可轰破敌船,若数十磅则雷力薄弱,恐不济事,应请宪台饬局制造二百五十磅至五百磅者,将来行用庶几合宜。

至招宝山等处炮台,虽用三合土造成,如敌船一百五十磅之炮弹,尚可抵御。卑职前在沪时,见铁甲船头炮弹子有五百磅、八百磅者,设使用以击我,则该三台难以支撑。拟请宪台饬令杭州、宁波军装局查检所存旧帐棚若干,晒收高阁,免致霉烂;倘或有紧,解运炮台,每帐棚一顶,缝破棉絮三五层,炮台、营房、火药房均盖五六尺厚,用水浸透,以作护蔽。其围墙恐被攻坍,每台预备米袋千只,装土备用。其破絮米袋内地甚多,采买亦易。炮台增加护卫,各兵庶无畏惧之心。

又查该三台安置炮位:威远台仅有德国博洪后膛二百磅钢炮一尊,英国瓦瓦斯后膛四十磅钢炮三尊;金鸡山仅有英国前膛八十磅钢炮二尊;小港口仅有德国克乐伯后膛四十磅钢炮二尊。共计八尊,均能走七八里之远。其余生铁炮十一尊,仅能走及二三里,甚至打不着轮船行走之路。该三台竟恃钢炮八尊,似属单薄。查上海制造局仿造阿姆斯督郎熟铁钢心前膛炮,弹子自四十磅起至百二十磅止,解发南北两洋,曾经面看试放,弹路平稳及远,实为防海利器。但浙省连年批解南北洋经费总在一二百万之多。浙海同隶南洋,毗连苏省,可否恳请仰恳宪台会商抚宪咨商南北洋大臣酌核,饬令上海制造局匀拨新造熟铁钢心炮若干尊,抑或请其饬局代造,陆续解款归还,虽不必比外洋便宜,谅不至较外洋加贵。

> 凡此皆镇海防务紧要之需也。卑职愚昧之见,谨绘具海口情势及各台炮路图说,恭呈察核,尚祈大人酌夺施行,实为公便。[57]

杜冠英提及他连日察看海口形势,测量浅深,是在战前勘察的重要步骤,也是在整个晚清海战风云之时,非常少见的对战地形势做亲身观察的案例。

在1884年7月31日,给浙江巡抚刘秉璋的另一通信函中,位于前线的镇海守官再次提到了海防舆图的绘制问题:

> 兹将镇海、定海两处绘具草图,应扎营垒要隘标以红签,并另开图说一帖,凡图中要隘悉载帖内,统希查阅。[58]

函中所指镇海、定海两处绘具草图已无法查见,不过根据描述有关镇海、定海一带应扎营垒要隘标以红签之图,确有案例。在《宁波府六邑海岛洋图》(图74)中,可以发现红签与要隘之示:例如历表西南首,镇海营洋汛,镇海县营管辖内洋等红签内字样等。此图早于镇海备战时间四十三年,信中草图推测与此图十分近似。

巡抚刘秉璋在8月7日的复函中也印证了这一点,他言及:"接奉台函并绘图说帖,具征荩画周详,曷胜佩慰。"[59]作为官绘海防图,《宁波府六邑海岛洋图》在图中标有三十处红签,都是要隘之处。镇海防卫的主要官员都留意过海图与测量,宁绍台兵备道薛福成本人,在1884年10月赴定海阅勘炮台防营时,"一路测量水势,约十五六托至二三十托,最深者五十余托;港面阔十余里、六七里不等。如欲阻截海口,断无此巨款,且万难设法"[60]。

除海防舆图之外,在官府宁波和战场镇海之间,当时还架设了电报线路四十里可以通信遥控。镇海各路兵马统归提督欧阳利见指挥,由欧阳利见率亲兵一千名、士兵二千五百名防守南岸金鸡山,并在那里增设天然、自然两座炮台;记名提督杨岐珍、杜冠英率淮军二千五百名驻北岸招宝山要塞;守备吴杰统领南北两岸各炮台;记名总兵钱玉兴领浙西兵千人、淮军二千五百名驻守梅墟至育王岭一带,作为第二道防线;还有"元凯""超武"两舰以及逃来的"开济""南琛""南瑞"三舰

第四章 海战与晚清的沿海策略

图74
《宁波府六邑海岛洋图》，道光二十一年（1841）前，纸本彩绘

布防在甬江口；甬江口外布有水雷；甬江口里备有满载石块的旧船，随时可以沉船封江。沈春元、宗源瀚、薛福成和杜冠英等官员在镇海防守期间，对海防图与测量之重视，是晚清时期难得一见的景象，浙江镇海的防卫和福建马尾完全不可同日而语。这些中国的"测绘师"并没有专业的制图训练，但是却能够意识到地图在海防中的潜在重要性。镇海的防卫也以图像的形式绘制在《浙江镇海口布置及战守情形图分说》之中，一共十幅，绘制者就是薛福成，除了防卫图如《钉桩沉船》《海口筑墙》《水陆藏雷》外，甚至还包括与法海军激战的图景，如《再坏法船》和《夜袭法船》等。

法军也对海战的地形和部署制作了地图（图75），在图中可以清楚地看到法国远东舰队司令孤拔的旗舰"巴夏尔"（Bayard）号、铁甲舰（5915吨）等战舰在镇海之外的洋面之上，其中的标记和文字主要有：军舰"巴夏尔"号；"凯旋"号；

| 权力的图像

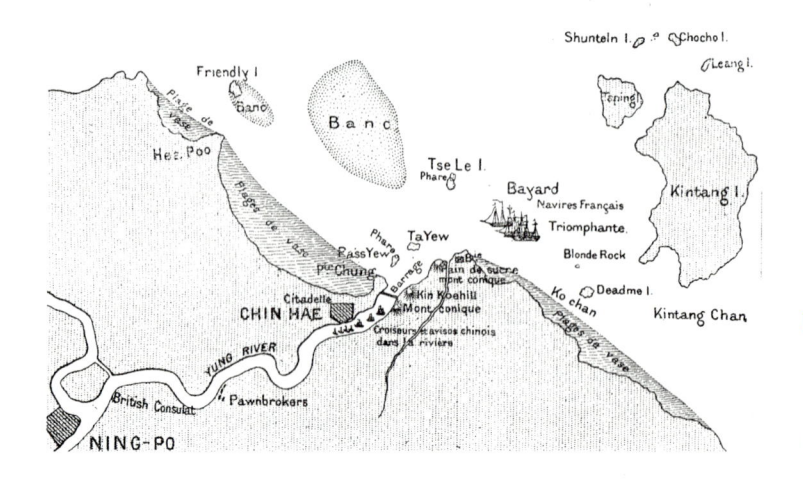

图75
法军绘《镇海之战示意图》，巴黎出版，1887年

金塘岛（Kintang）；七里屿灯塔（Tse Le I. Phare）；大鱼山（Ta Yew）；镇海（Chin Hae）；甬江（Yung River）；英国领事馆（British Consulat）和宁波（Ning-Po）。对两军对垒和镇海一带的地理状况做了较直观的绘制。

战地测绘图本是战役双方依据战况，预先或在战斗过程中以及结束之后所绘的地图或图像材料，在欧洲自16世纪以来便成为重要的战争档案，如佛罗伦萨僭主科西莫·美第奇和教皇格里高利十三世不仅把地图作为阅读《圣经》和古典著作的图像辅助，还视地图为了解欧洲战况的工具。[61] 16—17世纪佛兰芒地图学派的发展，也显示出制图传统与社会发展、军事与贸易之间的密切关系。地理大发现以来，欧洲的制图界对欧洲人越来越热衷的海外活动提供了巨大的航行便利，科学技术对军事的推进使欧洲各国陆续在与印度、非洲、东南亚和中国的交往中占据了话语权。马尾海战福建水师的败绩直到1894年9月17日的中日甲午海战时依然在延续，这场发生在黄海大东沟海域的海战以中国失败而告终，号称亚洲第一、世界第九，清政府花费数百万两白银打造的北洋水师在与日本联合舰队的一系列激烈交战后，也和福建水师一样灰飞烟灭。历史往往是这样"无情"的书写，据统计，在1839—1911年的72年中，清海军在历次海战中共有572艘各类舰艇被击沉，总共阵亡3.4万余人，另有约40艘舰艇被俘获，取得了击沉6艘敌方舰艇、击伤29艘，歼敌600余人的战绩。

欧洲与晚清的历次战役与结果恰如乔治·托马斯·斯当东（George Thomas Staunton）所言："我们的传教士、商人与士兵以后可以到达至今一直禁止我们去的地方。"

第五章 朝觐的绘图者

> 我们现在的对华关系为英国的创造精神提供了很大的活动余地,我们的传教士、商人与士兵以后可以到达至今一直禁止我们去的地方。
>
> ——乔治·托马斯·斯当东,1846年

英国与中国通商的尝试,要追溯到马戛尔尼勋爵使团来到中国之前。16世纪以来,伊丽莎白一世准备颁给英国商人特许执照,准许他们到中国进行贸易往来。这位贤明的女王曾向中国皇帝写了极为有力的推荐书,信件委托当时开往中国的远航队转交,但因为远航队的船只遇险,信件未能送达。[1]英国航海和海外贸易活动受到国家的支持,在1651年10月9日的英国航海条例中,明确写道:"在上帝庇护和保护之下,航海业乃是谋求本共和国福利与安全最重要的手段。"[2]海禁政策使欧洲船只靠近中国海岸变得困难,这一点从明代的西班牙、荷兰到清代以来的英法等国都基本如此。初次驶往中国的英国商船就在广州外海与清军发生炮击海战,在此之后,英国在清人的观念当中也被赋予相当负面的色彩:

> 首先,英国到广州的商船日渐增加。同时,英国在印度也取得了辉煌的胜利,并占领了邻近中国海的菲律宾群岛,这些都引起了中国的注意。当清王室向那些欧洲传教

士询问英国的情况时，由于狭隘的民族和宗教偏见，他们的回答都对英国人极为不利。在中国，商人的地位极低；而英国商人在自由体制下养成的独立精神和自由进取意志，在中国官员看来是放肆、不守规矩。更糟糕的是，一些英国水手和底层人士有时会做出一些出格放纵的事情，这在严谨的中国人看来更加不能容忍。[3]

在18世纪叩开中国大门的人，多少是带着惊奇的心境踏上清代中国的土地。1792年9月至1794年9月是马戛尔尼使团访华的时间，英国派出以马戛尔尼为正使，乔治·伦纳德·斯当东（George Leonard Staunton）为副使的代表团，以贺乾隆帝八十大寿为名，由朴次茅斯港出使中国，这是欧洲国家首次向中国派出正式使节。随员80余人，包括天文数学家、艺术家、医生和95名卫兵，由兵船护送，费用由东印度公司负担，使团的人选皆经过考虑。其中就有专门负责测绘的团员，例如亨利·W. 帕里什（Henry W. Parish）中尉是一个优秀的制图人，在路上画了许多地图，获得大家的交口称赞。除他之外，使节团还有一名画家兼制图人威廉·亚历山大（William Alexander，1767—1816）和一名画家（汤姆斯·希基）随行。在驶往中国的途中，船上的测绘活动一直都在进行，在爪哇和苏门答腊沿岸修整的时候，船上的数学家利用这个空闲机会，带着精密仪器外出测量，借以核对航海表上关于巽他海峡北方入口处的正确地位。[4] 18世纪是英国开始影响世界之时，在英法第二次百年战争（1689—1815）中，英国不断在海战获胜，并先后夺取法国与荷兰两国的大片殖民地，确立其海上第一霸权的地位。

1568—1763年间，英国在东印度群岛和西印度群岛贸易扩大，根据重商主义理论而采用保护关税及优惠待遇的政策来减少对贸易及航运方面的限制。[5] 这些举措大大提升了英国海外贸易的收益，与荷兰东印度公司一样，英国也十分重视海外航线的记录和海图的绘制。

18世纪，英国开始逐渐成为制图界的世界领袖。1791年英国陆军测量局成立，当时被称作三角法测量的工作始于这一年。1784年就开始了旨在连接伦敦城外的皇家天文台和巴黎天文台的三角测量，到1795年，伦敦和康沃尔郡西端的"地角"之间的两条三角链完工。测量局的工作也不再仅限于国家地图的绘制。1855年，绘制城市地图的工作开始了，截至1892年，英国所有的城市和4000多个住户都按1/500的比例绘成图。英国陆军测量局对爱尔兰和苏格兰的测量工作分别始于1825和1837年。在18世纪即将结束的时候，东印度公司做出了对海外大陆进行系统的三角测量和绘制地图的大胆决定。威廉·兰伯顿（William Lambton，约1756—1823）被委以重任——事实证明这是一项极为艰巨的任务，用标准的三角测量法测量南起印度大陆底端、北至喜马拉雅山脉（Himalayas）、西起孟买（Bombay）、东至加尔各答（Calcutta）的广阔区域。[6] 及至19世纪，英国的海上测绘是其成就"日不落帝国"的重要基础，测绘技术和精确度达到当时的最好水平，正如制图师和海军战略家约翰·科隆绘制的地图《大英帝国》所显示的一样——这张精心装饰的世界地图的所有设计都是为了美化19世纪末的大英帝国，它使用以格林威治本初子午线为中心的墨卡托投影，该投影将英国置于地图中心焦点之上。不列颠群岛，以及向东和西扩展的所有不列颠殖民地，都用红色突出显示，而其他地理区域则留空，只有最少数量的地名。这幅地图的统计资料由约翰·查尔斯·雷德·科伦爵士（Sir John Charles Ready Colomb，1838—1909）提供，他是国会议员、国防战略家和帝国联盟的倡导者。这张地图上有许多插图传达了殖民主义的信息，反映了地图中心收集描绘不同世界观的独特世界地图的兴趣。英国对亚洲的测绘地图往往成为当时各国制图的范本，对广阔海上航线越来越清晰的掌握，就使英国从18世纪之后，成为名副其实的海上强国。

马戛尔尼使团从组团之时就有这样的准备，对沿途海路、港口和岛屿做全面的测绘与记录工作。当使团船队航行至越南海域时，随行测绘师对这一地区的海岛地形进行专门的测量和记录：

> 考虑到携带大量仪器和工具可能会引起当地人不必要的惊恐和猜疑，因此帕里什中尉和巴罗先生只随身携带一个罗盘和一个六分仪（图76）。用这两样东西，他们悄悄地在海湾南顶点进行测量，并测出水的深度。之后又在"豺狼"号上进行了第二次测量。通过这两次测量结果，把大占岛和附近几个小岛的正

| 权力的图像

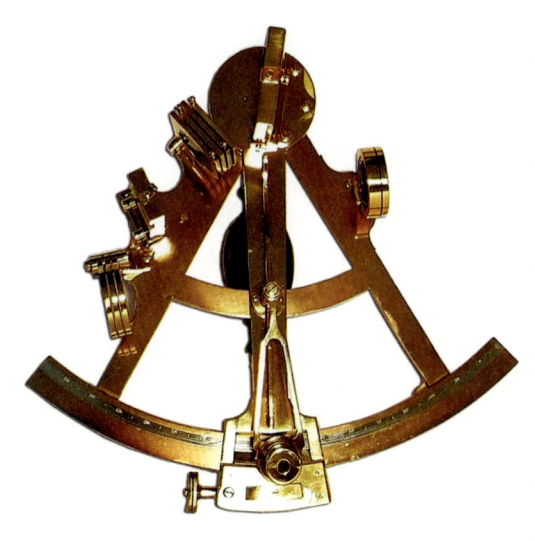

确位置绘制出来。为了尽可能精确地计算出二桅船与海岸间的距离，他们先计算出"豺狼"号的桅杆同水面形成的角度，之后再根据三角学计算出距离。通过这种算法得出的数据与船速和时间相乘得出的数字大致相等。他们利用六分仪在八个不同地点测出的角度，计算出大占岛南部山峰的高度；之后还根据太阳子午线算出大占岛的纬度，再用方位仪根据土伦港的位置得到大占岛南部山峰的具体位置，并将这些都记录在绘制的地势图上。[7]

图76
18—19世纪的六分仪

这部分手绘海图目前难得一见，不过帕里什中尉在马戛尔尼使团访华时期的其他一些手稿，仍然可以显示出他的图绘风采。在葡萄牙马德拉群岛时，他根据观察记录了当地海岸的景象（图77、图78）。测绘师帕里什在海图中采用写实的景观画法，他所描绘的区域不算很宽广，用铅笔先勾线，再用水彩描绘出海中岛屿和海岸山峦。葡萄牙马德拉群岛中，帕里什用数字和词组标示出不同山峦具体的位置，这是欧洲传统的一种常见做法，目的是使观者在观看之时一目了然，这样的地图海图草稿在来中国途中应绘制了不少。使团也借鉴了之前欧洲人所绘的中国海岸海图，约翰·巴罗男爵（Sir John Barrow，1764—1848）是英国作家和政治家，皇家地理学会（Royal Geographical Society）的创始人之一，也是前罗利俱乐部（Raleigh Club）的成员，他熟悉数学，也是后来马戛尔尼使团副使乔治·斯当东之子的数学教师。他在《巴罗中国行记》（1804年出版）中叙述："当中国允许外国人在舟山贸易时，欧洲人曾绘制一幅黄海海道图，据认为足够供熟练的航海者避开危险的岩石和岛屿。靠这幅海图的帮助，我们的舰队大胆地在极其复杂和狭窄的舟山群岛海道航行，这里，大约800平方里格的小空间内，海面上散布着将近400座各式各样的

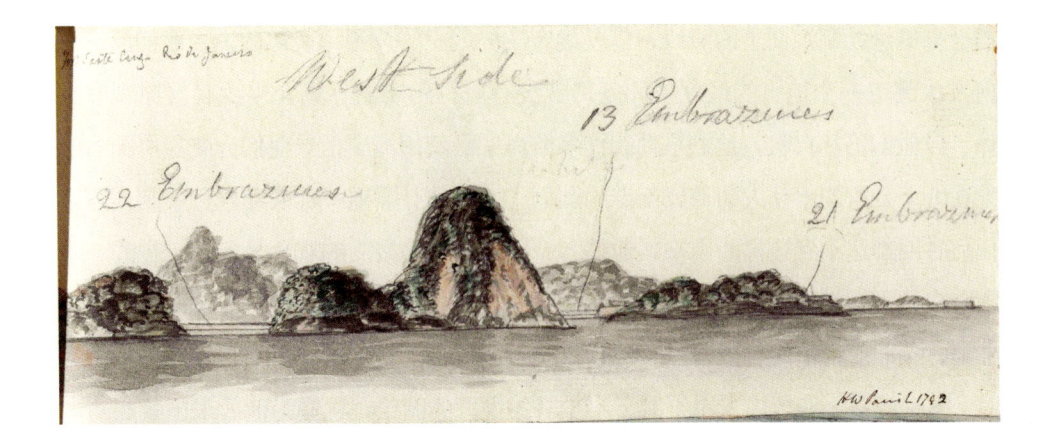

图77
帕里什《葡萄牙马德拉群岛——马戛尔尼使团从英国到中国的航行草图》，1792年

图78
帕里什《葡萄牙马德拉群岛——马戛尔尼使团从英国到中国的航行草图》，1792年

岛屿。当使团船队到达浙江省的舟山群岛时，由于一路顺风，6天时间航行了700海里，平均每天航行约200公里。船上有本世纪初英国人绘制的航海图，那时英国人在宁波有一家分行。再往北去，就没有航海图作依据了。"[8]

巴罗从他的观察出发，也评价了清人的地理知识和测绘能力："事实上，中国人既不擅长造船术，也同样不擅长航海术。他们没有海上船只位置的推算法，也没有丝毫概念绘制地面上的航线，借以确定某一地点的位置，换句话说，他们没有任何方法测定一个地点的经度或纬度，既没有航行距离的计算，也没有仪器观察天体。但他们仍然自吹，他们早期的许多航海家已使用海图指导他们远航。海图有的绘在纸上，有的绘在大葫芦或南瓜的圆面上，这估计需要一定的知识，中国人看来任何时期都达不到这样的水平，他们各个朝代都普遍接受的观念是：地是平的，中国则在这平面的中央。现在中国的航海方法是，尽可能靠近海岸，而且视线不离开陆地，除非航行中绝对需要。"[9]

画家威廉·亚历山大也绘制了不少有关中国的图绘，这些为他后来出版的两本版画书提供了原材料，极大地促进了马戛尔尼使团的另一项成就，那就是收集尽可能多的有关中国的信息。使团进行实际调查的根本原因是，东印度公司迫切需要更多地了解中国的经济和生活方式，以确定其作为兰开夏郡（Lancashire）棉花和印度制造业市场的潜力，以纠正茶叶贸易的不平衡。[10]当然亚历山大主要绘制的是有关中国社会景象的画面：人物百态、市井生活和许多普通人的面貌，甚至还包括广东附近的一些具有装饰感的中国式墓地景观。这些珍贵的图绘资料记录了清代中国社会的历史影像。

实际上，马戛尔尼使团来华所绘制的地图不仅是这些手稿图，也包括十分深入的中国沿海地图。约翰·巴罗于1792—1794年在马戛尔尼使团担任马戛尔尼勋爵的家庭审计长，巴罗很快就掌握了汉语，随后他在季刊上发表文章，乔治·斯当东发表的使团记述记录了巴罗对中国文学和科学的许多成就。巴罗绘于1794年的《以墨卡托投影法绘制的黄海和中国大陆沿岸海图》（图79）中，台湾只出现在右下角，未做深入描绘，但是已经用"TAI-WAN"称谓和标记。使团船队航线从广东沿海开始，经福建沿海到浙江，尤其是舟山一带，再北上路过上海，有崇明岛的标记，穿过黄海，到达天津。由于他的数学背景，巴罗在航线之中均标明了航向水深的数字，而且间隔十分密集，推测是每航行一段里程后，即进行测量，从而掌握第一手航线的资料。英国使团乘坐一艘六十门炮舰"狮子"（Lion）号和两艘英国东印度公司提供的随行船只抵达天津白河口，之后换小船入大沽。

巴罗的地图绘出了广州、台湾的一部分、中国大陆的东部海岸，直到被称作

第五章 朝觐的绘图者

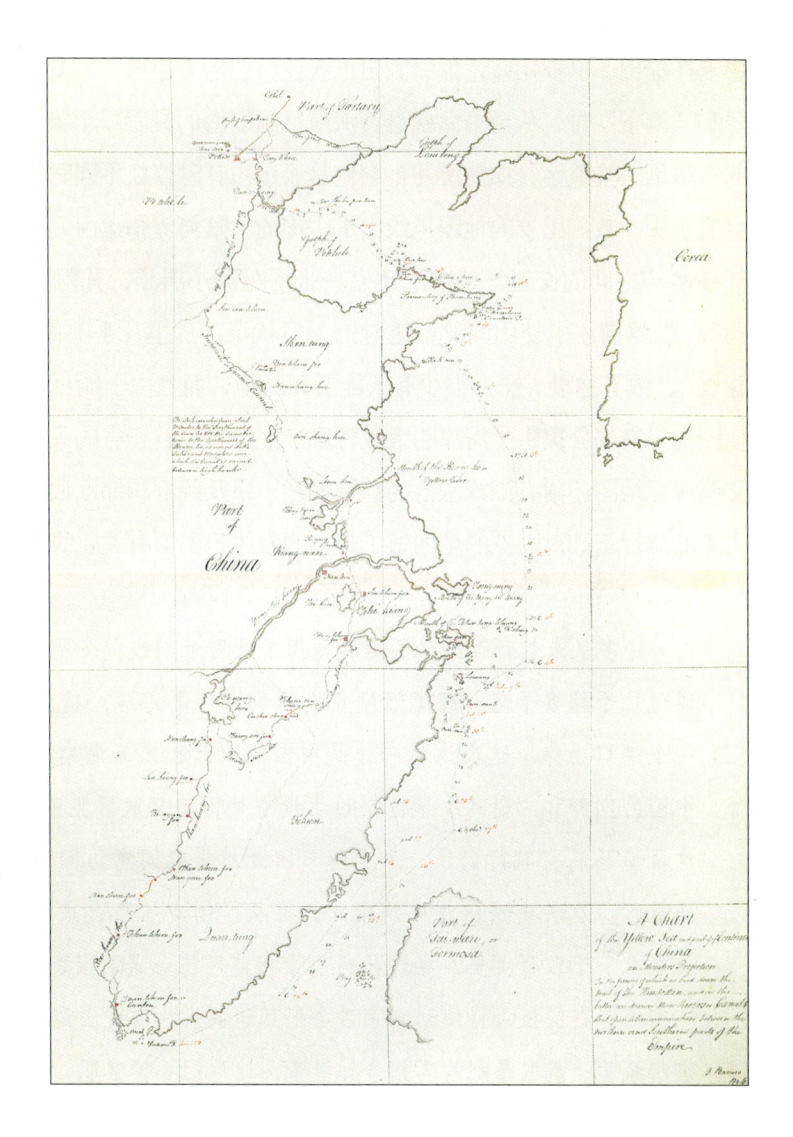

图79
约翰·巴罗《以墨卡托投影法绘制的黄海和中国大陆沿岸海图》，1794年，大英图书馆藏

"佩切利湾"的渤海湾。在地图的顶部区域显示了"鞑靼"的字样，这是一个古老的英国地理术语，在清朝用于描述新疆、蒙古、满洲、青海和西藏地区。热河（今承德）位于鞑靼城内，是乾隆皇帝的避暑之处，马戛尔尼和使团打算与乾隆谈判英国的贸易条件。这幅地图上几乎完整记载了使团到达中国的沿海路线，沿岸航线十分清晰，这和帕里什、巴罗等人的测绘工作有密切关系。巴罗采用了航海用的标准柱面地图投影，被称为"墨卡托投影"，因为它首先由佛兰德斯地理学家和制图师

197

| 权力的图像

墨卡托提出。巴罗用蓝色虚线画出了大使馆的两艘船只，印度"斯坦"（Hindostan）号和"狮子"号，从台湾海峡沿黄海航行到渤海的最后一个锚地的轨迹。在这条线的旁边是一些数字，如前所述，它们是表示用计时仪在不同时间间隔测量水深所测得的水深参数。巴罗的地图也绘出了中国的内陆河流和运河，它们连接了清帝国北部和南部之间的交通。地图上还有一张手写的小册子，并附有一张"黄海海图注释"，巴罗描述了使团向北行进时的天气状况：那里几乎不停地刮起狂风，"持续朦胧"，浓雾弥漫。船上很少有人能看到陆地，而且由于能见度太低，巴罗说他的地图上只有部分提供了海岸的大致轮廓。他报告说，恶劣的天气常常影响精确的天文测深。地图还附有潮汐涨落的简要描述，以及经度和纬度读数的列表。乔治·斯当东的旅行记载对巴罗的地图做了文字的叙述，例如有关航线选择的记录：

> 许多从未航行过的路程需要他探索开辟新航线。按照预定计划，这艘船要通过位于纬度十度、经度五度左右的黄海和渤海湾，然后航行到北京附近的一个港口上岸。这段海路一边是中国的北部和东部海岸线，另一边是依附于中国的朝鲜和"鞑靼"地区，过去没有外国船只敢冒犯中国开进此处，因而，这段海路没有航行记录。本次使节团既然得到同意访问北京，自然可以从此处航行。这种走法比在广州上岸，再从广州走陆路进京要快捷得多。广州距北京有一千四百英里，在这段行程中特使可能会遇到很多阴谋和人为阻碍——广东的官吏们担心特使到北京后会把英国商人如何受压迫，以及中国官吏如何垄断经营、获取暴利的真相告知皇帝，让他们丢掉官职，所以他们有可能会从中作梗。[11]

到达中国海域之时，使团按照惯例做了海域的测量：6月21日，使节船在万山群岛（位于珠江口之外，处于香港陆地以南及西南、澳门及九洲洋以东的多个岛屿的统称，当中包括有大万山岛、小万山岛、东澳岛、桂山岛、外伶仃岛、担杆列岛、佳蓬列岛、三门列岛、隘洲列岛等150多个岛屿，现属中国珠海市管辖。而其他岛屿［澳门离岛，以及香港岛、大屿山等香港岛屿］则分属澳门及香港管辖）的珠克珠岛抛锚,该处水深12英寻,海底多为泥土。"大万山岛在停泊处的西南偏西3海里,位于北纬21度52分,东经113度36分;珠克珠岛在停泊处的西南3海里,位于北纬21度55分,东经113度44分。根据计时器和两天前观测太阴的平均数核对,上述地理位置基本正确。由于海水盐分多,万山群岛靠海边的岩石多是黑色或深褐色的。因为海浪日积月累的冲刷,大部分岩石表面都呈蜂窝状。岛上有几处泉眼,泉水不咸,也没有矿物的味道。整个岛屿的表层土壤实际上是表层岩石形成,其经过多年的风吹雨打,逐渐分解为粉末状。岩石的成分包括泥土、大量的硅质土、云母和少许铁灰。岛屿周边的海水不深,呈浑黄色,海底多是泥土和黏土。在万山群岛和中国领域的最南端,有一些岛屿群,它们彼此间距离很近,但又互不相连,形状和位置千差万别。这些岛屿像是经过千万年的海浪冲击,从陆地分裂出来的。岛上除了极少数地方有绿色植物覆盖。"[12] 约翰·巴罗还绘制过包括黄海一带海域和周围各省的多幅地图,这其实是使团的行进路线图,整体上的地域形状准确性较高。地图中标记的海水深度经过测量,北上时,巴罗说航行中水最深处不超过36英寻,应该是经过他的实地测量。

第二幅巴罗绘制的使团地图是马戛尔尼使团在1793年9月被皇帝接见后,向南前往广州的路线(图80)。其中特意画出了一条红线,意味着连接着"热河"和"北京"两地。使团从北京乘船沿运河而下,巴罗在地图上用红墨水写下了注释:其中包括他对地图上记录的地形、土地耕种和文化的观察。他写到,山东省种植了大片的棉花和小麦,而黄河边的人口极其稠密,交通似乎十分繁忙。这张地图的终点是杭州,位于上海和宁波之间海湾的京杭运河南端。地图中同时给出了比例尺,如此精确的地图如非亲历观察是无法画出的。

还有一幅巴罗绘制的地图,名为《从杭州府至广州府路线图》(图81),该地图显示了使团从杭州向南向广州行驶的路线,代表团将在那里出发返回英国。长江和北江(是珠江流域第二大水系)的左侧和右侧是用红色墨水标记的注释,其中包含巴罗对地图上记录的地形,土地耕种和位置文化的观察。他在报告中说,浙江省有"丰富的橘子林和甘蔗种植园",江西是"风景如画,美丽的省份",那里的山脉几乎全部被山茶花和粳稻覆盖。广州附近有煤矿和烟草种植园,但鄱阳湖附近

| 权力的图像

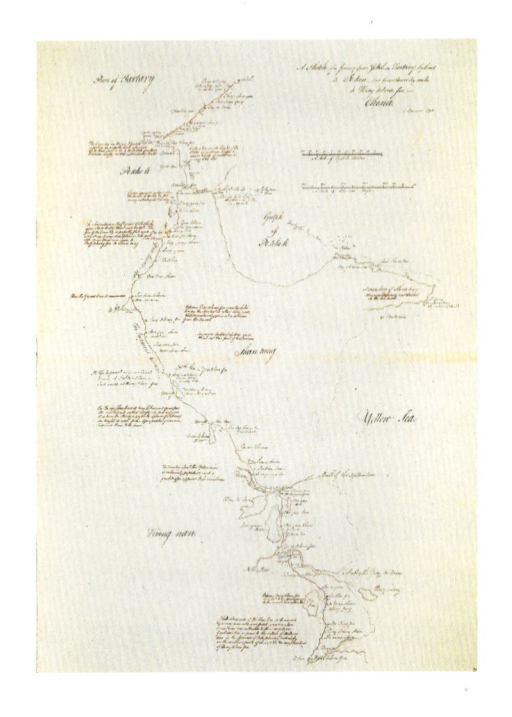

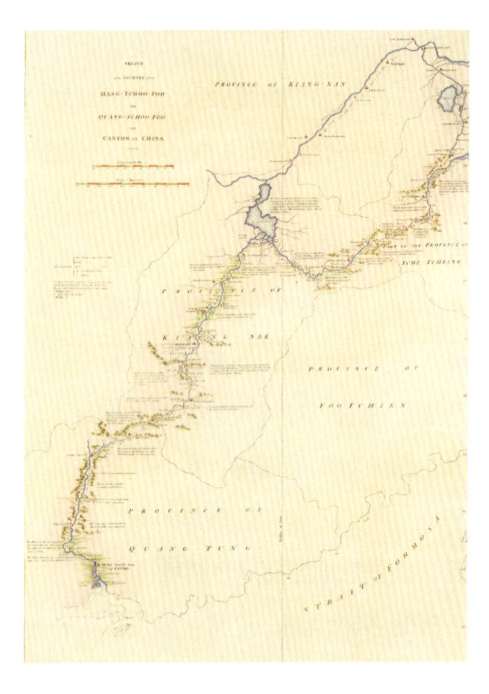

图80

约翰·巴罗《从热河到北京之地图》，1794年，大英图书馆藏

图81

约翰·巴罗《从杭州府至广州府路线图》，1794年，大英图书馆藏

"一片沼泽，无处耕种"。巴罗对行进路线上较大的城市都做了注释，中国的水车、帆船、农业工具，从热河到北京的路景，澳门的城市景观和使团在北京暂居的建筑都被他画了下来，也很深入地描绘过圆明园中的皇家花园的类似戏台观众的平面图（plan of the hall of audience），这说明帕里什和巴罗等人在圆明园之中游览之时曾仔细地进行观察，而后根据记忆绘就，圆明园今日已成废墟，显然巴罗的地图和描述对回溯圆明园的历史很有价值。巴罗的中国图绘充满了大清帝国的博物式的图像，他绘制地图的水平已经达到职业水准，甚至超过了之前和同时期来华的传教士。

随团画家威廉·亚历山大最著名的作品是他对使团从北京回国旅程的描绘。亚历山大通过北河和大运河向内陆旅行，绘制了无数草图，记录了水路上的生活和劳作，苏州、杭州和宁波的城镇景观以及对船、建筑和人的研究。他对当地人的画像特别敏感，描绘了中国人的炊事、交易、抽烟斗、聊天儿，铁匠、渔民和水果贩子的日常工作，以及对水车、碾米机、手拉车、人力车、船屋、花船和蔬菜船也有研究，这些是当时中国的景象，是被装饰着的中国风尚。[13]

马戛尔尼使团之所以选择北上天津泊船而不是在广东登陆，主要出自所携带物品运输的考虑。在使团上清廷的文书中描述过这个请求，在《译出㖈咭唎国西洋字样原禀》中有表：

㖈咭唎总头目官管理贸易事哂哽谨禀，请天朝大人钧安。

敬禀者，我国王兼管三处地方，向有夷商来广贸易，素沐皇仁，今闻天朝大皇帝八旬万寿，未能遣使进京叩祝，我国王心中惶恐不安。今我国王命亲信大臣公选妥干贡使吗嘎尔呢前来，带有贵重贡物进呈天朝大皇帝，以表其慕顺之心，惟愿大皇帝施恩远夷，准其永远通好，俾中国百姓与外国远夷同沾乐利，物产丰盈，我国王感激不尽。

现在吗嘎尔呢即自本国起身，因贡物极大极好，恐由广东进京水陆路途遥远，致有损坏，令其径赴天津，免得路远难带，为此具禀，求大人代奏大皇帝，恳祈由天津海口或附近地方进此贡物，想来必蒙大皇帝恩准，谨禀。

西洋一千七百九十二年四月二十七日[14]

关于使团选择天津作为登陆点的请求被英人和清政府反复讨论，署理两广总督兼广州巡抚郭世勋和粤海关监督盛住两位地方官上奏，说使团贡品繁重，由广东水陆路程到京行远，恐有损坏，此时已由洋海径赴天津，夷人等无从查探各等语。

臣等再四思维，夷船进口向例定有停泊省分，若任由择地收泊，于事非宜，现在若再照会该国王，令其至粤候旨遵行，则洋海辽阔，往返无时，且称径赴天津口，不能查探，而该国王既出感戴悃忱，虽表文、贡物及果否已经起程，臣等屡次查询不得确切真情，亦未便意为悬揣，理合据实具奏，并将该头目原禀及译出底稿一并进呈御览。如蒙圣恩准其在天津进口，则所历浙闽各省海道诚恐有风帆收泊各口岸之事，请敕下浙闽及直隶省各督抚，饬令所属查验放行，由天津进京。是否如斯，伏候皇上圣明训示，谨奏。

经上议后，乾隆五十七年（1792）十月二十日的廷寄做出答复：

今遣使臣吗嘎尔呢进贡，由海道至天津赴京等语，并译出原禀进呈。阅其情词极为恭顺恳挚，自应准其所请，以遂其航海向化之诚，即在天津进口赴京。但海洋风帆无定，或于浙闽、江苏、山东等处近海口岸收帆，亦未可知，该督抚等如遇该国贡船到口，即将该贡使及贡物等项，派委妥员迅速护送进京，毋得稍有迟误。至该国贡船，虽据该夷人禀称约于明年二三月可到天津，但洋船行走，风信靡常，或迟到数月，或早到数月，难以豫定，该督抚等应饬属随时禀报，遵照妥办。

再，该贡船到天津时，若大船难于进口，着穆腾额豫备小船，即将贡物拨运起岸，并派员同贡使先行进京，不可因大船难以进口，守候需时，致有耽延也。将此传谕各督抚等并谕郭世勋、盛住知之，钦此。[15]

马戛尔尼使团十分重视中国的近海航海路线，这一区域由于海禁政策而不被欧洲人了解。约翰·巴罗在《巴罗中国行记》中指出："对当时的欧洲人来说，未知的黄海航道具有很大的重要性，因为它将提供有关的航行信息，不仅可以减少将来在这条航线上的危险，还可以避免耽误时间到各港口寻找中国领航员。我们后来据经验发现，使用中国领航员风险大，实用少。"[16]在巴罗的眼中，清朝官府派出的领航人员之专业水准难以令他感到满意，中国领航员几乎无法了解使团所运用的罗盘工作原理。

马戛尔尼使团来华所携带的贡物，在乾隆五十八年（1793）六月三十日梁肯堂的《奏呈英使原禀贡单》中有具体的描述：

红毛嘆咭唎国王欲表明国王诚心贵重，及尊敬天朝大皇帝无穷之大德，自其本国远遣贡差前来叩祝万岁圣安,特选国王之贵属亲族为其贡使办理此事,欲以至奇极巧之贡物奉上,方可仰冀万岁喜悦鉴收。又思天朝一统中外,富有四海,内地奇珍充斥库藏,若以金银珠宝等类进献,无足为异,是以红毛嗼咭唎国王专心用工拣选数种本国著名之器具,以表明西洋人之格物穷理及其技艺,庶与天朝有裨使用并有利益也。虔祈大皇帝恕其物轻,鉴其意重,是所颙幸外,又敬恳大皇帝另赏一座宽大房屋以便安排装置各品礼物,因各样礼物到京即须贡差眼同原匠从新安排装置整齐,方可献于万岁,更缘红毛本国随贡差前来天朝者文武官员及工匠跟役共有百余人,求大皇帝赏赐大屋几处使安处京师,则感戴天恩无穷矣。[17]

英国赠送乾隆帝的礼物之中,有不少都和地理与地图有关。如第一件就是"西洋语布蜡尼大利翁大架一座,乃天上日月星宿及地球全图其上,地球照依分量是极小的,所载日月星辰同地球之像俱自能行动,效法天地之转运,十分相似,依天文、地理规矩何时应遇日食、月食及星辰之愆俱显着于架上,并有年月日时之指引及时辰钟,历历可观。此件系通晓天文生多年用心推想而成,从古迄今所未有,巧妙独绝,利益甚多于西洋各国,为上等器物,理应进献大皇帝用"。并且说明这件礼物与使团路线关系的来由:

又缘此天地图架座高大,洋船不能整件装载,因此拆散分开装成十五箱,又令原造工匠跟随贡差进京,以便起载安排安放妥当,并嘱付伊等慢慢小心修饰,勿稍匆遽手错损坏,仰求大皇帝容工匠等多费时候,俾安放妥当,自然无错。同此单相连别的一样稀见架子名曰来复来柯督尔,能观天上至小及至远的星辰转运极为显明。又,能做所记的架子名曰布蜡尼大利翁,此镜规不是正看是偏看,是新法,名赫汁尔天文生所造的,将此人姓名一并禀知。[18]

此外,还有几件贡物与地理和天文相关:

图82

威廉·亚历山大《赠送给中国皇帝的主要礼物》，1793年，水彩，大英图书馆藏

第三件：天球全图，仿作空中蓝色，有金银做成的星辰，大小颜色俱各不同，犹如仰视天象一般，更有银丝分别天上各处度数。

第四件：地球全图，天下万国四州、山河海岛都画在球内，亦有海洋道路及画出红毛船只。

第五件：十一盒杂样器具，为测定时候及指引月色之变，可先知将来天何如，系精通匠人用心做成。[19]

欧洲自地理大发现之后的全球测量和地理知识，已经远超清代对世界地理的认识程度，和晚明时期传教士来华所做的地图一样，英国使团也期望以清人少见的科学仪器、天球和地图获得乾隆的青睐。威廉·亚历山大对赠送给乾隆的英国贡物也进行了描绘（图82），它展示了一个太阳系的机械模型，用来说明行星和卫星的相对位置。这个天文模型是乔治三世国王送给乾隆的一批最先进的礼物之一，价值约1.4万英镑，这在18世纪无疑是一笔巨款。英国还向中国皇帝赠送了钟表、地球仪、气球、透镜和科学仪器，其主要目的是展示英国是一个科学发达、技术确实优越的国家，这些礼物的目的是为了给朝廷留下深刻印象，并赢得皇帝的青睐。然而，使团来华对清廷所造成的影响和清政府的反应实际上比表面上更加复杂。尽管使团在上呈文书中，表现得非常礼貌谦恭，然而乾隆帝对使团始终怀有戒心，并在多次廷寄中表露出来，如乾隆五十八年八月二十七日的廷寄里，对所涉各地巡抚即有布置：

> 使团……所有经过省分，前已降旨令地方官只须照常供应，不可过于丰厚，并毋任该贡使等途次藉词逗留，着再传谕沿途各督抚务遵前旨妥办。至该国夷船五只即日自浙开行经过粤东洋面时如遇顺风，即听其先行回国，不必复令等候，设管船夷官有托故耽延之处，即当词严义正向其晓谕，饬令开行，勿任逗留。再此次嘆咭唎国表文内恳请派人留京居住一节，其事断不可行，已颁给敕书明白谕驳，此等外夷究属无知，今不准所请，未免心存觖望，广东澳门地方西洋各国俱有人在彼贸易，此内即有嘆咭唎之人，现在不便因该国妄有陈乞遽尔禁其贸易，特恐该贡使因不遂所欲与西洋各处夷商勾串齐行，小有煽惑，不可不预为之防，再着传谕长麟，于到任后会同郭世勋务宜不动声色，密为留心察看，如无勾结情弊固属甚善，但既有嘆咭唎所请不准之事，总当随时留心，先事防范，亦不可略有宣露，致涉张皇，或万一有其事，总以安抚别国商人不令与彼合为妥，然此不过过虑，想无其事也。[20]

使团对广州的重要性十分了解，在广州十三行输出的外销画中就有广州的鸟瞰地图（图83），是一幅以欧洲商人为中心设计的出口画，尺寸较大，为110×180厘米。

据乔治·斯当东记录，使团"船只进入广东省以后，距广州还有几天的路程，英国的贸易影响已经显示出来。我们听到河面上坐船的人，和两岸行人，在讲话当中不时流露出几个英文字来。许多载重船只装满了准备向英国出口的货物。河面

| 权力的图像

图83
佚名《广州鸟瞰图》，1760年，大英图书馆藏

上有许多大木筏，大半是松木和樟木，运向中国中部和北部省份"[21]。可见，作为入海口和边境重镇的广州，显然有很多华洋杂处的特色。

有学者认为马戛尔尼使团访华甚至牵扯到更深的原因。例如种种线索都可能让清廷把马戛尔尼的海上使团与发生在藏南边疆的事件联想起来。对清朝的观察家而言，他是㗒咭唎国所派出的人，而㗒咭唎是个在广州商贸中所占比例稳定成长的海上民族。他们和荷兰人都被分类为红毛类，也在某些语境下，归入西洋类下。举例来说，那个时代的文档注记中有称㗒咭唎"即系红毛国"者。故而严廷良所谓在西藏南境与西洋接触的"红毛国"，福康安所述与广州做买卖的西洋国，都很合乎英国的情况。[22] 实际上，在马戛尔尼离开北京时，乾隆颁布了很多加强军事防御、防止英国袭击的文件。乾隆下令各地严守海防口岸,做好防御的军事准备,特别是舟山和澳门地区,要提前备兵,避免英国人占领。乾隆还下令,英国人可能会对中国发起进攻,需要减税;清朝所有的税务官员要严格按照规定收税,不准敲诈,尤其是广东的税务官员,面对大量英国商船,不可以提高税率,给他们进攻的借口。其余大量的信件是关于各地政府如何做好军事防御。而使团测绘师之一的约翰·巴罗认为:

> 英使团之所以在北京受到极不相同的待遇,容易得到解释。中国人很清楚英国在海上比其他民族强大;知道他们进行大量的贸易;他们占据大片印度地方,中国人对此一直怀有戒心;还知道英人的性格和独立精神。他们从马戛尔尼勋爵豪迈、大方的态度看出,他代表的君王绝不低于中国皇帝,因此尽管不愿承认这点,他们仍感觉到让他向他们君王行礼的同时,也让他们地位相等的人向英王陛下画像行同样的礼。[23]

时隔一日,在八月二十八日的廷寄中,乾隆对马戛尔尼使团的回国动向甚为关切,并对地方官员反馈的信息是否准确表示疑问:

> 据称书信内系言到浙夷船五只,先令四只开行回国,其一只暂留珠山地方,等候管船夷官吗哏哆嘶到后方可开放等因,与长麟所奏不符。该国船只既欲暂留一只等候夷官吗哏哆嘶,何以长麟折内又称五船俱要先回,似已普行开放,况暂停数日即便开行之语,系八月十一日该夷官面向提镇等告称,而长麟此折系十八日拜发,相距已将一旬,长麟发折时该国船只究竟曾否启碇并未详细声叙,自因该国船只停泊定海地方,长麟未经亲往查看,仅据提镇道府等到船询问之词复奏,该提镇道府俱不通晓红毛言语,任听通事人等装点支饰率行咨禀,虽京中贡使之言亦难尽信,但所称暂留一船等候夷官一节,长麟并未查明,遂据提镇道府等所询之词遽行入告所奏,殊未明晰。[24]

马戛尔尼使团的行程对清代中国的沿海港口做了近距离和深入的测绘，这当然是一个航海强国的例行航海信息收集工作，而就在不到半个世纪之后，英国的舰船就用火炮敲开了中国的大门。在八月三十日的上谕和廷寄中，乾隆再次提及："所有（马戛尔尼使团）经过各省须专派大员管领兵弁接替护送……各该员务须迎至入境交界处所，协同妥为照料管束。所有经过省分营汛墩台自应预备整肃，倘（侍郎）松筠等有稍需兵力弹压之处，即应听檄调遣俾资应用，若呼应不灵致有掣肘，惟该督抚是问，将此各传谕知之。"[25]这说明乾隆对英国使团始终放心不下，可能是由于清政府拒绝了马戛尔尼提出的开放与通商的请求，对英国人的反应尚无法预测。

在今天看来，1793年英格兰国王乔治三世派出的马戛尔尼使团，向乾隆皇帝请求更大的贸易权力并作为平等国与中国交往。"马戛尔尼随身带来若干英国货物样品作为礼物，想使中国人确信同西方贸易是有利的。但他带来的物件并不十分新奇，不足以影响中国人；礼物中包括约西亚·韦奇伍德制作的他那个时代的陶瓷样品，然而这些东西很难引起瓷器发明者的兴趣。马戛尔尼所带物品中的大多数，中国人可以做得更好而且更便宜，所以中国不需要它们。使团的整个经历，对双方来说都是一出误会的喜剧，因为双方依然不了解对方，而且缺乏比较的标准。中国人把这次来访和礼品看成一次典型的朝贡，而且是来自特别遥远（他们对于英国究竟在何处，只有极其模糊的概念）因而特别落后的野蛮人群的朝贡，这些野蛮人因为离中国太远而难以捡拾到任何文明。中国人的礼貌使他们宽容地收下了那些礼物，就像慈爱的父母对待孩子们做的东西那样。"[26]

不过，虽然使团到中国的时间仅有几个月，令人惊异的是他们根据沿途的观察和了解，几乎在最短的时间内对中国进行了一次地理和社会学考察，如巴罗的中国沿海地图和路线图，从海路到陆路的近距离测绘是西方自明末以来第一次亲临实地的科学测绘，明代荷兰东印度公司只是对台湾一带做过类似的海图观测，中国黄海、渤海一带未涉及，因此巴罗的地图为此后欧洲诸国从海路进入中国提供了重要的路线指南。例如1840—1937年间，英、法、日等国军队七次入侵京津，其中五次由天津大沽登陆，1858年5月英法联军2000余人、舰船20余艘攻大沽，直逼天津。这一切都与马戛尔尼使团在华所做的测绘内陆及海图、厘清路线的工作有着密切的关系。

第六章 海图与广东沿海

> 海洋是唯一一个自然归属于我们的帝国。
>
> ——安德鲁·弗莱彻

一、观察的模式

广东海岸在明清两代是中国与西方发生联系最密切的前沿。实际上，从19世纪初开始，英国人就一直在中国进行探察，马戛尔尼使团对中国进行了比较深入的测绘，到19世纪末的时候，他们的探察已经延伸到清帝国的边境地区。他们或走陆路或走水路，一路向西穿过中部地区，进入了群山环绕的四川，从那里登上青藏高原，沿着遍布泥浆和积雪的小路前行，最后进抵拉萨。他们骑马、步行、坐轿，对中国的西南地区进行了一番探察。他们在四川蜿蜒穿过一里又一里开满罂粟花的田地，向南进入瘟疫肆虐的云南和遭受饥馑之苦的贵州，又继续沿着商队的路线进入缅甸和暹罗。他们曾把足迹印在东北长白山的山顶，也曾穿越蒙古的戈壁沙漠。当时英国正在与法国争夺对印度支那的控制权，并与俄国在广阔的中亚与东亚纵横角逐，洋人对中国的科学探察不能与西方帝国主义在中国的扩张分开而论。[1]英国对中国的勘察是全方位的，然而，最费心

| 权力的图像

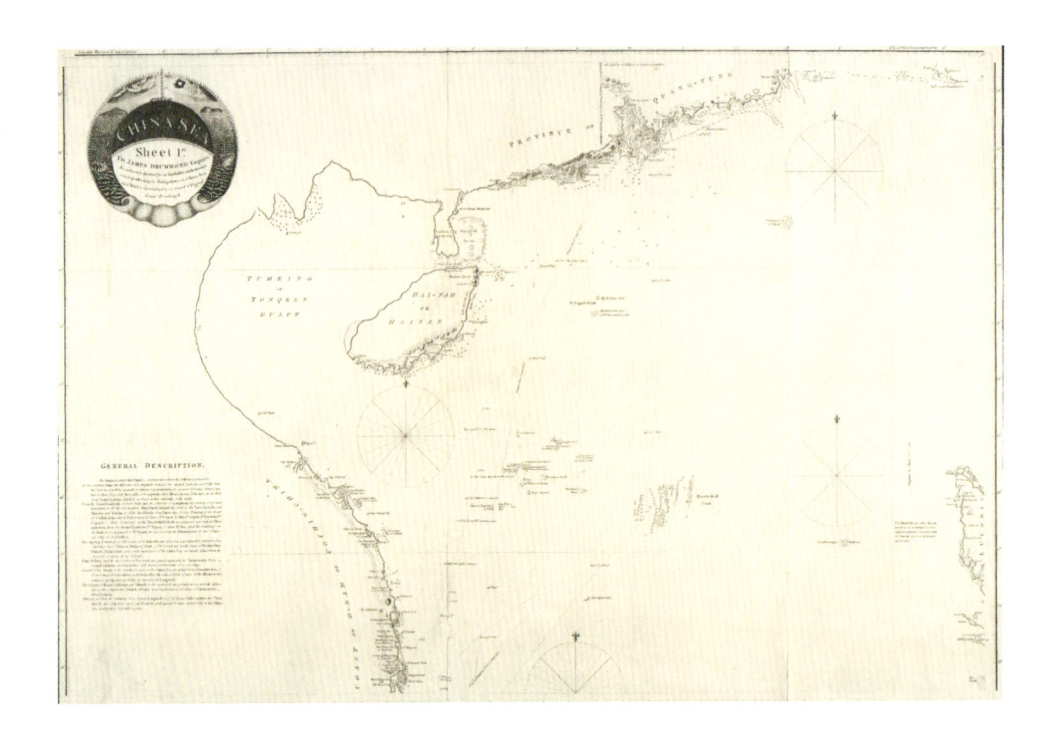

图84
詹姆斯·霍尔斯堡《中国华南沿海及广东海图》，1806年

力之地莫属广东沿海，凭借日益成熟的海上测绘与航海实力，英国已超越了荷兰、葡萄牙和法国，专业化海上制图机构的出现和完善使英国航船在19世纪可以航行在全球海面之上。英国人詹姆斯·霍尔斯堡（James Horsburgh，1762—1836）在1806年所作的《中国华南沿海及广东海图》（图84）就是一个精彩的案例，清代广东省最南的辖境是南海诸岛的曾母暗沙，西沙群岛（千里长沙）和南沙群岛（万里石塘）属广东省琼州府的万州管辖。

自晚明时期传教士入华始，到之后的鸦片战争，广东沿海始终是西方各国最为关注的地域。如清代道光时，卢坤纂《广东海防汇览》对粤辖地海防事宜深入论述，他说道：

粤省介在荒服，控带峒獠，而防海为尤要。建置卫所，分布要害，其沿海者曰潮州卫，辖大城、蓬州、海门、靖海四所曰碣石卫，辖甲子门、捷胜、海丰、平海四所。……卫设指挥等官，所设镇抚千户等官，分领旗军，设屯田以赡之，星罗戍守，又多建墩烽，一传百应，为常山率然之势，颇称严整。正统间，因黄萧养寇乱，设总兵于苍梧，制两省。嘉靖间，倭寇犯边，始专镇于东粤，又设雷廉参将一，驻雷州，水营参将驻南头。万历初，又设惠潮参将各一；白鸽水营参将一，涠州水营游击一，柘林、碣石、虎头门、广海、北津、白鸽六水营守备各一。于是旗军而外，复有城守之民壮、斥堠之表，加以水哨之游巡……惠、潮二郡界连闽省，漳船通番道所必经。南澳介处两间，伏莽盘互，全恃弹压，又省会东偏一要隘也。其地以潮州、碣石两卫八所为边，柘林、碣石两水营游徼于外，是为西路。

卢坤描述了明代广东海防在分布方面的历史和现状。马修·H. 埃德尼（Matthew H. Edney）认为："帝国主义和地图绘制以最基本的方式相互交叉，两者都与领土和知识有着根本的关系，它们的关系是豪尔赫·路易斯·博尔赫斯（Jorge Luis Borges）在他的著作中描述的制图主题：该帝国对地图绘制如此着迷，以至于其地理学家们绘制了一幅与帝国本身同样大小的'不合理'地图，一点一点地去符合它。这种讽刺植根于一种重要的认识：对领土的了解是由地理图形表示，尤其是由地图决定的。地理和帝国因此紧密而彻底地交织在一起。"[2] 克劳德·尼科莱（Claude Nicolet）在《世界名录：罗马帝国起源的地理和政治》（*L'inventaire du monde: géographie et politique aux origines de l'Empire romain*）中写道："需要对地理空间、其规模和所占地区有一定的认识。"更普遍地说，征服和政府的必然需要是理解（或相信人们理解）一个人或一个人希望支配的物质空间和克服距离的障碍，与人民及其领土建立定期联系，就要通过测量，要治理领土就必须了解它们。[3] 意大利修士兼制图家文琴佐·科洛奈利（Vincenzo Coronelli，1650—1718）在1696年绘制了一幅中国分省地图，名为《中国广东与福建地图》，图中对广东省地形与沿海做了仔细的描绘。实际上科洛奈利并没有来过中国，然而他所绘制的地图区域是中国沿海的两个主要省份，也是欧洲人最先涉足之处。明清两代，欧洲人在不同时期到达中国，开始传教、贸易交流甚至发生冲突，澳门和香港两地先后被葡萄牙和英国割据都发生在广东沿海，近代中国的历史与广东具有深厚的历史渊源。

来自欧洲的传教士到达中国也是首先抵达广东，然后入境。首先是沙勿略（Saint Francis Xavier，1506—1552），到了16世纪末，来自意大利的耶稣会士罗明坚（Michele Ruggieri，字复初，1543—1607）在中国生活并绘制出精准度较高的各省图。他曾在澳门生活多年并数次访问广州，当他于1590年返回罗马时，随身携带许多中国地图，据说其中就有罗洪先的《广舆图》，并计划出版一本中国地图集。但是他没有能够实现这一目标，作品也仅仅停留在手稿的形式。[4]一直到近代，广东省及其沿海都是为西方所关注之地，作为最先接触欧洲人的地方，对它的测绘程度也最深入。在传教士来之前，明政府的基本政策就是禁止海外贸易。明初对于朝贡的国家有明确的时间间隔及停泊地等规定。但在明武宗正德九年（1514），广东右布政使吴廷举擅立《番舶进贡交易之法》，使得外国商船来华时间不受限制，一到广东就可以上税、卖货。此举一出，外国商船接踵而来。朝廷认为吴廷举应负有责任，但并未对吴廷举进行追究，也没有对葡萄牙商船进行干预。及后朝廷官员认为佛郎机人扰民甚重，要求对葡萄牙人进行驱逐。明正德十五年（1520），御史丘道隆及御史何鳌都曾向明武宗上奏要求驱逐佛郎机人，但由于正德皇帝对佛郎机人有好感而不了了之，直到次年明世宗继位，他们的奏折才有了下文。

广东沿海被欧洲人关注的时间远在明代中叶时期，在1521年发生屯门海战之后，葡萄牙人就多次前往广东沿海一带。英国是在崇祯十年（1637）来到中国试图开展贸易，英商"可甸联合会"（Courten's Association）派武装商船，由"伦敦"号船长约翰·威德尔率领来华，他获得了葡萄牙政府的许可证，准备通过澳门，与中国进行贸易。但是英国船只到达澳门之时，却被当地的葡萄牙人所拒绝，于是威德尔不顾一切，于1637年8月6日开到珠江口，闯入内河，想到广州，直接进行贸易。经过虎门炮台时，明军守台因为"凡外洋船只进口必先经过广州当局的批准"，就喝令停止，但威德尔不听指挥，一意孤行。守将只得开炮制止，威德尔立即回炮，于是互相轰击起来。经过几小时的炮战，炮台失守。威德尔带领人马上岸，占据炮台，并在附近乡村抢劫财物和粮食。驻粤官府闻讯，立即调集大军准备

第六章 海图与广东沿海

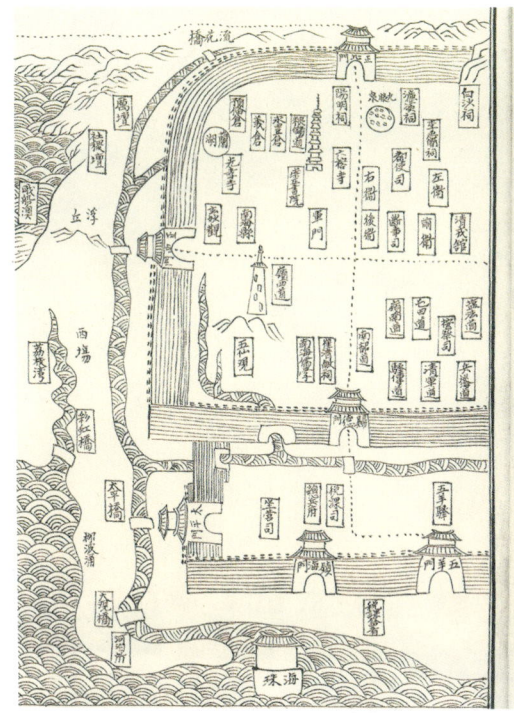

反攻，勒令威德尔等退出炮台交出赃物，才准进口。威德尔因急于到广州做生意，只得遵命。威德尔等开船到广州，做了第一次交易，贩卖了糖酒布匹等货物。他算是到广州的第一个英国人。[5] 由于海禁政策的实施，欧洲与中国的贸易交流几乎都是伴随征战的状态进行，先是葡萄牙、西班牙，继而是荷兰、英国、法国和日本，明清政府在海疆的防务与贸易的策略上，始终无法形成全局认识和有效的应对方法，多次落败于近代的先进航海国家。

明崇祯时期的广州《隶省城图》（图85）是一幅标准而绘制精美的方志图。古代中国社会是中央集权的管理模式，其也体现在古代方志图中。地理方位的准确显然不是方志所主要考虑的方面，城池的中心是重要的政府部门，如布政司、按察

图85
朱光熙等《隶省城图》（广州），取自《南海县志》，崇祯时期

213

权力的图像

NIEUW AMSTERDAM OFTE NUE NIEUW IORX OPT TEYLANT MAN

图86
约翰尼斯·芬布恩斯《新阿姆斯特丹地图》，1664年，荷兰国家档案馆藏

司、军器司和兵巡海道等机构。城市的外围仅有很小的位置留给沿海，鱼鳞状的水纹暗示出海洋的位置，轻海重陆是中国古代制地图的基本模式，水域只是大陆的陪衬，海洋对于大多数明清时期的中国人来说，都是遥远和不可及之处。将约同时期的荷兰制图家约翰尼斯·芬布恩斯在1664年绘制的《新阿姆斯特丹地图》（图86）与《隶省城图》对比，可以清楚地分辨出观察模式上的差异。

在1750年后英国征服南亚的一百年中，东印度公司的军事和文职官员发动了一场大规模的知识运动,将一个无法理解的奇观之地变成了一个知识帝国。在这场运动的最前线是地理学家,他们绘制地形图、研究居民、收集地质和植物物种,记录经济、社会和文化的细节。更根本的是,苏珊·坎农(Susan F. Cannon)承认,地理学家创造和定义了该帝国的空间形象,地图来定义帝国本身,赋予它领土完整和它的基本存在。帝国之所以存在,是因为它可以被映射;帝国的意义被镌刻在每一张地图上。[6] 英国对于东亚同样具有兴趣,中国华南沿海强劲增长的商业贸易十分诱人,英国东印度公司和政府都希望打开中国的大门,欧洲人来广东所制的地图多数是依据他们经海路到达海岸的经历,所以他们对于海岸线一带的地形和城市风貌做了深入的观察与描绘。进入清代,欧洲各国往来于中国,清政府也十分重视广州海防,早在康熙时期,广东和福建一带的海防岛屿驻扎守兵。勘察疆界是为一项重要的工作,康熙二十二年(1683)四月,钦差石柱会同总督吴兴祚、巡抚李士珍奏言:"臣等会查得广州惠州、潮州、肇庆、高州、雷州、廉州等七府,所属二十七州县,二十卫所,沿海迁界,并海岛港洲田地共三万一千六百九十二顷有零。内原抛荒田地二万八千九十二顷有零,外有钦州所属之涠洲,吴川所属之硇洲,远隔大洋,非篷桅大船不能渡。"[7] 康熙二十四年(1685)清廷设立南澳镇总兵官,驻扎在汕头外海的南澳岛,此岛位于福建和广东两省之间,以镇标右营驻广东,隶广东提督统辖,镇标左营则驻福建。

我们还可以从前述雍正十年(1732)广东巡抚鄂弥达的奏折来了解清廷当时对广东海防政策。这封奏折乃是鄂弥达在署理广东总督时,为兴筑广州城外炮台所奏。鄂弥达详细分析了广州守备的外在形势:

> 广州一府为全省总会要区,外接大洋省城逼处海滨,绸缪尤不可缓。查东莞虎头门一路,有水师副将、新安游击等营汛,遏东来洋面之冲,新会广海一路,有参将、游击等营汛,遏西来洋面之冲。独中间一带防范实疏,虽顺德有左翼镇总兵驻扎、香山有副将驻扎,而潭州黄粱都等数处海口宏开,无藩篱之隔,实为两腋要害,扬蓬直入可以径抵省城,似不可不为筹划者。臣不揣迂愚,于巡抚任内遣理猺同知庞屿带同精细员弁、蛋户详观各口岸岛、澳,广狭险易

可以容隐贼舟及贼。建请修筑广州城外之潭洲罟草汛筑土城、乌猪山筑炮台、黄梁都筑土城、磨刀角筑炮台、大托山炮台、虎跳门东炮台、虎跳门西炮台；城内则有永宁炮台山下北面小冈上、拱极炮台下、紫薇庙、财神庙和西关汛设炮台一座，并绘图粘标。[8]

雍正对于鄂弥达重视海防十分肯定，全力支持鄂弥达防御广州的构想，朱批称："所奏甚周详得当，具题来。至于抽拨兵丁弁员，若从容办理，即照此题奏。若不敷用，便增添数百兵丁亦细事也，不必勉强从事。"[9]在奏折中，鄂弥达以亲历观察，详细叙述了广州周边及海防的细节，如"潭州在顺德之左，距香山之后海口计宽二十五里，外即大洋，内经三山汛，半日可抵省城，最为门庭要害。查潭州有南顺罟草汛，目兵六十四名，向系小榄千总及香山协都司轮防，兵力既薄有无城池炮台，难以守御，今宜于筑土城一座、设兵一百二十名，拨守卫一员专驻防守、其潭州汛仍留目兵三十名防守"等。清代沿海各省督抚对海防之事较为重视，对所发生的涉海情报不能隐藏不报，有嘆咭唎国夷船沿中国沿海漂行驻留，被各地督抚先后上报朝廷就是一个例证。

英国人和荷兰人尝试到中国其他地方或同商人开展贸易的努力均遭推绝。1755年，英国商人詹姆斯·弗林特航行到广州以北几处港口，包括上海和天津，试图在那里做生意，结果被投入监狱，后被驱逐出境，为他当过翻译和书记员的中国人被皇帝下令处死。到1790年，西方人，尤其是自认为世界最大的商业和海军强国的英国人，对于被限制在广州看来已无法忍受，他们对自己被视为次等的野蛮人也感到生气。中国在1793年还有可能如此行事，也确实如此过度自信。1795年，一个同样要求更为有利贸易条件的荷兰使团也遭到拒绝，尽管不那么关心权力和尊严、一心只要利润的荷兰人与其他"野蛮国家"派来朝贡的代表一起排列在宫廷上，一丝不苟地行了几次磕头礼。此后在1816年，一个由阿默斯特率领的英国使团也遇到类似的羞辱经历。阿默斯特十分不走运，他到来时正逢印度的英国人在与尼泊尔廓尔喀人作战，而尼泊尔从1792年起就是中国的藩属国，他未能谒见皇帝，便被勒令离开中国。外国人的贸易一如既往被限制在封闭的广州地区，这令西方商人越来越泄气。马戛尔尼和阿默斯特两使团的成员尽管心中感到愤怒，不过在他们从北京南下广州的旅途中有关中国的记述，依然是相当积极的。他们发现中国是繁荣的、有组织的，且农业生产力很高，有巨大的贸易流通量和很多大城市及忙碌的市场。[10]这是英国后来积极不懈地试图打开中国市场的伏笔。及至道光时期，两广总督邓廷桢和广东巡抚怡良对虎门海口的海防设施提出更新。地方官员能够亲临海防一线，对海防所存在的问题做出判断："查虎门为粤海中路咽喉，通商番舶络绎，夷情叵测，良莠难分，有备无患，预谋为善。是以臣邓廷桢每与提臣涉海登山，周览形势，凡扼要处所、炮台星罗棋布，武备整肃，精严固已。"邓廷桢在奏折中还提到了一艘英国夷船来虎门的事件：

> 乾隆十一年（1746），广州水师旗营设营。十二年，由左翼镇标各协营拨缯、艍、橹、桨船十四，归本营管驾。十九年，奏准：裁汰艍船二，额定旗字第一至第一号缯、艍船四，第一至第五号内河桨船五。四十年十一月，题准：裁汰第一、第四号缯、艍船二，第一、第二、第四、第五号额设内河桨，橹船四。现额赶缯船一、艍船一、额设内河桨船一、入额内河两橹船一、桨船一、阅操座船一。[11]

此时清水师的装备较欧洲各国相比有不小的差距。但是并不意味着清廷不重视东南海防，在清史档案中，沿海各地官吏的相关折奏密集讨论过海防相关问题，例如乾隆五十六年（1791）四月，两广总督福康安会奏言：

> 粤东自广州省城及各标协营寨设立炮台，并沿海各隘口安设炮位，棋布星罗，历系责成营员及地方官经管稽查。遇有炸裂损坏应行制备者，报明臣等衙门，饬行各营派弁，由地方给照，赴佛山镇修制。缘该处为铁斤聚集之所，沙土合宜，铺匠又多谙制造。且有该处驻扎之同知、都司验照督催，制竣即运赴各营安设，向来尚无私铸情事。惟是防弊不可不严，立法尤不容不密。[12]

炮台是为海防而建，乾隆五十六年以来，广东兴建炮台众多（表3）。1757年，清廷改变了对西方的海外贸易政策，指定广州为唯一的对外贸易港口。此时传教士已经在中国一些省份建立了自己的网络，甚至俄国人也已经在北京巩固了立足点。但对于英国这样的海上强国来说，广州却是他们从此时起一直到鸦片战争爆发时通往中国的唯一大门。[13] 英国对广东地理位置和战略价值的特殊关注，就可以解释日后在这里所发生的一系列关系与冲突的缘由。

表3　乾隆时期以来广东沿海炮台炮位

炮台名	炮位数量	炮台名	炮位数量	炮台名	炮位数量
西虎仔炮台	炮八位	靖海港炮台	炮八位	永清炮台	炮十七位
鸡母澳炮台	炮八位	澳角炮台	炮六位	西炮台	炮十位
腊屿炮台	炮八位	赤澳炮台	炮八位	西宁炮台	炮十一位
长山尾炮台	炮八位	神泉港炮台	炮八位	猎德炮台	炮三十位
大莱芜炮台	炮八位	溪东炮台	炮六位	南排涌口东炮台	
沙汕头炮台	炮八位	西甘澳炮台	炮八位	东炮台	
莲澳炮台	炮六位	遮浪炮台	炮八位	大黄滘炮台	炮二十二位
放鸡山炮台	炮八位	石狮头炮台	炮八位	中流沙炮台	
宫鞋石炮台		汕尾港炮台		大围涌炮台	
广澳炮台	炮八位	鲘门炮台		大洲炮台	
河渡炮台	炮六位	南山炮台	炮四位	鸡公石炮台	
钱澳炮台	炮八位	盘沿港东炮台	炮四位	沱宁山炮台	炮八位
门辟炮台	炮四位	盘沿港西炮台	炮四位	东甘澳炮台	炮八位
石井炮台	炮六位	吉头港炮台		苏公炮台	
南炮台	炮四位	大星山炮台	炮八位	浅澳炮台	炮八位
北炮台	炮八位	塾头港炮台	炮八位	湖东西炮台	
青屿炮台	炮八位	海珠炮台	炮二十位	东宫炮台	
石牌澳炮台	炮六位	城东东水炮台	炮二十位		

道光十九年（1839）八月十七日，"适有啖咭唎国夷目巡船三只驶近龙穴，窥探虎门，图以夷目稽查商务，变易旧章"，关天培亲赴海口查办，邓廷桢一面酌调官兵，密为布置防范，一面"节次宣布天威，晓以祸福"，该夷目"心生悚惧，于八月十七日乘风扬帆回国"。而此时，已是鸦片战争爆发的前夜。英船主，但实为英国东印度公司广东商馆的职员胡夏米（Hugh Hamilton Lindsay，1802—1881）和德国传教士郭士立（Karl Friedrich August Gützlaff，1803—1851）对中国沿海的测绘是一个经典案例，他对南澳岛做过深入了解，在他对东印度公司的汇报中，胡夏米说道：

> 南澳是广东第二个海军根据地，一半位在广东，一半位于福建。它是总兵官或提督的驻所，在他的指挥下，共有军队5237人，其中4078名属广东，1159名属福建。但是这些军队的实际存在，除了在花名册中以外，是很可怀疑的，这个根据地的防御，据我们所见，共有78艘战船，外形类似小型的福建商船，从各方面看来，比我们在广州看到的战船要差得多。海湾入口处有炮台两座，较高的一处有炮八尊，较低的一处有炮六尊。海湾内部另有小炮台一座，上面并未架炮。[14]

胡夏米后来在他的传记和著作《中国北方港口的航行日志》（*Report of Proceedings on a Voyage to the Northern Ports of China in the Ship Lord Amherst*, 1833）、《与巴麦尊勋爵论中英关系书》（*Letter to the Rt. Hon. Viscount Palmerstone on British Relations with China*, 1836）、《1839年3月查禁鸦片以来中国诸事件述评》（*Remarks on Occurrences in China since the Opium Seizure in March, 1839*, 1840）和《对华战争是正义战争吗？》（*Is the War with China a Just One?*, 1840）之中，记录了他在中国沿海所做测量海湾与河道、绘制航海地图、调查各地物产及商业贸易的情报的工作。胡夏米的沿海测绘之目的与荷兰等国不同，主要关注清海防军事设施，相同点是无论是涉及中国的贸易还是战争，海图测绘是第一步，也是至关重要的情报收集。英国人胡夏米并非其真名，他原本叫汉密尔顿·林德赛，道光十二年

（1832）时，受英国东印度公司的查理·马奇班克斯之派遣，在中国沿海侦察。郭士立则是翻译、外科医生、普鲁士教士，通广东话和福建话，到过中国很多地方，深悉中国风俗人情，他很像是一个中国人，因此中国人常认为他是扮作洋人的汉人。[15]

在"阿美士德"号的航程中，以及胡夏米和传教士郭士立上岸期间，船上的里斯船长和他的军官们，如著名的琼西却忙于该海岸的测绘工作，这种走到哪儿测绘到哪儿的习惯是引起官方敌意的原因。[16]果不其然，道光二十一年十月上谕："嘆夷乘船近岸滋扰，船之大小不一，总视水之深浅以为进退。即如镇海、宁波等处，该夷皆先用火轮船测量水势，是该逆何项船只能到海岸，可以测水而知。"[17]胡夏米和"阿美士德"号在中国海面游弋之时，各省应还不甚了解英船测绘的具体情况，而到了道光二十一年时，朝廷已知晓了英船的测绘动向。胡夏米所做中国沿海海图目前难以见到，不过，这时期英国人对广州或广东所做的海图与地图，可以对胡夏米之测绘做一个图像的补充。胡夏米不仅在广东沿海测绘，还漂至福建等省，在之后章节还有讨论。

英国人约瑟夫·胡达特（Joseph Huddart，1741—1816）和罗伯特·萨耶（Robert Sayer，1725—1794）于乾隆五十年（1785）绘制的《珠江测量图》（图87），记载了澳门、虎门、狮子洋、珠江口、黄埔、琶洲岛和二沙岛一带，有广州珠江河道的详细航行指示，并附有这一带河岸情况的详细资料。[18]《珠江测量图》有比例尺标记，在主图位置单列窗口，描绘了海上山屿的高低形状，这幅图的特点在于制图者运用两种透视模式，海岛的平视实景图十分可信，应是在船上测绘，有大小的参照，十分容易识别，对于长途海路而来的英海军舰船来说，指向的功能很突出，其中若干地点都是广州附近的重要防卫区域。海图题名是"从广州到龙穴岛"，海图下方附有大段的测绘说明（记录）用以对海岸地形进行描述。专业人员参与制图不仅是荷兰东印度公司的惯例，也为英国所效法。约瑟夫·胡达特是英国水文学家、职业制图家和发明家，他调查港口和海岸，但通过改进绳索的设计和制造而获得成就，他把大部分的闲暇时间都花在了航海研究和考察他所访问的港口上，此后进入英国东印度公司服役，1778年被任命为海军指挥官，在那里他进行了四次远东航行。胡达特忙于对他所注意到的海岸和港口进行勘察，负责有关灯光、灯塔和海图的调查，

第六章 海图与广东沿海

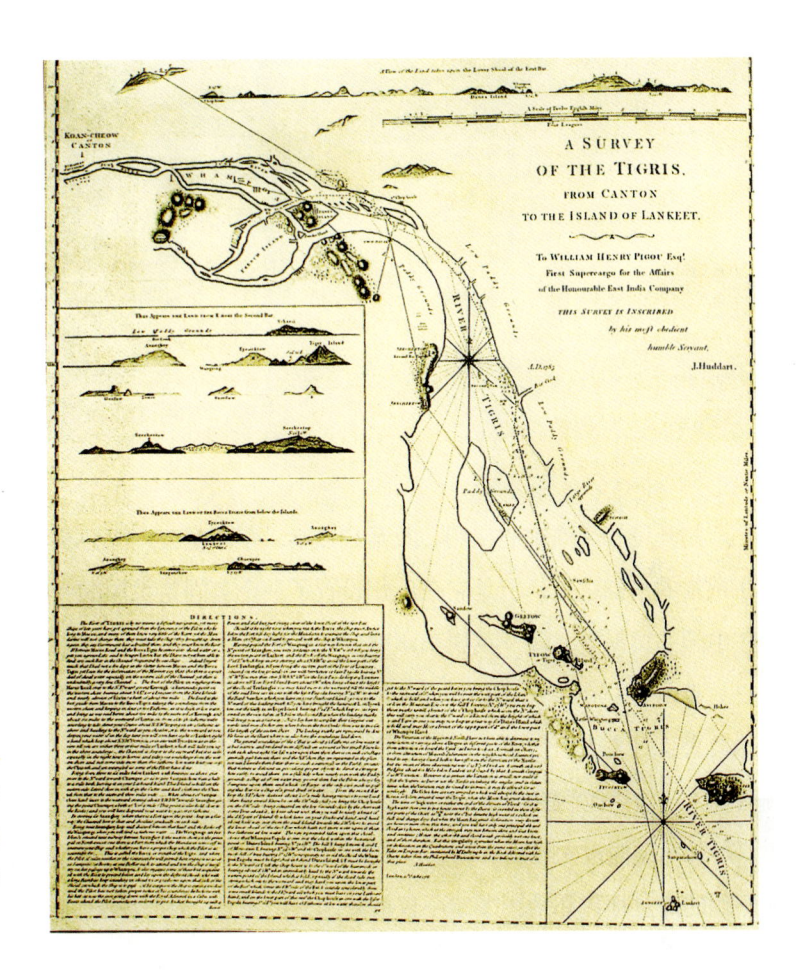

图87
约瑟夫·胡达特和罗伯特·萨耶《珠江测量图》，1786年，香港科技大学藏

并监督和指导赫斯特角灯塔的建造。1801年，胡达特赴亚洲等地的著作《东方航海家，或驶往东印度群岛、中国、新荷兰的新航向》（*The Oriental Navigator, or New Directions for Sailing to and from the East Indies, China, New Holland*）出版。由于胡达特具备专业测绘知识，他所绘制的海图在比例、方位和距离方面是可信的。

在鸦片战争前半个世纪，英国即对广州一带的海域和地形做了多次实测和记录，这是一个伏笔。而早在1681年，英国人又一次进行与广州通商的尝试，但是清政府为了获得每年两万四千两白银的缴纳金，却给了葡萄牙人一种贸易上的垄断权，所以对英国人及其他外国人都加以排斥，使这些外国人不能在贸易上染指。直到1685年，皇帝宣谕开放中国各口岸准予通商以后，英国人才通过东印度公司获得

| 权力的图像

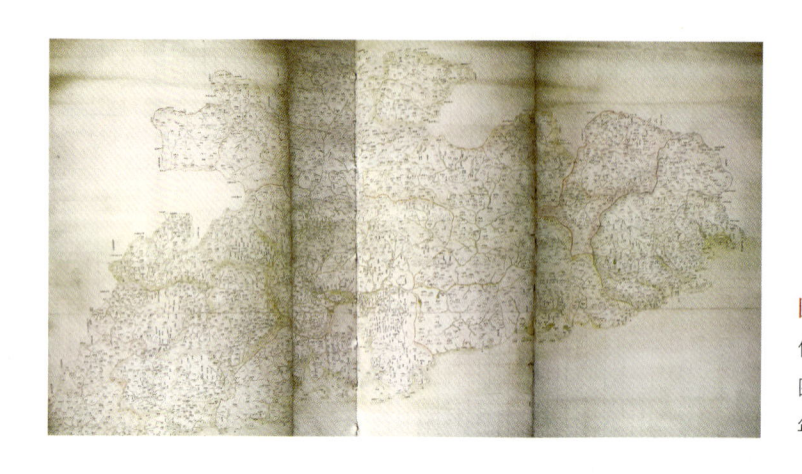

图88
佚名《广东全省舆图》(局部)，约1816年，大英图书馆藏

在广州开设一个商馆的权利。及至1715年，东印度公司决心要把对中国的贸易建立在正常的基础之上，于是它在广州设置了一个有固定员司的商馆，从此以后，英国在中国的贸易史，以及英属东印度公司在中国的贸易史，实际上就是广州商馆的历史。英国并非在广州进行贸易的唯一国家，"其他在广州进行贸易海洋国家先后有瑞典人、丹麦人、普鲁士人、汉堡人、布勒门人、比利时人、意大利人、秘鲁人和智利人（虽然他们的贸易一向不重要）"[19]。"17世纪末叶，由于厦门、宁波等其他口岸所加苛重而漫无限制的勒索，中国的对外贸易已大半被吸引到广州去了。"[20] 晚清广州的商业地位和地图图绘不仅被外国人所重视，中国人在这一时期对广州的地图描绘也很活跃。

约在嘉庆二十一年（1816）绘制的《广东全省舆图》（图88）是一幅刻画较全面的地图，对广东沿海一带的海岸线绘制仔细。舆图以计里画方配合经纬度绘制，不过还是没有比例尺。这幅地图对于海防与炮台给予了关注，图中对沿海炮台地点的标识特别清楚，如扼守九龙的佛堂门海峡原为东龙洲炮台，"康熙年间设炮台一座，'以御海氛，嘉庆庚午（15年，1810）知县李维榆详请移建北台于九龙寨海旁'"，是为九龙炮台。嘉庆二十二年（1817），都督阮元奏准添在大黄滘口海心洲龟冈，安设炮22位（图89），实因"大黄滘地方有大河一道，南通香山，东南通黄埔虎门，为商船之所必经"[21]。

从明中叶起，中国海防基本上都是防御为主，从台湾到大陆沿海一带的守卫主

第六章 海图与广东沿海

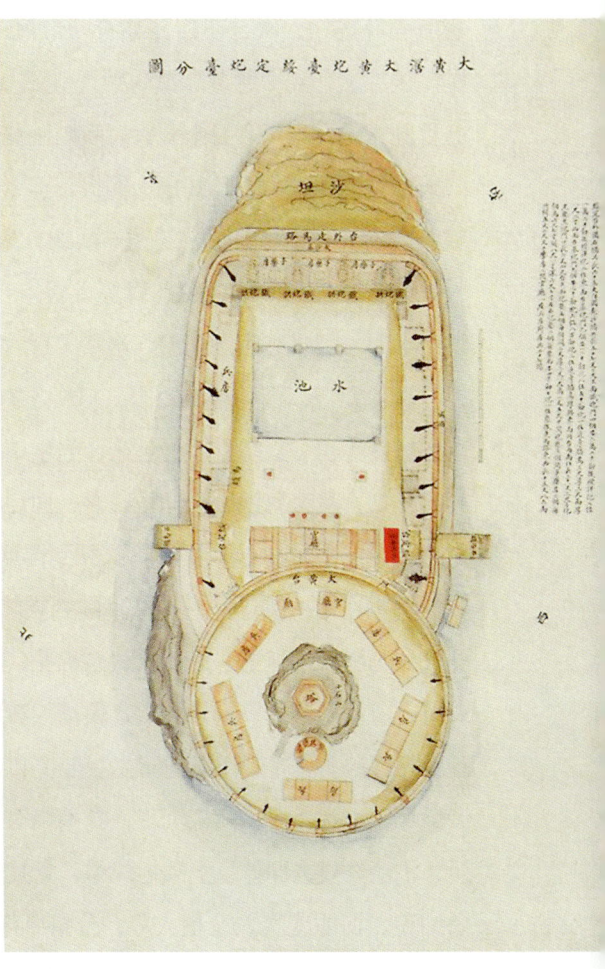

要面对欧洲人和倭寇。由于海岸线长达一万八千公里，所以各地驻守的状况与地方官员有很大关系。悉查清宫档案，从中可以发现清代沿海主要省份对海防状况甚为关切，一些日常的海防事务也时常上奏折给皇帝，这在清代十分常见。如雍正三年（1725）四月，两广总督孔毓珣折奏："广东沿海地方俱属紧要，臣自上年闰四月内到任，因料理地方事务、操练兵马，尚未遑亲历，查虎门及香山县之澳门俱系省城门户，尤为要紧，臣自

图89

佚名《大黄滘炮台形势分图》（左）、《大黄滘大黄炮台绥定炮台分图》（右），晚清，纸本彩绘

223

省城先赴虎门，次至澳门，细看一带海道情形，查验炮台，回肇料理两省武职举刻，侯部文一到即趋赴陛见叩觐天颜。"六月二十八日折奏："臣因署理广东巡抚印务暂驻省城，本年六月十五日有嘆咭唎彝船入广贸易，搭有西洋人噶哒都、易德丰二人，称西洋教化王恭闻皇上嗣极，遣令奉表入贡等语。臣委惠潮道方愿瑛验有表文、方物，随传噶哒都、易德丰面询，据称：教化王名伯纳地哆，闻得皇上御极，天下太平，外国欢喜，特遣我等入贡。自上年八月从西洋罗马府起程，陆路行了三个半月，到嘆咭唎国搭船，水路又行六个半月，方到广东入口，水陆共行走十个月。教化王说，天朝君临万国，何所不有，就西洋所产些小物件进贡，聊尽诚意，求为代奏等语。臣晓以既经远来，当候请旨遵行。据噶哒都等称：教化王敬慕皇上心甚诚切，我等急欲瞻天仰圣，求一面启奏、一面即遣我等起程等语，恳求再三。"

又，十一月初十折奏："奏报续到洋船事，窃今年八月以前到粤外国洋船十只，经臣奏报在案。嗣于九月初八日续到嘆咭唎国洋船一只，所载系胡椒、哆啰等货，同日到吗喇咖国洋船一只，所载系棉花、黑铅等货，九月二十三日又到吕宋国洋船一只，所载系苏木、槟榔等货，俱湾泊黄埔地方。内吗喇咖国洋船，原装棉花，起赴行家，约有一半，于九月十六夜船上自行失火，烧及棉花，不能扑灭，将船顶两旁烧坏，止存船底，尚未沉水，彝梢烧伤一十八人。臣据报，即委员看守，相视原船，不能修复，仰体皇上柔远深恩，免其船料钞银，加意抚恤，已起到行货物，仍令纳税，饬即变卖，彝梢人等，分搭各洋船回国外，所有续到洋船三只、烧坏一只，理合奏报。再，各洋船十月内已开行回国四只，余令各洋行星速交货，务乘冬季风信开行，合并奏明，谨奏。"[22] 雍正对这些奏折每篇悉览，并有朱谕："朕实不达海洋情形，所以总无主见，有人条奏朕观之皆似有理，所以摇惑而不定，全在你代朕博访广询、详慎斟酌，其至当奏闻，若亦不能洞悉，宁迟日月不妨，也可与杨文乾、万际瑞、陈良弼、黄助等平心和衷详议奏闻，钦此。"孔毓珣对广东海防以史为鉴，自述"虽生长北地，自到广东，时将海上情形细细体访，援古证今，窃见今之议海洋者，动以明时倭患为言，但明时倭患其弊有二：一、司榷各官厅任牙行欺骗彝商货物银钱，使彝商不能归国，忿积于中，内地奸棍得而勾引之，遂致猖獗；一、在沿海汛防，惟藉卫所屯军，此辈止习农业，素不知兵，及遇有事则调士兵、调倭兵，文檄未到，倭人已抢掠饱载去矣。启外衅而疏内御，所以流毒多年。若本朝则沿海设立水师，镇、副、参、游分地管辖，战船罗列，要口安设炮台，内御已固，自皇上御极，将海关征税责之各省巡抚，各抚臣皆知凛遵皇上圣训，守法奉公，外国彝船来中国贸易者，俱得获利而去，欣欣愿出其途，外衅又绝。间有一二匪类，偷出海口，抢夺衣食，所不能免，然系单桅小船，不能远出外洋，非在洋面擒拿，即于登岸就缚，不能为患，臣于经理七省海洋案内业备列题明在案。……以臣愚见，惟在水师将备得人，加以内地谨严，可保得广东海洋无事"[23]。清代早期各地海防的信息汇总和奏报比较及时，然而由于没有统一的海防战略和布防体系，这些复杂的沿海事务汇总至皇帝批阅后，往往得不到系统性的策略指引。

二、传教士的海图

在欧洲商人云集广东之前，同样来自欧洲的传教士们就踏上了中国的土地，而广东就是他们进入中国的门户之一。早期耶稣会士沙勿略未能入境，殁于广州珠江口广州湾的上川岛。罗明坚和利玛窦都是自广东入境，他们两人在中国都做过测绘地图的工作。罗明坚的制图经历远不如利玛窦闻名，但他是明代首位进入中国内地的耶稣会士，更是最早通晓汉语的欧洲汉学家。1543年罗明坚出生于意大利，其后加入天主教耶稣会，此后前往印度果阿再抵达澳门。他遵照当时澳门主教范礼安神父的要求，努力学习汉语，至1583年成为首位获准进入中国内陆居留的欧洲传教士，曾到过广州、肇庆及浙江等地。而沙勿略未能真正踏上中国大陆的土地，就于上川岛去世，耶稣会神父庞嘉宾（Kaspar Castner，1655—1709）所绘制的一幅海图（图90）把对沙勿略的纪念和广东（小范围）海域描绘得十分精彩。

庞嘉宾1655年出生于慕尼黑，1681年在德意志教区入会。1694年修业毕，在德国城市英戈尔施塔特学习神学，次年被任为雷根斯堡城之哲学教授。其数学学、史学及神学学识丰富，颇适于传教中国。于1696年自里斯本登舟，次年抵澳门。首先传教广东，主持佛山教务。沙守信神父在1701年游其地，记有云："佛山教堂甚美丽，其式样与大小大致与巴黎吾人修院之教堂相似；其地教民甚多，在我行后数日间，主持教务之庞嘉宾神甫曾为三百人授洗。驻佛山时（1700年3月19日至6月2日），曾在上川岛圣方济各病处主持修建礼年堂事务。已而徙驻新会。1702年为代表人偕卫方济神甫同赴罗马，1707年还中国。庞嘉宾在里斯本时，力主赴华航道应直航帝汶岛，不必取道马六甲峡与新加坡，盖此道较捷也。"[24] 耶稣会士普遍接受过数学、几何和制图方面的知识，正如利玛窦在华绘制地图一样，庞嘉宾的这幅广东海图应是出自他的著作《上川岛建堂记》，拉丁文刻本，1700年出版，这部书可能是刊刻于广州，而他绘制的《上川岛海图》（图90）也很有可能是他根据观察而亲自测绘的。庞嘉宾和东印度公司绘制地图不同，具有其特定的目的。

这幅图上方是沙勿略位于上川岛的墓地，1697年，沙勿略在上川岛上逝世145年后，庞嘉宾来到中国，尤被人们称为数学家和制图师，1700年他在沙勿略故去的原址上建造了一座特殊的纪念碑和墓地。有关这座纪念碑和该岛的描述，包括广东的优秀地图，都载于庞嘉宾撰写并出版的书中。按照传统，这本书是用极薄的纸印刷的，纸叠成两层。地图下方则是上川岛附近一带的海域，还可以看到澳门与电白之间一带的海岸与岛屿描绘：

> 从下向上有电白县（Thienpe-hien）、阳春县（Iangtschung-hien）、阳江（Iangkiang）、广海（Qanghai）和厓门海湾，最上面是广州城（Statt Canton）。还有澳门（Macao），两个较大的岛屿，其一是上川（Sanciano），另一个是下川（Hia-Tschuen）。广海是一个小海湾，其海湾有一个海锚，上川西南边的海湾也有一个海锚，表示这两处可以停泊船只。[25]

庞嘉宾在海图中，强调了沙勿略的墓地所在位置，并以十字架代表这位前辈耶稣会士的长眠之地。海图遵循了标准的制作方法，具有方向、比例尺和经纬度标记，各个海岛之间有虚线标记的航线。庞嘉宾绘制海图的出发点不是贸易和军事测绘，而是在书中作为纪念沙勿略的地理图示说明。不过作为地图，他还是很仔细

第六章 海图与广东沿海

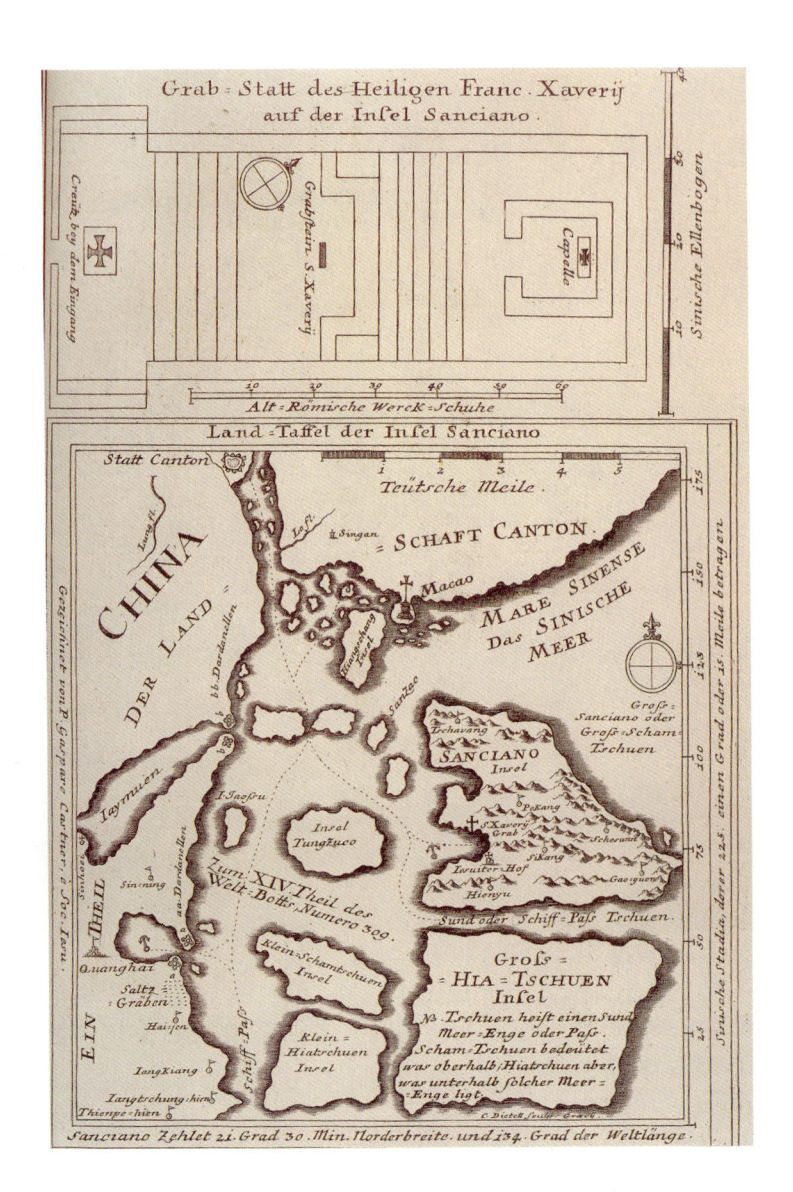

图90
庞嘉宾《上川岛海图》，约1700年，台北故宫博物院藏

地标记出广海下面的一片海盐田（Saltz Graben），几排密集的点状暗示这是产盐之地。传教士实际上很少绘制专门的海图，并非像利玛窦一样绘制《世界地图》来博得中国人的欣赏和钦佩，诸如《坤舆万国全图》在耶稣会来华的传教进程之中，起到的是通过知识传教的作用。因为来华天主教会是以在华建立教会和传教为首要目标，深入各省是其主要的责任和传教工作的一部分。

227

| 权力的图像

图91
罗明坚《广东省图》，16世纪，罗马国家图书馆藏

相比之下，罗明坚绘制的《中国地图集》（*Atlante della Cina*）就显得十分少见和略带神秘色彩。他所绘的《广东省图》（图91）是27幅中国省份地图之一，这幅图上对陆地和府县的关注程度远远大于海域，传教士并不关注海防，他们制图的这一出发点就决定了它的面貌。1583年，罗明坚先后同巴范济（François Pasio，1551—1612）、利玛窦三次进入广州，并通过与两广总督陈瑞、香山知县、肇庆知府王泮等中国地方官员的交涉，最终于1583年9月10日进入肇庆，居住在肇庆天宁寺，开始传教，并着手建立在中国内地的第一个传教据点。罗明坚

绘图中，广东省辖域还包括海南，明清时海南属于广东省琼州府。罗明坚的这幅图中，没有比例尺和经纬度等欧洲地图通常具有的特征，似为徒手而绘，大致画出沿广东海岸的轮廓、主要河流、城镇、山脉还有教堂，地图的比例与真实地理应有不小的差距。作为第一代来华测绘的传教士，罗明坚对各省的绘制给后来的卫匡国带来了一种中国的制图模式。严格来讲，传教士来到广东所绘制的地图并不涉及海防方面[26]，他们的主要使命是传教，地图则是能够引起中国知识分子和官员兴趣与好感的物品，这在晚明的传教士如利玛窦身上最为凸显。不过由于耶稣会士具有科学训练背景，因此他们在中国所实测的城市经纬度和地图流向欧洲之后，对欧洲制图界修正中国地理数据的偏差具有重要影响。

三、英国与广东海图

18世纪以来，英国在亚洲的贸易开拓重点就是打开中国的市场，但是马戛尔尼代表英国政府向清廷提出了六项请求，要求签订正式条约：派遣驻北京人员管理中英贸易；允许英国商船至宁波、舟山及两广、天津地方收泊交易；允许英国商人比照俄国之例在北京设商馆以收贮发卖货物；要求在舟山附近小海岛修建设施，作存货及商人居住之用；允许选择广州城附近一处地方作为英商居留地，并允许澳门英商自由出入广东；允许英国商船出入广州与澳门水道，并能减免货物课税，允许英人传教等。这些请求均被乾隆帝拒绝，他在给英人的复信中口气态度坚决："天朝疆界严明，从不许外藩人等稍有越境搀杂，是尔国欲在京城立行之事必不可行。"[27]使团的主要目的完全落空，唯一的收获就是通过测绘而了解了中国内地和近海的情况。

英帝国比早期罗马帝国更依赖地图。自1450年之后，在新印刷技术、原始资本主义消费和人文主义文化的推动下，欧洲地图文化的稳步发展意味着到18世纪，地图已经成为并一直是传达地理概念的主要工具。因此，创造、交流和接受地理概念的智力过程,无论是在个人层面还是在社会文化层面,通常被称为"地图绘制",在现代世界,这一过程在很大程度上取决于地图的实际制作,也就是地图的绘制本身。正如塞缪尔·约翰逊1750年所说,"当一本书一旦落入公众手中,它就被认为是永久不变的;而读者……将他的思想融入作者的设计之中",所以地图塑造和操纵了心理地理图像。制图过程和由此产生的地图反过来又依赖于敏锐的空间概念。与任何其他表现形式的图形或文本一样,人造的或短暂的意义存在于制图的各个方面:地图制作者和我们的制图者所使用的工具和技术;地图制作和使用的社会关系,以及定义的文化期望,都是由地图的图像定义。[28] 东印度公司和英国海军对地图、海图的战略价值非常清楚,他们也比中国人更加了解中国沿海、岛屿和港口要塞的具体情况,这为之后一系列的战争奠定了重要的基础。

此外,英国东印度公司对地图和制图的官方规定侧重于两个主要方面:对调查产生的地理信息的控制和调查对象在行政层级中的位置。然而,这些条例既不包括调查本身,也不包括地图编制过程。有一个例外是,对军队支队的路线进行了零星的调查,这些调查有可能是没有接受过任何调查培训的受权入伍军官进行的。适当的"测量人员"组成的团队在没有正式条例的情况下进行了大多数区域测量,每一位测绘员都因其所受的训练和经验而被行政人员认为具有一定的制图专业知识。[29] 我们看到,来中国进行测绘的英国制图师往往是地图制图测绘水平深厚的专业人士,这一点和明末的荷兰东印度公司近似,他们的任务就是要准确、清楚地进行未知领域的地形地貌勘察和尽可能多地进行社会城市信息收集。

英国东印度公司非常重视东亚的贸易,很多交易商品从印度东部领土过境,特别是茶叶、香料、靛蓝和纺织品。1838年,东印度船坞公司和西印度船坞公司合并,目的是为了更盈利地运作。码头由大型水池组成,可容纳平均大小达一百艘船。现代港口物流使卸货和装货比以前更快成为可能。此外,由于仓库坐落在码头边,紧挨着船位,使运输路线更加有效。在码头期间,这些船只还可以重新改装和装载,以便下次航行。之后,随着轮船的出现,东印度船坞的重要性逐渐下降,因为新船更大,因此无法进入船坞。[30] 从威廉·丹尼尔1808年所绘的《东印度公司

第六章 海图与广东沿海

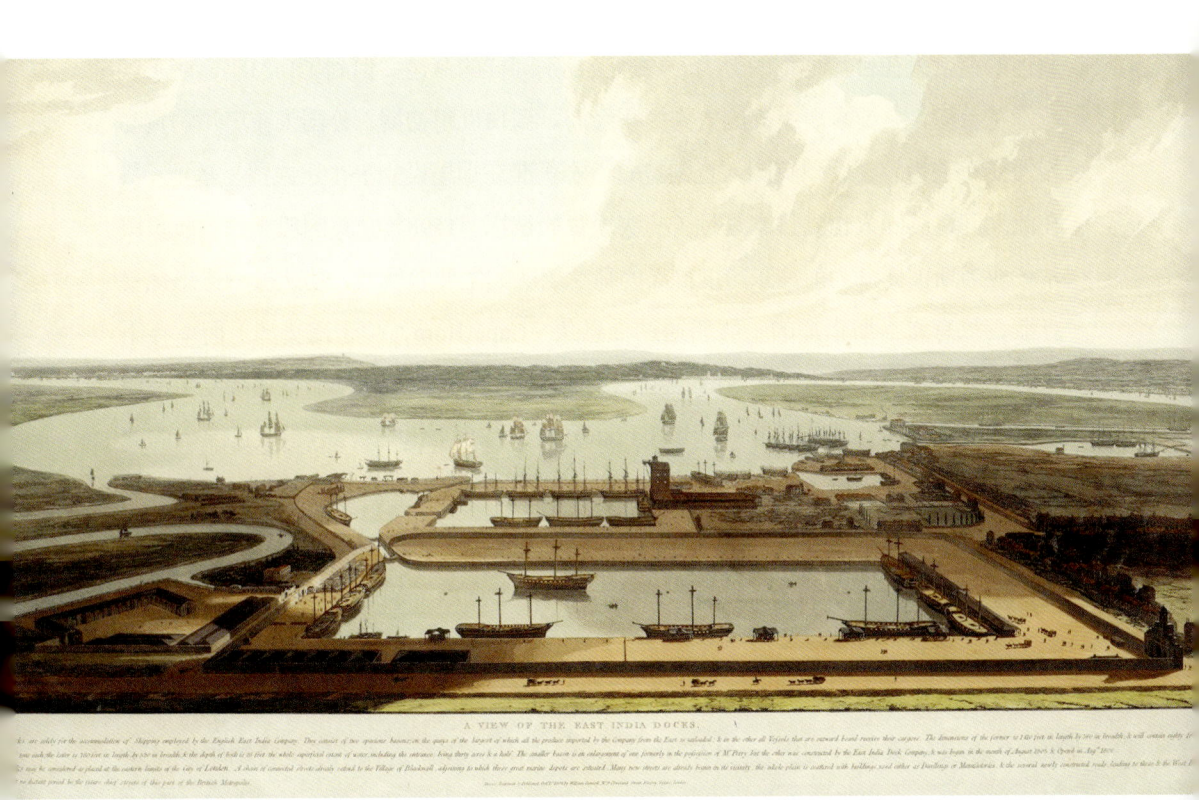

船坞》（图92）中，可以看到英国在印度所建立的远洋航行基础设施。毫无疑问，英国也十分想在清朝建立同样的专属港口和船坞基地，从而更加有效地获取贸易利润，然而，清政府对英国贸易开埠的请求非常坚决地加以拒绝，使这样的诉求难以实现。

英国到中国开展贸易的最初尝试，基本受阻于广州的清政府和澳门的葡萄牙人，甚至坚持不懈的荷兰人为打破这一壁垒所进行的多次努力也极少或者毫无效果。英国船长约翰·威德尔在1637年强行沿河而上到达广州，救出几名身陷囹圄的英国商人，却未获准从事贸易，并被澳门的葡萄牙人赶走。英国人后来在中国的冒险事业，包括1670年试图接替1661年被郑成功

图92
威廉·丹尼尔《东印度公司船坞》，1808年，英国国家海事博物馆藏

驱逐的荷兰人在台湾地位的努力，均遭受几乎同样的命运。但到了1683年，清王朝统一了台湾，并要求所有外国人到广州经商。到18世纪初期，外国人在广州的贸易慢慢变得较为容易，但英国人直到1762年才获准在那里设立一个正式贸易基地。[31]

在此期间，英国人也到日本进行了一次短暂的试探。1598年，英国船长和领航员威尔·亚当斯被任命为前往东印度群岛的荷兰船队的主要领航员，船队被一连串风暴打散，只有亚当斯指挥的一艘船通过合恩角（Cape Horn，位于南美洲）而幸存下来，他于1600年春抵达日本西南的九州岛。那时，外国人和外国船就在马戛尔尼使团来华的七年前，即乾隆五十一年（1786），已经对广州即珠江一带做过深入的测量并绘制成地图。前述约瑟夫·胡达特在1773年加入了东印度公司，在"约克"号上担任四副，前往圣赫勒拿和英属库伦。在这次航行中，他对苏门答腊西海岸进行了详细的科学观察和调查。1777年，罗伯特·萨耶出版了胡达特对苏门答腊海岸的测绘图，并委托他对圣乔治海峡进行了一次调查，于1778年夏天完成。胡达特绘制的圣乔治海峡海图证明了他测绘所达到的高度精确性，并奠定了胡达特作为英国最重要的水文学家之一的声誉。1777年下半年，胡达特重新进入东印度公司服役，并很快被任命为皇家海军上将。在接下来的十年里，胡达特在印度和中国之间的水域频繁航行，广州水域的地图就是在这期间所绘就。约瑟夫·胡达特在1794年绘制的《中国南海，从广州到澳门海图》（图93）显示了虎门、狮子洋、珠江口、黄埔、琶洲岛和二沙岛一带广州珠江下游的详细航行指示和海岸线，并附有这一带河岸情况的详细资料。[32] 在图中，广州到澳门的珠江河道经过了校正，还包含南海航海图，由澳门和香港岛屿经航道隔开，也绘制了标有布兰登湾的海域。图中包括大屿山的沿海风光，比例尺为英制英里，海图详细标记测深海水的深度。胡达特在对地图的注解之中详细地描述了图中的地理信息：

> 珠江流域并不难以航行，然而近些年许多船只因为领航员的无知而避开这一区域，那些渴望去澳门的船只对这一区域知之甚少。在澳门和虎门之间，船只进入浅滩或有可能搁浅，据说是在外伶仃岛，我在我们船常去的海峡里还没有找到这样的岛屿。

第六章 海图与广东沿海

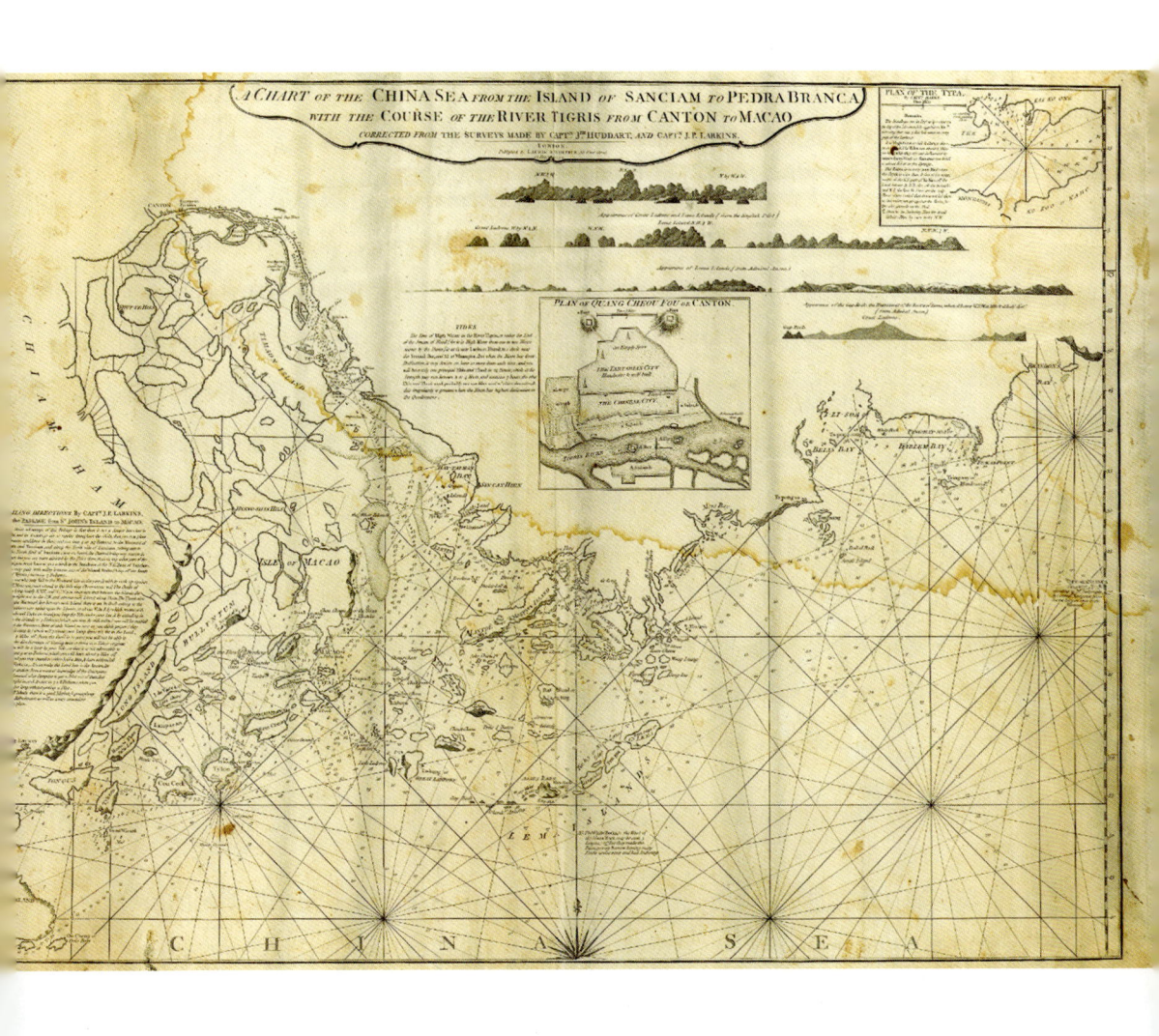

英国极为重视在中国的贸易情况，1787年1月30日，英国政府给第一次派往中国的使臣喀塞卡特（Charles Cathcart）中校下达了指令：

第一，请特别注意英国政府近年来为了从欧洲其他国家手中争夺茶叶贸易而采取的种种措施，这些措施已经满足了最热烈的期望，并且使英国正当的茶叶进口比过去增加了一倍，即使还不到两倍的话。第二，请注意，如果能

图93
约瑟夫·胡达特《中国南海，从广州到澳门海图》，1794年，铜版

在广阔的中华帝国为印度的土产和制造品找到一条出路,必将促进英属印度的繁荣;同时,这种销售的收益将提供英国对欧洲投资的资源,当前这一投资每年不下一百三十万镑。广州市场的自由竞争已为华商的组合所破坏,英国的货主被拒绝公开出席中国法庭和享受中国法律的平等待遇,而是处在一种极端专横残暴的悲惨情况下。第三,英国在华商业机构的巨大规模,要求占有一个安全地方,以存储在英国船只被准许进港和离港这一短暂期间无法脱售和装载的货物。为此我们希望准许我们占有一个小地方或者地势比广州更便利的附属岛屿。广州的英国货栈离船太远,我们无法阻止"公司"和私商的水手们的不法活动。第四,请注意英国的观点纯为商业观点,对领土并无野心,我们既不要求设防,也不要求自卫,而只要求中国政府保护在华经商和旅行的英国商人及其代理人,使他们不致受到旨在阻挠英国贸易的其他国家的侵害。如果中国皇帝有意允诺划给英国一个地方,在确定地点时,应特别注意该地形势必须符合英国船只便利与安全的要求,便于英国可能进口的货品的销售,并靠近上等华茶的出产地——大约位于北纬27—30度之间。我提到这几点,当然是势所必然的。[33]

英国通过海路进入中国是唯一的选择,尽管乾隆帝拒绝了马戛尔尼使团的所有通商请求,但是英国并没有轻易放弃这一市场,通过对1784—1811年间来广州贸易的各国商船进行比较,就会发现英国商船之数量的可观(表4):自1784年开始,英国就占据了来广州各国舰船数量之首。同时,英国也直接主导了1840年和1856年的两次鸦片战争,并导致了割让香港等一系列重要事件的出现,围绕来华贸易,对南中国海的测绘就变得十分重要。清政府亦深知广东在中国和域外关系方面的重要性,清代绘制广东一带的海图较之前数量和形式上都有增加,但是绘图的模式主要还是沿袭中国舆图的传统绘法,西方的科学测绘依然没有成为中国人绘制海图的参照方式。

寻找中国沿海各口岸和收集情报是英国东印度公司与海军的不懈追求:嘉庆七年(1802)英国兵船6只,几个月来泊驻鹅颈洋,窥伺澳门。嘉庆十一年(1806)

英国兵船10只侵犯安南,被安南人击退,并被烧去7只,他们因为不敢回国,就转来广东洋面,企图夺取澳门,将功赎罪。同年,"英国东印度公司的测量员霍士堡花了很长时间,在香港一带的海面上进行测探,把很多地方的名称景物都在地图上仔细记下来,他报告说:'铜鼓湾、金星门以及伶仃的西南部,香港南的大潭湾都是避风的良港,大鹏湾、大埔口也可以很好驻泊'"[34]。英国海军部自1795年起在联合王国水文测量局的主持下制作海图。它的主要任务是为皇家海军提供导航产品和服务,但自1821年以来,它也向公众出售海图。1795年,国王乔治三世任命学究式地理学家亚历山大·达尔林普尔整合、编目和改进皇家海军的海图。及至1802年,他作为水文学家为海军部绘制了第一张海图。他的继任者是托马斯·赫德上尉。从那以后,海军军官就一直在管理总部。对于海图绘制的系统化管理是英国海外殖民和扩张政策的基石之一,在大英帝国曾经的殖民地都留下了为数可观的地图、海图资料,它们是帝国海外测量的重要构成。

表4　1784—1811年间广州口岸的各国商船数量统计表

（单位：只）

年代	英国船	欧洲其他各国船	美国船
1784—1785	14	16	2
1785—1786	18	12	1
1786—1787	27	9	5
1787—1788	29	2	13
1788—1789	27	11	4
1789—1790	21	7	14
1790—1791	25	7	3
1791—1792	11	9	3
1792—1793	16	13	6
1793—1794	18	5	7

续表

年代	英国船	欧洲其他各国船	美国船
1794—1795	21	7	7
1795—1796	15	4	10
1796—1797	23	3	13
1797—1798	17	5	10
1798—1799	16	6	13
1799—1800	14	4	18
1800—1801	19	7	23
1801—1802	25	31	1
1802—1803	20	38	12
1803—1804	44	2	13
1804—1805	38	3	38
1805—1806	49	4	37
1806—1807	58	2	27
1807—1808	51	2	31
1808—1809	54		6
1809—1810	40		29
1810—1811	34		12

测绘师詹姆斯·霍尔斯堡同时也是苏格兰水文学家和出版商，曾在皇家海军服役，后来成为东印度公司的水文学家，在东印度服役超过20年。在前往东印度群岛的航程中，由于海图错误，他在迭戈加西亚遭遇了海难，这倒激发了他对海图绘制的兴趣，尤其是东印度群岛。霍尔斯堡还发表了一些他自己观察而绘制的海图：1810年的班卡海峡和加斯帕海峡海图、1811年的印度和斯里兰卡海图、1821年的中国海海图和1835年的中国东海岸海图。霍尔斯堡的深入观察可以从他所绘的中国海图中体现出来，《珠江沿岸与广州河流图》（图94）从广州向南延伸至堪洲岛，西至

第六章 海图与广东沿海

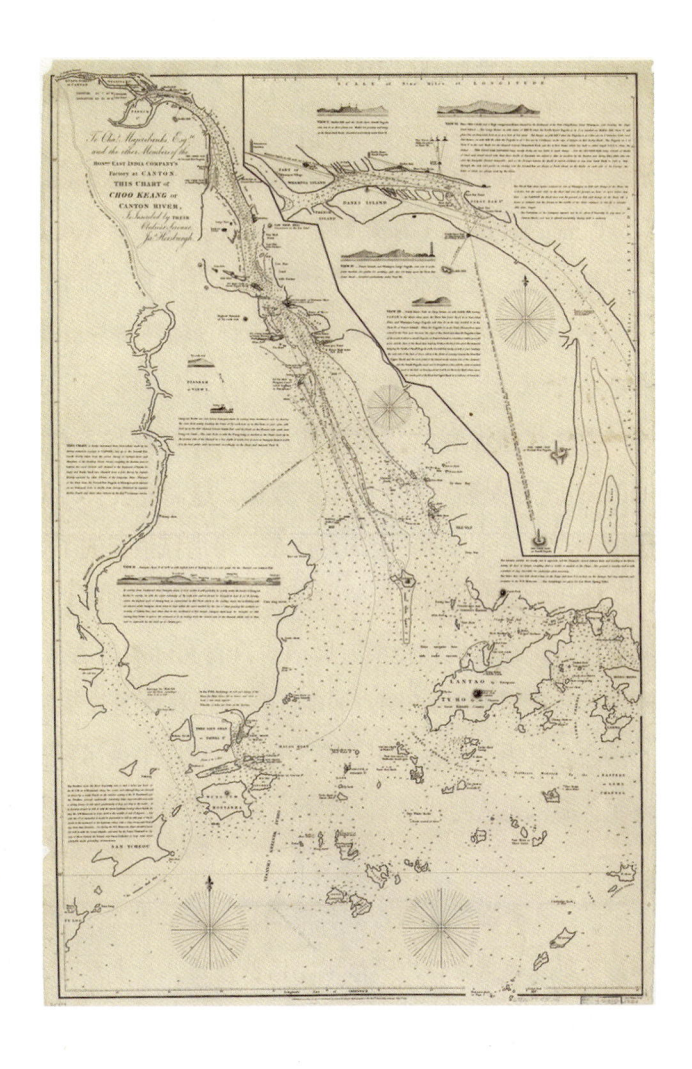

图94
詹姆斯·霍尔斯堡《珠江沿岸与广州河流图》，1831年，哈佛大学图书馆藏

东由大石湾延伸至香港。这张图表是1831年由詹姆斯·霍尔斯堡首次出版的，现在的版本已经修改并更新到1847年。海图经过了大量修改，以吸纳最新的调查成果，主要由爱德华·贝尔彻（Edward Belcher，即卑路乍，1799—1877）于1840年对该海域进行了调查（由海军部于1846年出版），重新描绘了整个珠江，增加了许多水深数据、堤岸和浅滩的信息。此次修订延伸至提供珠江三角洲上游信息的大型插图，图中所引用的许多宝塔和地标，都列在地图之中。霍尔斯堡对珠江沿岸的地形做了十分深入的观察和描绘（图95），在图中运用了不同的透视视角，平面的和立

体的，呈现出珠江沿岸山丘、建筑和地名等信息。例如他在图中标记道：

> 船从南面来的时候，当第一次看到三板洲（Sampan chow）时，如果龙穴岩（Lung eet rocks）与大角头（Ty-cock-tow）的外缘接近，那么它很可能几乎在标记+之下，应该位于北纬22°的位置。如视图所示，在南山（Anung hoy）最高部分的正下方，不过在逆风下工作时，必须将三板洲放在两个星号标志的空间内。

在珠江流域和广东和香港海域，霍尔斯堡提供了非常密集的水深参数（图96），这无疑是船只航行的重要数据，这需要较长时间的深入测量才能够绘出。也能够说明在道光时期，英国对广东一带海域情况的了解已经十分全面了。

清代中国也绘制了数量较多的广东海图与地图，整体而言较少采用西方科学地图的模式，在比例和距离方面很少具有实际的参考意义。在光绪二十四年（1898）的《广东省沿海图》（图97）中，彩绘长卷海图依然采用中国绘画长卷形式，实际对沿海各岛屿、礁石、州、府、县和军事防卫做了标记，因为没有比例尺和经纬度说明，所以无法判断精确的里程，海图下方有题记：

> 广省左捍虎门，右扼香山。而香山虽外护顺德、新会，实为省会之要地。不但外海捕盗，内河缉贼，港汊四通，奸匪殊甚，且共域澳门，外防番舶，与虎门为犄角，不可泛视也。

对比霍尔斯堡海图，可以发现清人所绘《广东省沿海图》存在不少谬误。如淇澳岛旁边的香山县一带，图中似乎被误画成一个独立的海岛而与大陆并不相连，这样的图无法在实际应用中发挥作用，它的用途可能是仅作雅玩欣赏。对海图的依赖程度，清人远远无法和航海大国如英国等相比，在后来发生的一系列沿海战争中，清军一再的失利就能够说明问题。1841年4月29日，英国人爱德华·克里（Edward Cree，1814—1901）博士坐在广州城墙附近，已经画了11个月的草图，他搭乘的英国皇家海军"响尾蛇"（Rattlesnake）号驻扎在中国水域，并利用一切机会进行观

第六章　海图与广东沿海

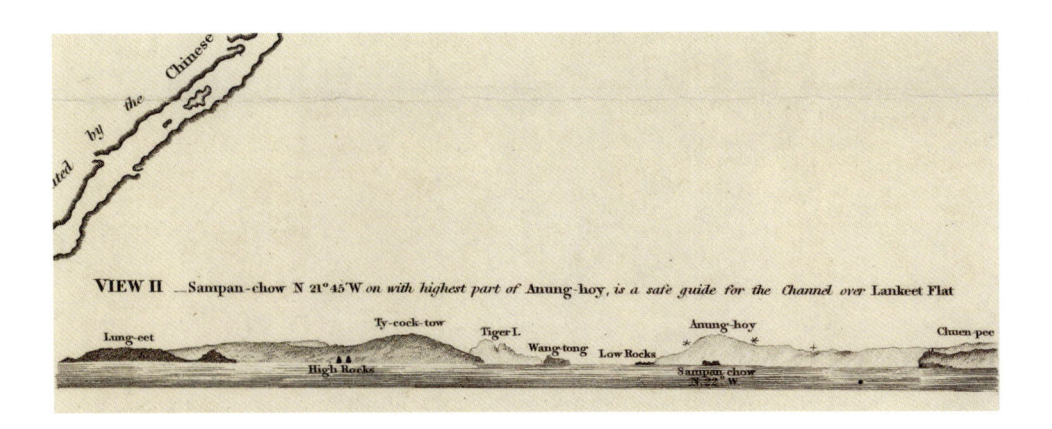

图95

詹姆斯·霍尔斯堡《珠江沿岸与广州河流图》(局部放大)，1831年，哈佛大学图书馆藏

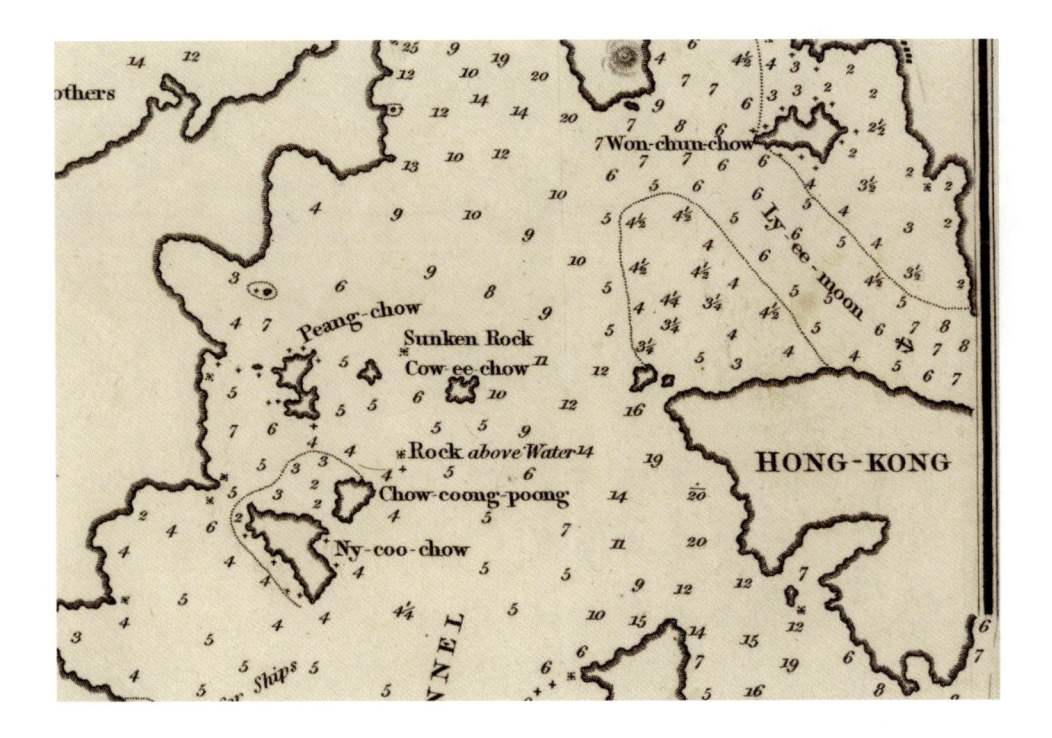

图96

詹姆斯·霍尔斯堡《珠江沿岸与广州河流图》(局部放大)，1831年，哈佛大学图书馆藏

外出十字門
而至魯萬此
洋濱著帆來
往經田之標
進下接岸門
三覽大小金
烏豬上川下
川戰船澳馬
鞍山此摩屬
廣海陽江鎮
魚之外護也

不可泛視也

图97
佚名《广东省沿海图》(局部)，光绪二十四年(1898)，大连图书馆藏

廣省左扞虎
門右扼香山
而香山雖外
護順德新會
實為省會之
要地不但外
海捕盜內河
緝賊港汊四
通奸匪姝甚

测。但随着英国对清朝采取军事行动,愉快的旅行可能会变成更危险的事情。当克里画草图时,一声尖锐的枪声响起。他迅速退到船的安全处后,注意到草帽边上有一个弹孔,他注意到,那地方"太近了,不太舒服"。在戏剧性的历史事件的背景下,克里的手绘作品,记录了他在海上的生活,以及他在和平与战争中旅行时,对所遇到的地方的印象。[35]

"响尾蛇"号运兵船是英国皇家海军的一艘六级驱逐舰,由察咸船厂(Chatham Dockyard)建造,1822年3月26日开始建造,1824年3月8日建成。舰长34.7米,宽9.7米,排水量503吨,舰上拥有28门炮。"响尾蛇"号于1840年6月21日抵达澳门,执行封锁广州港的任务,而这只是众多英国军舰之中的一艘。"响尾蛇"参加了第一次鸦片战争,1840年7月5—6日参加了对舟山的占领。1841—1842年期间,参与了鸦片战争中威廉·帕克爵士指挥的舰队在广州以外的行动,包括1841年10月10日的镇海战役和1842年6—8月的长江战役。1841年10月10日,鸦片战争期间,英军和中国军队在中国浙江省镇海进行了镇海战役,英军10月13日毫无困难地占领了宁波。

在鸦片战争前后,英国人对广东沿海和香港进行了多次测绘侦察,获得了较翔实的信息资料。值得一提的还有爱德华·贝尔彻,他于1812年加入英国皇家海军,约十五六岁就担任见习官(midshipman),其间发明两项提高了船锚运作的工具(现存伦敦科学博物馆)。1840年,他作为舰长远赴参与对中国清政府的战役,1841年1月26日,英国舰队在爱德华·贝尔彻与部下的协同下,首次在香港北岸登陆。也就是在前一天,即1月25日,英国人义律与清朝钦差大臣琦善私拟订定《穿鼻草约》,尽管草约并没有被双方正式签署,但皇家英国海军军官爱德华·贝尔彻仍率领军舰抢滩登陆香港,英军测量人员此前早已测定香港岛西面有一片突出的高地,既平坦又临海,可以用作军旅扎营,于是命令工兵开辟从海边到此处高地的道路,即今日香港的水坑口街。爱德华·贝尔彻在1841年就绘制了香港的海图(图98),这幅地图和之前英人所绘广东外海图近似,十分细致地绘出香港岛的具体参数信息。贝尔彻可能并未意识到占领香港的深远意义,但他是敏锐的观察和测绘者,并且深知香港的战略意义和商业潜力。该地图于1843年5月首次出版,为后来的香港大多数海图奠定了标准,直到20世纪,许多版本的地图中都还留有贝尔彻

图的痕迹。贝尔彻1841年所绘的海图是英国首次对香港进行的详细调查，在英国殖民香港的过程中发挥了重要作用。该地图涵盖了所有香港岛和九龙半岛部分或完整的岛屿，以及毗邻的岛屿：大屿山、坪洲（Peng Chau）、喜灵洲（Hei Ling Chau）、南丫岛（Lamma）、双四门（Sheung Sze Mun）、蒲苔群岛（Po Toi）和东龙洲（Tung Lung Chau）等。这张地图提供了令人印象极为深刻的对各个建筑物的详细描绘，特别是维多利亚港、中环和九龙半岛，以及数不清的海水深度测量标记点。

贝尔彻不仅非常细致地绘出香港周边海域的详细水深指数，还对香港主要山脉的高度做了测量，例如维多利亚峰（今

图98

爱德华·贝尔彻《中国香港海图》，1841年，大连图书馆藏

太平山）为1852米。观测点的经纬度标记为东经114度10分48秒，北纬22度16分27秒，还特意加上了是在皇家海军"硫磺"（HMS Sulphur）号上所绘的描述。贝尔彻很关注山脉的情况，地图中对海边沿岸的山峰均做了测绘，并标出了高度。他的《中国香港海图》从1857—1861年进行了更正和修订，在将修订后的地图与1846年版本进行比较时，以下方面的变化值得注意：命名和修改了大螺湾（Taihowan Bay）和沙湾（Sandy Bay）的海岸线、黄竹坑（Staunton's Valley），维多利亚湾的定居点几乎翻了一番，跑马地显示的定居点、爱秩序湾、西湾和小西湾沿海岸线也已被标记出来。

英国仰仗自己的铁甲舰船，一路进犯到长江，沿岸港口无一在炮火硝烟中幸免。1841年1月7日，英军侵犯珠江时，遭到了戍城官兵的抵抗，关键之战在此打响。要塞之上，清朝官兵设备落后，枪支火力微弱，枪炮被固定在不能升降的支架上，江面上只有区区几艘平底帆船待命。威廉·霍尔上校（Captain William Hall）指挥桨轮铁甲的护卫舰"复仇女神"（Nemesis）号慢慢逼近，枪弹飞射，击中中国船只。中国船只中有一艘中弹爆炸，威力之大让人想起43年前尼罗河的"远东"号。当江面上的中国船只剩下不到6艘的时候，"复仇女神"号转而攻击沙滩处的其他帆船，中国船只尽数被毁或被俘。随后，"复仇女神"号又逆流而上，攻击了上游一处小镇才扬长而去。这次战争是一场新旧帝国之间的较量，大清帝国在炮火的攻击下深刻认识到大英帝国的海上实力。经过两年的战争，英国占领了香港，获得了在4个港口通商贸易的特权。[36]正如我们已了解的情况，战争的成功需要具备良好的制图和情报收集的能力，需要对这个世界了如指掌。

鸦片战争的幕后策划者是英国海军部第二秘书约翰·巴罗爵士，正是他推动了（英国）北极和非洲的科学考察。在以往，荷兰和法国的制图能力远远超过英国。虽然詹姆斯·库克在远航前的准备和远航中都表现出了惊人的制图能力，但是海军水道测绘部（Admiralty Hydrographic Department）直到1795年才建立，而且其工作只是收集已有的绘图，然后分发给各艘船只而已。当弗朗西斯·蒲福（Francis Beaufort）掌管水道测绘部的时候，他已经是一名55岁、经验丰富的海军上校。在其在任的25年间，他授权绘制1500幅新地图，极大地提高了地图绘制的准确度，为

第六章 海图与广东沿海

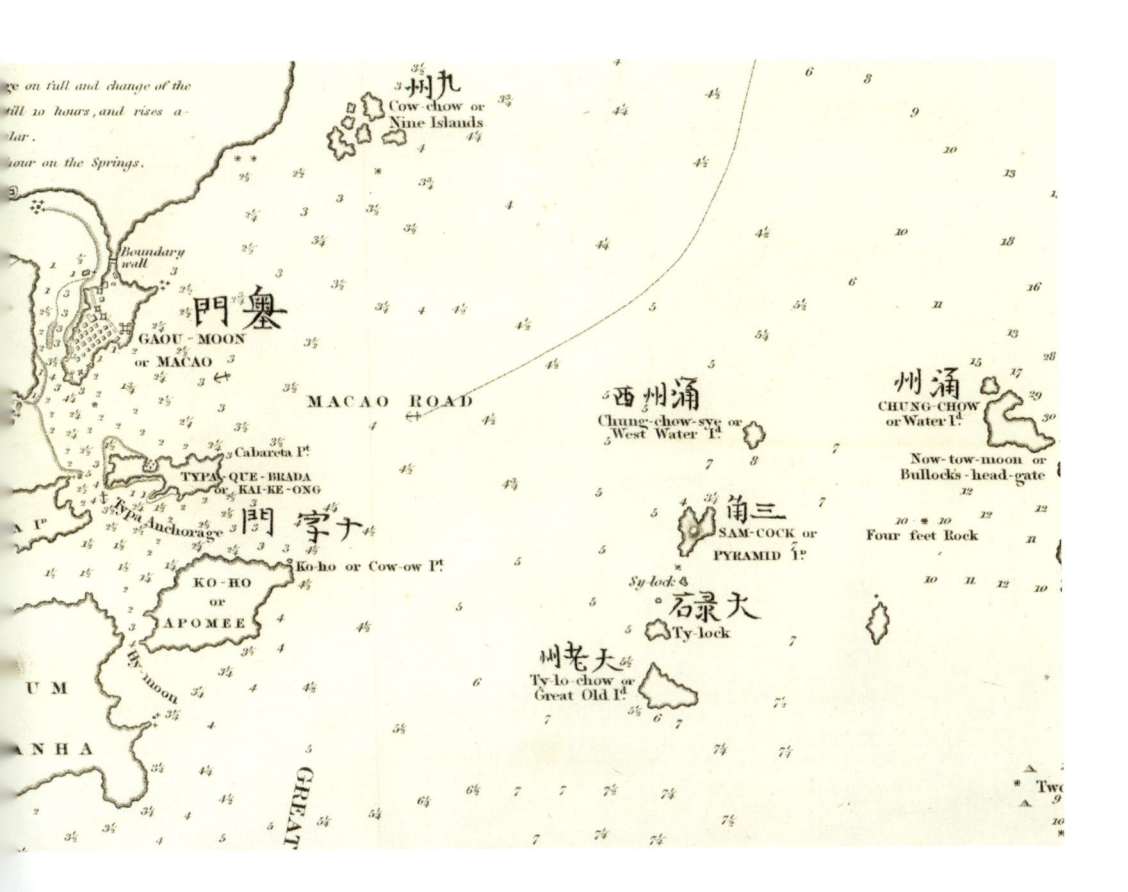

整个世界海军地图的绘制建立了标准，其中有不少地图在一个半世纪以后仍在使用。[37] 英国在开战之前就对中国海域，尤其是广东一带做了深入详尽的测绘，战争的结局似乎没有什么悬念，清军在面对这样一个掌握先进的航海能力、军事实力和对中国海域地形充分了解的对手时，失败几乎是注定的结局，因为这些实力都是清军完全不具备的。

爱德华·贝尔彻还翻刻过詹姆斯·霍尔斯堡1831年的《珠江沿岸与广州河流图》（图99），不同之处在于标记了中文地名，这幅图的重要性可见一斑。

爱德华·贝尔彻所制的地图上，可以看到他所关注的主要

图99

爱德华·贝尔彻《珠江沿岸与广州河流图》翻刻版（局部），1847年，巴里·劳伦斯·古德曼古地图研究会藏

| 权力的图像

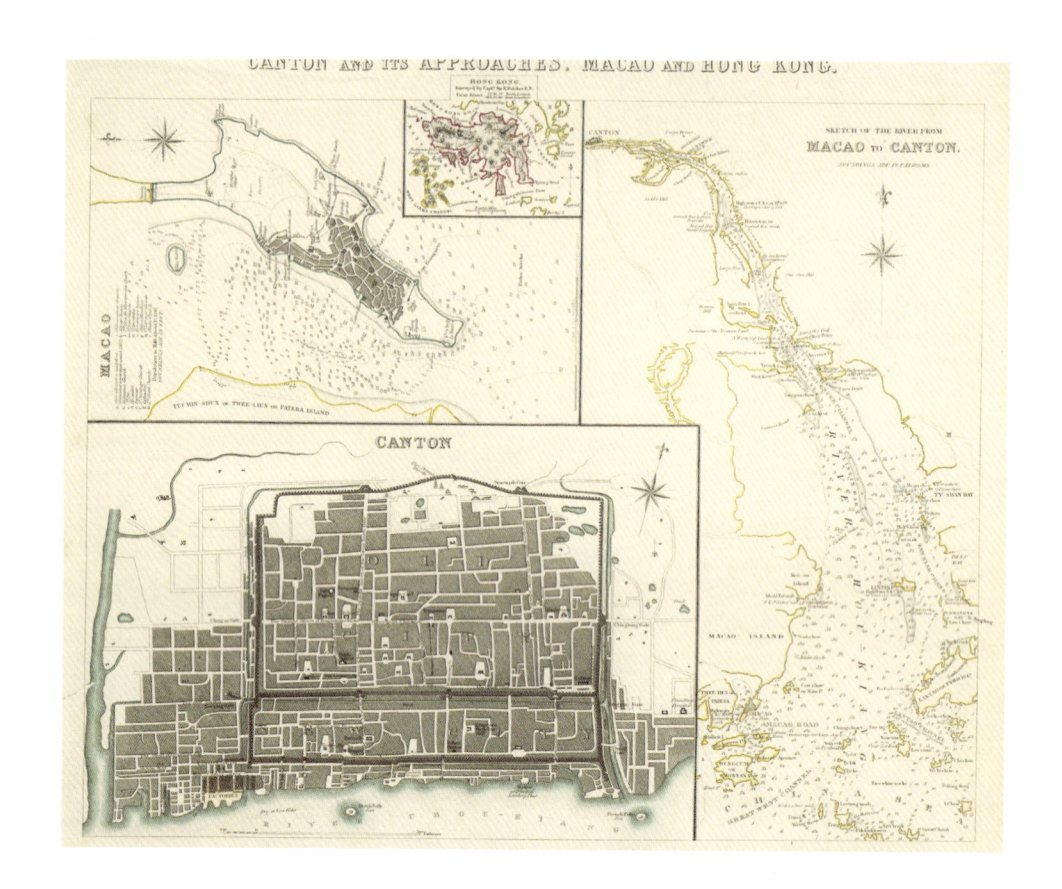

图100
爱德华·贝尔彻《广州及其周边,澳门与香港》,1852年,澳大利亚国家图书馆藏

方面,在他所绘《广州及其周边,澳门与香港》(图100)中,把广州、澳门、香港的城市详细状况都绘制出来。地图分四个部分展示了中国广州地区的不同方面:第一部分是澳门岛的地图;第二部分是香港的一个小插图;第三张地图是珠江,它从澳门岛和大屿山到广州,覆盖整个珠江三角洲;第四部分也是最大的部分显示了广州城市的轮廓。地图显示水深以英寻为单位,其中澳门区域未给出比例;从澳门到广州的河流素描,水深为英寻,也未给出比例;广州行政区(比例尺约1:460800)。

清人对英国绘制地图和海图的技艺十分钦佩,在《北洋水师章程》中曾有提及,实际上清人除海图和地图测绘比较少之外，还有一个特点是善于运用文字描述地理情况，如广东海域水深的状况并非通过海图图示，而是叙述出来：

> 阳江上通香山、广海，下达吴川、硇洲，为西路沿海要地。其大澳海陵、兴平、水东等港为商渔疍船繁集之所，握据守最宜严密。双鱼港水深六尺，难于湾泊。莲头澳水深七尺，东南风可湾泊，电白海口水浅，四边山低，有大飓风，不堪湾泊。赤水港，南北风泊。限门港，大流，一丈，小流，八尺。港口水浅有沙，极险恶，甚难出入。至梅菉、硇洲，大流，一丈五尺，小流一丈，四面临海，东南尤浩瀚无际。[38]

这一段描述非常生动翔实，对阳江一带海域水深、泊船、防卫和地理状况若非亲临，则难以实据。清人对海域的关注较晚明时期更甚，对沿海的文字描述众多，但主要集中在海疆防卫，远洋跋涉成为欧洲人开拓世界的专利和主要路径。清代的海洋方针就在于海防之上，缺乏普遍的测量技术是此时海图中依然看不到水深参数的原因之一（偶见有书中以文字叙述的方式记录水深，但在海图中很少），不过受中国方志舆图的传统影响应该是主要因素。实测海图图像和文字描述分别是西方和中国的主要表达方式。

此外，还有几场海战值得讨论。1841年8月26日，也就是第一次鸦片战争期间的闽浙战争，英、清两军在福建厦门发生过一次战役。实际上在1840年7月3日，英军已经炮轰厦门，这是由于英军在第一次广州战争阶段失利，使他们不得不修正计划，北上骚扰中国沿海。而在一年之后，英军占领了厦门和附近的鼓浪屿的要塞。交战前，清军在厦门沿岸准备了防御工事，并在鼓浪屿岛上建起了炮台。英军在战斗开始时对岛上轰炸了几个小时，但收效甚微。英军随后从船上卸下运输装备，在几乎没有阻力的情况下攻下了炮台。因为8月的天气非常炎热，士兵们都感到疲倦。由于清军撤退，第二天厦门城即沦陷。一支由550人组成的英军部队，大部分是来自第18团，"德鲁伊""派拉迪"和"阿尔杰林"三艘战舰停泊在鼓浪屿，进逼厦门。

罗莎·卢森堡（Rosa Luxemburg）在她的《资本积累论》（*The Accumulation of*

Capital）一书中简要叙述了这场战斗：

> 1841年8月25日，英国舰队接近了厦门，那里的堡垒装备着一百门最重的中国枪。而这些枪几乎没用，指挥官们又缺乏资源。占领港口犹如儿戏，在密集的炮火掩护下，英国军舰靠近鼓浪屿城墙，登陆海军陆战队，短暂停留后，中国军队被驱逐出阵地。港内26艘载有128门火炮的战舰也被俘获，且船员已逃离。一个由清军控制的炮台，英勇地抵抗了三艘英国船只的联合火力，但是英国人在他们的后方登陆，炮台被摧毁了。[39]

指挥官约翰·艾略特·宾汉（John Eliot Bingham，皇家海军"莫德斯特"号少尉）从英国的角度详细地描述了这场战斗，而这只是中国沿海战事的一角。1839年9月4日至1842年5月间，英军在几乎大部分中国沿海区域与清军展开战斗，战火波及广东、福建、浙江和江苏多省，英军沿着中国海域，对所到重要城镇发动军事攻击。当英国全权公使璞鼎查起程来华之前，外交大臣巴麦尊在1841年5月31日给他的训令中就说：

> 你要清楚了解，同中国政府进行的交涉是完全托付给你的，交涉如果不成功，使用武力已成为必要，那么你就把这种事实通知统率远征军的海军官员；以后就要靠他去决定什么时候、什么地方和用什么方式，使用他所支配的武力；你就不要求他停止军事行动，除非你从中国政府适当授权的一个官员那里，得到（中国）皇帝对你以英国政府名义所提出的一切要求，完全无条件地依允许。[40]

巴麦尊甚至也提到了有关厦门的情况，他表示："最为重要的第三点，是取得英国商民对厦门以北（厦门也包括在内）中国东海岸上各主要城镇贸易的许可，以扩大英国对中国的商务关系。"[41]和以往的战争一样，英军方面对攻占厦门也做了充分准备，从目前可找到的信息中可以发现这一点。1844年，英军中尉约翰·欧赫特罗尼（John Ouchterlony）出版的《中国战争——从〈南京条约〉开始英国军队的

第六章　海图与广东沿海

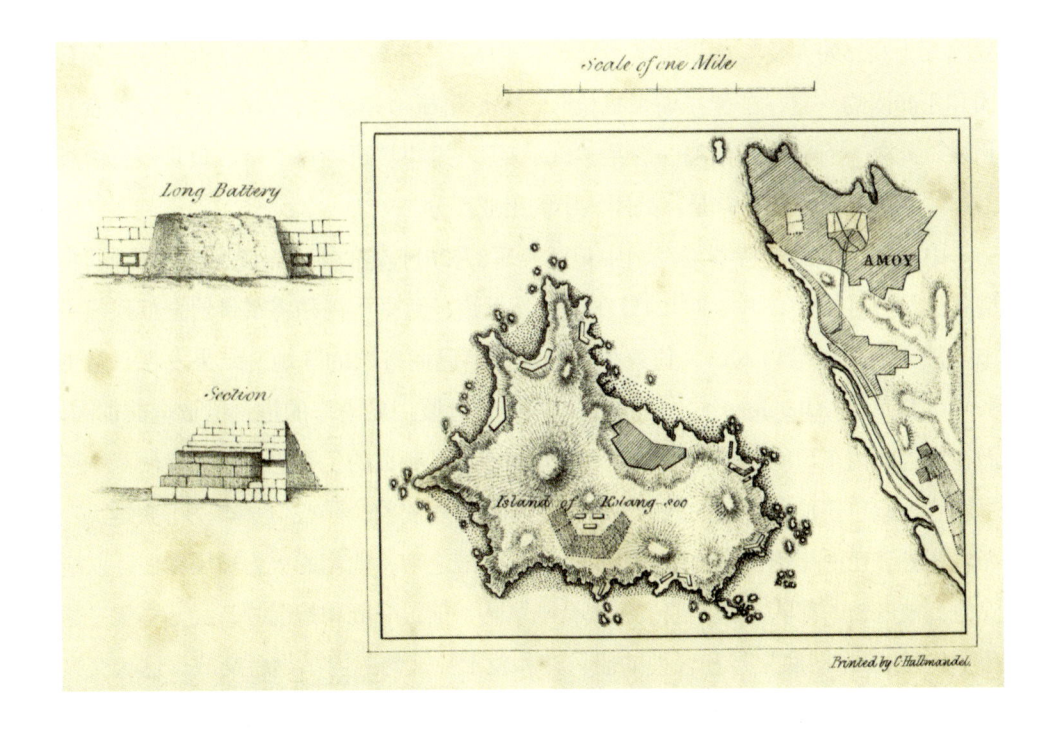

行动》（*The Chinese War*）书中刊载了一幅英军测绘地图（图101），题目是《厦门及鼓浪屿》（*Amoy & Kolang-soo*），负责测绘制图之人名叫查尔斯·约瑟夫·赫曼德尔（Charles Joseph Hullmandel），在图的下角有款识："赫曼德尔在石头上画的"（Drawn on stone by Hullmandel）。这幅地图虽然不大，但绘制得十分精细，画出了厦门沿海一带的地形与布防，尤其是鼓浪屿上面的炮台，均标识清楚，还把炮台局部图和剖面图分开描绘，十分直观。据载英军北上侵华配置了强大的舰队群，璞鼎查率领"威里士厘"号、"伯兰汉"号、"布郎底"号、"都鲁"号、"摩底士底"号、"皋拉底士"号、"巡洋"号、"哥伦拜恩"号、"阿吉林"号和"响尾蛇"号等军舰10艘，载炮320门；轮船"西索斯梯斯"号、"弗来森"号、"复仇"号和"皇后"号等四艘，载炮16门；领航测量船一艘；运输船22艘，分

图101
赫曼德尔《厦门及鼓浪屿》，1841年

载陆军士兵2590人及粮食和用煤。另有军舰15只,分载英军第18团、第26团、第55团和第49团的一翼,马德拉斯来福枪队,大炮机械师和炮兵;有6只船装运粮食和用煤。此外,有领航测量船一艘系"班廷克"号。[42]"班廷克"号应负责所行海域沿岸的海图测绘工作,它是作战团队中的组成部分。

中尉约翰·欧赫特罗尼在书中记述英军8月26日攻打厦门的情况:"与此同时,舰队继续开往厦门,并于8月24日在港口外抛锚,海军上将和将军带着全权代表乘坐一艘铁船冲进港口入口,侦察敌人为保护自己而占领的阵地。结果发现,自上一年'鳄鱼'(Alligator)号军舰造访以来,邻近厦门岛沿岸的炮台已被全面加固,而在靠近海湾东口的鼓浪屿岛上,一些坚固而设计精良的工程也已开始使用。一些军舰和炮艇也停泊在港口的入口处,中国军队占领的整个防线似乎布满了大炮。74名清军驻守在海岸炮台旁边,在我们的士兵登陆之前,他们的火力被压制住,以清除他们被占领的部队。当汽船被派去登陆军队,摧毁战舰和炮舰时,我方军舰'德鲁伊'号、'布朗底'号和轻型的船只在和位于鼓浪屿的清军炮台交战。这次交火是一场奇观,但除了风景如画的场面外,没有什么值得评论的地方,除了它为中国炮兵的出色表现提供了有力的证据,尽管有整整两场炮击,但仍有74名清军士兵在抵抗。几个小时没有产生任何效果,所有枪炮都在开火,但是当我们的部队进入时,很少有敌人在其中被杀死。炮台的防御工事构造原理是使它们几乎不受水平炮火打击的原因,即使是经受32磅和74磅炮弹打击后也是如此,除了坚固的砖石结构(形成了护栏)之外,外面是用草皮捆扎的土堤,只留着狭窄的痕迹。"[43]欧赫特罗尼是参与厦门海战的英军成员之一,从他的描述来看,驻守在厦门和鼓浪屿的清军反击令人刮目相看,他们并没有临阵逃脱,而是坚守炮台,和马尾海战中清军的反应形成鲜明对比,虽然同样伤亡巨大:

> 总兵江继芸、副将凌志、都司王世俊、把总纪国庆、杨肇基、季启明均阵亡;士兵牺牲者也有四十余人。[44]

梁廷楠的《夷氛闻记》也描述过英军进攻厦门的过程:值闻浙总督颜伯焘在厦,遂督同驻守金门之总兵江继芸,指挥白石头、曲子尾和鼓浪屿守兵,从三面抵

第六章 海图与广东沿海

御。下午1点左右，英军左分队首先开炮进犯鼓浪屿，右分队则进攻厦门沿岸炮台，清军开炮回击，但炮台系由"台墙开门置炮，墙厚门深，又不能左右活转，但可直击；夷船一知避我炮路，过此即冲突无碍，往往先试以敝舟，而后衔排进"[45]。这样，英船得以冲进内港，英军以舢板船强行登陆。下午3时左右，鼓浪屿方面炮台被占；4时许，英军又在厦门南普陀附近登陆；6时左右，"摩底士底"号和其他英船便在厦门内港抛锚停泊：登陆英军越过城南郊区，当晚露宿，次晨入城。

此次战斗是由英国副海军上将威廉·帕克率领两千名士兵和舰队所进行的（图102）。该地区的清军指挥官颜伯焘本应在英军接近时立即粉碎他们。但是，当远征舰队在8月26日停靠了厦门的进近时，帕克发现清军的炮手无法保持一致的火力和

图102
R.B.克劳福德《英国军舰攻击厦门》，1842年

持续足够长的时间，以防止登陆方接管火炮进驻。英军很快占领了城市周围的山丘。英军对整个战役都做了图绘，除前述地图外，还有多幅描绘战斗场面的实景图，这对于总结战斗经验非常重要。清军几乎完全没有这方面的配置，和中法战争时期一样缺乏战地测绘，而欧洲各国基本上全都配备随军的测绘部队，这也是晚清以来中国多次海战失败的原因之一。

清军在厦门的驻守实际上并非不堪一击，英军亦认为清军的全部工事是一个特别坚固的阵地，从海上看起来，长列炮台像是用沙袋加强的普通城墙，一经检查，乃是最精细的石工，是一座高的、坚固的建筑，是用花岗石造成的。即使大船放炮到世界末日，对于守卫炮台的人也极可能没有实际上的伤害。[46]和以往一样，英军在战前和战时对厦门海域应做过缜密的观测，绘制沿海海图，而"班廷克"号即负责测绘的舰船。在攻陷厦门之后，英军继续北上来到浙江的舟山群岛海面。在之后的海战中，定海、镇海和宁波等城相继陷落，到了1842年的乍浦、宝山和上海失守，在中国沿海的战役之中清廷全面落败于英军。多年以来，人们始终在思考清廷在晚清与英国的海战中失败的原因，英国人奥特隆尼提出了与通常看法不一样的见解：

> 清朝帝国的军事，在这次战争中，各种情况都应该对清军有利；如果进行大规模战争，清军可以自由地选择他们作战的地区和防守的阵地；他们的后备部队和武器弹药都近在咫尺；而最重要的一点，乃是这次战争是在清军本土进行，他们一定可以全神贯注于这一战斗中。……经过两年来的战事，清军将领亦已吸收若干军事经验。由于上述种种情势，加以我军舰队最近的移动，我方军事领袖的意图业已完全暴露，我们因而预料：清政府一定要将中国众多的人力和广大的资源全部使用出来，抵抗我军的进攻，从而扭转它所面临的危险局势。[47]

在之前的章节中，我们了解了清初以来对海防的关注，多年以来在沿海各省的海防建设以及绘制众多的海防舆图，这个看上去非常完善的系统为什么在西方海军的攻击之下无法进行真正有效的抵御？当然，一个不可忽略的事实就是清代中国之外的世界，已经发生了根本性和巨大的改变。19世纪以来，由于殖民主义者将新的生活方式带到周边世界，与前几个世纪的不同仅仅体现在规模和速度上，但是这些不同改变了世界历史的进程。在19世纪以前，伟大的帝国占据了世界的各个部分，凭着自己的意愿兼并土地，新技术将这些界限淡化，社会发展领先的国家可以统治全球，这在人类历史上还是第一次。[48]清代中国对外部世界所发生的变化并不能做出全面和客观的理解，在1840年鸦片战争到来之时，在广东炮台上驻守的清军并不清楚的一点是，广东海面上驾驶军舰的国家究竟是什么来历：19世纪中期时，英国仍然是世界上唯一一个完全工业化的经济体，生产的铁和纺织品占世界总量的一半。作为海上强国，"英国人在航海技术上也奋起直追。到伊丽莎白一世时，一种'帆船式巨型舰'的结合体，或者说大型帆船诞生了，上面能够装载四门朝前开火的大炮，这种大型帆船成为英国舰队的主力。它的打击力或许不如巨型舰，但是在速度和军火装运方面已经完全可与之媲美了。在船只设计不断进步的同时，英国的枪炮也随着铁矿的发现和铁用途的增加而得到了改进。英国人自己生产的铁制加农炮虽然很难发射，但造价便宜（是一般加农炮价格的1/5），这就意味着'每英镑打出的炮弹'更多。这种技术优势差不多持续了一个世纪。另外，随着德特福的港务局重组、欧几里得几何学的应用、对磁罗经以及磁极认识的提高，以及对诸如《水手的镜子》等书中用荷兰语绘制图表的翻译，和一些更加精确的地图的出版（如莎士比亚的《第十二夜》中就提到过'新增了东西印度群岛的新版地图'），英国水手的航海技术也逐渐提高了"[49]。船坚炮利和先进的军事装备只是英军取得胜利的一个方面，不能忽视的是，海图测绘在英国、法国整个前往亚洲的航行与战争中所起到的关键作用。

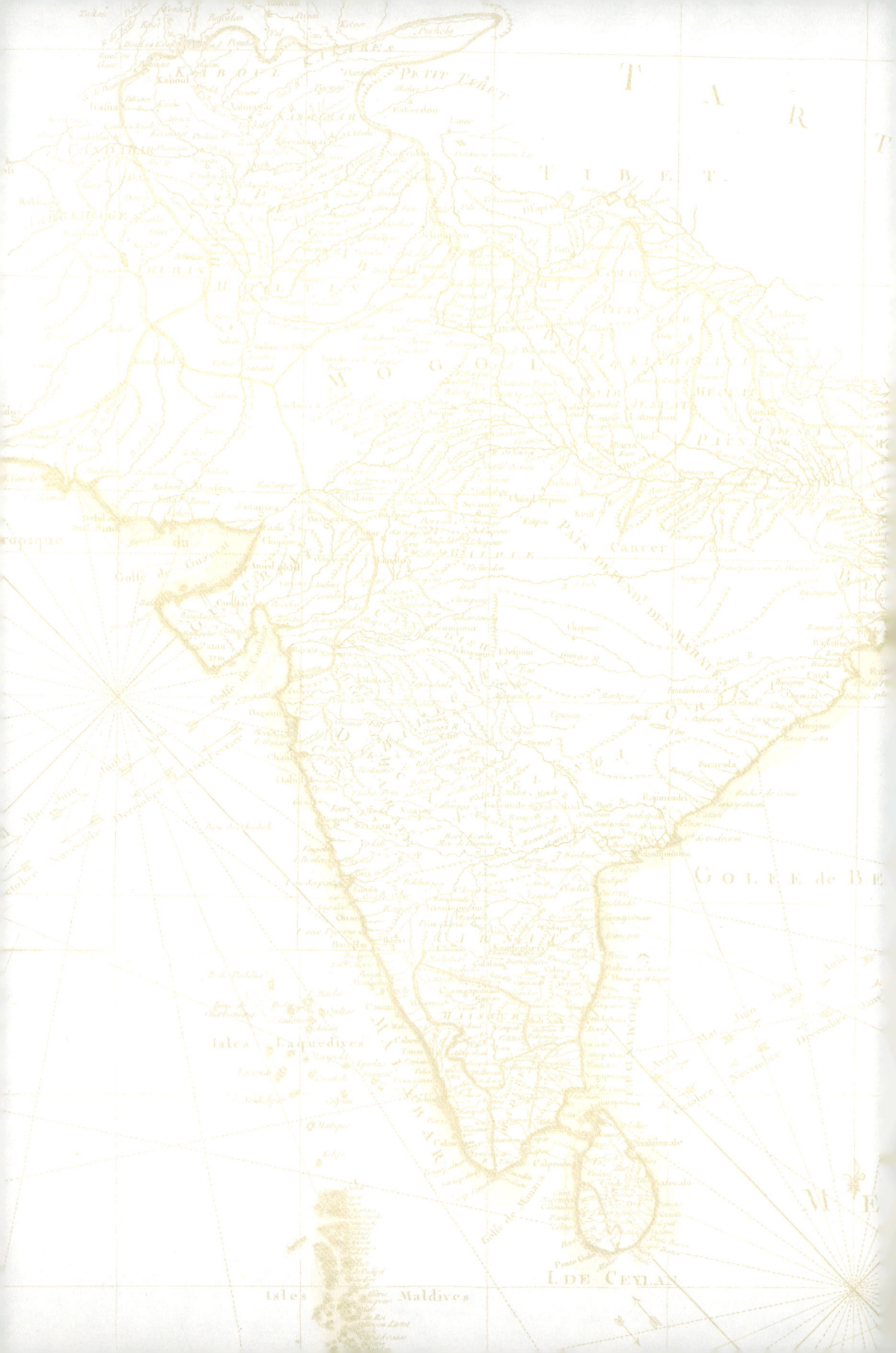

第三部
明清海图中的台湾

顾自海通以来，西力东渐，运会之趋，莫可阻碍。

——连横

第七章 台湾在海图中的战略位置

一、早期台湾海图

从历史中看,台湾以及周边海域、海岛作为中国固有的组成部分与大陆的关系密切。国人发现台湾为时甚早,而大量移入垦殖,是在明末。从欧洲经海上到达东亚和接近中国的航船,都会关注到中国周边沿海与岛屿,这既是欧洲人抵达中国之初的起点,也是他们开展海外贸易、殖民活动和军事行动的重要地域,中国近代史中一系列不平等条约、影响历史进程的事件皆与中国海岸线及其周边岛屿关系密切,台湾是明清时期中国与海外交流的一个焦点,几百年以来,贸易、海权和殖民之争成为台湾不断经历的机遇与困境,有关台湾的海图与绘制背景恰好印证了台湾历史的发展。

古代典籍中有关台湾的叙述,如《海防考》:"'隋开皇中,尝遣虎贲陈棱略澎湖地。其屿屹立巨浸中,环岛三十有六,如排衙。居民以苫茅为庐舍,推年大者为长,畋渔为业。地宜牧牛羊,散食山谷间,各鳖耳为记。棱至抚之,未久而去。'是为中国经略澎湖之始,而亦东入台湾之机也。"[1]实际上,有关台湾的地图实际上出现较晚,在17世纪时才被绘出。自地理大发现后,欧洲人对亚洲的关注与日俱增,他们不远万里驾船而来,和东亚各国发生贸易、传教和一系列战争。17世纪早期的台湾舆图很少将台湾单独绘出,而是包含在亚洲地图之中,但由于当时能够亲自到达中国的欧洲人还不多，还无法进行有效的测绘，所以有关台湾及其周边的地理位置绘制时常不准确。然而，台湾的归属和与大陆的关系却在图中都有反映，荷兰地图大师洪迪乌斯曾绘制《亚洲地图》（图103），收录在1607年出版的《小地图集》中，这个时期因为传教士还没有亲历中国，抑或刚刚开始进行包含经纬度的测绘，亚洲、中国地图错讹较多，不过此图中澳门的纬度很准确，台湾岛在图中被称为小琉球（lequio Minor）。洪迪乌斯和当时的制图家近似，把朝鲜画成一个岛，日本的形状也不准确，但是他对这些地区的行政归属很清晰：明朝大陆领土台湾和朝鲜一带用同一种颜色进行了晕染，原因在于朝鲜是明朝的藩属国，而台湾属明朝地理治下。日本则用红色做了区别，其本州、四国及九州三个岛都画了出来，这样的地图区域划分十分明确。在欧洲，地图由于是多色（或单色）套色铜版刻绘、印刷的工艺流程，多色版通常在于用不同的色彩区分地理边界，属于惯常做法，在洪迪乌斯绘制的地图中正好体现出这种工艺方法。其实到了明代中叶，日本侵袭基隆、淡水时，福建官绅就提出要设防的建议："福建巡抚黄承玄奏请加强澎湖防务，并随时视察台湾。"[2]

洪迪乌斯绘制的地图，是16世纪末到17世纪初欧洲制图家通行的亚洲、中国大陆和中国台湾的面貌。历史上，台湾与大陆之间的联系很早："自《隋书》以至宋、元所言之琉球，多属台湾。至元中，乃设巡检司，隶同安。澎湖之置吏行政自兹始。"[3]及至晚明时期，明朝东南海域、台湾一带面临多方面的问题，一方面有倭寇与海寇侵扰、日本与朝鲜的战争，另一方面欧洲人开始发现台湾。明朝政府面对这些问题采取了一定的措施：

> 万历二十年，日本伐朝鲜，沿海戒严，哨者谓有将侵淡水、鸡笼之议。明廷以澎湖密迩，议设兵戍险。二十五年，始设游兵，春冬汛守，于是澎湖复为中国版土。四十五年，日人入龙门港，遂有长戍之令。初，日本足利氏之末叶，政乱民穷，萨摩、肥前诸国之氓，相聚为盗，驾八幡船侵掠中国沿海，深入闽、浙，而以台湾为往来之地，居于打鼓山麓。[4]

第七章　台湾在海图中的战略位置

图103

洪迪乌斯《亚洲地图》（局部），1607年，安特卫普在欧洲与中国的交流史中，台湾的地位极其重要。西班牙人、葡萄牙人和荷兰人都先后试图侵占台湾，希图通商和殖民："万历初，有葡萄牙船航东海，途过台湾之北，自外望之，山岳如画，树木青葱，名曰科摩沙，译言美丽。是为欧人发现台湾之始。越三十余年，而荷人乃至矣。荷兰为欧洲强国，当明中叶，侵夺爪唯，殖民略地，以开东洋贸易之利。万历二十九年，荷人驾夹板，携巨炮，薄粤东之香山澳，乞互市。粤吏难之，不敢闻于朝。当是时，中国闭关自守，不知海外大势，而华人之移殖南洋者已数百万，政府且欲禁之。"[5] 欧洲诸国与台湾之间的密切联系在明代尤为突出，贸易和殖民活动导致了一系列的社会变化。

明中期后，欧洲航海强国开始将目光投向亚洲，此外由来已久的倭寇依然不断骚扰中国沿海诸省。欧洲各国即在非洲与美洲以外，竭力寻觅新殖民地。在亚洲，明嘉靖三十六年（1557）葡萄牙占领了澳门，隆庆四年（1570）西班牙占领了马尼拉，荷兰与英国亦急起直追。在地势上，台湾的位置实最优越：对中国大陆而言，台湾与福建仅一水之隔，东通琉球、日本，南近吕宋（菲律宾），再往西南则可远航南洋群岛。为此，明初以来，虽严行海禁，有"片板不许下海"之令；郑和一度下西洋（即南洋）之后，又告封锁，但江浙人潜往日本的，闽南漳、泉人之私贩南洋的，依然不绝。所谓"倭寇"则更由日人为主，勾引中国私商，与葡萄牙人、荷兰人、马来人以及各地黑人，相继以我国粤、闽、浙沿海岛屿，包括澎湖与台湾在内为巢穴，主要是为购买我国瓷器、湖丝，以及贩卖南洋一带的香料。[6] 台湾由于特殊的地理位置和丰富的资源物产颇受殖民者的青睐，及至后来遭荷兰侵占38年之久。由于来亚洲航海线路需要勘测海路，所以荷兰、西班牙等国在16—19世纪做了大量的海图测绘，从目前保存的海图来看，它们包含了许多珍贵的历史信息，具备文本描述所没有的生动和直观的特点。

明政府开始关注东南沿海所出现的新问题，尤其是台湾海域一带："有明之季，海疆多事，始成澎湖。澎湖为台湾外府，群岛错立，风涛溯湃，舟触辄破，故守台湾者重澎湖，而妈宫为之纽。万历二十五年，增游兵。四十五年，复增冲锋游兵，左右各置小城，列铳以守，曰铳城。"[7] 在16世纪末，倭寇就曾扰犯澎湖，或同其伙船出没于台湾与澎湖，企图联势劫掠，但均为明朝官军所败。1592年5月，日本丰臣秀吉遣大军16万渡对马海峡，登陆朝鲜釜山，势如破竹，两个月内即占领朝鲜的京城、开城与平壤三大都城，7月时日军进抵中韩边界图们江岸之会宁。当时，明政府出兵援朝，于1593年1月血战日军，遏阻日军攻势，不久又收复汉江以南千里地方，朝鲜各地义兵亦风起云涌。"1592年，丰臣秀吉计划出兵进征台湾、吕宋与果阿（Goa，位于印度西岸）……我国方面，由于获悉朝鲜人韩应寅的密报，获悉日本人将犯鸡笼，乃派兵1600人及船40艘驻防澎湖。"[8]在欧洲人到达台湾之前，日本就试图染指台湾，由于明政府所采取的防卫策略而未得手，这个时期明朝的反应和对策是较为适合和迅速的。

值得一提的是，首位登陆台湾、驱除外侵者并非郑成功，而是名将沈有容（1557—1627），字士弘，号宁海，宣城人，万历七年（1579）中应天武试第四名，后北上投军，先后在蓟辽、闽浙、登莱等边防或海防前哨服役。因屡立奇功，由旗牌官逐步擢升为都督同知。早在"万历三十年（1602）冬，倭寇再次占据台湾西岸外沿海三个多月，四处剽掠，商贾渔民不得安生。巡抚朱公乃密令浯屿偏将沈有容征剿东番（台湾）日寇。沈有容乃率兵于1603年1月24日乘24舟出海，至澎湖遇飓风，大浪涛天，仅存14舟，余皆飘散。沈有容仍令士卒继续向东行，与潮俱没，与浪俱出，终抵东番。日寇出舟迎战，沈有容率兵与倭寇进行殊死战斗，纵火沉其6舟、斩首15级，大破倭寇，收复大员（台南市安平），救回被掳漳、泉渔民三百余人，接着于2月10日班师离东番，从此海上平静达十年"[9]。这是明政府针对外侵台湾的首次有记录的防卫战斗事件，虽然并没有舆图记录当时的情势，但明将沈有容在此后几次率军进入台湾、澎湖列岛，歼倭寇，驱荷兰入侵者，成功地守卫台湾，这部分在后面还会谈到。

16世纪末到17世纪初，欧洲有一些海图已经多次涉及台湾一带的海域与地形，虽然这些图在很大程度上不够准确。1596年，荷兰人扬·哈伊根·凡·林斯霍滕（Jan Huygen van Linschoten，1562—1611）出版了他的著作《东印度水路图》，其中有一幅海图十分精彩，名为《中华领土及海岸线精确海图》（图104）。林斯霍滕自1581年起，担任葡萄牙在印度领地——果阿市新任大主教的书记或文书人员，借此职位阅览、抄写了葡萄牙人有关东印度地区的机密资料。回到荷兰后，他在欧洲

| 权力的图像

图104

林斯霍滕《中华领土及海岸线精确海图》，52.7×39cm，1596年，铜版，阿姆斯特丹

出版了包含葡萄牙人所隐藏有关亚洲贸易和航海的重要机密信息及著作。此书成为荷兰人此后数十年关于亚洲知识的模板著作，并于1600年前后出版了拉丁文、英文、法文和德文版。更重要的是，林斯霍滕提供航海数据，如水流、深海、岛屿和沙洲，这对于安全航行至关重要，同时还有沿海描绘来指导航行。公开出版的航行路线使得通往东印度群岛的通道可以通过荷兰语、法语和英语进行交易。因此，荷兰东印度公司打破了16世纪葡萄牙人与东印度群岛贸易所享有的垄断。

这幅图根据林斯霍滕自己的说法，"采用葡萄牙航海员所

记之最精确海图与日志绘成",虽号称参考最精确之海图,不过传统的"想象"元素仍掺杂其中:

> 图中福建沿海处绘有三个小岛,位北回归线通过处为Lequeo pequeno(小琉球),其旁分别注记L. Fermosa(台湾)及一无名岛。因为书中所提到的小琉球多是指台湾,所以此张图中的小琉球是台湾的可能性极高。基本上,这样的三岛形态是参考了葡萄牙系统的海图,而葡萄牙人之所以如此呈现,很有可能是受到了明代中国地图的影响。[10]

台湾被画成三个连在一起的岛屿在早期海图中十分常见,欧洲制图师此时还没有能够亲临进行观察测绘,所以互相参考绘制的时候就以这样的模式描绘台湾,不过在林斯霍滕图中也明确标出了台湾海域以东范围内是属于中国领海(图105,SINENSIS OCEANUS)。上述早期台湾为三岛形状目前无法得知是欧洲人还是中国人先绘,然而有一则案例表明晚明时期的中国舆图家亦有类似的图绘:明崇祯九年(1636)陈组绶所绘的《皇明职方地图》中,台湾就被绘成北为基隆、(淡)水,中为北港,下连澎湖的上下相接的三岛。应该是当时漳、泉渔民经过台湾,因没有登岛只在海上目测,将浊水溪、高屏溪宽大的出海口误认为海峡,因而认为台湾是由三个岛组成的。[11]陈组绶(?—1637),延陵人,明崇祯七年(1634)进士,次年授兵部职方司主事。《皇明职方地图》是根据《广舆图》和其他明代重要地图而编绘的以国防为主的大型综合地图集。原书内容丰富,共计三卷三册,也是继罗洪先《广舆图》之后的一部重要舆图志。

《皇明职方地图》上卷为两京(南边南京,后北部北京)十三省之图表;中卷为边镇、九边、三关之图表;下卷为川海、江山、漕黄、海运、江防与外夷之图表。[12]陈组绶任职兵部,主管承平时期之军事训练与营垒部署,编纂本图时陈氏除了批判历代舆地文献对于实际环境的想象与无知,由此多造成政府误判地方虚实与经营边疆策略失当外,特别留意各类地理环境与交通的变迁对于国防的长期性影响。此外,有鉴于明代帝国自南京迁都北京,衍生出政府行政管理、物资运输、海

| 权力的图像

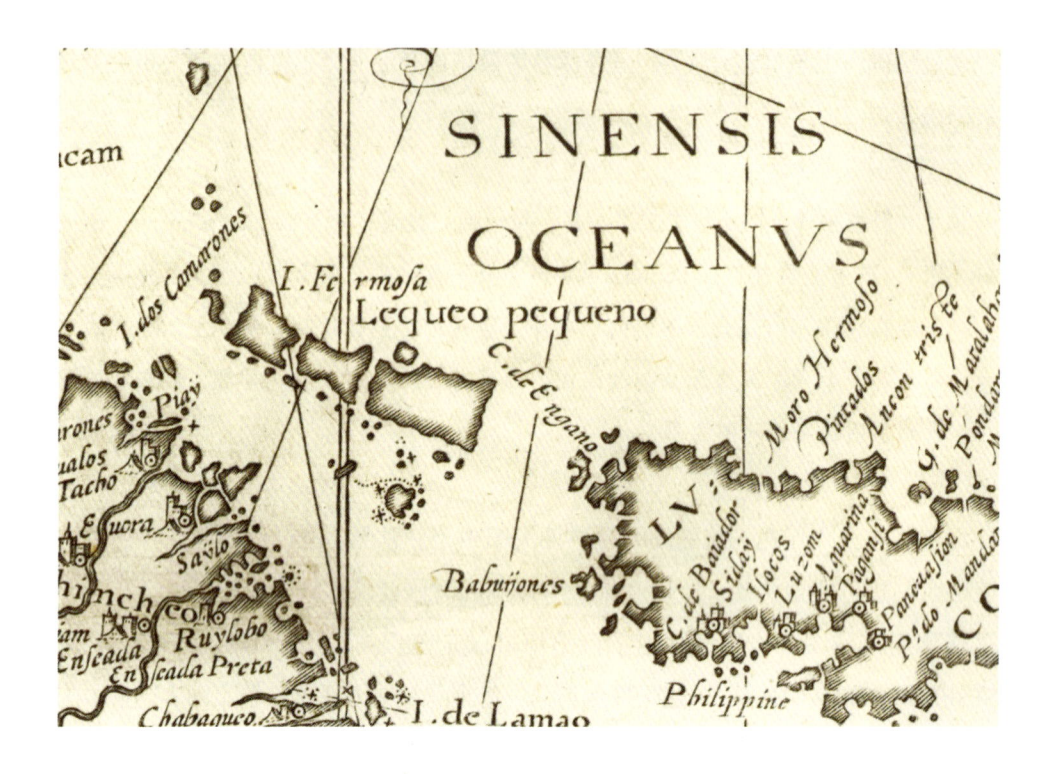

图105
林斯霍滕《中华领土及海岸线精确海图》（局部放大），1596年，铜版，阿姆斯特丹

陆水运和军事部署等争论，也在各章节中反复提出北迁之优劣得失。此书具有历史性价值，并包括早期地图中未见的地区，如澎湖、基隆及湛水。有关陈组绶的历史资料不多，尚不知他是否到访过台湾，但似乎对台湾岛的描绘如上述"三岛"，在书中"跋语"部分，陈组绶提及天启壬戌年（1622）所发生过的明朝军队和荷兰人在澎湖发生的一场战争，图中北港（明代对台湾的称谓之一）处下书："即台湾，今为红夷所据。"史载天启四年（1624）9月，福建巡抚南居益、总兵俞咨皋统率三军与荷军苦战七个月，炸毁红毛城，终于收复澎湖，荷将高文律（Kobenloet）等十二人被捕。陈组绶成图之时，明军应还未收复澎湖，不过这些珍贵的记载已将欧洲人对台湾的关注勾画出来。

林斯霍滕的旅行著作出版八年后，即有荷兰人到达台湾，在当时有国际贸易的历史背景：随着全球白银市场的形成，占有国际贸易地利之便的台湾成为必争之地。1619年，西班牙多明我会士马丁略（Bartolomé Martínez）指出中国台湾的战略地位可与中国澳门匹敌，是前往日本或中国最好的中转站，不但对中国贸易便利，货品价格低廉，而且中国官员不会来此课税，因此要尽速征服台湾，建立港口，以免被日本人捷足先登。实际上，1599年即现身在菲律宾海域的荷兰人，为了比对手西班牙人在更靠近中国的地方抢到据点，1622年先进攻澳门。只是荷兰人抢占澳门的计划未成，反而后来占领了台湾。西班牙人为此十分不安，赶紧在荷兰人来台湾两年后，也到台湾北部的基隆建立殖民据点，以防止前往日本的路线被切断。[13] 几个海上欧洲强国围绕在台湾的贸易利益开始角逐，由于当时明政府实行海禁，他们未能进入大陆。此次荷兰人的行程是为满足东印度公司的需求而来：

　　万历三十年（1602）荷兰即成立东印度公司，同年派韦麻郎东来发展东南洋市场，而以中国与日本为主要目的。[14]

韦麻郎名为威布兰德·范·瓦尔维克，是荷兰海军中将。1604年8月他带领船队到达澎湖，由于春汛结束澎湖没有守兵，荷兰人就驻扎下来。而明朝政府的态度，在时任都司的沈有容谕退红夷之中得到体现。明人陈学伊在《谕西番记》之中详述了沈有容与荷兰司令官韦麻郎之间的外交接触："麻郎德将军（即韦麻郎。——引者注）释其通事，抵将军谢。将军对所差使扬言于郎曰：'若辈夙不通中国，兹非误听奸民诱来耶？天朝体统甚肃，上有抚按二台，中有藩臬诸司，外有将领、郡邑百执事，纲纪相承，凡事非商定不敢以闻。若欲求互市于闽，互市事至钜，孰敢主之？若等皆良商，独不识此乎？'郎始悟，即订归期……越二日，三夷舟俱解缆去。滨行时，携铳器及土产别将军。将军受其器，还其产。郎与诸部落向将军泣，至望将军不见，犹登尾以眺者。"[15] 对于初至澎湖的荷兰人，沈有容不费一兵一卒退红夷的行迹和之后与荷兰殖民者所进行的一系列战争形成鲜明对比。

　　福建地方官员，如巡抚徐学聚坚决反对荷兰人占据澎湖，他认为这是自撤藩篱，会导致荷兰与日本相互勾结，贻害无穷。同时，如果让荷兰人占据澎湖，就会严重影响福建的贸易和关税。徐学聚一方面上疏皇帝，一方面命令沿海各地加强防守，并派总兵施德政负责驱逐荷兰人，到了10月，施德政就派遣都司沈有容带兵至澎湖，明确表示不准通商，要求荷兰人立即撤离。[16] 可以看出此时明政府和福建地方官员已具有了海权的意识。不过，荷兰人并未就此停止侵占台湾的想法。

荷兰是17世纪地图绘制水平最高的国家，佛兰芒制图学派名家辈出，有大量的职业团队从事各种地图、海图的绘制工作，当时有很多铜版画家也在为制图公司服务，绘制了几乎全球、各大洲和诸多国家的详尽地图，其存量和品质都十分卓越。佛兰芒地图学派的重要性和迅速发展甚至在画家维米尔的多幅作品中都体现了出来，该学派的地图绘制名家辈出，地图印刷的媒介从木刻发展到铜版雕刻，为尼德兰熟练的金属工匠提供了巨大的便利，阿姆斯特丹因此在1590年成为欧洲地图制作的中心。[17] 海图是荷兰制图所关注的一个核心，由于航海贸易的巨大需求，海图和航线图绘制的勘测在地理大发现后成为各航海大国优先考虑的方面，一开始是葡萄牙、西班牙，到了17世纪后荷兰的阿姆斯特丹就成为地图制图中心。荷兰东印度公司是荷兰制图业的主要推动者，受巨大贸易利益的驱使，同时在亚洲得到了许多新的地理信息，为了掌控这些地理资料的流向而制定政策，交由支薪的官员来制图，也可提升荷兰海商地位。黑塞·格里茨（Hessel Gerritsz）是有丰富地理知识与绘制地图经验的专家，即是当时担任掌管该公司地图绘制的官员，在他1632年去世后，布劳及其子成为荷兰国家及东印度公司的地理师与海图师。布劳早在1599年就在阿姆斯特丹开创地球仪与天文学仪器公司，其后又出版有地理书与地图集。布劳之子约翰内斯及科尔内利斯继承父业后，成就更为辉煌。在那个时代，荷兰的航海发达，已居世界领导地位，荷兰东印度公司为要垄断亚洲的商贸利益，将各地测绘得到的地理数据及海图均列为高度机密，而且其具有政治和商业双重特权，可利用新资料做地图内容的修订，并运用在商业经营上。在他们的经营下，布劳的地图公司成为全世界最大的地图工场，鼎盛时期所印制的地图超过百万张。[18] 可以说，荷兰在亚洲所取得贸易利益与他们在地图测绘方面的先进技术具有密切联系。

初至台湾之时，荷兰舰队就开始测绘台湾岛和海域，以期获得更准确的数据：

第七章 台湾在海图中的战略位置

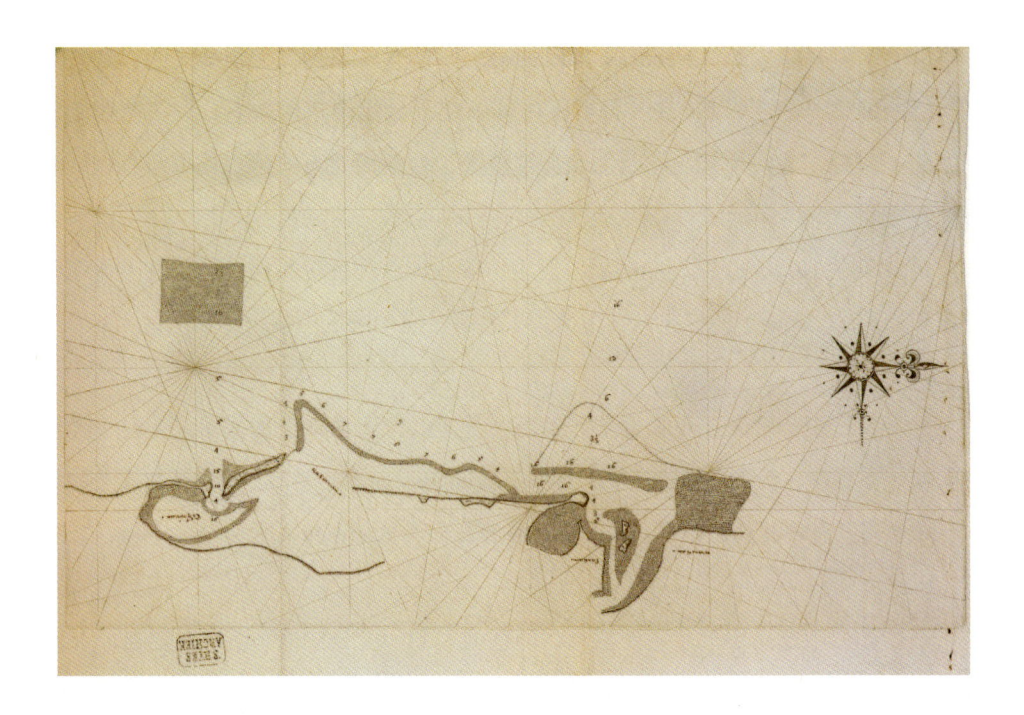

图106
莫塞斯·克拉茨·科曼斯《大员海港图》，1623年

荷兰殖民者侵占澎湖时，已十分注意调查台湾岛的情况。1622年7月，舰队司令雷约兹到大员港测量，又到了琉球屿等地。他们发现大员港在涨潮时，水深可达15—16英尺，海岸的沙丘上有许多丛林，较远处有树木和竹，可利用这些材料在港口南侧建立城堡，以控制船舶的进出。同时，他们还了解到每年有日本船到达这里采购鹿皮，还有中国船运来的丝织品，与日本商人交易。[19]

类似的海域测绘很多，既有台湾全岛图，也有具体城市的港口区域图，可见荷兰人对台湾本岛之窥视。例如荷兰绘图师莫塞斯·克拉茨·科曼斯（Moses Claeszoon Comans）在1623年绘制的大员大比例尺海港图（图106）、荷兰水手雅各布·基斯布兰茨·诺德鲁斯（Jacob IJsbrantsz Noordeloos）在1625年首次将台湾画成一个完整的岛屿，这很可能是世界上第一张独立且相对正确的台湾地图（图107），以及亨德里克·阿德里安斯（Hendrick Adriaensz）所绘之一系列《大员地区的详细航海图》（图108），人们发现赤崁（普罗民遮城）位于台江湾东侧岸上，台江湾西侧外海上有七鲲鯓、北线（汕）尾及加老湾等沙洲，台江湾北方的萧垅外海亦有蚵蜓沙洲五座围绕。

1622年9月10日，在澎湖的荷兰军舰上，舰队司令雷约兹写信给荷兰驻巴达维亚总督库恩（J. P. Coen）的信札，其中谈到了绘制台湾地图的事情：

> 我们在此附寄三张地图给您阁下，是澳门与澎湖群岛的地图，是舵手莫塞斯·克拉茨·科曼斯和雅各布·杨森（Jacob Janssen）绘制的。我们会在不久的将来再寄几张中国大陆沿海、澎湖以及台湾岛的其他地图给阁下。[20]

雷约兹的话语中透露出一个重要信息，即在荷兰东印度公司的军舰上，已有职业或业余的地图测绘师在协助工作，这种情形应较为普遍。除了对未知海域的测绘，东印度公司的船队也会利用已有海图进行航向位置定位。东印度公司船长威·伊·邦特库率船队在1622年7月25日到达中国浙江一带海域时，就参照了之前的海图："25日，我们在纬度27度零9分的地方看到断断续续的海岸，根据扬·霍伊曾的著作和海图所示，我们估计已到琅机山。抛锚停泊在水深15㖊处，我们见到许多中国渔民，约在离陆地三英里、四英里、五英里至六英里的地方。"[21]东印度公司成立的专门绘图机构，成为最杰出的地理测量师与水文师等学者的聚集地，荷兰的造船、航运、采矿、炼铁、水利工程、筑港和城市建设等技术借机兴起，为之后在亚洲的殖民活动打下基础。从地缘角度讲，大明帝国是东方最大的商贸市场，荷兰一直寻求在大明沿海地区的一处作为中继站，条件是要有良好的港口及可防卫的设施。漳州、厦门是他们最想考虑的地点，他们也曾想出击葡萄牙的据地澳门，但都不顺利。早在1604年荷兰人即占领渔翁岛（澎湖），并在风柜尾建盖了城堡，准备展开与大明求市，但被福建都司沈有容率兵驱逐。18年后（1622），荷英联合战队攻打澳门仍告失败，于是选了澎湖。次年又被福建巡检司驱赶，巡检并有意逼荷兰人迁往台湾，一年后决定开往澎湖，转往大员。[22]

第七章 台湾在海图中的战略位置

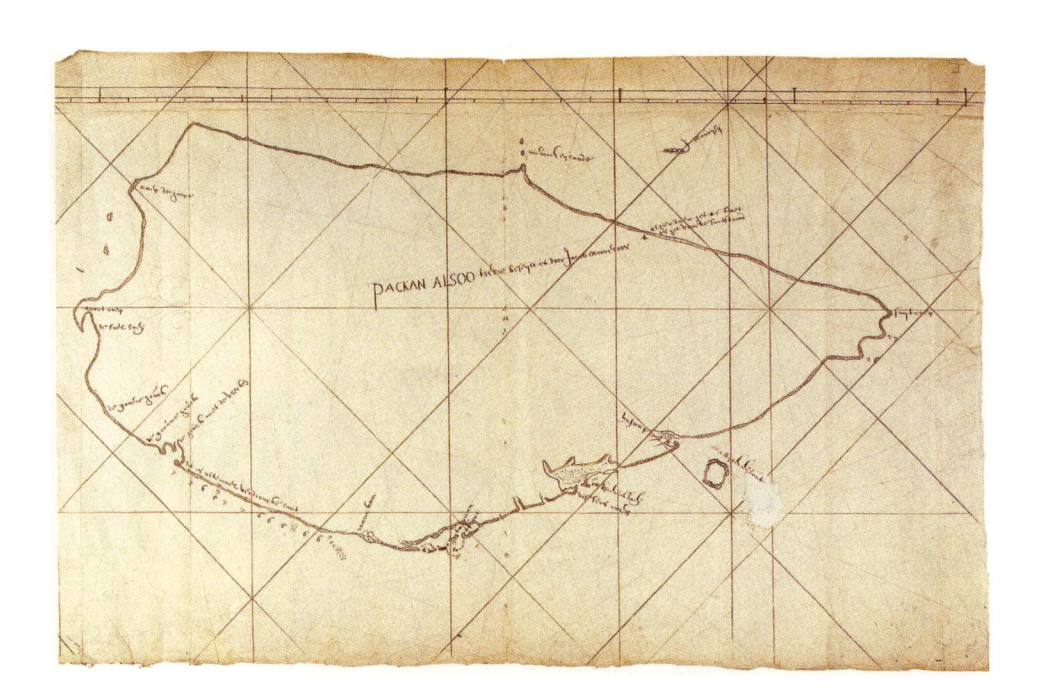

图107

雅各布·基斯布兰茨·诺德鲁斯《台湾岛海图》，1625年

图108

亨德里克·阿德里安斯《大员地区的详细航海图》，1626年

| 权力的图像

图109

佩德罗·德·维拉《台湾港口海图》，1626年

早期觊觎台湾者不仅是荷兰一国，航海强国西班牙自开辟了中、南美洲后，于1571年占据了菲律宾的马尼拉，并将它作为远东的殖民基地，试图与大明互市。1597年西班牙人科罗奈尔绘制出《中国沿海及菲律宾图》（图3），在17世纪初，亦有佩德罗·德·维拉（Pedro de Vera）绘制的台湾港口图（图109）展现了社寮岛的位置和淡水河口、东北角海岸的石门、三貂角、宜兰海域的地理位置，这就是西班牙船队在这一区域航行时重要的航海地标，也是此时暂时处于西班牙控制之下的海

域。这些海图是较早的有关中国海域和台湾的海图，尽管在对台湾的绘制准确程度上还不够好，但是此图的着眼点在从于图示角度勾勒出西班牙人已占领的马尼拉和对与明朝互市的渴望。围绕对台湾的争夺，西班牙与荷兰都在积极谋划，先后来到台湾：

> 西班牙入侵台湾的理由，主要是吕宋总督的认可，保护马尼拉与福建贸易畅通不受荷兰的威胁，再者西班牙多明我教的传教不须经澳门而可直接进入中国。日本德川幕府与荷兰有良好的商贸关系，西班牙担心日本会南侵台湾，而1624年荷兰人侵占大员消息传到驻马尼拉的总督后，即有远征台湾计划，1626年西班牙远征军经吕宋向北航行经绕台湾东部抵鸡笼的社寮岛，抢先在台北登陆，后来建盖圣萨尔瓦多城，又在1629年入侵淡水，建多明哥城。以北台湾西班牙的据点，并展开宣教与殖民工作。直到1642年被荷兰人驱赶走为止，共殖民台湾16年之久。[23]

在荷兰占据台湾之前，总体而言，明朝政府对待欧洲诸国来华互市的要求均予以拒绝，并对沿海诸岛的主权提出直接的要求。在明人绘制的地图中，海防布防的考虑十分清晰地表达出来。约为万历二十年（1592）之后绘制的《乾坤一统海防全图》（图110）是一幅综合沿海军事设防图，详细描绘了广东、福建、浙江、南直隶（今江苏、安徽）、山东、北直隶（今河北）、辽东（今辽宁）七省沿海地区的自然地理特征、政区建置以及军事设防状况。全图以上方为南、东南或正东方向绘出，以求海岸线取直划一，即海在上，陆在下。陆地部分用计里画方的方法，绘制府、州、县城与山脉、河流的相对位置。图上各卫所寨堡、烽堠墩台、望楼关隘以及巡检司的布局和名称，详尽清晰，海洋以鳞状波纹线表示。岛屿礁石、港湾渡口为标注重点。水寨、险滩、咽喉要地还附以文字说明。海岸线与相邻岛屿的位置大体准确。所绘航路，承元代故道，起自福建梅花所，止于直隶直沽口。长江口港汊纵横，突出了其海防、江防合一的重要地位。此外，还绘出与中国隔海相望的日本、朝鲜的部分沿海。[24]其中，在图中福州府部分，"题跋图说"有云：

| 权力的图像

图110
《乾坤一统海防全图》，万历二十年（1592）后，中国第一历史档案馆藏

国初沿海设兵，犬牙相制。为卫者四，为所者十。谓之正兵，以控御于中。为寨者五，为墩湾者几百数，谓之游兵，以哨守于外。而又有黄崎等二镇兵，洪淡等四十二巡司弓兵安边……号召之间，而兵船数百可以立齐，一剿捕之，征而兵夫数千可以响应，此八闽边海之防也。

图中台湾部分被称为"小琉球"，已明确地画在明代海防全图之中，对其基本的地貌做了描绘，其中细节介绍比较具体，也许参与绘图者到过台湾海域一带，如出现台湾的北部地形，淡水河由三支流汇集而成。基隆附近的小岛彭加山、鸡笼山、瓶架山都呈现在图中，下方则有澎湖诸岛及福建沿海泉州府一带，是目前所见汉字地图中台湾的最早一幅地图。[25]类似的明代海图还有一些，如《九边图》《福建海防图》等，对于防卫的具体地点都做了描绘。以上舆图说明在明代，虽然实行海禁政策，但是对于海防依然十分重视，虽然这是因为倭寇长期以来对东南海域的侵扰。不过，在天启四年（1624），荷兰东印度公司对台湾长达38年的殖民历史开启后，台湾的情势就发生变化了。

二、荷占时期的台湾与海图

虽然西班牙和荷兰都先后开始部分地侵占台湾，但最终荷兰驱逐了西班牙等国的势力，在台湾驻扎下来。这与东印度公司驻台湾长官的策略有关，1625年2月19日，时任长官宋克（Martinus Sonck）致信巴达维亚的总督卡本提尔（Pieter de Carpentier），对中国沿海、台湾岛和周边局势进行了深入分析："即使东印度公司有足够的力量向中国再发动战争，但也要考虑到西班牙人和葡萄牙人会倾力去帮助中国的情形，例如他们会把战火延烧到整个东印度（亚洲），用这方法来援助中国。使我们必须分散兵力去防止全地区的崩溃。要去对像中国皇帝以及西班牙的国王那么强大的君王发动战争，是绝无益处，也毫无胜算。因这一切情形，为了能对东印度公司更有效用,并使东印度公司更有机会成为中国贸易的霸主,我决定,将只对西班牙人与葡萄牙人发动战争,不要对他们和中国皇帝同时发动战争。"[26] 宋克还采取怀柔策略与福建当地的官员保持联系,并用礼物馈赠的方式和福建官员增加亲近感:"我们收到(两广总督何士晋)那封信以后,没有理由不馈赠一些赠礼,即给福州军门400里尔;给布政(布政使司)100里尔;给两个海道(巡海道,即兴泉道和漳南道)和两个海防(海防同知)各100里尔;以及给上述(许)心素300里尔,这是包括他为了去取得这封信而送礼和开支的费用,以及(专程)送这封信来和其他服务的酬谢。他说,也有别人为他作证,他为了要专程送这封信来此地,在料罗湾一艘戎克船上等候好天气等了40天,花费了很多钱。"[27] 这一时期的复杂局势,在其间所绘制的海图中亦反映出来。荷兰制图师约翰尼斯·芬布恩斯在1640年所绘《台湾岛和澎湖岛地图》(图111)之中就能够准确地反映出荷兰贸易所至的世界大部分地区,台湾形状的绘制比之前准确度提升很多。

这幅海图上方朝东,更精确绘出台湾的形状、海岸线及水深度,是台湾古地图中最具代表性的一张。由于当时基隆、淡水等地为西班牙人所占领,所以北部及东北部地区的地名很少。此图直到1724—1726年时才被瓦伦泰(François Valentyn)出版的《新旧东印度志》(*Oud en Nieuw Oost-indiën*)收录,书中其地图名为《台湾岛和渔翁岛地图》。西班牙人主要以台湾北部为占领地,所以荷兰制图师在图中还绘不出不熟悉的地点,而主要集中在面朝大陆的西部沿海区域。连横写道:

> (天启)二年,西人复入淡水,筑罗岷古城,为犄角。驻领事,辟土田,以镇抚土番。当是时,鸡笼、淡水均为荒秽之地,华人亦少至者,草莽瘴毒,居者辄病死,故西人亦大费经营也。五年,西船遭飓至蛤仔难(宜兰)海岸,为土番劫杀,发兵讨之。六年,西人始至大浪泵,南讫竹堑,谋殖民,而神甫辄遭番害,乃止。
>
> …………
>
> 十三年,荷人以西人之据北鄙也,上书爪哇总督,欲发兵逐之。而西人方与葡萄牙合,谋夺其海权,然荷人国力方盛。夏五月,台湾领事波宇烈士致书

西人，请撤退。曰："余不忍生民罹祸，女其速举城降。"西领事昂萨路复曰："城固在也，女其来取。"八月，荷人以战舰攻鸡笼，不胜。已而吕宋有事，裁戍兵，荷人乘势攻之。翌年春三月，又以兵五百伐淡水。西人战不利，闭城守，久而绝援，九月初四日，乃弃城走。凡西人据台十六年，而为荷人所逐。[28]

图111
约翰尼斯·芬布恩斯《台湾岛和澎湖岛地图》，1640年

在西班牙人被排挤出局之时，荷兰东印度公司对台湾的地图测绘日趋准确，由于盛传台湾北部富有金矿，故而荷兰人在1626年首次在北部出兵袭击西班牙人就是为了黄金。

对于台湾在东亚海域的重要地位，荷兰人的认识是建立在深入的测绘统计和形势分析的基础之上。总的来说，台湾的案

例显示了荷兰人在海外定居点如何系统地使用地图和计划。土地测量师、军事工程师和其他地图制作者的工作被视为发展高效基础设施的必要条件。[29]第三任荷兰台湾长官彼得·努易兹（Pieter Nuyts，1598—1655）在1629年2月10日写给驻巴塔维亚的荷兰东印度公司总督的信札中，对台湾所形成的"中国贸易"进行了十分深入的阐述，他是所有驻台长官之中思考能力出众的一位：

> 我们注意到，无论是在荷兰国内或在印度，许多优秀的人在谈论中国贸易及其所占地位时，都说不出它真正的价值和重要性。就我所知，在我之先的几位前任者，皆未就此一主题提出完整且清晰的报告。因此为了公司及当局诸位，我们有责任根据就任以来短时间内的个人经验，以及到中国旅行的见闻，尽可能精简清晰地向诸位报告。台湾，汉人称之为北港（Ponkan），我们公司在赤崁有座城堡；其附近的台湾岛，我们已命名为热兰遮。台湾位于北纬21度，由西南向东北延伸，一直到北纬25.3度；在漳州江或厦门东南方约32荷里。没有地方比台湾更适合从事中国贸易了，一年四季皆可来访，整年河流都可行。台湾是个沙质小岛，目前公司在台湾岛的沙丘上有座小城堡主要是砖造的。此堡希望能在两年内完工，但因雨季时很容易浸水，每年都需大笔修缮费。水道的入口处很窄，涨潮时水深超过14呎，港内则有5呯深，船只在此可避开所有方向的风，台湾的山特别高，又很美丽。[30]

在和明朝之间的贸易方面，荷兰人已经摸索出一个适合的模式，能够获取利益。并且分析了葡萄牙、西班牙人和日本人在华贸易的基础、与明朝政府的关系由来以及荷兰东印度公司在台湾所面临的问题，努易兹所列举的内容势必经过观察才得知，在对时局的全面性方面，努易兹的看法的确具有前瞻性：

> 公司用中国帆船将资金从台湾岛运到中国，交给当地的代理商或任何可靠的中国商人，让他们购买日本、东印度和中国所需的货物。这些交易得到福建军门（或巡抚）的默许……澳门的葡萄牙人已和中国贸易一百一十三年之久，

他们透过特殊的花费、送礼及出使得到中国皇帝特准居住该地,每年两次前往广州(那里每年有两次大型市集)买货。他们的获利很可能高于马尼拉的商人或在此地的我们,因为长期的居住使他们较知道哪里有最优质及最多样性的产品。自从葡萄牙人在澳门进行筑城等工事后,中国人就开始生疑担心他们会染指中国领土,就像他们侵入麻六甲那般。因此,中国官员刻意抵制每年举行的市集,让葡萄牙人备尝习难、损失和不便,迫使他们逐渐避免亲自贸易,改为全部委托他人经手。由于这一原因,加上几次海上的不幸事件,葡萄牙人的贸易利润一落千丈。所以只要能成功阻挡他们前往日本的船只,他们在中国的贸易就会自动瓦解。届时,既无领土、又没有固定收入的葡萄牙人就不得不撤离澳门了。我们的共同敌人(指西班牙人)在台湾北部建立座堡垒;日本人放肆地主张要跟我们平起平坐,同享贸易。这两个困难都必须面对,但处理的手法不同:西班牙人必须以武力摆平;日本人则必须用友善的方式来解决,不能让他们发现我们真正的目的。[31]

热兰遮城在荷兰东印度公司所出版的书籍中,经常被描绘出来。《大员的热兰遮城图》(图112)也是一幅地图,这种类型的地图和一般的地图、海图不同,是具有空间感和风景画式的地图,更能够清晰和具体地描绘出较小区域的地理分布状况,这类地图在荷兰东印度公司驻台湾期间曾广泛绘制。图中为鸟瞰式大员市街图,由于大船无法进入台江内海,所以大船停泊在右侧外海,而用小帆船驶入,正前方插有三色旗的建筑是荷兰东印度公司的菱形热兰遮城堡,内有荷兰东印度公司商馆,左侧是汉人的安平市街,是当时荷兰在台湾鼎盛商业活动时期全景。[32]为了荷兰东印度公司在台湾的利益,努易兹非常强调把将西班牙势力赶出台湾,这为在1642年8月荷兰军队进攻基隆,将西班牙人逐出台湾北部埋下了伏笔。围绕着台湾的利益之争,西班牙逐渐淡出了台湾,荷兰东印度公司与晚明政府、郑芝龙和郑成功父子、清政府以及日本人,共同构成了17世纪时期台湾海域复杂的矛盾与角逐。在1642—1652年间,日耳曼籍雇佣兵卡斯帕·施玛卡尔登(Caspar Schmalkalden,1616—1673)为荷兰东西印度公司服务而环游世界。回到家后,他将自己的经历记

| 权力的图像

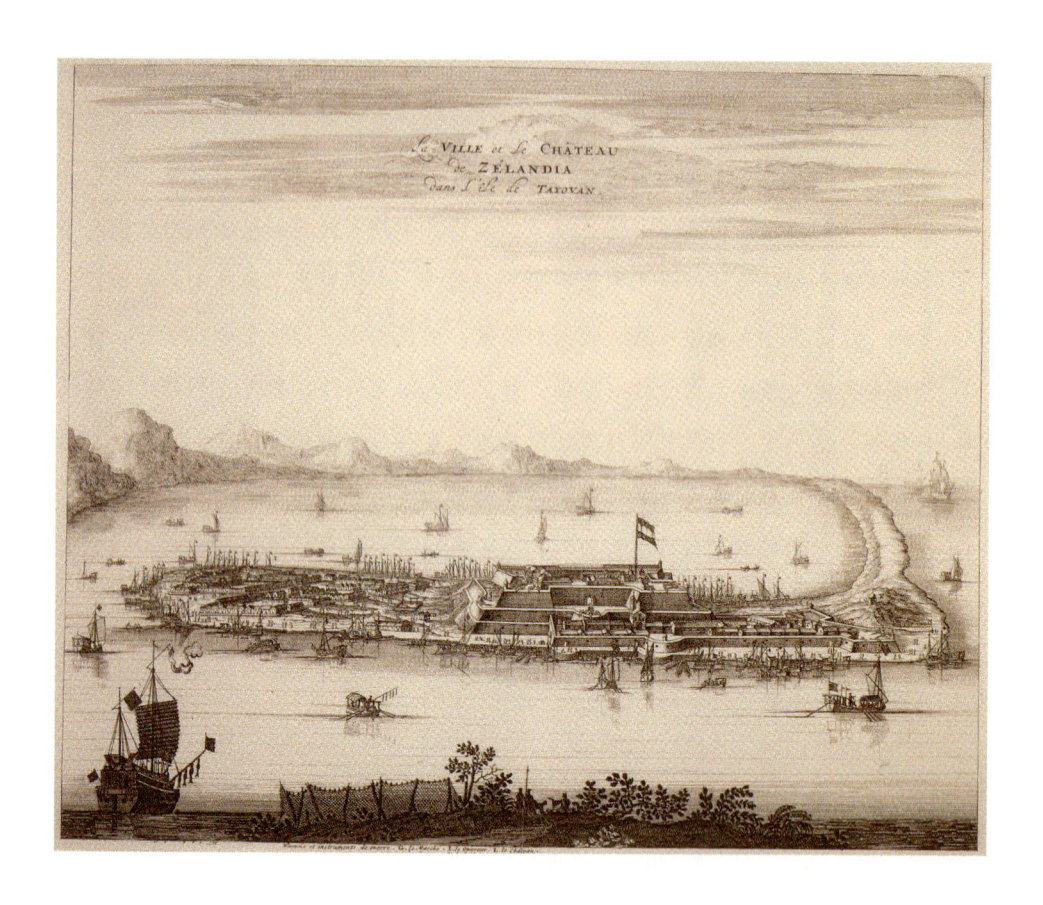

图112
佚名《大员的热兰遮城图》，1670年

录在一份令人愉悦的手稿《前往印度西部和东部的奇迹之旅》（*Die Wundersamen Reisen des Caspar Schmalkalden nach West- und Ostindien*）之中，他在台湾工作了两年，担任地图测量师，描绘了许多在各地的见闻并绘制了地图。在一幅手稿作品中，他还描绘了一位身着长袍的中国商人（图113）拿着折扇和阳伞，并在画中题写了一首诗，以中国人的口吻吟诵下来：

Sucht iemand Kaufmannschaft und kostbar teure Wahren
Dann ist nunmehr erlaubt, in
Unser land zu fahren,

第七章　台湾在海图中的战略位置

图113
卡斯帕·施玛卡尔登手稿《中国商人》，17世纪

Wir haben Seidenwahr und reines Porcelan

Macht Mars uns nicht berühmbt, so hats die Kunst gethan

如果有人在寻找商业和昂贵的商品，
将获许来到我们的国度。
我们有丝绸和精美的瓷器，
如果玛尔斯（战争之神）不让我们出名，
艺术也会让我们出名。

施玛卡尔登研究了台湾当地的地理和文化，他的旅行指南附带的地图清楚地

279

| 权力的图像

图114 ————
卡斯帕·施玛卡尔登
《台湾地图》,1650年

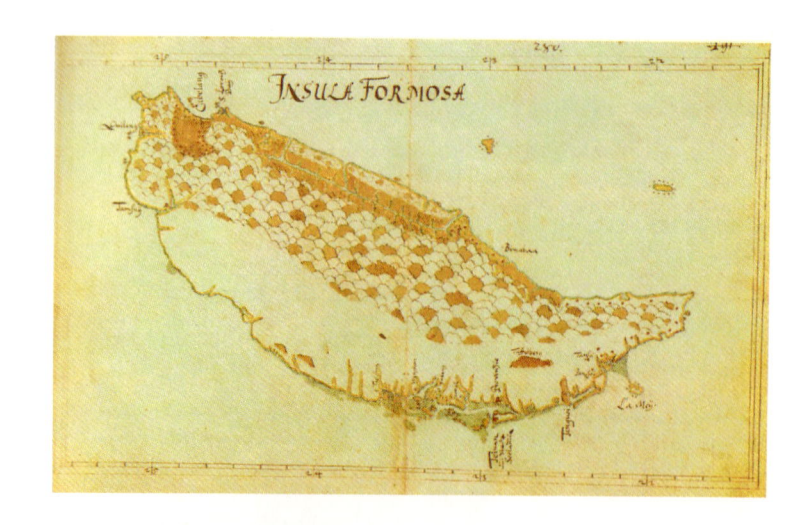

图115 ————
卡斯帕·施玛卡尔登
《亚洲地图》,1650年

显示了荷兰人所知的岛屿部分地区。他的手写游记有489页,包括128幅彩色的钢笔画,其中文本的某些页面丢失。我们看到一些台湾的地图也在他的手稿之中,在绘制时间为1650年的《台湾地图》(图114)中,我们知道这张图是卡斯帕·施玛卡尔登离开荷兰东印度公司之后制作的非正式地图,而在图中画出台湾东部沿海地区的细节是很不寻常的。在荷兰殖民初期,台湾东部沿海地区基本上被制图者所忽略了。然而,在1640年东印度公司派出了几支探险队对东海岸进行考察,并调查了山区金矿的传闻。该地图反映了该公司对东海岸地理的新发现,包括沿海山脉和噶玛兰地区后面的峡谷。

施玛卡尔登于1642年在格罗宁根学习天文学，出于经济原因，他于同年9月以士兵的身份加入荷兰服役，在1648年抵达台湾，不再作为士兵而是开始了地图测绘工作。他的插画具有特殊的魅力，不仅因为它们乃是手绘和经过敷彩，没有经过铜版画家的"润色"，所以它们看起来通常更真实，而且在他的作品中没有强壮和肌肉发达的人物形象（巴洛克式作品的特色）。施玛卡尔登重新绘制了一些地图，包括《亚洲地图》（图115），并补充了后期的细节。虽然他本人在台湾期间是一名测量员和地图制作人，但施玛卡尔登可能不会被允许保留他为公司所绘制的地图，因为当时地图依然属于机密信息。[33] 施玛卡尔登的台湾地图具有纬度标记，外形轮廓也画得比较符合实际地形，中央山脉区域的画法十分有特色，当时荷兰东印度公司的荷兰籍测绘师很少采用这样的方式，沿岸的主要港口部分依然画得较为细致。

专业的制图设计师为东印度公司在台湾进行了城市的设计和地图测绘。热兰遮城的设计可能也受到了一位军事建筑师的影响，特别是大卫·德·索莱姆尼（David de Solemne）。索莱姆尼在受雇于荷兰东印度公司之前曾是荷兰军队的军需官。1630年他完成了大对开本《军需官手册》（*La charge du Maréchal des Logis*, 1632年由亨利·洪迪乌斯在海牙出版）一书，其中有大量的平面图和图纸，包括了许多军营。和这一时期的作品一样，索莱姆尼强调军需官必须精通几何、透视、绘画和浮雕模型的创作。毫无疑问，索莱姆尼熟悉荷兰的防御工事与城市规划理论和实践。1634年，索莱姆尼在往返巴达维亚和日本的途中，曾停留在热兰遮城。大约在这段时间，他还保持与荷兰驻台湾总督塞缪尔·普特曼（Samuel Putmans）通信，而普特曼于1633年4月与索莱姆尼的女儿乔安娜结婚。[34]

台湾海域的地形地貌，在晚明时期经历了由一开始的局部观察，到之后由荷兰人绘制出较为准确的形状。明人亦深知这一点，军事防卫则更为重要，晚明地理学家顾祖禹曾说："海中岛屿，东南错列，以百十计。但其地有可哨而不可受者，有可寄泊而不可久泊者，若其险要而纡回，则莫如澎湖。"[35] 晚明时期，台湾的守卫建制在各岛设置卫所、兵甲驻守：

> 万历二十年，东陲有事，议置游兵。二十五年冬，始创一游、一总、四哨，

各鸟船二十艘,目兵八百有奇。翌年春,又虑孤岛寡援,增守备一,游总哨舟师称是。又于海坛、南日、浯屿、铜山、南澳、大寨游,各抽哨官一人,领坚船三艘,汛时远哨至澎湖,以联声势。后以兵饷难继,裁去一游。[36]

但由于并没有具备近代的海疆意识,加之明末内忧外患而无暇应对航海强国对台湾的窥测,所以台湾被占不可避免。前述技术革新和武器制作技术在荷兰等国已经在不断地提升,晚明时期明军的武器与防卫水平已经无法和荷兰等国相抗衡。荷兰人公开描述:"他们的海上武力没什么可怕的,因为火器(vierwercken)他们不会或不太会使用火铳;有些靠岸的地方驻有很多士兵,使用的武器有架在岸边的小炮和鸟铳(roer),但他们也不太会操作。他们手拿的武器有军刀、藤做的盾、竹子做的矛,在上端有尖锐的利器。"[37]荷兰于1624年侵占台湾之时,就开始在大员修建城堡,由于他们在此前对台湾的地形、海域和环境做过深入的勘察,所以在之后的一系列修建活动中进展顺利。除常规的地图海图外,荷兰测绘师还会绘制一种类似绘画式的城市或港口鸟瞰图,将城市和港口的基本规划展示出来,在欧洲这是一种较为常见的规划图绘制模式。1635年出版的一幅《热兰遮城》(图116)描绘出1624年9月,由时任长官宋克率船队从澎湖撤退到台湾的景象,这也标志着荷兰正式侵占台湾的开始。

热兰遮城实际上就是安平城,迫于明军对澎湖岛的强大攻势,荷兰舰队不得不离开澎湖,并接受中国商人李旦的斡旋:荷兰人撤离。西班牙侵占台湾北部的时间总体上比荷兰短,在被荷兰人驱逐后,就失去了台湾作为其贸易中枢之地。在接下来的38年中,荷兰凭借巴达维亚和台湾两个据点,在亚洲进行贸易,生丝、瓷器、茶叶、砂糖和农产品为荷兰获取了丰厚的利润。来自荷兰的工程师和测量师,是在私立学校、莱登大学和弗拉讷克大学接受教育,被派去参加大员的定居测绘工作,这些专家在荷兰已经接受了按照标准化计划建造一个设防定居点的培训,这项培训是由多年来创造和改造荷兰地理景观的经验积累而成的。

围绕海上贸易巨大的利益,台湾作为中转站的地理位置越来越重要,不仅吸引了荷兰殖民者和荷兰东印度公司,来自中国、日本的海盗和欧洲人此时云集在东南

第七章　台湾在海图中的战略位置

海域，展开激烈的竞争和对抗。天主教修士文琴佐·科洛奈利出版了《世界地图集》，其中描绘了一幅《中国广东省及福建省图》（图117），此图特别之处在于在台湾和大陆之间出现了许多船只，有的类似荷兰商船，这幅地图清楚地反映出台湾海域商贾密集的状况。台湾与澎湖列岛的大致形状比较准确，台湾西部一侧的主要港湾、河口都标注得很明确，使用拉丁拼音书写，例如Tamsui（下淡水）、Takoia（打狗）、Iaccam（尧港）和I. Theouan（大员岛），说明这些地理状况为当时荷兰人所掌握。科洛奈利也仔细地描绘了福建沿海的地点，可以看到福

图116 ——
佚名《热兰遮城》，1635年

| 权力的图像

图117
文琴佐·科洛奈利《中国广东省及福建省图》，1696年

清、厦门等地点。

在明末时，中国的海盗集团如郑芝龙在荷兰东印度公司之前就已深入台湾。郑芝龙在17世纪中国明朝海禁与世界海权勃兴的时代背景下，在民间建立水师，并于1633年在泉州金门岛的料罗湾海战中成功击败西方海上势力，在郑和船队退出南中国海200年后，重夺海上主导权，是大航海时代东亚海域举足轻重的人物。郑芝龙小名一官，父郑士表。万历三十二年（1604）出生在福建南安石井一个小官吏家庭，郑一官17岁时，因家庭生计维艰，携其弟赴香山澳（澳门）依舅父黄程，

一官到过马尼拉,并学会了卢西塔语和葡萄牙语,在与葡萄牙人打交道中,受其影响,接受天主教洗礼,取教名贾斯帕,另名尼古拉,外国人称他为尼古拉·一官(Nicholas Iquan)。围绕贸易之争,荷兰人、明政府和郑芝龙之间关系微妙,在荷兰侵占台湾早期,郑芝龙的海上势力已不可小觑,这对荷兰的海上贸易构成挑战,有鉴于此,荷兰人联合明朝,试图消灭郑芝龙:

> 1627年6月,福建总兵俞咨皋与荷兰第二任台湾长官德·魏斯(de With)联合围剿郑芝龙。福建巡抚"曾书面允许荷兰人,将获得皇帝的准许与中国贸易"。荷兰舰队在到达铜山海面时遭到郑芝龙炮火的猛烈攻击,魏斯只好逃往爪哇。郑芝龙立即对荷兰人进行报复,只要荷兰船在海上一露面,就加以截击。第三任台湾长官彼得·纳茨报告说,郑芝龙"捕获了我方一艘大帆船,连同船员85人,以后,另一艘从此地开往司令处的船也被捕获"。……由于受到郑芝龙的沉重打击,留守在台湾的350名荷兰人只好坐困此间,无能为力。[38]

郑芝龙的军事打击在荷兰人的描述中占有很大的篇幅,第三任驻台湾长官彼得·纳茨在一封写给荷兰驻日本平户荷兰商馆馆长尼恩罗德的信中说道:"海盗一官对我们的进攻相当愤怒,命令其下超过千艘的帆船,尽其所能危害我们,整个海岸都臣服在一官的暴政之下,没有船敢出现在中国沿海,一现身就会落入一官的魔爪。"[39]迫于郑芝龙在海上的强大武力,明政府不得不考虑招抚郑芝龙。由于明政府应对农民起义和后金军队的威胁已岌岌可危,更无法对侵占台湾的荷兰东印度公司采取措施,驱逐荷兰势力的真正开始,是由郑芝龙之子郑成功来实施的。

台湾在明清鼎革之时面临着复杂的形势,郑芝龙联合明军击退了荷兰人在1633年的进攻。荷兰东印度公司总督决计使用武力强迫明政府开放沿海贸易,荷舰8艘在第四任驻台长官普特曼统帅下,于7月13日乘明军毫无准备之际突袭厦门,明水师船舰包括属于郑军的大战船30艘,在几个小时之内全被击毁。然而还不到一个月后,郑芝龙就重新集合了各种火船战船150艘,会和闽粤两省水师迅速发动反击,于10月22日追及荷兰舰队,大败之于金门,"计生擒夷众一百十八名,馘斩夷级二十颗，焚夷夹板巨舰五只，夺夷夹板巨舰一只，击破夷贼小舟五十余只……"经过两次重创之后，荷兰人才最后放弃强迫中国开放通商口岸的打算，转而与郑芝龙重温旧好，于1640年达成关于海上航行和对日贸易的若干协议：郑方须将生丝及其他中国特产运到台湾，由荷兰以相当价格收购后转贩日本。[40]郑芝龙被明朝招抚后，被授予海上游击一职，实际上荷兰东印度公司与郑芝龙依然存在诸多贸易利益的矛盾，这种矛盾在郑芝龙降清和郑成功继续反清复明的时期始终存在。

在统治台湾38年后，荷兰东印度公司遇到了来自郑成功的强大挑战，此时的台湾与外界的关系即为清军、郑军和荷兰人三方所构成。由于郑成功北上抗清，在南京兵败后退回厦门，荷兰人面对郑成功对台湾商船的封锁十分不满，但又无计可施。在1661年年初，荷兰人为了争取主动，曾计划进攻金门：

> 试图迫使郑成功放弃所有领地，以此博得清廷的好感和争取与中国贸易的特权。[41]

1624—1662年，荷兰在台湾的殖民地政府所绘制的地图和图表遵循了一个明确的顺序，这一顺序是由反映殖民地不断变化的战略关切和背景所决定的。第一阶段，荷兰人对该岛进行了全面的勘察，绘制了整个海岸的小比例尺海图，以及河口和天然港口的大比例尺海图，这些海图可能是防御深水的合适地点。第二阶段，制作了大比例尺地图，为军事占领和民事解决提供便利。荷兰在台湾腹地建立了一个农业殖民地，这就产生了对地籍和地形图的需求，需要土地测量师的观测，制图师在台湾岛上停留了很长一段时间。此后，郑成功也派荷兰测绘师帮助他观测土地，1661年夏，郑成功将整个台湾岛分给他的部队。每一个单位都要建立一个农业聚居地，沿着海岸线有45公里宽的狭长地带。荷兰的测量员被派去测量这些分区之间的边界，并沿着海岸竖立边界线杆，他们划分了一个从赤崁社地区以北140公里到以南50公里的沿海地区。在1661年夏天，他们总共测绘覆盖了260公里的沿海地带，但是由于番社的抵抗和粮食短缺，在返回普罗民遮城时，两名测量员范德利斯和阿尔滕霍夫死于途中。[42]荷兰驻台湾方面围绕海上贸易问题的策略出现多次反复，是由于其以利益的出发点为中心，没有长远规划，无论是之前寻求与明政府合作还是之后与清廷的接触都未能起到应有的效果。随着郑成功于1662年2月将末任长官揆一逐出台湾，清朝在1683年收复台湾后，有关台湾的制图和复杂形势也依然在延续。

三、清初的台湾海图

清康熙二十二年（1683），施琅攻台成功，这是清初一个重要的历史成就，台湾在1684年被正式纳入大清的版图。在此时，台湾的地理地位和战略意义还未得到清廷的真正认识，由于自明代以来长期的海禁观念已十分深入人心，加之农耕经济为主的社会构成，使庙堂之上的朝臣甚至康熙本人也有这样的看法："康熙二十二年冬十月丁未，九卿、詹事、科道以海寇底定，请加尊号，上曰：'海贼仍疥癣之疾，台湾仅弹丸之地，得之无所加，不得无所损。若称尊号、颁赦诏、即入于矜张粉饰矣。不必行。'"在台湾的防卫问题上，一些大臣主张弃而不守，说"守澎湖，徙台湾人民而弃其地"，这些主张甚嚣尘上，康熙帝也拿不定主意，派工部侍郎苏拜到福建与当地督抚及施琅等会商具奏。而自闽浙总督金铉以下的大多数地方官吏也都认为，台湾土地狭小，人口稀少，财赋无多，又距离遥远，如派兵驻守，不仅糜费粮饷，而且鞭长莫及。他们主张"守澎湖，徙台湾人民而弃其地"，只有施琅一人坚决反对，他在康熙二十二年十二月，向康熙帝上了一封《陈台湾弃留疏》，详述台湾与东南海防的重要关系，对弃守论的论点一一加以有力驳斥。[43]

施琅在上疏中分析了台湾与东南沿海诸省的关系，以及明代台湾与大陆沿海之间的密切往来：

窃照台湾地方，北连吴会，南接粤峤，延袤数千里，山川峻峭，港道迂回，乃江、浙、闽、粤四省之左护；隔离澎湖一大洋，水道三更余遥。查明季设水澎标于金门所，出汛至澎湖而止，水道亦有七更余遥……郑芝龙为海寇时，以为巢穴。及崇祯元年，郑芝龙就抚，将此地税与红毛为互市之所。红毛遂联络土番，招纳内地人民，成一海外之国，渐作边患。至顺治十八年，为海逆郑成功所攻破，盘踞其地，纠集亡命，挟诱土番，荼毒海疆，窥伺南北，侵犯江、浙。传及其孙克塽，六十余年，无时不仰廑宸衷。[44]

作为曾亲临台湾之人，施琅比在京中的大臣更加清楚台湾的战略意义，反对弃而不守的观点。明代以降，台湾备受外域之垂涎，屡屡遭受侵扰，实因物产丰饶和地理位置极为重要。施琅认为：

> 臣奉旨征讨，亲历其地，备见野沃土膏，物产利溥，耕桑并耦，鱼盐滋生，满山皆属茂树，遍处俱植修竹。硫磺、水藤、糖蔗、鹿皮，以及一切日用之需，无所不有。向之所少者布帛耳，兹则木棉盛出，经织不乏。且舟帆四达，丝缕踵至，饬禁虽严，终难杜绝。实肥饶之区，险阻之域。逆孽乃一旦凛天威，怀圣德，纳土归命；此诚天以未辟之方舆，资皇上东南之保障，永绝边海之祸患，岂人力所能致？
>
> ……………
>
> 盖筹天下之形势，必求万全。台湾一地，虽属多岛，实关四省之要害。勿谓被中耕种，犹能少资兵食，固当议留；即为不毛荒壤，必藉内地挽运，亦断断乎其不可弃。惟去留之际，利害攸系，恐有知而不言。……但事关朝廷封疆重大，弃留出自乾断。外台湾地图一张，附马塘递进御览。
>
> 缘系条议台湾去留事宜，贴黄难尽，伏乞皇上睿鉴全览施行。[45]

施琅在上疏中对台湾的驻守非常强调，表示若弃守台湾，有被荷兰人重新占领的危险，还专门附上一幅台湾地图，可见施琅可能明白地图的重要辅助意义。此后康熙召集朝臣商议，赞同施琅者有大学士李霨、侍郎苏拜和都察院左御史赵士麟，只有翰林学士李光地不同意施琅的建议，主张放弃。有关台湾的弃留之争到了康熙二十三年（1684）四月，终于有了结果，康熙帝决定在台湾设立府县，五月始，台湾正式纳入清朝政府的版图，隶属福建省，设一府：台湾府于台南，三县为诸罗县、台湾县和凤山县。在台湾军事方面，设台湾镇台总兵，下设府城、南路、北路、安平及澎湖五个兵备区。

康熙时期，清帝国国力强盛，社会与经济繁荣，疆域辽阔，为了维护大清帝国统一的需要，康熙二十五年（1686）下旨纂修《大清一统志》，命勒德洪为主持总纂编务。康熙二十八年（1689）因中俄纷争，签订《尼布楚条约》，谈判过程中深感旧图的不足，出于地图实测的重要，一方面选拔人才进宫，并招揽耶稣会的传教士讲授天文学与地图测绘技术，组织中国官员与西方传教士为测绘队伍，另一方面派人从广州购置测绘仪器。实施全国地图的测绘工作。后来在乾隆皇帝即位期间，进行科学的地图测绘，乾隆成为历朝来最重视地图的一位皇帝，他也促成了许多新地图的绘制与出版。[46]和晚明的地图制图不同的是，清初几代帝王对西方科技的传入并不排斥，反而加以学习和利用，制图学与传教士进入中国在晚明就已经开始，但是仅限于社会上层和知识界的理解与有限的传播，未能在中国制图界产生应有的影响。明清鼎革后，形势发生了一些变化。欧洲地图在清初的耶稣会士手里可能依然是传教策略之一，但不再是用以结交社会知识阶层，尤其是那些远离京师的普通学者和官吏的有效方法。由利玛窦等著名传教士开创的科学传教模式，在经历明末清初的权力交替后，已使新的统治者大致清楚了欧洲科学技术所具备的潜在力量，此时，来华的耶稣会士不需要再从基础做起，而是直接和皇帝及最高政府打交道。和万历皇帝不一样，康熙十分关心耶稣会士在华的制图和测绘，他曾要求白晋回法国招募更多的传教士来中国。白晋回法国招募到十余位受过天文学、数学、地理学、测量学训练的传教士来中国。康熙帝要考验他们，大约在1705年，康熙帝命令他们测绘天津地区的地图，一方面是为了防洪，另一方面也是为了判断欧洲地图方法是否准确。这些耶稣会士在70天内完成这一地图，呈献给康熙帝，康熙帝对结果表示满意。[47]晚明时期，中国的地图尤其是较为准确的沿海图多为欧洲人所绘制，明政府无力组织这样的绘制沿海图活动，明人的大明疆域图，由于并不了解科学绘制技术和相应的地理知识，其地理意义上的准确度往往是不可靠的。及至清初，由政府组织制图成为社会主流，测绘和出版得到资助，地理信息的勘测和地图的绘制在较长的时间里进展平稳，绘制了相当多的地图与海图。

以下这些案例，可以说明有组织和系统化的国家测绘活动在清初开展的规模，例如康熙四十七年（1708）开始，西方传教士白晋、雷孝思和杜德美先从长城测起，测量到北直隶省。康熙四十八年至四十九年（1709—1710）由雷孝思和杜德美等人测量东三省各地区。康熙五十年（1711）增添人员，分两队，一队测山东地区，另一队测自长城至新疆的哈密蒙古喀尔喀地方。康熙五十一年（1712）测河南、江南浙江、福建等地。康熙五十二年（1713）再分二队，一队测江西、广东和广西地区，另一队则前往云南、四川等地区。尚有未完成部分的云南、贵州、湖南与湖北地区，于康熙五十四年至五十六年（1715—1717）再度进行测量。康熙五十六年（1717）外国传教士有所不便之处，康熙特派喇嘛钦天监进入西藏测量，同时也测得世界第一高峰——圣母峰（即珠穆朗玛峰）。此次大清版图上全面测量经纬度共得641点。康熙五十六年测绘队完成任务返回北京，并汇整了初稿，交由杜德美制图。《皇舆全览图》首次以三角测量的科学方法，最大规模地呈现大清帝国的版图。这幅地图初版于康熙五十八年（1719），以木刻印刷出版。乾隆帝正式颁布大清的《皇舆全览图》有总图一幅，分省图与地区图28幅。[48]

清初时期的台湾地图，所依据的是康熙四十七年命传教士勘测《皇舆全览图》之中的范本，在后续的刊印中，依然能够看到它的形式（图118）。如前所述在康熙时期，为了有效地对舆图绘制进行管理和组织测绘，康熙帝特命在宫内设立舆图处，足见对制图之重视。之后随着中外臣工及西洋传教士呈进的舆图日益增多，又在宫中设立了舆图房，初在养心殿旁，后迁至白虎殿后，属内务府养心殿造办处管理。

政府对制图的有力支持和管理，极大地推动了清初时期勘测国土和地图档案的保留归档。在舆图房的舆图分类中，就专门列有江海一类，《萝图荟萃》记载，康乾时期，江海类舆图有39件，又分为两种：第一类是海防图，主要绘制沿海险要并防守情形以及巡洋道路图，如明代徐必达进呈《乾坤一统海防全图》等；第二类是营汛图，据《嘉庆会典》载，设营汛墩堡，以控制险要，令各分兵而守之。各种营汛图，如《江海墩台营汛全图》《福浙两省江海炮台式样图》等，绘制了地方各种

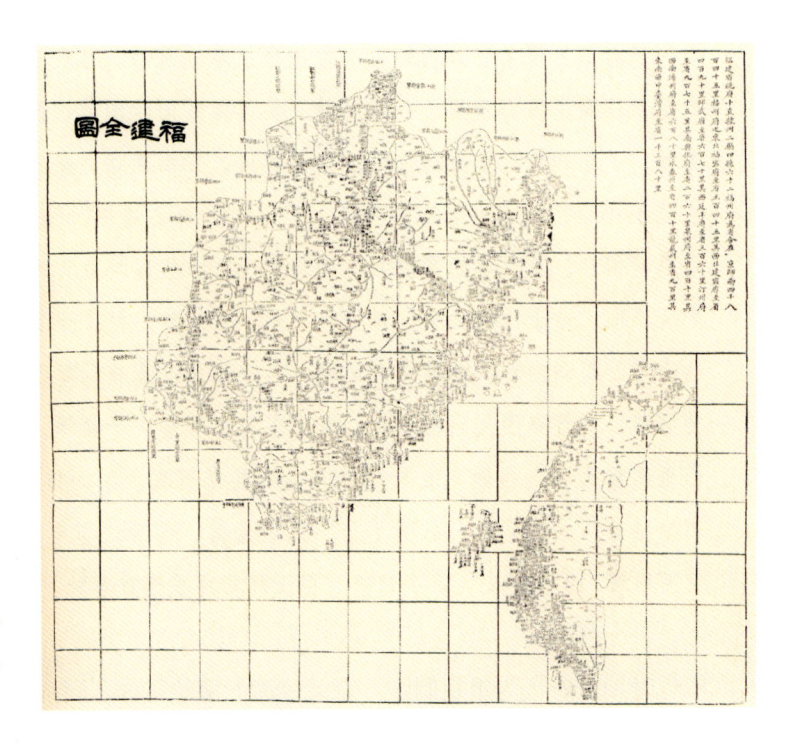

图118
《福建全图及台湾地图》，1862年

防御设施。欧洲耶稣会士在华奉敕命进行制图工作，康熙帝信任他们，耶稣会士绘制好每张地图后，也会测定城市的经度与纬度，这样的工作持续了十多年之久。《萝图荟萃》是乾隆二十六年（1761）舆图房编订的皇家藏地图精华目录，在"跋语"中，详述了有清一代堪舆制图的历史和缘由，全引如下：

> 右图目共四百五十六条，为舆图房所贮，乾隆二十有六年春奉敕交臣等查勘，谨别类分门，列为目录。臣等盥手披阅，仰见我朝幅员之广，古莫与京，而我皇上显谟承烈，继述之隆，于斯尤著。盖自世祖章皇帝抚有中原，八方混一，暨我圣祖仁皇帝削平僭逆，三藩以次底定，我世宗宪皇帝安辑蛮夷，有苗来格，倮㑩傜僮献地归流，猗与盛矣。经营缔造之迹，山川阨塞略具于图，顾西北准噶尔一部独自遗于大化，力胁诸回夷，恃险跳梁，屡征旋叛，今观图绘所及，自巴里坤以至伊犁、叶尔羌、喀什噶尔、布鲁特、安集延，皆绘有成图，盖当时询之俘囚、访诸成卒，以知其险易近远以资筹策。然百闻不如一见，以

视今日者二万里余皆如内地,兴屯铸币、奉朔贡珍,遵尺一恐后,我皇上特命大臣亲往测量方舆道里、分野度数,其详核较旧时图绘迥然不侔,然存之以备参稽,于此知我皇上丰功伟绩、圣算神谟,皆本两朝之遗志而缵成之,又以见在德不在险,昔人垂训昭昭不诬。至于大一统之鸿规,际天极地、铄汉凌唐,则史笔俱存,且臣等亲炙左右,微窥睿念,方且以持盈保泰为兢兢,铺张扬厉咸所不取。兹于排次之余,谨检校始末,用纪岁月,并识其缘起如此。若夫河清海晏,川润山辉。佛国化人之境,名迹流传;鸾旗豹尾所临,湛恩汪濊。武功赫濯,绩著阵图;声教覃敷,贡陈车马。解阜征于卤泽,祥瑞见于嘉禾,桥山垂奕禩之休,福地兆灵长之美。莫不展卷而观,了如指掌。臣等幸与编校,拂楮拈毫,欢喜踊跃,并书于册,罔敢溢辞,俾后之览者庶几有所考证云尔。臣阿里衮、臣福隆安、臣裘曰修、臣王际华拜手稽首恭跋。[49]

康乾时期政府极为重视制图。有关台湾的测绘工作,同样纳入了前述统一的政府计划之中。1710年,法国耶稣会士冯秉正被派去协助雷孝思神父领导的测绘地图工作,并会同德玛诺神父一起测绘了河南、浙江和福建等地,康熙五十三年(1714),冯秉正、德玛诺、雷孝思三人又被派去测绘台湾及其附属各岛的地图。费赖之(Louis Pfister, 1833—1891)神父记述冯秉正借此地图,"常往来各地鼓励教民,然彼尚从一七一〇至一七一四年测绘时间未能执行教务,引以为恨。测绘既毕,还京复命,康熙皇帝深器其材,命居京师,派在内廷行走"[50]。冯秉正著有拉丁文译文版之《中国大地图》,制图师图尔(Louis Brion de la Tour)根据秉正之考证所绘有《中国所属鞑靼地域及附近各处地图》(1779)、《黑龙江北海东海间舆地全图》(与宋君荣、徐懋德等神甫同绘)和《经纬度表》(此表是测绘地图时实地测验所得)。

冯秉正在康熙五十三年三月五日至四月七日(1714年4月18日至5月20日)前后奉旨来到澎湖、台湾测绘地图,在1735年出版了名为《康熙皇帝命令下调查隶属中华帝国的台湾岛》(图119)的地图,这幅地图绘出了台湾西部与福建的地理位置。对台湾的测绘是全国勘测的一部分,雷孝思神父叙述了他们制图的过程:"我们从

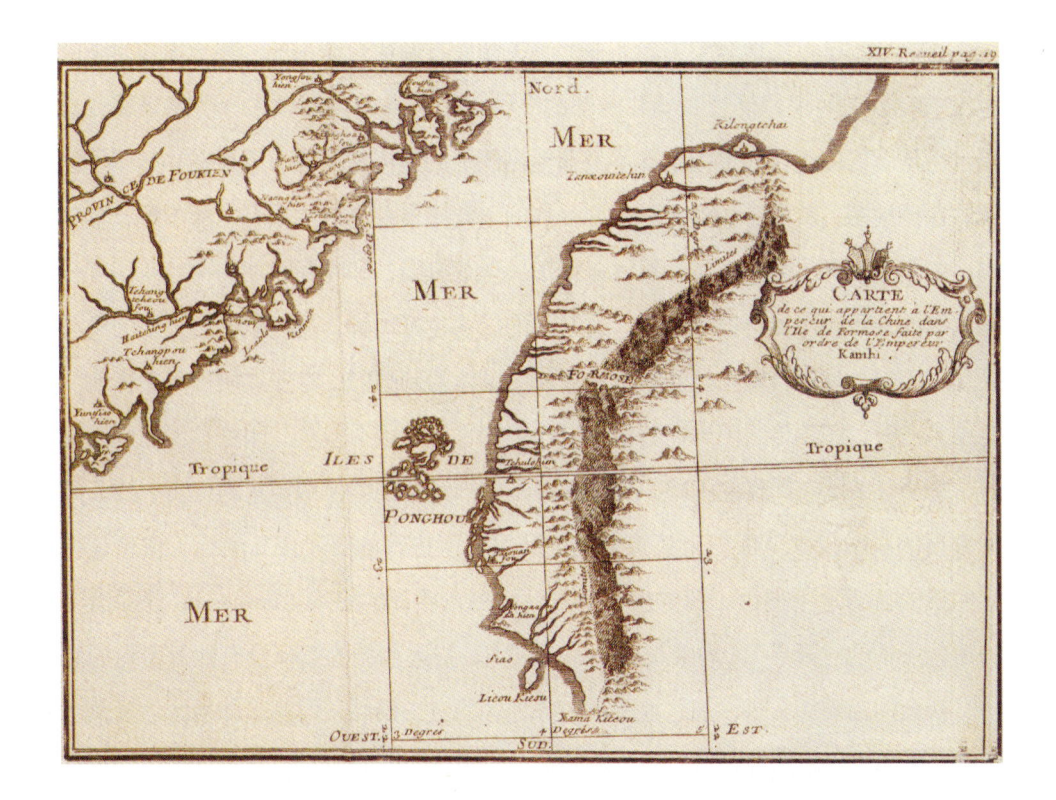

未忘记要制成一张好图，亲自到每省每一个有一点点值得注意的地方；我们也研究了每一城镇的机关里所藏的地图和史料，也咨询地方官和他们的属吏以及地方绅士，最后运用预先商议好的三角测量法，要推定每一个城市的经度纬度。"有关在台湾测绘制图的细节，冯秉正在1715年8月写给科隆尼亚（P. de Colonia）的信中说道：

图119
冯秉正《康熙皇帝命令下调查隶属中华帝国的台湾岛》，1735年

> 我们花了四天工夫来了解澎湖岛屿的各种情况，它们的距离、大小，一切您都可以在我附寄的地图上看到。我们找到了真正称为澎湖那个大岛的港口，它在纬度23度28分10秒，与厦门比较，并根据我们观察，是在北京之东3度9分50秒，我们为测绘中国地图在北京立下了第一个子午线。[51]

这幅地图是在实地测绘，然而他们几人却没有到达台湾东部，甚至连中央山脉也没有完整地呈现，仅把澎湖和西部的一些城市与港口绘制出来。严格来说，这幅台湾地图的完整性和测绘水准不及荷兰制图师约翰尼斯·芬布恩斯在1640年所绘制的台湾地图，其中澎湖列岛和西部一侧的主要城市和港口均未有水深参数，且岛屿，如澎湖列岛的绘制也较为粗浅，细节展现很有限，和晚明时期的荷兰东印度公司绘制的地图相比显得很不专业。这其中的缘由也好理解，荷兰东印度公司的制图人员，大部分是来自本土且受到过专业制图训练的制图师，专业素质很高，在他们测绘完成时，图稿传回阿姆斯特丹的制作公司进行制版、校对、印刷和汇集成册出版，每个环节均有严格的把控。冯秉正等几位耶稣会士实际和当年利玛窦一样，是用掌握的科学技术与学识来获得朝廷的认可，所进行的"业余"测绘工作也是在康熙帝的旨意之下进行。图中也标示出台湾岛东西部的界线（limites），此即演变为清代所谓的"番界"，冯秉正在他的书信中，描述测绘的篇幅没有他对台湾的风俗、社会的篇幅那么多，加之地图对东部地区的空白描绘，台湾东部地区为蛮荒之地的刻板印象不断出现在日后西方人的记录当中。[52] 在1721年，当这批地图测绘整理就绪后，汇集成木刻版印刷品并由耶稣会士杜赫德带至法国出版，最后由地理学家和制图师德安维尔绘图刻板，名为《最新中华与鞑靼地图集》，其中含总图1幅，分省图41幅，台湾与福建图在第九幅之中，这幅图与冯秉正的图一致，同样缺乏台湾东部的地理信息。不过，德安维尔在1734年出版的清代中国地图，即为根据法国耶稣会士团队对中华帝国进行的第一次系统地理调查（约1708年）而编制的图中（图120），清代中国东部沿海的轮廓位置及台湾、海南的海岸线形状准确度已经很高，台湾岛的东部轮廓已经补上，然而台湾的地理与城市信息依然比大陆各省的简单。德安维尔的中国地图出版后，在法国受到了一些批评。这些批评主要集中在比例尺的"几何精确度"以及将若干中国的"里"换算成纬度1度这一点上。《法兰西信使》在1736年6月号发文表示支持这个批评。[53] 原因如前述，耶稣会传教士并非职业制图师，在比例尺的换算方面也存在不同的算法。到清初时，围绕收复台湾和台湾行政中心的构建，对台湾的测绘已不是晚明时期关注航海、港口和水道水深的

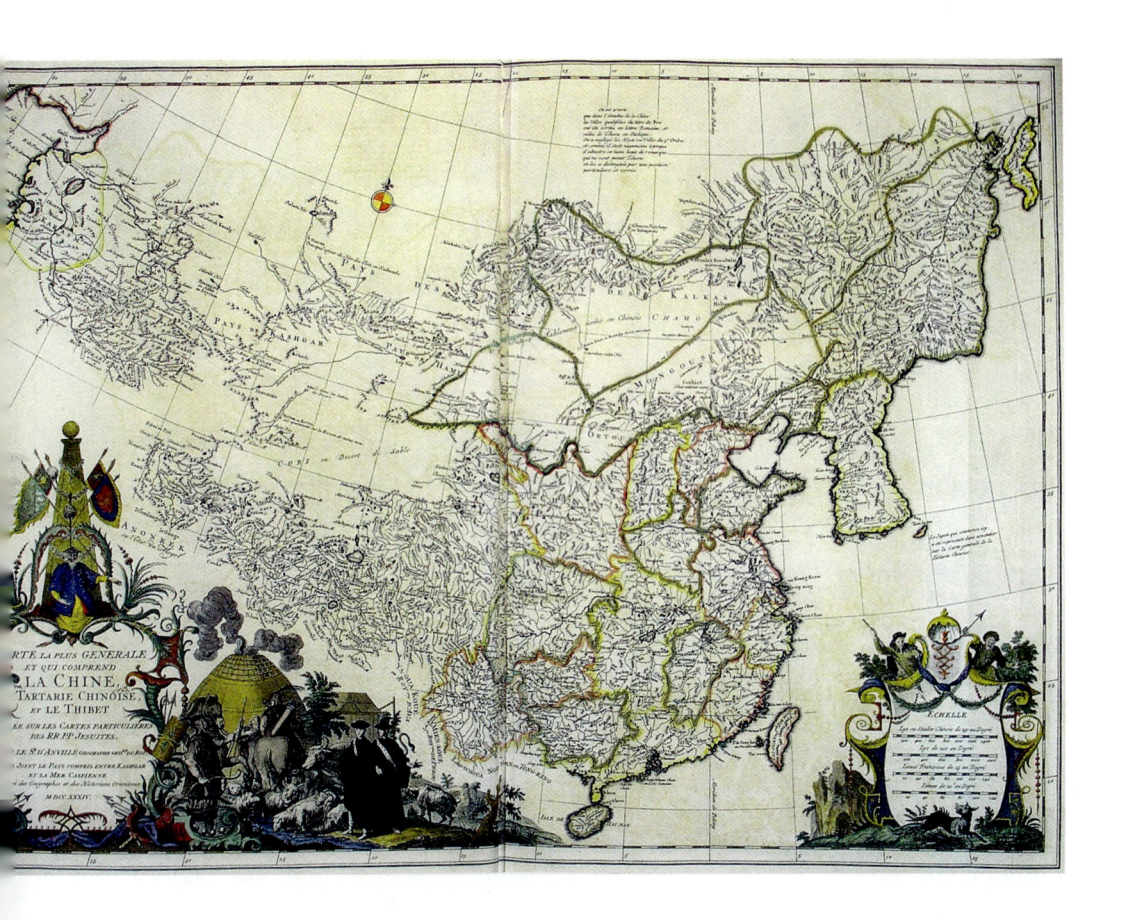

殖民贸易航海模式，在此后，制图者将更加把着力点放在台湾社会与地理的结合，台湾的地图也出现了多元的呈现。

图120

德安维尔《中华帝国地图》，1734年

四、清代中国制图师绘制台湾地图

有关台湾地图的绘制，并非仅仅由欧洲制图师来执笔。进入清代后，中国本土人士也开始对台湾展开测绘。然而，中国舆图的绘制与中国古代的山水画有着密不可分的关系，不但在制图（画）的模式和呈现方式上，在制图者的观察与表现上也非常类似，实际上从事制图的中国制图者都并非职业制图出身，也没有像荷兰那样的专业化公司培训制图技巧，以及在阿姆斯特丹出现的专业和商业化的地图出版业。中国古代的制图师多数是由于个人兴趣，或是绘画的基本才能，没有专门的舆图制图训练机构，绘制舆图并不是一种常见的职业。在中国制图者所绘制的地图上通常看不到绘者的署名和相关信息，也没有西方地图所具备的经纬度、方位、比例尺和等高线这些科学符号。虽然从晚明开始由利玛窦、卫匡国这些耶稣会士不断地向中国人展现《世界地图》，但对中国传统的方志制图产生的影响实际上并不大，中国人依旧采用山水画的模式制图。

台湾地图在康熙时期就已出现，由于其多为并不能从地理形态方面"真实"地去表现，往往被一般学者，特别是地理学家视为无助于研究的"山水画"舆图，因而它们的存在常被忽视。[54]如何看待这一类舆图？需要了解的是明清两代所留存的山水舆图数量众多，它们的意义和价值也不像表面上看上去那么简单。由于官方组织绘制的地图均属于机密，绘成之后皆藏于内府，普通人根本无法了解这些舆图的面貌和内容，这些地图也以迥异的方式提供了诸多历史、社会和艺术的信息。康熙帝组织耶稣会传教士绘制全国地图，为保证在这样大的领土范围内测绘地图的精度和规格统一，必须在全国测定经纬度点，作为测绘地图的控制基础，传教士运用的三角测量法是西方制图学的基本方法。中国制图师在自己绘图之时还是以卷轴手卷的模式来绘制，这和中国传统书画的面貌一致。除了广为人知的《康熙台湾舆图》（成图于约康熙三十八年至四十三年间）外，还有一些曾在台湾任职的官员所作的舆图存世。例如陈伦炯的《海国闻见录》一书中，就有六幅舆图描绘台湾。陈伦炯是福建省同安县人，雍正四年（1726）奉旨调任前往台湾担任总兵。陈伦炯后官至浙江水师提督，其著作《海国闻见录》详细记载了台湾及其附近岛屿的自然、人文地理状况。

陈伦炯曾随施琅征台，他自少习海疆事务，曾游历日本，康熙末年和雍正时期两度来到台湾。在第一次离开台湾后完成了《海国闻见录》，其中舆图《台湾前山图》（图121）描绘了清初台湾西部海岸、山川、城府、原住民部落，图中对于台湾

第七章　台湾在海图中的战略位置

中北部地区已有较多的认识，反映出康熙中叶以来汉人逐渐进入台湾，图中"水沙连"的位置醒目，与其任总兵期间对那里的剿抚似有关联。[55] 水沙连就是日月潭的别名，陈伦炯在图中特意强调了此地。

和冯秉正对台湾的测绘一样，陈伦炯对西部一侧的海港与城市描绘深入，图上没有经纬线和计里画方的格子，是以墨线勾勒山川和港口，和白描一样没有敷色，采用的是山水画意，很可能有擅长山水之画工的协助。鸟瞰式的地图由于绘法的原因具有一种立体感，将较大的地理范围画在长卷上是中国绘画表现所擅长的。陈伦炯驻台前后时期恰为台湾移民举事之时，例如康熙六十年（1721）爆发的朱一贵之乱。这与清初时期对台湾的移民政策似有一定关系，由于从大陆来者严禁无照偷渡、不得携带家眷，导致来台湾务工生活者单身居多，俱是闽、粤一带无产无业无家的游民：

对岸新移民在台聚集日众及其衍生的问题，清廷官吏

图121

陈伦炯《台湾前山图》，1730年，纸本墨色

亦有所洞悉，并再三设法严缉，但新移民仍源源不断。这批赤手空拳的新移民与在台湾已有经济基础的早期移民相比较，财富与生活水平的差距，势必成为当时台湾的隐忧。[56]

台湾在1702、1720和1732年均爆发了较大规模的民乱，为首者如朱一贵、杜君英和吴福生等，均来自福建、广东一带，陈伦炯参加过清政府对朱一贵的征讨，不过，在《海国闻见录》之中，他并没有记述平乱的相关经过，只在书中的附图之"水沙连"一地做了一点微妙的暗示。据载水沙连诸社（分布约今南投县日月潭一带，此区域原住民族群以邵族为主）原本归顺清廷；康熙六十年（1721）三月，朱一贵事件爆发，水沙连诸社趁乱杀通事，自此拒不纳饷。这个背景可能是陈伦炯强调水沙连的缘由。

民乱的直接起因是时任台湾知府王珍横征暴敛，激起"众民怨恨"，然而更深层的原因则是清政府对台湾移民的政策限定，以及移民入台者与台湾的社会、生产之间的问题。陈伦炯书中还有一幅《台湾后山图》，主要是采录自南澳总兵蓝廷珍命人所绘的后山图，对台湾东部主要形势与重要河川、港口多有描绘记录。发生朱一贵事件之时，"为了搜寻传闻逃窜到后山的余党王忠、张宝宣等人，蓝廷珍遂命将分南北两路搜索后山。南路集结于卑南觅，调遣崇爻七十二社壮丁搜寻；北路则自但淡水南下，经蛤仔难，至卑南觅。此次搜寻，是为清廷第一次勘察后山，蓝廷珍命人测绘的地图，也详尽地包括了局部后山的山川道路、水路途径，特别是相关番社、地理形势、山脉河道、平原荒林、山窝坑谷的情景描述与名称注记。陈伦炯的《台湾后山图》即采录此次搜山所绘之图稿，唯朱一贵事件后，全面划界封山，东西部的交通又告中断，后山再次陷入孤立状态，需等到光绪年间'开山抚番'的进行，才与前山恢复一般网络联系"[57]。在康雍乾时期，都流传下来一些《台湾舆图》，这些台湾地图就是按照山水的绘法来绘制的。以雍正二年至十二年（1724—1734）间绘制的《台湾舆图》（图122）为例，如果没有图中的地点文字，乍看确实是一幅山水画作。中国舆图的诸多作者中有些原本就是丹青画手，所以按照山水的模式描绘地图也与绘画相类，山川树木尽皴擦点染。地图中主要考虑到欣赏

第七章　台湾在海图中的战略位置

图122
《台湾舆图》，清代，
台北故宫博物院藏

的美观，与真实的地理准确关系不大。地图描绘南自沙马矶头起至北鸡笼的花杆屿，图上方为东向，即为中央山脉，河水均向西流，出现相当多山名，山区的原住民居住的番社也颇多。凤山县、诸罗县有城墙，台南的安平处有安平城，入台江内陆有红毛城，府城县署、营盘、炮台、街庄庙宇及平埔的社等比《康熙台湾舆图》详细甚多。例如："新竹附近的溪流有错置，竹堑溪与竹堑港位于凤山崎的左侧北方，甚为奇怪。凤山崎右侧应为凤山溪，右侧眩眩溪应为竹堑溪（今头前溪），而盐水港仔附近的是今盐水港溪，竹堑社的左侧出现竹堑庄，是汉人入垦的村庄。眩眩山的前面有猴社、汝绿生番、斗罩大山及堦仔猫厘，其后方有后山蛤仔难（今宜兰）。"[58]

在《台湾番界图》（图123）中，可以看到在乾隆时期，清政府已经关注番界地域的地理状况，作为官绘台湾地图，这是规范汉人与原住民活动的重要证据。图中地图记有红、蓝两线，位台湾、凤山及诸罗三县属红线，为旧定线，蓝线为新定界。淡防属原未画界，经勘察后定界为蓝线；彰化县则红、蓝线并用，有红、蓝线重叠，亦有两线分离，而蓝线较入内陆者，显示汉人势力跨越原先范围。因此本图可说是清代原住民与汉人关系的一个地图缩影。此外，清政府亦利用界内沿边的

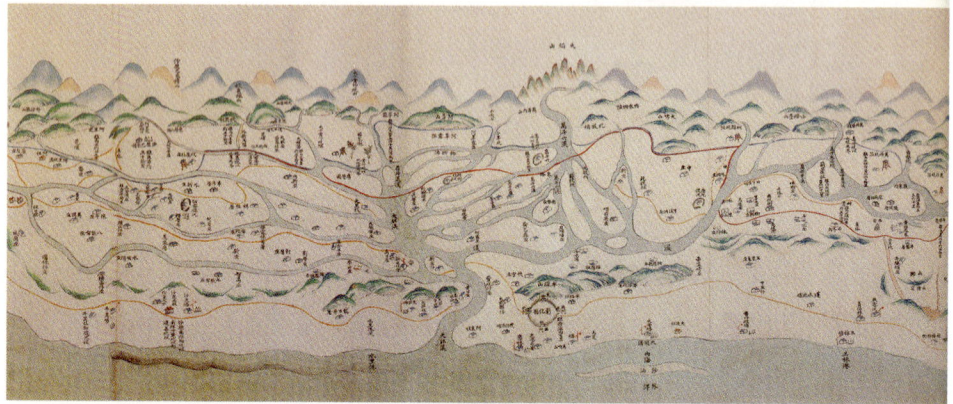

| 权力的图像

图123

《台湾番界图》，1760年，纸本彩绘

原住民部落为前哨义勇,而协助防守。[59]清代中国所绘制的台湾舆图除了主要用于欣赏的山水图之外,还有如《福建全省总图》(清道光年间刊本)一类比较正式的官绘地图集。这本地图集绘制福建舆图甚为详细,全书共24页,包括18幅地图,书前并没有"题记"和"序言",不过地图绘制十分精致,包括福建十府二州所辖范围,所谓"十府"即福州府、兴化府、泉州府、漳州府、延平府、建宁府、邵武府、汀州府、福宁府、台湾府,"二州"为永春州与龙岩州。这部地图集绘制非常详尽,包含众多具体的地名,海防图在书中得到了强调,列有《福宁海防图》和《兴泉漳海防图》,台湾也单列两幅海图,澎湖的位置标记非常醒目,不过,台湾与大陆之间的距离画得过于近了,这是非科学化的中国舆图特点,但是方位朝向却是正确的。台湾西侧的城市和港口描绘较细致,北部的鸡笼和中部的水沙连以及番界都可清晰看到。和传统舆图的不同在于全图标记了经纬度,其中,台湾澎湖的纬度与此前冯秉正所测得的纬度一样,即23度28分10秒(今测为23度58分),这说明制图者了解甚至看到过《皇舆全览图》或传教士绘制的地图,也了解具体经纬度参数。图中左上角于"头围"旁注"乌石港口,此港于道光六年(1826)开设正口归头城县丞及守备查验"之语,则此书为道光年间刊本。书原为梁少甫藏,书中钤"梁氏少甫"朱文印,梁氏是清代同治时期杭州的文人与收藏家。

在《福建全图》(图124)右上注云:"每方二百里,东尽鸡笼山,东南尽沙马矶,广二千五百里,袤二千六百里。"次为《福建十府二州山险水道关隘古寨疆域之图》。合计福建府州共有十二图。每页书心注府州名,如"福州省""永春州",书心下端则记页次。其时之福建尚包括台湾,中隔海峡,其广袤不知如何计算。每一府州各一图,皆按里计方。唯其比例并不一致,如福州府、漳州府每方为三十里;兴化府、泉州府每方二十里;邵武府则为每方十五里;永春州每方十里等。各图右上角记其广袤距离,左上角则记北达京师及至省城若干里数。每幅地图四周边及四角则记有邻境之里数。

图集中涉及海防全图共有三幅:第一幅为《福建海防图》(图125);第二幅是《兴泉漳海防图》,其左上角留三空格;第三幅为《福宁海防图》。《福建海防图》标示沿海各港口,陆地上画计里画方格,附有长篇说明。不过题为《福建海防

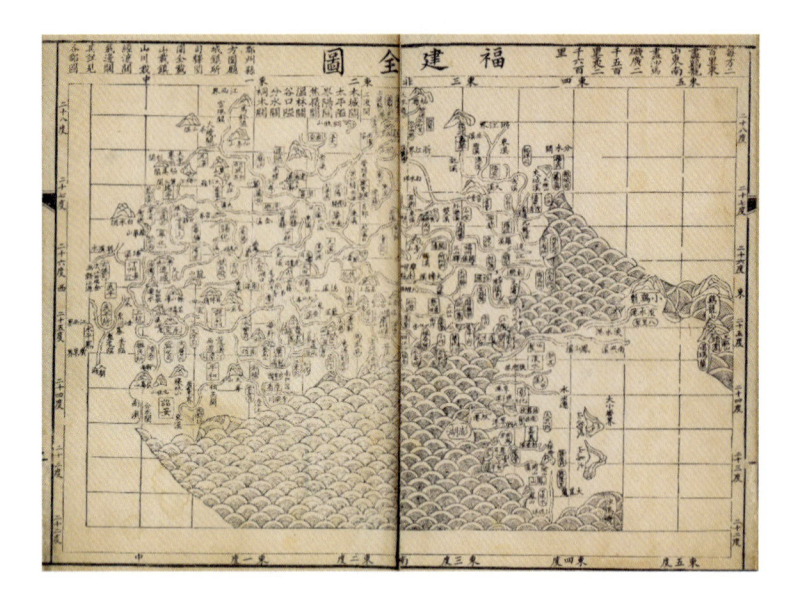

图124

《福建全图》，取自《福建全省总图》，清道光年间刊本，台北"中央图书馆"藏

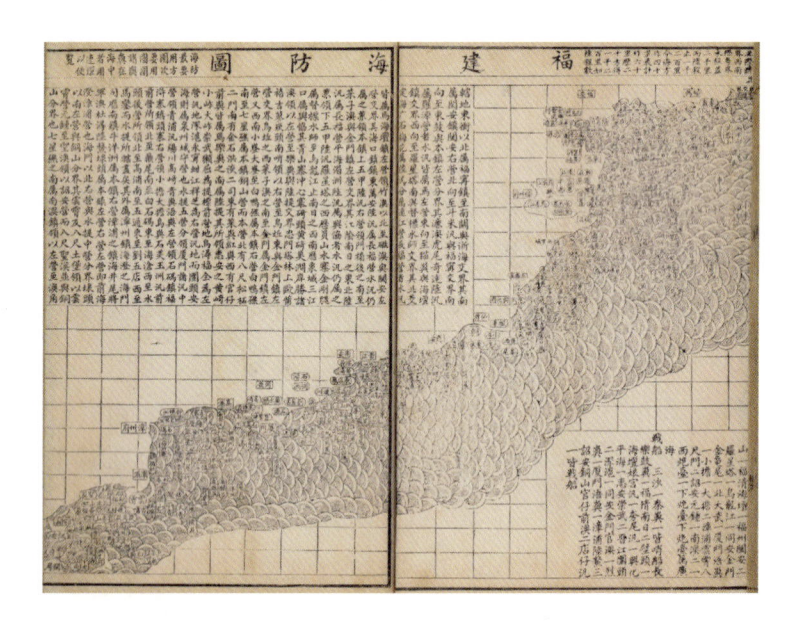

图125

《福建海防图》，取自《福建全省总图》，清道光年间刊本，台北"中央图书馆"藏

图》，是将福建省沿岸区域设为海防一线，并不包含台湾与澎湖列岛，这在地图集中就有体现。并与清初台湾的驻兵策略有关："朝廷以总兵一员驻府治，水师副将一员驻安平。陆路参将二员分驻诸凤，兵八千名，澎湖水师副将一名，兵二千名，皆调自福建各营，三年一换，谓之班兵。"[60]清政府的台湾驻军班兵定制有不少弊病，人力物力的耗费巨大，也不能有效地驻防，例如雍正二年，诏曰："台湾换班兵丁，戍守海外岩疆，在台支给粮饷，其家口若无力养赡，则戍守必致分心。每月着户给米一斗。惟内地米少，可动支台米，运至厦门，交与地方官，按户给发，务使均沾实惠。"五年，诏曰："台湾防汛兵丁，例由内地派往更换，而该营将弁往往不将勤慎诚实得力之人派往，以是兵丁倒台，不尊约束，放肆生事。历来积弊，朕甚患之。"[61]

此外，由于台湾班兵皆是外调，携带军械"除炮位铅药外，皆由内地各兵配带。因杂派各营，恐有遗失，向皆自行收管，不交弁备。然分类之习未除，每口角细故，彼此出械相斗，将弁不及弹压，已致伤人，虽屡加严惩，此风不免"[62]。在清初收复台湾后至光绪三年（1877）的两百多年间，台湾守兵不断裁减，到清末巡抚刘铭传之时核查只有四千五百余名，限于时代因素，清政府始终未把台湾作为福建海防一体，台湾海防的战略意义得不到彰显，这为之后的中法战争中法国海军封锁台湾和对台湾发动战争，以及后来日本侵占台湾都埋下了伏笔。

图集中关于台湾的海图有《台湾海口大小港道总图》两幅（图126），其一南起琅峤界外，北至王功汛止，即今之恒春至彰化王功港，为南台湾，这幅图对各港口介绍详细，对归属的防卫营所标记明确，例如枋寮港；之下标记此港系下淡水县丞及安平右营陆路汛专防、汕沙东港口；此港有船运米，本地有来商船遭风到此，即押归鹿耳门正口，下淡水县丞及安平右营水师汛专防、大港口；此港彭船往南路各港，经历及水师协标中英把总稽查，以及鹿耳门（明清时期台湾岛西南岸重要港口航道，位于今台南市安平区西北）。对鹿耳门的介绍之中，除了有驻军的情况，还提到了它与福建省的关联，如"此港与厦门对渡商船及彭船，往北路各港台防同知及水师协标，中左右三营轮防"等，这些大小港口均有驻台清军队的查守，图中台湾县名上，标记了府治。

权力的图像

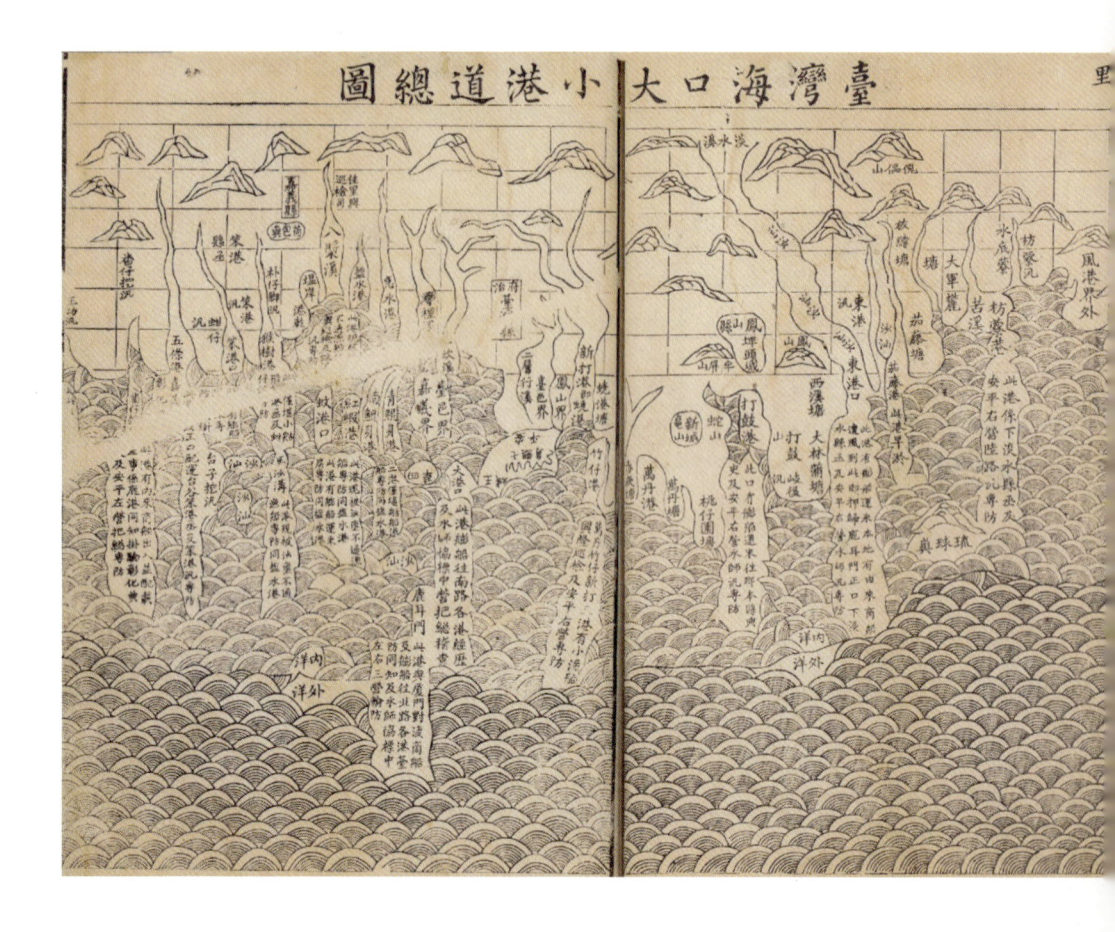

图126
《台湾海口大小港道总图》，取自《福建全省总图》，清道光年间刊本，台北"中央图书馆"藏

第二幅台湾海图上，自鹿港口至噶玛兰界，即为北台湾。所绘为台湾西岸之水道，东岸全部阙如，如前所述这是康熙时期开始全国测绘时期的遗留问题。港口一如前图，对各大小港口详细描绘，如大鸡笼口，书写此港"有按边小船往噶玛兰，属载米，如遇内地商船驶至，押归入八里坌正口，配运艋舺县丞及艋舺陆地守备专防"。奇怪的是，在图集中两幅《台湾海口大小港道总图》所标设的港口与驻军兵备的状况，要远比《福建海防图》《兴泉漳海防图》《福宁海防图》之中福建省沿岸的大小港口细致得多，后者只是标注了沿岸之地名，但是在台湾图上，很多港口都标记了驻军的情况。可以推测制图者

约是道光时期人，且十分熟悉台湾岛屿状况，也可能去过台湾。围绕台湾班兵制的优弊，驻台官员们展开了广泛的议论，各抒己见并提出自己的见解。虽然也仍有民乱出现，如乾隆五十二年（1787）爆发的林爽文事件，驻台军力主要应付的主要是民乱，但对欧洲人试图接近台湾也十分提防。有关清政府在台湾的日常军事防务之情，从发生在道光十二年五月的一桩事件中可以管窥。

是年五月初一日，闽浙总督兼福建巡抚魏元烺向道光帝上了一封奏折，言及㖇咭唎国夷船因风漂泊闽港，由于防范不力，其中一名副将和一名都司请旨摘顶，勒令赶紧驱逐夷船并恭呈缴获之夷书的经过，魏元烺在奏折中说：

窃闻省南北洋面，向惟琉球国船只准其往来，其余㖇咭唎、吕宋、花旗等国夷船，概不准其停泊，近年以来，东南风司令之时，每有甲板夷船在洋游弋，俱经各帮舟师随时驱逐。本年三月，准水师提臣陈化成来函，有甲板夷船一只，在南碇并南山边，暨附近澎湖一带外洋驾驶，业已堵逐出境，并据各厅营县报同前由，臣当即分檄内地、台湾各舟师严加防堵，并饬沿海营县稽查奸民，毋许勾引买卖禁物。旋据海坛镇总兵万超呈报，三月十九日瞭见夷船在大练洋面，旁有小渔船二，即率兵船前往驱逐，夷船已往外洋远去，当获渔船户杨妹妹等六名，据称见大船之人以手相招，因此拢近，船上之人用米数升向其换鱼，并给予书本，搜查渔船并无别物，将起获书本呈缴前来。臣即行司立提杨妹妹等解省重办，一面严饬水师镇将梭织边防，以杜透漏接济。续据闽安协副将沈镇邦禀称，"率同署左营都司陈显生在壶江、后澳等洋巡缉，遥望夷船漂泊五虎洋面，当即折回查讯，语音唧哳，难以辨别，船中共有七十余人，内有胡夏米、甲利二人略晓汉语，粗识汉字，给予纸笔令其书写，据称由㖇咭唎装载呢羽等货，价值数十万两，欲往日本国销售，因在洋遭风，杠索损坏，不能驾驶，乘风漂至。又称由㖇咭唎之属国榜葛喇开船，所带货物仅止值银五六万两，因粤省不准买卖，欲求就地销售，其在闽洋一带并无与船户人等交接等情"。臣查夷性本属狯诈，察其言词翻复无常，查阅夷书《日课初学》三本、《张远两友相论》一本，皆系西洋不经之谈，其纸片字画似系内地式样，又《人事略说》一本，词句款式殊属悖谬，内云被粤人欺凌，是否希冀在闽贸易，预刊此说，故有粤东交易不公之语。现又狡赖在闽洋并无与人交接，其言更不足信。该夷船经过之南澳、金厦一带洋面是否亦有书本分给商渔各船，有无奸民为之翻刻，业已委员密往查办。惟闽省向来不与外夷贸易，岂容就地销售？即因遭风损坏杠索，亦应赶紧修理迅速出境，现委兼护盐法道福州府桂芬、署督标中军副将谢朝恩、福防同知黄宅中星速前往，协同副将沈镇邦等妥速押令开船，仍饬水陆文武一体防范驱逐。查五虎洋面系闽安左营管辖，虽夷船乘风漂至之时该管将弁在壶江等洋巡缉，惟不能先时预防，究属疏忽，相应请旨将闽安协副将沈镇邦、署闽安左营都司陈显生先行一并摘去顶戴，以示儆惕。臣谨会同福建水师提督臣陈化成，恭折具奏，并将起获夷书五本咨请军机处，恭呈御览，伏乞皇上圣鉴。[63]

魏元烺在奏折中透露出福建、台湾水师防卫的诸多信息，首先对于外夷船只在洋游弋的反应较为迅速，辖管军司如水师提臣陈化成、海坛镇总兵万超、闽安协副将沈镇邦及左营都司陈显生等几人，分别在台湾澎湖和福建沿海一带发现同一支英国商船，都进行了驱逐，但都不彻底，不过有渔民与英船所发生的以物换物却成为一项罪责。

在前章中，已述英国人胡夏米和德国传教士郭士立驾船勘测中国沿海和防务等，在离开广东洋面后，他们乘船一路沿海北上，沿途与地方官员多有接触，在闽浙总督兼福建巡抚魏元烺的书信中，他说道：

大英国的商胡恭禀闽浙总督大人：

现在英吉利国的船从榜葛剌国来，要行到日本国进口收泊。此英国船所带进口系西洋布、羽纱、大呢、棉花、时辰表、千里镜货等，虽然极妙样，却价钱更低，买者可得利。因我英国闻盛地出香茶叶，故情愿或以银买之，或以货贸易之，则华英两国彼此有益矣。夫英人凛遵清朝制度，预先应敬禀大人仍照垂顾，准英商买卖，照例纳饷，万望姑容，况且皇上怀柔远人之至意，并皇恩特应及英人。……所以我英商恭禀大人准英船与内地人贸易买卖,则远商沾感无尽。[64]

看上去是为贸易而来,然而如前所述,"阿美士德"号和胡夏米对中国沿海进行了详细的海图测绘。魏元烺主动向朝廷及时汇报并请旨处罚两位官员,算得上躬勤。发现一艘夷船本并没有什么奇怪之处,因为道光时期英国人和商船也多次到达广东。从中可以看出,台湾和福建沿海防卫各辖区能够比较及时地发现所属海域之敌情。这件奏折上呈道光帝后,得到道光朱批:"另有旨,钦此。"之后旋即有上谕跟进,除了再次强调闽省南北洋面,向惟琉球国船只准其往来,该省向来不与外夷贸易,道光帝还在最后强调:"并着该署督查明夷船出境日期据实具奏。"[65]魏元烺根据上谕,即刻开始调查,一个月后,也就是六月一日再上奏折,提交了调查结果和相应处置建议,有关夷船出境日期魏元烺奏:

> 现据该将弁等禀报,前因夷船杠索损坏不能驾驶,现经饬速修整,不敢吁请销货,已与委员护盐法道、福州府桂芬等,于四月初七日押令开行。因外洋风色不顺,不能速去,该将弁等率同舟师,示以声威,尾追驱逐。该夷船于十八日由东北外洋远扬无踪,并据委员禀复无异。臣以夷性狡狯,去来靡定,分檄各帮舟师,一体常川防堵。[66]

甚至与夷船接触之渔民也受到了盘查,魏元烺详细描述了过程:

> 随饬藩、臬两司督同福州府提讯渔户杨妹妹等,供明出海采捕,随潮漂至大船边,船内之人言语不通,用米数升兑换鲜鱼,当时并不知是夷船,所给书本,伊等目不识丁,亦不知是何书,即被兵船拿获,并无勾引接济情事。其杨一兰、杨相茂、杨一五三人,年仅十四五岁,至杨妹妹以鱼易米,虽不知系夷船,惟给予书本,不即毁弃,杨妹妹、杨猴猴、杨一梅三名,应各照不应重律,杖八十,杨一兰等年幼无知,应免置议。

有关两名官员摘顶的建议在此次核查之中有了变化,魏元烺表明"至副将沈镇邦等当夷船漂泊之时,该将弁先在别洋巡缉,尚非有心玩忽,臣前因事涉外夷不得不从严参办,其被参之后,即经示威尾追,驱逐远扬,尚知奋勉,该将弁谙练水务,平日巡洋缉捕,颇为勤干,仰悬圣恩,俯准将闽安协副将沈镇邦、署闽安各营都司陈显生,原品顶带,一并给还,不特该员等益加感奋,即合省员弁,亦各知激励"[67]。随后,道光帝又下谕旨,同意闽安协副将沈镇邦、署闽安各营都司陈显生给还顶戴。在军机大臣寄给魏元烺的廷寄中,道光帝好像对渔民与夷船接触颇有疑问,如"该抚业将夷书呈缴查阅,纸片字画直系内地手笔,何似之有?且书内语句多不成语,该抚所奏无非上下朦混规避而已。至渔户既皆目不识丁,为何送给书本?此皆办事不实之处。其所称并无勾引接济,尤不足信,显系该渔户勾引接济,从中图利,要紧在此,必应究实!"道光十二年还派闽浙总督程祖洛继续核查:

> 着程祖洛到闽后,悉心查访,务得确情,如实有内地奸民勾引接济,贪图获利,即行严加惩办,嗣后毋许该夷船在洋停泊,必逐净尽,并严禁内地奸民图利交接,务令弊绝风清以靖洋面。应如何明定章程之处,即着妥议一并具奏,将此谕令知之。[68]

从往来于福建和北京的呈奏和批复可见,福建台湾的海防公务为清廷所重视,皇帝本人对海防案情的细节逐句过问,表明英船在沿海各省的口岸测绘地图与收集情报引起了朝廷的注意。清政府与英国只在广东贸易,其他沿海诸省均严格禁止民间与夷人交往。令人意外的是,这艘英国商船在台湾与福建一带被驱逐之后,却并未离开中国沿海,而是选择继续北上行进。六月初七日,浙江巡抚富呢扬阿上奏,说四月二十七日夷船漂至镇海,欲赴宁波海关销货。六月十一日江苏巡抚梁章钜上奏说,五月十七日接苏松镇总兵关天培来信,说探得浙省洋面有嗳咕唎夷船大小两只在彼寄碇。五月二十三日,据苏松太道吴其泰暨巡洋委员禀,嗳咕唎夷人乘坐大船一只,夹板小船一只约百人,由浙江镇海乘风突至江省大洋边境。六月十七日夷船又被发现出现在镇海游山洋面。六月二十六日,山东巡抚讷尔经额、登州镇总兵周志林奏嘆咭唎夷人胡夏米船只业经乘风驶至山东省洋面。七月初七时，两江总督陶澍、江苏巡抚林则徐奏：夷船因被闽、浙两省驱逐，于五月二十二日乘风驶入江南洋山洋面停泊，经前护抚臣梁章钜奏明在案，此后，夷船在吴淞口外寄碇旬余，恳求交易，等等。

时至1832年2月，商馆职员胡夏米与郭士立，连同水手兵士60名，乘坐"阿美士德"号，自澳门出发，途经中国厦门、福州、宁波、上海，以及朝鲜等地，复折往朝鲜、琉球。"阿美士德"号配备精良，船上配有八门舰炮。此外，船亦载有羽纱、西洋布、棉纱等商品及大批关于政治与宗教宣传的汉译书册。于同年9月4日返回澳门。他们本来是受东印度公司派遣，却伪称是"英吉利国的船从榜葛喇国来，要行到日本国进口收泊"，尽量让人们不知道他们奉有公司的使命，他们到南澳、厦门、福州、宁波、上海、威海卫等口岸测绘地形，搜集政治、经济、军事情报，递交英国外交大臣帕麦斯顿，在沿途为人治病，并分发前述《戒赌博》《戒谎言》和《英吉利国人品国事略说》等小册子。而该船的真正船主礼士，则专门测量沿途的河道和海湾，绘制航海地图。[69]然而沿海各省的官员，对英船的真实目的却一无所知，英船在几乎没有受到阻止的情况下，对中国沿海海域做了专门测绘。胡夏米的这次侦察活动为英国提供了第一手的可靠情报，他得出结论：

> 清政府的孱弱和紊乱乃是到处可见的，各地炮台年久失修，其中有的既未架炮，也无人守卫，有的炮弹质量很差，不堪一击。中国士兵的装备也很简单，只有一把刀和一面藤牌，或是一杆矛或一支火枪，中国战船也没有什么战斗力。宁波本地全体海军船只，不能阻止一只商船进口，真是怪事。[70]

在《中国北方港口的航行日志》书中（图127），胡夏米在目录中明确记下了中国各口岸城市，例如第一章中就有福建、厦门、宁波和广州等。围绕一艘英国商船在中国沿海游弋，沿海各省巡抚等官员虽均上奏折禀明情况，说明沿海涉夷事件为清廷所重视，然而各省仅管辖本区域海域，协同不佳，才致使数月间也未能得以解决。在清道光时期，常规沿海防卫巡查方面，各省应对虽然及时，但是未做深入核查，使得中国沿海海防的情报被英国所了解。这些情报在后来鸦片战争时期，英国能够制订计划派出海军和进行战争准备发挥了至关重要的作用，英军在鸦片战争中选择进攻和登陆的地点，就是参照他提供的情报，在1835年，胡夏米把草拟的对清作战计划呈交给了英国政府，他被认为是在清帝国与英国第一次鸦片战争前夕挑战英国政策之人，胡夏米的海岸测绘和之前马戛尔尼使团的地图资料为英国打开清中国的海上防线做了关键的准备。有关其他沿海省份对应外夷会在本书相关章节进行讨论。

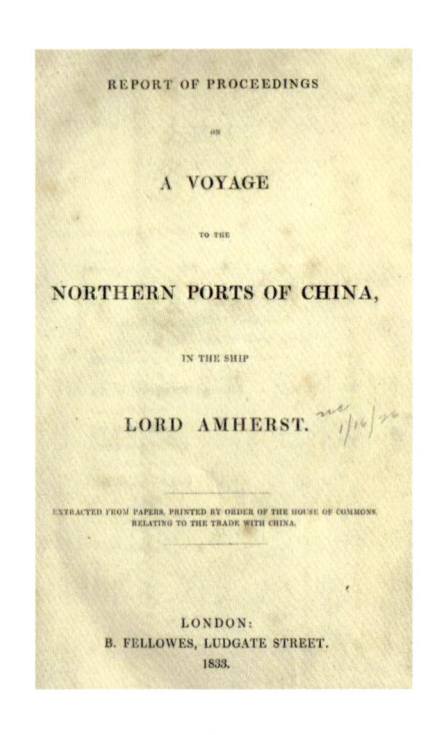

图127

胡夏米《中国北方港口的航行日志》封面

除地图描绘台湾之外，大陆对台湾的图示影响还可以从当时的山水卷轴作品（图128）中发现，作者是徐澍，浙江武义人，字显泽，一字研藉，善工笔人物花鸟，清乾隆年间来台观察各番社风土人情，作此采风图。番社图是传统的山水画法，不过也描绘了作者眼中的台湾地理，是比较少见的清代绘画之中有关地理风光的观察与描绘。

及至道光时期，台湾海防形势还可以从另一幅舆图中得到佐证。绘制时间约为道光二十九年（1849）的《道光台湾舆图》呈现了细致的台湾防戍状况。这部图为纸本彩绘折页册，图中行政设置属于乾隆后期、光绪前的一府四县二厅。图中共标记山岳160余座，溪流40余条，岛屿、石礁11处，港口42处，城池7座，防戍133处，原住民之社129处，隘口9处和汉人的街庄170余处。图上有轴线的道路系统，并有里程数和驻防串成一体，是本图的中心，例如：

竹堑有石头墙城，四个城门，内设有淡防所，标记有游击一千总一外委额外二兵二百八十六，东门外有东势庄、北庄及巡司埔与烘炉林。[71]

第七章　台湾在海图中的战略位置

图128

徐澍《台湾番社图》，清嘉庆二十五年（1820），设色挂轴

清代中国修绘台湾舆图数量较多，要远远超过明代。除上述地图外，还有诸如康熙二十三年金鋐所修《福建通志》，康熙三十五年高拱乾纂《台湾府制》，乾隆七年刘良璧纂《重修福建台湾府志》，乾隆十二年范咸纂《重修台湾府志》，道光、同治十年陈寿祺纂、魏敬中续纂《重纂福建通志台湾府》，以及同治二年胡林翼等合纂《皇朝中外一统舆图》（福建省）等，台湾一地之舆图在清代历年不断编修，足见其重要程度，这种修图传统一直延续到清末时期。

清末光绪时期，中国海疆正值多事之秋，清政府深感台湾地位的重要，为了掌握全台，派夏献纶备兵来台。夏献纶（？—1879），字芝岑，号筱涛，江西新建人，他于同治十一年（1872）接替潘骏章担任按察使衔、分巡台湾兵备道，光绪五年（1879）卒于任。夏献纶在台湾所做的一件重要之事，是编纂了《台湾舆图（并说）》这部地图集，堪称清代台湾最具代表性和最有价值的地图册！夏献纶以三角实测法配合计里画方，测得台湾前后山全图，于光绪五年刊行，可以了解全台地形、地貌，也可作为施政之重划及兵备防卫配制的底图。[72]

这部地图集正文（含图）共54页，篇幅虽然不多，但内容丰富。详注台湾海岸线、河流、道路、府衙、军防、街道、村舍、部址与地标，足治台湾史地之津梁（图129）。卷首有福建省候补道、台湾府知府、绩溪人周懋琦（1836—1896）在1879年的"跋文"，次为分巡台湾等处兵备道、兼按察使衔提督学政的新建人夏献纶之"序文"，夏献纶"序文"对地图编撰做了详述。首图《前后山总图》为唯一有图无说之图。另有台湾县、凤山县、嘉义县、彰化县、新竹县、淡水县、宜兰县、恒春县、澎湖厅、埔里社和后山各县地图。各图皆有题字。各舆图绘画精细，虽是传统绘法，但附罗盘方向和经纬线，每一平方格准作地平十里。图后皆有说略，附录道里等文字说明。埔里六社和后山之说明尤其详细。其时台湾尚未建省，仍为福建省的一个府。这部图集在编制上面也有新意，夏献纶的"序文"后一页右下角附有小字"绘图委员候补从九品余宠监刊刷"二行，说明图籍乃是由多人合作完成并具真名，这在古代中国舆图历史之中十分少见。

周懋琦的"跋文"说道：

　　火轮铁舰越西洋七、八万里而来，中途有可以休息甲兵，修理器具、转运

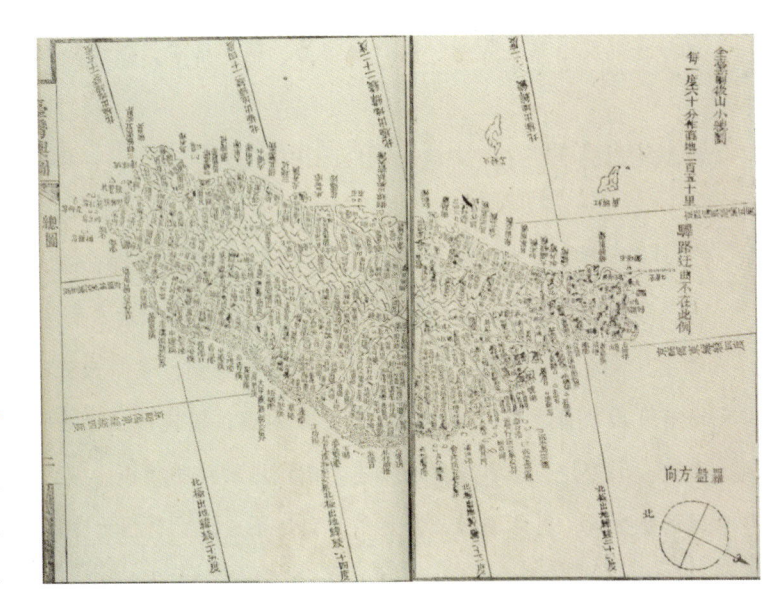

图129

夏献纶《台湾舆图（并说）》，清光绪六年（1880）刊本，台北"中央图书馆"藏

煤炭水米之属者，东则有日本，南则有台湾。故议南洋之防者，莫先于防台；议台防者，莫先于防澎湖也。台、澎孤悬大海之中，岸皆可登，岛皆可据；民穷地瘠，捕海为生。傍岛岸而居者，约五万七千余户，可民可盗，可良可奸。同治纪元，治军来台，继而待罪知府，都简炮队往来后山，迄今越十有余年。窃谓编渔民以济水师，足补图略所未及，岂非防台、澎之至计哉？至于台北基隆，山产煤矿，尤利火轮之用；口阔水深，与澎湖、马宫、澳等处相亚，泊船避风，筹防诚当首及。[73]

周懋琦对台湾的战略地理形势做了评价，还专门谈到了绘制此图之过程，是将防御守卫之思考带入制图测绘活动，与余宠不断亲自观测而后再作图：

夫外洋之学，力求实用；测绘游历，专门名家。尝见海上兵轮巡查所至，凡潮汐之涨落、水口之浅深、港汊之总散曲直，莫不目验而手识之；又复至再、至三，至于五六，务详确精熟而后已。所刊图略，于番社之道里、岛屿之方向，视旧志舆图较确，凡我同人，校其图而证其是、辨其伪，一切水口、潮汐、港

313

汉纱线以及山原之陑塞、隘口之难易，朝夕稽求，以讲战守之策。[74]

夏献纶自己在"序"中谈及制作图集缘由时说：

> 古人右史左图，观览并重，萧何入关，首收图籍，盖凡道途险阻，山川扼塞，非图莫周悉也。台湾，海外荒岛耳。郑氏纳土逾二百年，半线以北，辟及，彰化、淡水、噶玛兰，已入山后。夏献纶强调，备兵来此适值海疆多事，朝廷遂有开山扶番之命，台之南北，递岁周巡；辙迹所由，多涉无人之境。而内山道途、形势，为从古方舆所不志，献纶则欲详悉为图，俾回曲写远，了然尺幅；而民番生聚，村落联属，复参酌审定。图成，计得幅大小凡十有一。

这部图集是多人合作，夏献纶说他"命山阴余二尹宠（即余宠），周历各属，创为之图凡，再易寒暑始竣，而后山图又数易，惟嘉应王君熊彪有稿为优并采用之，番社取其已归化备档案者"。这部舆图集是清代以来，最为深入描绘台湾所辖各县之图，包括十二幅舆图："计有《全台前后山小总图》《台湾县图》《凤山县图》《嘉义县图》《彰化县图》《新竹县图》《淡水县图》《宜兰县图》《恒春县图》《澎湖厅图》《彰化县埔里六社图》和《后山总图》。"[75]

在光绪时期，台湾行政区域设置为整个清代最大，首先是光绪十三年正式建省，行政区域划分为三府十一县四厅一州。这部地图集在文字部分给出了明确的方位距离，如台湾海外岛屿距福建省会一千二百里（轮船量水表测量实九百里），澎湖二百四十里（实一百七十五里），厦门四百二十里（实四百九十五里），在图中还统一了图例符号，在制图的规范性上已经较中国传统舆图有显著提升。

到了19世纪，台湾的重要地位依然被欧美各国所关注，1871年7月1日美国《国家时报》（*The National Gazette*）刊登过一篇报道：

> 中国若开放比澳门更适合贸易的地点供外国人所用，那么台湾将更好不过，也可摆脱清廷严苛统治。台湾的气候适宜，可大量种植茶树，即能减少我们对

第七章 台湾在海图中的战略位置

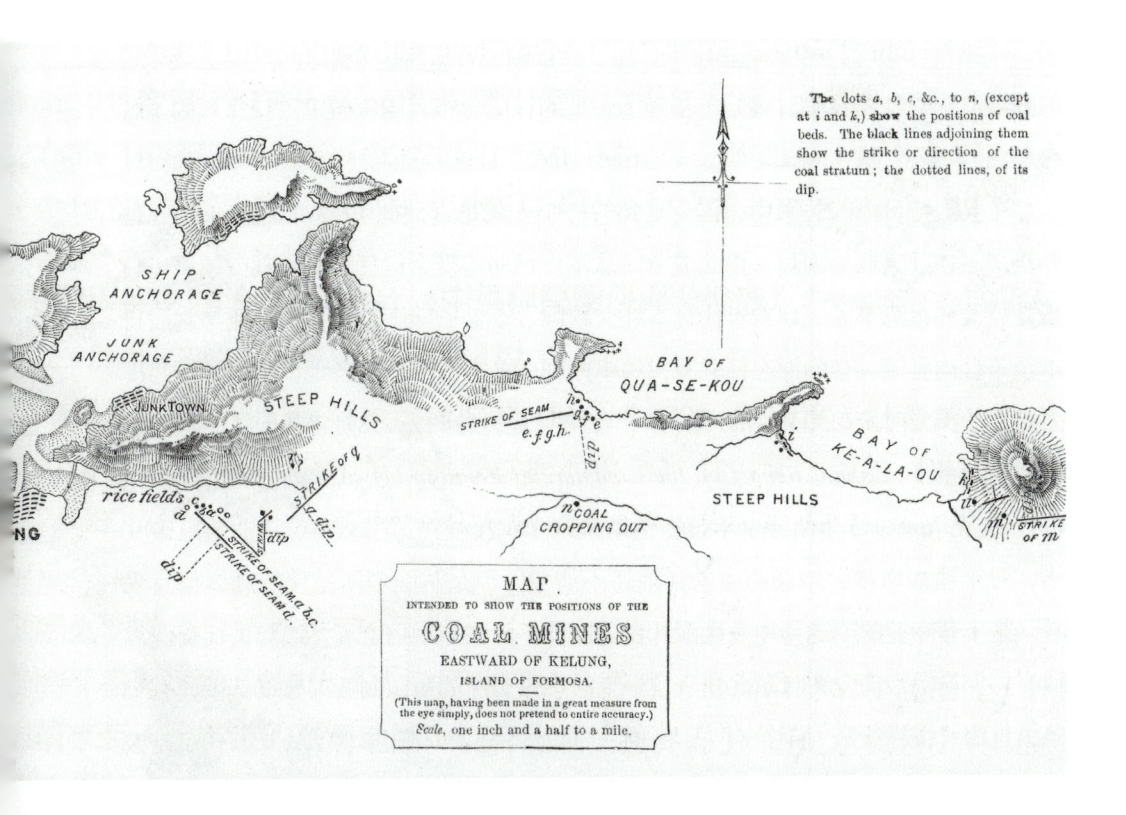

中国茶叶的需求，我们外国人也可借机报复中国人茶叶的奇货可居，傲慢吹嘘的态度。[76]

美国人对台湾也进行过测绘，1854年美国东印度舰队佩里在叩开日本大门后，也曾在基隆停留过十天，登陆勘察基隆煤矿，测量基隆港的港湾地势。佩里回国后，提出报告力陈台湾适合作为美国的远东贸易中继站，台湾有如围绕佛罗里达半岛和犹加敦半岛、制御墨西哥湾的古巴，主张加以占领。佩里命"马其顿"号（由船长亚伯特上校指挥）和"补给"号驶往基隆，是为了勘察基隆东部煤矿的情况，这两艘船上有专门的测绘师进行了测绘，即《台湾鸡笼煤矿分布图》（图130）。在图

图130
佩里舰队《台湾鸡笼煤矿分布图》，1854年

上，a、b、c 到 n 显示出煤层所在位置、附近黑色煤层的走向或方向，虚线是煤层的降浮。这幅地图表明对鸡笼（基隆）一带的煤矿分布美国人做了比较深入的了解与勘测。

在美国与台湾的关系中，需要提到的一个人就是李仙德（C.W.Le Gendre），他原籍法国，赴美取美国籍，南北战争时从军。1866年受命担任驻中国厦门领事，负责处理美在台湾事务。1872年任日本外交顾问。李仙德熟悉台湾情况，他与之后日本侵略台湾有关。李仙德在任驻厦门领事期间，多次深入台湾各地，进行了解与勘察。他依据当时资料亲自绘制了《中华台湾与渔翁岛图》，1871年载于《美国与外商关系年报》(*Annual Report on the Commercial Relation between the United States Foreign Nations*)，李仙德早年曾在兰斯皇家学院接受过军事教育，毕业于巴黎大学，对于他如何学会地图测绘的详情还不清楚，但是从图中所呈现的具体信息来看，是十分专业的。这与他多次深入台湾腹地，能讲当地语言和多次与番社交流沟通有关。这幅台湾全图自东北角宜兰一直沿中央山脉的山边到南部枋寮一带，有一条纵走的"番界线"，描绘出汉人与原住民的分界线。

台湾自1862年开港后，外国人士相继造访，其绘制出的台湾地图中均有此条"番界线"，这是李仙德所指中央山脉以东的领地，图中也标记出台湾产业的分布等。本地图中绘制有台湾海防的布置，而竹堑是属淡水厅，在 Tuik-Chan（竹堑）绘有厅署，Port of Taik-Cham 为竹堑港，北方 Heungmor R.（红毛河，依其位置应头前溪，红毛河的正确位置是凤山崎的北向，即今新丰溪）。[77] 李仙德根据处理"'罗妹'号事件"的经验指出，中国政教不及"番地"，日本可用"番地无主论"为日本侵台提供依据。李仙德所绘地图中台湾海岸线的精度已十分高，表明19世纪西方的地图测绘在准确性方面较17世纪已有很大提升。

第八章 海战之中的台湾

> 西洋兵卒非徒恃召募而来，平日养以厚糈，训练有素，临阵步法，最尚严整。……且洋人用兵，非徒尚勇力，其筹虑处尤极精细；天文、算法本所专长，风雨寒暑皆能预为测量，早作准备，故水陆二战皆易得手。
>
> ——（清）周盛传

台湾是中法战争所波及的地方（有关中法战争参看之前马尾海战章节）。法国海军是在明代荷兰之后，以军事入侵的方式攻击台湾的欧洲国家。无论从当时双方出动之兵力，战斗激烈之程度，波及范围之广，以及持续时间之长等方面看，都不能不承认台湾是中法海战的主要战场之一，其重要性比马江战役有过之而无不及。[1] 攻击台湾和向马尾开战几乎是在同一时间进行，实际上，对基隆的军事行动甚至稍早于马尾，法国政府强迫中国接受《天津条约》的最后期限是1858年8月1日。

法国海军中将孤拔在8月2日收到向基隆开战的命令、海军少将利士比在8月4日向清守军发出撤出防御工事的最后通牒。而在8月2日，法国驻福州领事白藻泰致电法国驻华公使巴德诺，谈到不要贻误战机："福州当局极力不理会海军中将谈到'现状'问题时向它提出的要求。我们在这里给予中国人一次又一次的延期，都被他们利用来不断地组织防卫、补充战备。因此，正像我在前一封信中荣幸地告诉您的那样，我们的军舰突然抵达该港时所引起的对我们有利的震动如今已经消失，相反在（中国）官员和人民心中却产生了一种坚强的信念，甚至是非常傲慢的态度，他们宣布并让人四处散布：孤拔海军中将不会挑动战争，因为他担心力量不够。目前这里依旧在进行各种备战工作。昨日有一艘满载武器弹药和部队的运输船开进马尾港；船政局附近的山峰都设置了军营；从罗星塔至福州的陆路布满了穿各色服装的士兵；好几只满载石块的大帆船正准备要沉到河流上下游的航道中；在船政局，鱼雷快艇上安放着数只小汽艇。四五名据说十分精通水雷的中国专家最近从天津、广州赶到，并带来了六十枚新式水雷。钦差大臣张佩纶对船政局的命运不抱幻想。不过，他自以为能在港内摧毁我们的军舰，为此，他正尽力想方设法用1800只载着易燃品的木排来包围我们的战舰；有一支潜水队负责用绳索（从水中）缠住（我军舰的）螺旋桨；在他们的大炮向我方战舰进行轰击后，从台湾、福建沿海征募来的两三千名海盗将扑向我们的战舰，想办法靠近战舰进行攻击。"[2] 白藻泰的描述，印证了有关张佩纶在闽江口聚集了装满石块的轮船，准备等法舰驶入闽江后沉入江中堵塞河道，令法舰无法出逃的计划。不过，白藻泰夸张了有关清军的准备工作，可能是要提醒法国海军不能轻敌，法国海军在马尾和台湾两地在战前的测绘方面应做了同样的准备。

和马尾海战的情况一样，法国海军同样对台湾基隆一带也进行过测绘（图131）。法军在淡水已进行秘密的测绘，利士比早在1884年（清光绪十年）9月初，就曾派"鲁汀"号进行过侦察，后来又派"蝮蛇"号进行监视，对淡水港的情况相当熟悉：

> 夜间"蝮蛇"号接到命令，转移碇泊处，开向阵线的前方；水道工程师雷诺（Renaud）、罗列得利（Rollet de l'Isle）、水雷军官梅林（Merlin）、乌莱姆（Vuillaume）和鲁塞尔（Rouxel）受命与"蝮蛇"号同去侦察航道，测量结果。在河坝处，"蝮蛇"号在高潮时可有相当的水深通过，仅有两三天小潮时除外。但同时看出有淤泥在前，泥中可能藏有阻止再向前侦察的铁线。晚上十一点，"蝮蛇"号回归舰队里面的碇泊处，夜间没有警报的度过。翌日炮艇担任对昨夜所查出的淤泥做详细的考察，若可能的话，便做打捞水雷铁线的工作，为这事

图131 ——
《法军舰攻打基隆
图》，1884年8月3日

BOMBARDEMENT DE KELUNG. — 3 août 1884.

"拉加利桑尼亚"号的两只小艇跟它一同去。[3]

在《法军舰攻打基隆图》中，山海周围位置标会清楚，主要的地标全部加注了法文字符，采用俯视视角来画，这种生动的图绘往往可能是在现场进行测绘，法军在中法战争期间绘制的这类地图很多。有一位法军测绘军官欧仁·吉尔曼·加尔诺（Eugène Germain Garnot），在此时绘制了多幅有关法海军进攻台湾的海图和地形图

| 权力的图像

图132 欧仁·吉尔曼·加尔诺《基隆地形图》，1884年

（图132），加尔诺的身份可能是法国外籍兵团第三非洲营连长，他具备非常好的测绘与绘画水平，所绘的海图形式多是以实景素描的形式，在孤拔舰队在台湾的一系列军事行动中，他对台湾沿海各处的地形和山脉进行了十分详尽的绘制。

加尔诺在《基隆海岛实景图》（图133）中，对沿海山地进行了精确的观察，岸边上的宝塔、公墓和煤堆等位置都很具体，是在船上一边行进一边绘制。这一类地图的特征是需要测绘者面对实景进行，用写实主义绘画技巧和透视的手法完成，17世纪荷兰东印度公司的制图师也十分擅长这种绘法。而法国海军的测绘师具备熟练的景观绘制技巧，对基隆一带的海港和山脉做了全面勘测，在本书第四章中，可以看到当时法国海军所测绘的亚洲和中国华南海图是从较大的范围绘制，图中基隆海岸一带的山景可信度很高，精确度也更好，介于科学地图与风景画法之间，实

第八章　海战之中的台湾

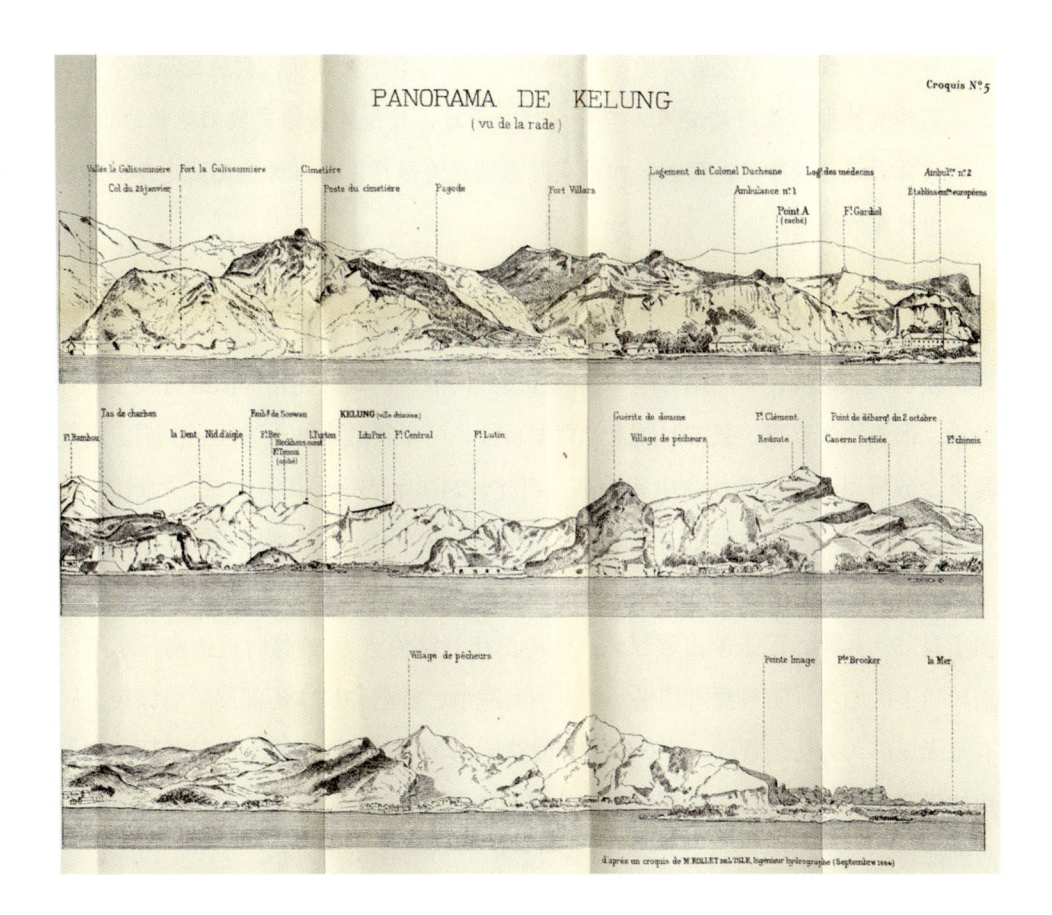

景图在实战中的作用很直观。而在中法战争时期，局部和更加精确的区域海图也已完成，补充了大范围海图的细节局部，法国制图的系统性可见一斑。1884年8月6日，在基隆"拉加利桑尼亚"号军舰上，利士比致孤拔的报告中提到了基隆的地理环境，他说：

图133 ———
欧仁·吉尔曼·加尔诺《基隆海岛实景图》，1884年

> 基隆港可以说是由两块盆地构成，中间隔有一岩质台地。由于"拉加利桑尼亚"号吃水深，无法进入港内锚地，因此我不得不停泊于港外锚地。正因为是停泊在港外、离敌人防御工事太远，我们的炮击难以发挥有效的作用。我

所选择的位置与敌人的新堡垒相距900米。该堡垒外观雄伟,我明白那五个对我们构成威胁的炮眼均装有大口径火炮。不过,我所凭借的是我们炮长的机智、灵活、沉着、冷静;而且,如同我对您说过的那样,我当时也无法选择一个较为隐蔽的锚地。[4]

8月5日对基隆的战斗并没有想象的那么容易,据法军描述:"上午8时,我们向炮台发起猛烈进攻,中国炮台随即以同样猛烈而准确的炮火还击。激战持续了好几分钟,很快我便发觉,我方24厘米炮百发百中,一举将敌人的火力压了下去。于是我下令放慢射击,以便使命中率更高,自此,24厘米的炮弹更显神威,'维拉'号用全部的排炮向大堡垒轰击。遗憾的是14厘米的炮弹对于构筑得坚固的其他防御工事未能产生多大的作用。"[5]法国海军对基隆的攻击主要是为了煤矿,利士比也说到由于登陆士兵少,而未能占领煤矿。台湾巡抚刘铭传认为,"这时近值南风水涨台南轮船不能泊岸,防务暂可稍松,海上一有战争,香港和日本不能济敌船煤炭,只有基隆煤矿久为法国觊觎。……因为当时法国海军一艘军舰通常无法装载超过14天用的煤炭,而煤炭耗尽的军舰就是一个漂流物"。针对法军的意图,刘铭传做了相应的部署:

> 法军虽被击退,但刘铭传深知法军船坚炮利,若再增兵增船,则曹志忠所守正营中营,因离海过近难抵敌炮故令其移驻山后以保存实力。此外,刘铭传派人拆除八斗煤矿机器,将之移至后山,并将煤矿房屋烧毁,另则灌注煤油将15000余吨存煤悉予焚弃。8月5日,法军开始进攻基隆时,淡水形势也非常紧张,当时奉命兼办淡水营务的浙江候补知府李彤恩,乃购船填石塞港。9月,刘铭传令孙开华等将石船沉塞,以封淡水河口,使法船难以驶入淡水河。[6]

10月初,法国海军转而进攻台湾;刘铭传于10月3日抽调兵力回防沪尾(今新北市淡水区),留300多名军力防守狮球岭及基隆河。然而10月4日之时,狮球岭被法军攻下,10月7—8日法军800名海军陆战队攻向淡水,当时刘铭传已事先抽调兵力预防法军来犯，并且沉船巨石，守江封港堵住淡水河口，在沙仑海岸筑堡垒据守，防止法军直接突入淡水河，避免控制台北城，且在英方的协助下于淡水河口布防水雷，清军在淡水守将以台湾总兵章高元、漳州总兵孙开华领兵下力抗法军进攻，法军陆战队只好抢滩淡水河口，双方往返冲杀，死伤惨重，最后法军不支，只能撤退，台北沪尾之围稍解，且法军死伤惨重，10月13日清军再增援乡勇团练，已增至6000多人军力，由于法军强攻淡水不下，准备再改由基隆方面攻向大稻埕，法军在沪尾抢滩登陆时被清军及台湾乡勇击退。法军转而从10月23日起，对台湾实行海上封锁，同时清军再由卑南调军增援，法军则增兵至1800人攻向基隆。此时，法国海军指挥官孤拔已考虑对基隆的煤矿采取行动，以补充轮船需求。

1884年11月间的军事行动，被法军以地图的形式绘制记录了下来，成为这段历史的珍贵图像记忆。位置是在基隆以南的山谷（图134），制图师是副连长马翁，他应是从现场亲历，根据观察而描绘。从地图的表现看得出马翁受到过制图的专业训练，地图上方有南北的方向标记，下方有比例尺1:1000，山川有等高线标示高度，在图中用字母表示各个主要地点。

A： 13日16时30分第二十五连的侦察点

aa'： 侦察部队行动时纵队的位置

BB'： 13日半夜1时营部及炮兵所在位置

bb'： 14日炮兵及其小分队的位置

CC'： 第二十六、第二十八、第二十九三个连进攻区的位置

D： 因地势原因受阻，纵队被迫撤回的地点

EE'： 摧毁瀑布以南的中国工事区时各连所处位置，13日中国人的阵地

FF'F"F'"：中国人的工事

注：这些曲线作为草图的背景作用有限，但足以描绘出地形了，地形起伏很大，杂草丛生，坚竹林立。草图未包含的南部和东南部为倾斜的宽阔高地，东北和西南则种有庄稼。[7]

| 权力的图像

图134

马翁《煤矿领地测绘图》，1884年11月25日

    法军对基隆山区的制图已经应用等高线制图技术，用以标记山丘的不同高度，等高线指的是地形图上高度相等的各点所连成的闭合曲线，是等值线的一种特殊形式。在等高线上标注的数字为该等高线的海拔高度。最早的等高线地形图起源于等深线地形图。1728年荷兰工程师克鲁基最先用等深线法来表示河流的深度和河床状况，后来又把它应用到表示海洋的深度。1799年杜庞-特里尔（J-L. Dupain-Triel）用等高线绘制了法国地图，是目前所能看到的首幅大型陆地区域地图。19世纪40年代，英国陆军测量局开始规范化地采用等高线地图描绘英国和爱尔兰地图，欧洲其他国家也开始采用等高线法。[8]等高线测绘法在中法战争时期，已经被法军熟练

324

应用在战场测绘,马翁所绘地图把现场的地标记录写在图的右侧,便于与图形相对比。

根据此图,孤拔描述了在这里发生的战事,其主要目的是为了占领煤矿:"清军据守的阵地在离基隆大约2000米处,有几条人迹罕至的小道通往该地。经过两小时极其艰难的行军,翻过深草遍地灌木丛生的陡峭山坡,大约在距敌人阵地还有一半处,侦察部队遇上了中国主力部队,受到对方几乎是近在咫尺的攻击。我方未有任何损失,但在继续行军之前,该侦察部队只得据守邻近的一块高地,可架设数门口径为4厘米的大炮。敌人在我炮击之下立即撤离阵地。由于天色太黑,无法继续行动,侦察队便在原地宿营,尽管当时天气看上去不佳。平安无事地度过一夜之后,翌日(即14日)破晓,队伍即行开拔,两小时后顺利地抵达前一天中国人占领的阵地。13日开始侦察时,由位于淡水方向数千米处的水塘卡(Switen Ka)和洛多(Loch To)中国兵营派出的增援部队受到我南面与东南面阵地炮火的阻击。敌人撤退后,我部队因精疲力竭,于15日下午4点返回基隆。敌人的伤亡无法估计,除了据守阵地(业已攻克)的中国军队遭到伤亡之外,从淡水及煤矿谷地方向来的援军也受到损失。我方仅有科蒂尔中尉与两名士兵受了点轻伤。健康状况依然如故,由于风雨连绵,未见任何转机。9到20日有16人死亡。自从抵达此地后共死亡69人;住院治疗的病人达150人;因病丧失战斗力的人数达230人;还有70人必须疏散到西贡。总之,部队的健康人数下降至1200人左右。目前我力所能及的仅仅是据守基隆阵地。"就在马尾海战于1884年8月23日开始前的8月5日,法国海军少将利士比就率领兵船四艘进泊基隆,迫令基隆炮台投降,由于没有得到回音,法军便于次日发炮轰击,随后以火棉将炮台击毁,但是在8月6日法军占领基隆镇的企图却失败了,还略有伤亡。[9]然而,法国作为荷兰之后的地图与海图绘制大国,深知地图的战略意义,他们并不是贸然出兵,和在越南的情形一样,法军在作战之前,会先勘察地形地貌,利士比袭击基隆乃是有备而来:

> 在1884年4月13日,法舰"沃尔达"号窥伺台湾,侦察基隆与绘制地图,并在其间勘察基隆一带的煤矿,以作为舰队动力的补给站。[10]

出兵基隆的计划来自法国高层。在1884年8月3日，法国海军及殖民地部长致内阁总理兼外交部长的电文中，提到司令孤拔来电的副本，即军舰"拉加利桑尼亚"号和"鲁汀"号已开赴基隆，"维拉"号早已在那里。到了8月9日，孤拔致海军及殖民部长电文中又说：基隆近况欠佳，利士比将军被迫放弃陆上阵地。登陆连寡不敌众，被迫退回舰上，仅将防御工事摧毁。

在1883年12月中法战争开始之前，1881年法国海军军官、探险家兼地理学家吕推（Jules-Léon Dutreuil de Rhins）绘制了《亚洲地图》，这幅地图非常细致地把中国与越南接壤的部分画了出来（图135），这幅地图可以佐证法国军队在地图绘制方面相对清军而言十分专业化。在法军发动北宁战役时，随军的测绘员会将战斗过程用地图的形式记录下来（图136），以便于战后进行回顾和总结，这幅地图标记出北宁的地理方位，河内在它的下方，从河内到北宁和北宁上面有两条虚线，是指两个作战旅后面的行程。从以上图可见法国军队对地图和作战关系的重要性十分了解，也在之后的战斗行动中以地图作为指导。

在中法两国战争进入僵持之时，法国将战火延烧到中国东南沿海和台湾。在利士比攻击基隆之际，台湾防务经台湾道刘璈督办，已有部署，全台防军共40营，以南路为防御重点，6月26日，清廷命刘铭传以巡抚衔督办台湾事务。由利士比和孤拔组织的两次攻基隆均未奏效，如前述，之所以选择基隆作为主要的攻击地，主要是出于基隆附近有机器开采的煤矿，可作为煤炭补给中心，1884年9月5日孤拔在马祖致海军及殖民部长的电文中写道：

> 我已从基隆回来。中国人在周围修筑了许多反登陆工事。他们的部队很多，在增援团队到来之前不可能考虑任何行动，甚至等增援团队来到后行动也很困难，因为是在山地、林地作战。由于煤的关系，占领基隆可能是有益的，但作为行动基地却是很糟糕的，因为可供大军舰停泊的港口很窄，而且长期有风浪，东北季风到来时更厉害。此外，这个地方像福州府一样，远离北京，我们在这里所做的一切对北京没有多大的决定性影响。如果政府想占领台湾，澎湖列岛锚地将是个更好的行动基地；但为征服台湾岛，需要增加两倍兵力才行。如果

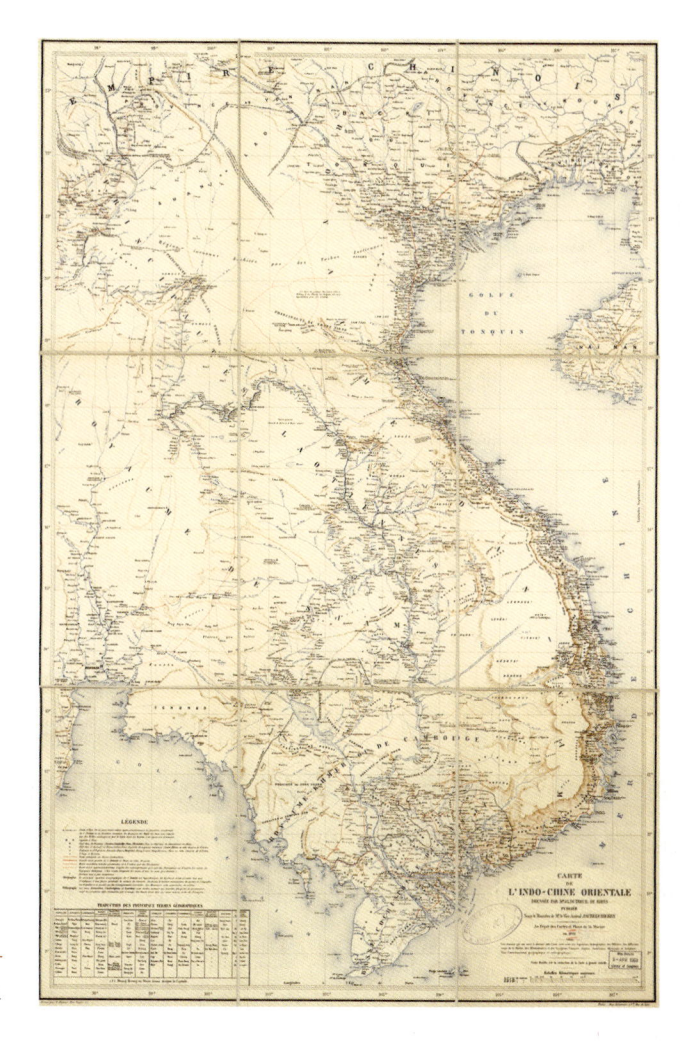

图135
吕推《亚洲地图》，1881年

政府无增兵打算，那么最好立即到北方去采取行动，我们将夺取芝罘作为行动基地，然后我们将登陆、布置好部队，占领威海卫和旅顺港。巴德诺也表示了要占领上述几地的意见。他问我有没有足够的部队占领这些地方并同时占领基隆，我说不够。[11]

尽管法军在台湾的测绘上取得先机，但由于台湾在刘铭传的有效布防下，得以积极对抗法军，相对比福建水师在马尾海战中几乎全军覆没，法军则在台湾遭遇

| 权力的图像

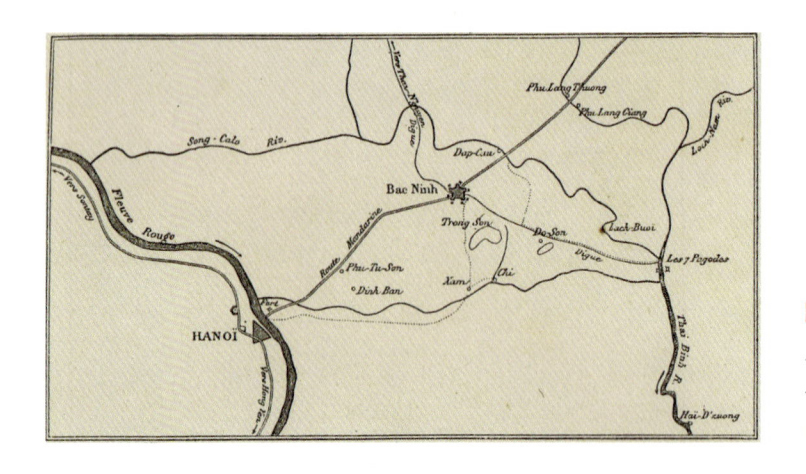

图136
爱德华·奥尔卡《北宁战役示意地图》，1881年

不同程度的抵御，最终从台湾全境撤出。从此时中法战争的背景下法军所绘制地图的主要特征中可以发现，除了地形方位之外，主要是对煤矿资源的强调。早在1853年，法国海军部就出版了一幅地图《中国沿海：台湾海峡图》（图58），是由法国海军水道测量师德拉罗什－庞西所作，可以在图中看到基隆一带用暗色标记出煤田的位置与港口的水深数字，反倒是西部沿海原本繁华的港口区域仅做了简单的处理，身为专业的水道测量师，在地图中所着重刻画的部分就是其关注重点。在1862年法国的制图师安德里厄－古容（E. Andriveau-Goujon）的《亚洲地图》中可以看出。这时的法国制图界对包括中国在内的亚洲海图与地形的掌握程度已经十分深入。有一点非常重要，即安德里厄－古容在中国海域最南端区域，包括南康暗沙、万安滩和曾母暗沙一带，标记了中国海的字样，这是当时西方制图界对中国海域的认知和共识。

刘铭传知晓法海军的军事实力，以及他们对中国沿海情况的了解，在光绪十年闰五月的《遵筹整顿海防讲求武备折》之中，他说道："沿海设防，宜分缓急重轻，以期扼要也。泰西各国，远涉重洋数万里，与我开衅，势必批亢捣虚，为专注之谋。中国七省各海口，惟广东可由香港拖带民船，装兵上岸。若北趋闽浙，万不能拖带民船，惟以兵轮尝试。无论敌轮多寡，中国海口纷歧，万无处处设防之理。用兵之道，实宜合而不宜分；守御之机在扼要，尤在守险。查各国以商埠为要区，轮船以煤炭为性命。如将各商埠及产煤之处，布置周密，守御得宜，各国商贾货财皆已入吾掌握。一国称兵构怨，实非各国所乐闻。其兵轮久居海中，既无煤炭，又无淡水，即得我沿海一州一邑无关大局之区，坚力以持，当可不战自困。"[12]

在《保台略序三》中，刘铭传奏曰："沪尾通商，而基隆煤产著海外。法舰远来数万里，必踞基隆，夺煤厂济舟师，夺沪尾商埠资馈饷。基、沪相接，非速赴基隆，保台北，全台且亡。独解兵既久，所部驻畿辅、江南、广东、西，诸帅畏法军，辄强留不遣。"法军攻击基隆之时，刘铭传已下令将所有煤炭及矿山设备彻底破坏，基隆煤矿机械拆运至后山，厂房和存煤15000吨放火焚毁，使法军即使攻占基隆也无法获得煤炭资源。

对基隆煤矿与煤炭的关注，成为当时法国海军与政府在电文中经常讨论的问题，法国人非常细致地描述了他们所看到的情况。如1884年8月9日，"万利"号返回基隆，海关税务司、港务长、医生和一些中国官员随船前往，他们看到了岸上的煤炭（约3000吨）在火中慢慢地燃烧着。据说这些煤炭是被用煤油浇透，然后才放火烧起来的，听说煤矿也被放火烧了。当"万利"号于星期日离开时，那些煤仍在燃烧。"万利"号和"维斯"号到基隆装煤，但一点儿煤也没得到。1884年8月16日，海军及殖民地部长致孤拔的电文中，指令孤拔从福州前往基隆："我们打算把基隆变成我们的煤炭补给中心，要用您所掌握的军事力量在基隆进行一切可能的行动，请准确地告诉我们，要保证占有煤矿还必须用其他什么手段？"以及在1884年8月29日，同样是海军及殖民地部长致孤拔的电文，要求孤拔应在这次战斗之后前往基隆以夺取矿山并加以占领：

> 从西贡和东京给您运去的两千士兵，您能够万无一失地掌握住该岛北部，并把基隆港变成你们煤炭的补给中心。[13]

但由于法军遇到刘铭传的顽强抵抗，占领和推进都十分困难。如前引，孤拔在9月5日给海军及殖民地部长的电文中叙述了他所遇到的诸多麻烦。

法国政府的目标还不只是台湾，法国驻华公使巴德诺给总理茹费理的电文中说：

我们占领基隆，只是想把它作为一个给养供应点和煤的补给点，我们同时把占领基隆视为一个抵押品，以便与中国进行谈判。不过如果您认为威海卫和旅顺港是更好的抵押品，那么政府就准许在北方立即采取行动。巴德诺担心占领基隆的行动在眼下会给共和国政府带来失望，在远征初期，矿山尚完好无损，我们仍可希望在该地为我们的军舰供应煤炭，所以那时占领基隆是必要的，但不管怎样，基隆只是进军北方的第一站。[14]

相对于福州马尾，清军在台湾的防御措施是比较奏效的，刘铭传在《法兵已退请开抚缺专办台防折》中陈述：

台湾为东南七省门户，各国无不垂涎，一有衅端，辄欲攘为根据。今大局虽云粗定，而前车可鉴，后患方殷，一切设防、练兵、抚番、清赋诸大端，均须次第筹办。[15]

又在《条陈台澎善后事宜折》（光绪十一年六月十八日）上疏：

台澎防务，急宜设筹也。查全台各海口，大甲以南至凤山，沙线远阔，兵轮不能拢岸，远则四五十里，近则二三十里，较易设防。大甲以北新竹一带，海口纷歧，直至宜兰，兵船皆能近泊，至远不过三五里。基隆、沪尾两口，虽能停泊兵轮，尚多山险，如有水雷、大炮设防，尚可为功，至新竹一带，沿海平沙，后陇、中港，三号兵船皆能出入，地势平衍，全恃兵营，殊难着手。然以视澎湖，犹较胜焉。澎湖弹丸孤立，臣派提督吴宏洛察看情形，据称其地不生草木，沙石迷漫，片土难求，四面惊涛，无能设险。惟港内天然船坞，最宜停泊兵轮。臣到台一年，纵观全局，澎湖一岛，非独全台门户，实亦南北洋关键要区，守台必先守澎，保南北洋亦须以澎厦为筦钥。澎厦驻泊兵轮，设防严密，敌船无能停泊，万不敢悬军深入，自蹈危机。此澎厦设防，实关全局，非仅为台湾计也。姑就澎湖而论，若云设防，要当不惜重资，认真举办。纵兵船一时难集,陆兵不过三千,必须多购大炮,坚筑炮台,制办水雷,聚薪屯粟。计买炮筑台诸费,约需五十万金,非一二年不能竣事。若漫图敷衍,不如不防,既节数营兵饷之需,亦免临事覆军之累。进退迟速,伏候圣裁。此防务之不容缓者也。[16]

刘铭传仔细考察了台湾港口军事防御的差别,所提出的防御措施具有建设性。在经历法军击溃福建水师、1884年10月8日法军占领基隆和淡水大捷后,1885年春清军在月眉山区展开激烈艰苦的攻防战,与法军在山区短兵相接,阻击法军凌厉攻势,法方也坦言清军抵抗非常激烈。[17]

法国海军在地图海图的测绘方面的专业性对战争具有贡献,他们还绘制了大量的战争进程图,作为战斗过程的记载,这对于总结战争经验教训具有益处。清军方面罕有类似的图绘专业人员,在战后也没有相关的地图汇总,这与欧洲各国在地图地理方面专业素质的差距较大。法国海军及殖民地部长裴龙(Alexandre Peyron)在1884年9月20日、25日和10月10日分别写给孤拔和远征军总司令波里也的电文中,甚至谈到了远在中国的有关地图测绘的一桩小事:

> 9月20日:托付给"阿威龙"号的全部水道测量资料均在海难中丧失,请通知雷诺,如没必要继续此项工作,派他到将军处待命。9月25日:兹通知您,雷诺先生所绘制的海道测量资料,由于当时他在"阿威龙"号船上,所以当这艘运输船出事时这些资料全部丢失了。为了不使东京的海道测量工作中断,我最近通过电报通知海军中将孤拔先生,如果雷诺先生不是非留在中国沿海不可,便把这位见习工程师派到您处,因为我已在8月29日致米乐将军的电报中指出,我认为尽快完成东京的海道测量具有极大的重要性。为此,我请您除非发生不可抗拒的情况,否则应拨一艘通信舰归助理工程师雷诺先生支配,以便他得以继续其海道测量工作。[18]

对于法国海军来说,海道测量极为重要,所以身为海军及殖民地部长的裴龙,

图137

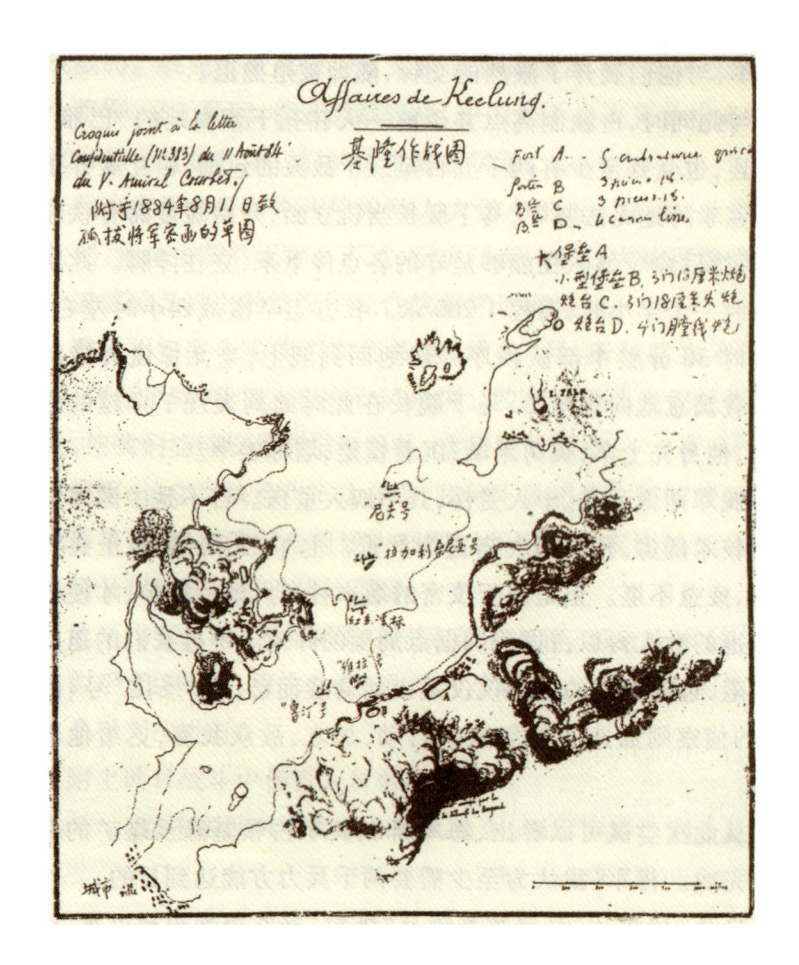

法军绘《基隆作战图》,1884年

在致台湾作战的最高长官的电文中反复提及此事,更说明海道测绘图的对战争局势的影响。这与几百年前荷兰东印度公司在台湾一样,海图对战争和贸易的影响几乎是立竿见影。此后,孤拔在10月10日的又一封电文中,再次强调需要一名测绘师,应该是9月提到的测绘师尚未到位所致:"我刚刚收到米乐将军8月20日第224号报告,再次向我提出东京必须有一个水道测量工程师。因此,我请海军中将孤拔先生把雷诺和罗列得利先生给您派去,如果在他收到我的信时还没有派去的话。不过如果他认为还需要的话,我同意他将其留下。"[19]

《基隆作战图》(图137)记录了中法基隆海战的情况,图中法国海军战舰与清军炮台位置均做了描绘,每一艘战舰均列出了名称,这样的手绘作战地图非常直观,一目了然,将作战的形势判断图示化,对事后总结战况具有文献价值,法国在与中国、越南作战期间此类测绘草图绘制很多。

法军测绘师雷诺在10月5日法军对淡水的战役中发挥了重要作用,他先是在夜幕之中查看了中国军队沉船封港的堤坝,后来绘制了一幅草图:"尽可能准确地标明经过的地段,该地段完全置于我方火炮射程之内。"孤拔还命战斗指挥官利士比,"一旦(清军)炮台停止射击,可令船上的测绘师雷诺先生绘一幅完整的水雷布置地形图"[20]。在占领基隆期间,法军亦多次受到清军的反攻,清军能够利用地形优势对法军进行有效的打击。淡水是法军继基隆后又一处攻击地点,根据法军在第一次基隆之役失败的教训,法军认为:"占领基隆和它的煤矿工场既决定为我们的目标,对于淡水作军事行动显然是必要的了。这两个城市由一条大路连接起来,它们近在咫尺,所以占据了这一个,就绝对必须占领另一个。"法军进攻淡水,目的在于确保基隆被攻占后,可以顺利抵挡来自台北城内的清军。法军制图师加尔诺绘制于1884年10月8日的《淡水之役战斗布置图》(图138)中,可见六艘法军战舰出现在淡水海域,分别是"杜居士路因"号、"德斯丹"号、"胆"号、"蝮蛇"号、"拉加利桑尼亚"号和"凯旋"号,其中"蝮蛇"号具有两个机动位置,海边的水深参数已标出来,还包括淡水河一带的水深、沿海的登陆点、沙丘、军营、水坝和清军防线都有确定位置,在中法战争期间的海图之中此图属于高水平的勘测图。

10月2日晚,利士比派遣海军测绘师雷诺等去侦察河口的沉船形成的水坝,设法找到最佳的爆破口,但他一看到水坝周围的浮标,便知难而退。利士比断定,要占领港湾,势必要消灭或驱散周围的守军,而他手下的300多名陆战队员,绝难做到。于是派"德斯丹"号赴基隆向孤拔求援。孤拔虽然毫不费劲地占领了基隆,但他知道守军的实力相当雄厚,激战还在后面。10月4日,孤拔在基隆致殖民地部长电文中说:

> 在戈尔敦的指挥下,"巴雅"号、"杜居士路因"号、"雷诺堡"号上的登陆连于今日占领了锚地东南的工事,没有任何抵抗。然后我们占领了控制基隆的

权力的图像

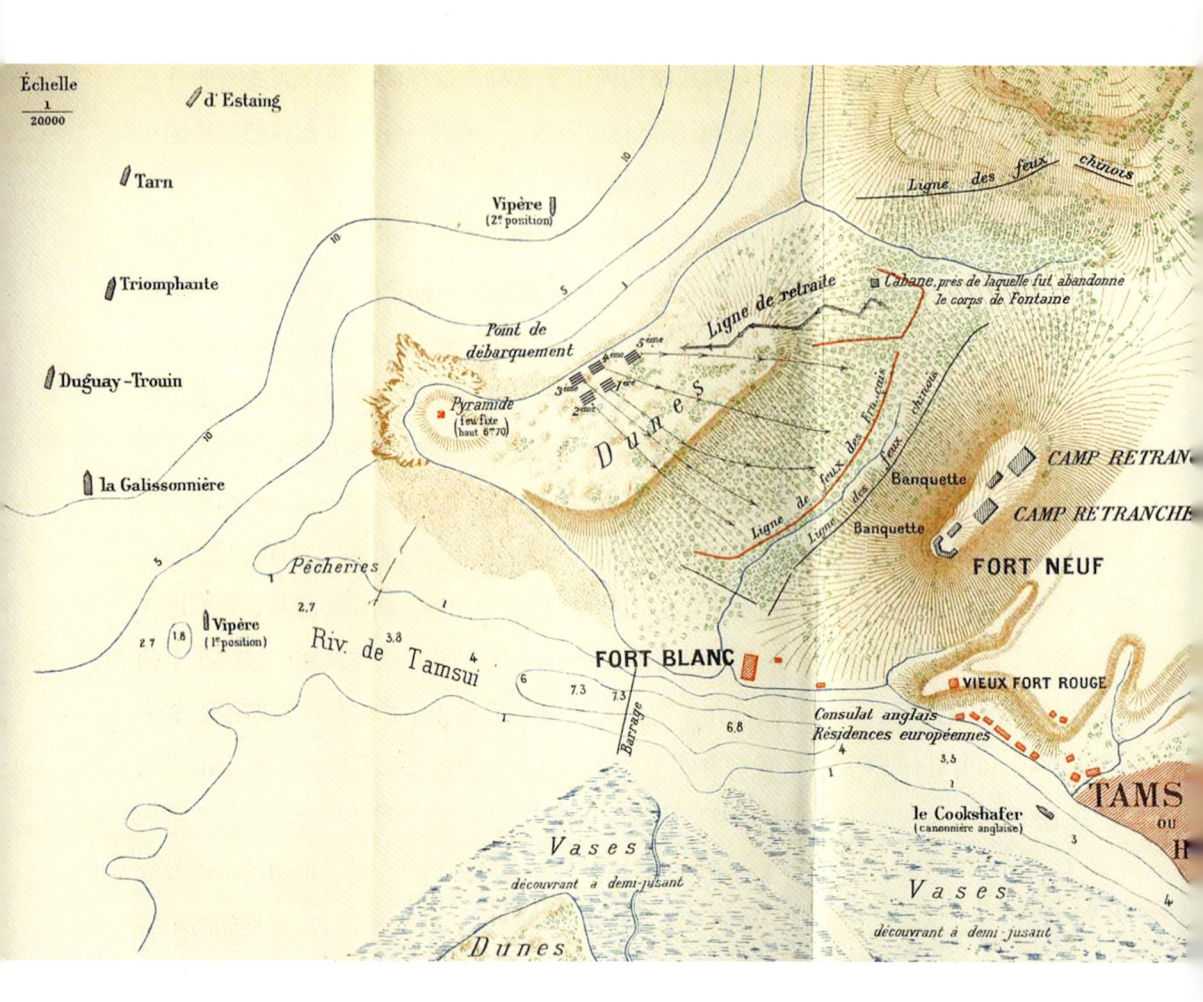

图138

欧仁·吉尔曼·加尔诺《淡水之役战斗布置图》，1884年10月8日

所有工事。在进一步向矿山方向或淡水方向推进之前，我们必须巩固主要据点，以便用少量的人进行防御和摧毁更多的工事。这样大约要花十天。淡水的炮台已经拆除，目前正在摧毁由沉船组成的水坝和鱼雷。[21]

刘铭传派章高元部支援，镇守当地的福建陆路提督孙开华与章高元、刘朝祐和乡勇张李成等人率领3000名军勇埋伏各处，袭击法军部队。战斗过程中清军人数较多，指挥有序，战技不输法军。因此战斗至下午1点时法军已被困在凹地树林中，死伤惨重，被迫撤退回舰。清军成功守住沪尾。清军在淡水击退法军，令法军侵台战役陷入胶着。淡水之役是清末极少数的一场清军获胜战役。

清廷于此役发现台湾的海防战略位置之重要，战后便宣布台湾建省，命刘铭传以福建巡抚的身份兼任首任台湾巡抚，推动台湾新政，强化台湾的防卫能力，并于澎湖群岛兴建新炮台及强化旧炮台防御能力。刘铭传到台湾后，继续就政务军事上奏折，在光绪十年六月初四日的《恭报到台日期并筹办台北防务折》中说道：

> 窃维台湾孤悬海外，为南北洋关键，矿产实多，外族因而环伺。综计全台防务；台南以澎湖为锁钥，台北以基隆为咽喉；澎湖一岛，独屿孤悬，皆非兵船不能扼守。

在六月十六日的《敌陷基隆炮台我军复破敌营获胜折》中，刘铭传再次谈到发现法军船只的动向：

> 前月二十五日，即有法人兵船一艘湾泊基隆，询所由来，答以游巡海口。臣即密饬各军，严行戒备，督促海口社寮炮台，日夜修筑。惟运料无船，万端束手，当即飞函闽省，请将永保、琛航两官船拨台应急。[22]

刘铭传所言五月二十五日，即有法人兵船一艘湾泊基隆，极有可能是法国海军在战前所做勘测准备。中法战争延烧至台湾以来，在清廷朝中引起震动，朝臣纷纷上折。钦差大臣督办福建军务的左宗棠，于光绪十年（1884）九月十四日奏称：

> 臣窃思台湾为南北海道咽喉，关系甚大，倘有疏失，不但全闽震动，即沿海各省隘口不知何时解严。近接福州电信，法夷协力猛扑沪尾（淡水），虽经我军抵御而法船泊沪尾者尚八艘，泊基隆者尚五艘，志在并吞全台。

>　……………
>
>　查台湾鹿港以南之本港、北之梧栖，潮至水深，均可泊船。由彰化、大甲司、中港、新竹等处，陆程五六日可至沪尾。闻该处尚为法船诇伺所未及，官军由此乘虚而入，当无妨碍。
>
>　两江督臣曾国荃虽明知南洋防务不能松懈，然不能不先其所急。拟调派兵轮五艘，并咨商直隶督臣李鸿章于北洋抽调兵轮四五艘，开赴上海取齐。理合请旨，飞敕帮办军务臣杨岳斌，统带湖南八营，由汉口附搭轮船赴沪，配载兵轮，先趋厦门暂泊。一面探明法船踪迹，雇领台湾引港水手，由澎湖之乾仔港直达鹿港停泊，将营勇分起登岸，星夜驰赴台北府城，为刘铭传策应。倘法夷慑我兵威，舍而之他，或分犯南北洋海口，杨岳斌仍可率带兵轮跟踪追剿。臣与沿海各疆臣亦当严饬海口防营极力堵御，毋致别启戎心。杨岳斌公忠在抱，威望素隆，咸同间宣力长江，命将行师，成绩可考，方今而言横海、伏波之选，罕有出其右者。如带兵轮渡台，必能靖海氛而纾宸廑。至所统湖南八营月需饷项，应请敕下署湖广督臣卞宝第、湖北抚臣彭祖贤、署湖南抚臣庞际云等，由该两省按月筹解，庶免掣肘之虞。[23]

有关台湾抗法的奏折多达几十份，可见台湾虽孤悬海外，在晚清时期，它的重要性已引起很多人的关注。

清廷与法国在台湾的最后战斗在1885年打响。3月14日，法国政府停止增援基隆战事，并命孤拔攻占澎湖。3月29日，孤拔率领远东舰队8艘战舰进攻妈宫城（今澎湖县马公市），清军将领梁景夫死守四角仔要塞，以炮轰还击，但法军火力强大，至3月31日几乎夷平整座要塞，镇守清军死伤惨重、完全瓦解，法军得以顺利占领澎湖。在澎湖守军失利的众多原因之中，法军将领重视勘测地形且指挥得当、战术正确非常重要：孤拔攻略澎湖群岛之前，先派船舰勘察澎湖地形，确认澎湖守军部署之后，先集中火力、摧毁妈宫内湾炮台等防御设施，再派步兵队登陆上岸，从大后方包抄后防薄弱的守军，进而击退对方。

第八章 海战之中的台湾

PRISE DES ILES PESCADORES.
Le *Bayard* entre dans le port de Makung.

3月29日上午7时左右，法舰以"巴夏尔"号为首，同"杜沙福"（Duchaffaut）号驶入澎湖内湾，先遭到清守军四角仔屿、蛇头山等炮台的炮击，法舰立刻做有效反击。法舰挟带强大火力，密集炮轰之下，妈宫港北岸的穹窖炮台被毁，守兵弃守四角屿炮台和蛇头山炮台。是日中午时分，金龟头炮台业已遭轰。之前，清军两座火药库爆炸，所有炮台至此皆无法获得弹药补充，自然也无法再进行有效反击。"巴夏尔"号的攻击场景被画了下来（图139）。

澎湖之战再次暴露出清军在守卫方面的不足。与法军相比，在整个中法战争时期，清朝政府没有对各地战场提供相对应的测绘地图，也没有作战地区的战斗过程地图的绘制，清军

图139
法军绘《"巴夏尔"号进入妈宫港》，1885年

之中尚无测绘士兵的配置。尽管在康熙时期，能够组织欧洲传教士进行全国的测绘工作，但是，在海防图的测绘发展和应用方面，中国已经大大落后于欧洲诸国，地图在社会、战争和国家主权方面的重要作用还没有被认识到，海图的测绘、情报收集与军事行动的协同、为海战提供的指导和战后的图片存档成为19世纪海上强国的常规海战模式，各式各样的海图即是权力的图像。

第九章 日据时期的台湾海图

对台湾的资源和战略位置感兴趣的不只是荷兰和法国等欧洲国家，仅一水之隔的日本实际上很早就已经开始觊觎台湾。万历四十五年（1617），日人入龙门港，遂有长成之令。"初，日本足利氏之末叶，政乱民穷，萨摩、肥前诸国之氓，相聚为盗，驾八幡船侵掠中国沿海，深入闽、浙，而以台湾为往来之地，居于打鼓山麓，名曰'高砂'，或曰'高山国'。高砂为日本播州滨之地，白沙青松，其境相似，故名。或曰是番社之名也。当是时，日本征夷大将军丰臣秀吉既伐朝鲜，谋并台湾。"[1]在16世纪中期，明朝倭患甚重，在台湾和澎湖一带亦有倭寇活动，从丰臣秀吉、有马晴信、德川家康到明石道友都有侵台计划和进犯台湾。里茨《台湾岛史》记载："德川幕府的第一代将军德川家康有侵略台湾的野心，但完全失败了，在现存日本文献中，一点不留痕迹，使我们无从获知真相，幸而在当时驻日耶稣会教士的年度报告中有所记载，还可借此略知梗概。"[2]针对明代倭寇对台湾的侵扰，明闽、浙守军积极防范，数次击退。

然而，及至清代，经过明治维新变法后的日本，由于新兴资本主义的迅速发展和未经改造的旧封建经济文化体系相结合，在对区域邻国关系上表现出极大的侵略性。[3]在1879年3月30日，日本命令琉球国王尚泰移住东京，置琉球为冲绳县。琉球国实质上灭亡。同年，日本正式宣布兼并琉球群岛，派知事取代原来的琉球国王，并命名为冲绳。清政府对日本出兵兼并琉球提出多番交涉，但随着1895年甲午海战战败，清政府失去对琉球的发言权。1874年日本入侵台湾，在1884年中法战争期间，日本甚至派出军舰"天城"号在基隆观战，刺探清军与台湾的防卫情况。日本对台湾的情报掌握做了准备，如驻福州领事上野精一的《视察台湾报告书》、参谋本部的《台湾志》。稻垣满次郎撰写之《东方策结论草案》，都对台湾资源的丰富和战略地位的重要性表示强烈的关心。甲午战争爆发后，日本军政大员如前文部大臣井上毅、大藏大臣松方正义、在野改进党总裁大隈重信和陆军将领桂太郎等也相继主张"动员军队占领台湾全岛"，作为"南进的跳板"。[4] 甲午海战带来的直接后果之一，就是《马关条约》之中台湾被清政府割让，自此台湾又陷入半个世纪的殖民统治，比荷兰在17世纪侵占台湾的时间还要漫长。割让台湾在清朝引起激烈的反抗，但这无济于事，1895年6月17日，日本驻台湾总督桦山资记在台北主持始政仪式，标志日本在台湾殖民时期的正式开始。值得注意的是，也是从这个时期开始，日本对台湾开始了较为深入的测绘，各式地图大量出版。

在谈及日本的地图制作技艺时，我们可以发现在明治维新之前，日本舆图也因循和学习中国舆图的制作方式，绘制的方法、使用的材料都很近似，甚至在很多日本舆图上，题记也是用中文来书写的。在明治维新后，日本在舆图的测绘与制作方面转向学习西方，并取得了明显的技艺水平提升，例如：明治政府设立地图制作的专门机关，积极派遣人才至西方学习地图测量技术，并招揽外国专家来日进行技术指导，奠定日本近代地图测量的基础。明治初期日本的地图制作机关有三部分，分别是行政部门（工部省、内务省等）陆军和海军，行政部门（尤其是北海道）的地图测量受到英国、美国的影响最深；陆军最初是以法国为典范，后来是德国；海军则是以英国为学习对象。为了完成全国的地形基本图的制作，1882年以通过英国格林尼治天文台的经线为基准实施三角测量和水平测量，并以其结果测绘1:20000正式地形图，1890年将全国基本图的比例尺改为1:50000，只有重要地区制作大比例尺1:20000地图。一直到1924年日本完成全国的1:50000基本图，之后将重心转移至台湾、朝鲜、桦太（库页岛南部）等殖民地的基本图制作[5]，这是日本近代能够跻身于海上强国的一个原因，对测绘地图、海图极为重视，系统地向西方学习地图学科技。在晚明时期，对台湾最先测绘的是荷兰东印度公司，其逐渐绘制出相对准确的台湾地图与海图。而在日据时期，日本也是采用了西方基于三角测量法的绘图技术，相对于清代的中国传统舆图画法，对于地形地貌有了比清代先进的测绘呈现：

> 清朝治理台湾时也曾努力绘制台湾地图，然而受限于自身的科技水平，所绘制的地图皆是小比例尺的简图。只能约略显示台湾全貌和内部的相对位置，无法显示精确的位置距离和面积，也无法细致标示个别的聚落、房舍等。[6]

与荷兰人的做法一样，1895年日本人在进入台湾之后，即同步展开测量和绘图工作。有别于清朝治台的地图，这些地图是经过精密测量的结果。台湾的每一栋房子、每一个聚落、每一片土地都陆续被测量、记录到地图中。随着治理工作的逐渐推进，地图中所呈现的台湾图像越来越完整，包括土壤、水文、矿产、交通人口等各种现象逐一被纳入地图中。日本政府透过地图，可以达到精确地掌握台湾的土地资源、聚落、人口分布及数量等信息，并据此来规划所需的医院、学校、道路交通和水利设施等目的。[7]地图与测绘在日据时代，在一个精密实施的殖民方案系统中起到了不可或缺的关键作用。在日据初期，有关土地的调查、测绘工作和殖民者的经济获取有直接联系。这一点与清代时期对于台湾社会、土地的粗放管理形成鲜明对比：清代经移民开垦的土地，长期以来多被隐匿短报，没有升科纳税，山地森林从未丈量，产权证明极不完备。日本殖民者充分利用这种情况，先后于1898年公布了《台湾地籍令》和《土地调查规则》，于1905年公布了《土地登记规则》，于1910年公布了《官有林野取缔规则》，实行所谓"丈地归官"及"土地所有权申报"，把大量历代汉族农民所辛勤开垦而所有权证明不完全的耕地，世代赖以樵采以供建筑、炊事等用的林地以及土著部落公有的猎场和森林地没收为官有。1911年又公布《土地收买规则》，任意用极低价格强制征购人民现耕田地。[8]

对台湾全面和深入的土地测量肇始于日据时期。为保证测量的准确采用全面的三角测量，和康熙时期由传教士测量台湾设置的7个基准点相比，提升为台湾平原地区的3969个基准点，准确性提高较大。日本对西方测量学的学习经验在台湾的殖民占领时期运用得最显著，地图种类非常多元，地图被作为社会统计和管理的重要工具来运用。地图的类型有：地形图、海图、矿产图、水文图、地质图、土壤图、产业图、行政图、地籍图、军事图和族群图等类型，在测绘的密集覆盖程度、准确性和数量方面，也要超过之前世界顶尖的佛兰芒地图学派以及荷兰东印度公司关于台湾的制图，这是源于日本对海外殖民地地理和社会情况迫切了解的需求。

日据时期成为自晚明以来，对台湾的地图测绘规模最大和最深入细致的测绘时代。之前巡抚刘铭传在台时期，对台湾的革新较大，他对台湾海防提升做出贡献。此外就是在对田赋的清理方面，清赋对于厘清台湾土地起到了推动作用，不过这期间所用地图并非十分准确。例如其中只有散图是经过实地测量，然而测量只限于一块土地的长宽距离，土地的形状、位置和面积并不明显，其他区图、庄图和堡图都是手绘概念图，并没有经过实地测量。[9] 而与之形成鲜明对比，日本殖民者为了全面控制和掌握台湾地籍情况，运用了当时最新的科技进行大规模的三角测量：

> 这是当时在亚洲的首次尝试，数万张地籍图正确地表示台湾平原地区百万多笔土地的位置、形状、面积，确立了台湾的近代地籍和土地所有权的调查记录。[10]

海图，作为日据时期最重要的地图形式，留下了相当多的制图样本。在半个世纪的时间内，日本共深入测绘了台湾46个沿海地区及重要港口如安平港、打狗港（高雄）、东港、淡水港、基隆港、澎湖港和苏澳湾等。1896年日本海军水路部测绘发行了《苏澳湾海图》，此图一如西方海图模式，水深信息非常详细，有方向指示，沿岸山地的高低可见。苏澳湾位于台湾东北部的宜兰县，在宜兰县的东南方，濒临太平洋，其地形三面环山，是由北方澳、苏澳及南方澳形成的天然优良港湾，形势相当险要。日据时代，首任总督桦山资记在同治十二年（1873）任职海军少佐时曾到苏澳，勘察当地原住民的生活。桦山资记离去后，清政府大为紧张，于次年派都督罗大春修筑苏花古道，以加强对后山的统治。同治十二年七月一日，罗大春自台湾府城出发，循陆路于同月13日抵达苏澳，随后，罗大春率领亲勇前往台湾协助北台湾海岸防守任务规划及督建工作；他在1874年7月17日至1875年8月之间，代理台湾兵备道夏献纶所负责之北台湾防守及开山抚番事务，协助设立了台北府，开辟了苏澳、东澳至奇莱（现今花莲港北岸附近）之间的道路，并于沿线兴建碉堡。[11]罗大春也兴建了南风澳炮台并推动基隆及沪尾地区炮台兴建事务。《苏澳湾海图》显示出日据时期所绘的地图已完全学习了欧洲制图的要素，从北方澳和南方澳一带海湾的沿岸和山地的绘制相对准确，有指北针画在图中，海岸线有较密集的水深数字标记，这一带的海水水深参数均被勘测记录。

表5　日据初期台湾海图一览*

图名	比例尺	年份	编号	3D资料	土地利用
台湾及海峡	1/500000	1897	267	无	简单
八罩岛	1/100000	1895	369	无	简单
澎湖列岛	1/100000	1895	48	无	简单
澎湖港	1/18500	1897	374	无	简单
东港泊地	1/181650	1897	375	无	详细
淡水港	1/184480	1895	370	有	详细
基隆港	1/18000	1896	122	有	详细
凤鼻头至枋寮	1/484400	1897	376	无	简单
苏澳湾	1/181680	1896	373	有	简单
安平泊地	1/181650	1896	372	无	详细
打狗港	1/88000	1896	278	有	详细
各西港	1/12100	1895	278	无	简单

*引自魏德文等编：《测量台湾》。

令人难以置信的是，日本就在侵占台湾初期，两年时间内就完成了对台湾各主要港口的地图勘测（表5），而这些只是测绘台湾的沧海一粟。日据时期临时土地调查局长中村是公对台湾的测绘总结为："所谓详实地形，以台湾来说，就有如将此岛的模样照相一样，以一定的公式在图上表现其山岳河川等事物，使得能够在桌上对此岛的样貌一目了然。"[12]

日本驻台湾第五任总督佐久间左马太就任后，为有效进入山地，拓殖林野，设置蕃务本署，掌理蕃地测绘工作，其间遭到北蕃泰雅族反抗激烈，前后费时几年完成，虽然填补少堡图蕃地空白，不过同时亦都留低中央山脉南段，自关山、卑南主山到出云山一带未测之地。测绘工作由测量技师野吕宁负责，部分蕃地地形图并非全部实测。套图以蕃地为主体，图上以自然景观、蕃社、隘勇线及蕃务官吏驻在所为主。实际上在日本侵占台湾前半年，就对台湾岛进行了窥测并画出了地图。在《马关条约》签订和钦差大臣李经方在1895年6月3日抵达基隆外海，正式完成割让台湾的程序之时，日本已迫不及待地开始进行军事推进和地图的勘测，为首者则是日本陆军陆地测量部。1895年5月29日，日军攻占台湾北部，登陆盐寮之后，沿进攻路线，由陆军陆地测量部进行测绘，后在1907年出版（图140）：

> 测得北台湾的三十万分之一地图，东北角自苏澳港至兰阳平原一带，经头围到三貂角、双溪顶、瑞芳及基隆。自基隆到台北、桃仔园、新竹、苗栗、台中、彰化到北斗止。清代的基隆到新竹铁道位置相当精确。新竹一带的地名位置与河流或地形甚为准确。[13]

日军陆军陆地测量部所绘台北一带地图的准确性很高，不过奇怪的是地图制作使用的地名文字全是汉字而非日文，海岸线线条的密集分布是用欧洲19世纪早已采用的方法所绘制。位于北部的山区标出了山峰的高度，例如七星山标位为1109米，大屯山为1045米，竹仔山为1053米，以及黄嘴山370米，山区有等高线显示。不仅在台北的山区，仔细观察可以发现在东、西海岸一带的山区高度也已测量，这是由于当时高山地带的樟脑是日本侵占台湾早期重要的经济来源[14]，所以要做重点标识。除主要城市之外，地图还标出了相当多的村庄名，可见对辖区了解之深入。

史载日军在1895年5月30日登陆盐寮之后，所进行测绘的陆地测量部（临时测图部）是从辽东半岛调往台湾的测绘部队，他们之前在东北应也做了深入的测绘。

图140

日军绘《台湾北部作战一览图》，1907年

这支部队在台湾逗留时间很短，于7月26日抵达台北，即随近卫师团南进至台湾中、南部进行测量，日据当局打算应急构建一套大比例尺地形图，采用快速测图法而未使用三角测量。最后在1896年6月自卑南进入东部展开测绘，到8月6日完成测量后，即撤离台湾。[15] 早在1874年2月明治政府决定出兵台湾时，考虑到日后台湾的占领等问题，日本陆军就派出福岛九成、成富清风、吉田清贵、儿玉利国、田中纲常、池田道辉等测绘人员考察当地的土地形势、港口、登陆之地等。这六人中，除田中纲常一人之外，其余五人均曾受明治维新时期政治家大久保利通之命，于1871年留学中国，一边学习汉语，一边以旅行的名义赴中国各地调查。[16] 实际上，日本对中国的秘密测绘在战争发动之前多年就已开展，对中国华东、东北和台湾各地都做

了持续和深入的观测，相比而言，中国自身的地图测绘十分滞后，也没有对日本人如此大规模的国土测绘加以防范。如前述光绪六年，夏献纶所编绘《台湾舆图（并说）》和日军陆军陆地测量部制作的地图相比较，在精准度等方面的差距很大，依然是较为粗略的方志图形式，无法在实际军事攻防运用中发挥效力，近代中国在与列强的多次军事冲突中落败，地图测绘之落后实际上是一个常常被忽略的问题。

日据时期在台湾的地图绘制数量究竟有多少？现在已经无法确凿考证，但就"二战"后日本无条件投降后所遗留的地图来看，其数量十分惊人。一是根据日本外邦图研究会之调查，日本战败时在参谋本部任职少佐的渡边正，曾设法将大约16万张外邦图从参谋本部搬到东北大学（日本）及旧资源科学研究所，这还只是日本所测绘的一部分：

> "二战"期间到日本战败后大量俘获与接收日军外邦图的美国军事局（AMS），其典藏量更为惊人，根据久武哲也和今里悟之的研究，战后直接由美军接收的地图就超过40万件。这些地图部分移交给华盛顿文书中心（WDC），其余则交给美国地理学会保管。[17]

我们从台湾日据时期的地图绘制情况，可佐证上述地图数量之大是可信的。除了在平原地带大规模进行测绘之外，地图的绘制也逐渐开始在山地原住民区域展开。日本第五任驻台湾总督佐久间左马太力主"理蕃五年计划"，并由此获得日本政府的国库全面资助。佐久间左马太所策划之事，其实在多年前就有准备，对山区蕃社的各方面情况做了了解，地图则更是其不可或缺的资料："佐久间前期'理蕃'为1907年至1909年的三年间，政策锁定泰雅族'前山群'；后期1910年至1914年的五年'理蕃'锁定'后山群'，然这些行动其基础为如1904年台中厅警部饭岛干太郎编著出版《北蕃语集》；1909年11月发行'北蕃图'（二十万分之一）的泰雅族地图，又探险了深坑厅拉拉山方面及宜兰厅南湖大山与南澳方面；森丑之助嘱托与小岛由道补助委员在深坑桃园的泛大料崁地区进行泰雅族如亲属、财产、交易、风俗及历史等'旧惯'调查。"[18]日本国内对台湾的"理蕃五年计划"重视有加，在资金费用方面一共动用1539万9000圆，在所有银钱的花费之中，就有单列的地图测绘测量费项目：

> 五年"理蕃"总预算费用，分为"干部费"、"扫荡费"、"蕃地测量费"、"隘勇线维持费"及"总挂费（办公费）"共5项。其中"干部费"5年共计375800圆，是年平均分配75160圆固定以外，其他如"扫荡费"5133300圆与"蕃地测量费"88475圆在编列上有逐年降低。……依照第一年编列预算，除了"干部费"75160圆以外，其余为"扫荡费"137075圆、"蕃地测量费"20495圆、"隘勇线维持费"1736270圆，及"总挂费（办公费）"1000圆，共计3060000圆。第二年则"干部费"75160圆与"蕃地测量费"20495圆及"总挂费（办公费）"1000圆相同以外……"隘勇线维持费"，又可分为"隘勇线前进"与开辟"道路"、"凶蕃扫荡"等三项费用，"蕃地测量费"又与"隘勇线前进"的各项先后行动有密切关联。[19]

日据殖民部门深知地图测量对蕃地开拓的重要，在资金支持和人员配给方面都给予支持。然而，位于台湾山区的泰雅族与太鲁阁族都激烈反抗过日本殖民者，日驻台湾总督府始终打算测绘山地地区，多次派出测绘探险队。1911年12月12日，日蕃务本署为查明太鲁阁地区的地形与部落分布情况，从太鲁阁族居住地的背面奇莱主山及合欢山方面，试图入山观测，派出测绘师财津久平参与南投厅编组的搜索队，对财津久平来说，这是从合欢山到白狗群北港溪流源流方面探测后，再次参与探测合欢山地形测量活动，与之前一样，太鲁阁人积极防范日本人：

> 16日上午1点有飞弹穿过露营中的日本人的头顶上，于是熄灭灯火来迎战，约1小时枪战后，人影忽然消失在黑暗中。搜索队放弃观测三角形山的探险，回到雾社托洛克社后，待命终止测量。这次探险虽然未完成目的，但该方面的测量已完成一半，对内太鲁阁族背后的地形，观察了解不少。这是日方第一次目睹到内太鲁阁的地貌与部落分布情形，虽然只有三四天时间，但1914年发动对

太鲁阁族的讨伐路线，由此探险后确定攻进的路线。[20]

在1913年3月，测绘师野吕宁和财津久平二人再次参加了由日驻台湾总督府派遣的探险队，随队还有巡查55人和测量工夫2人，探险队员则另外携带测量器材、摄影器械及自备护身武器。由于天气恶劣，遇到狂风骤雨，3月22日人夫随从尽数逃逸，野吕宁的队员也只好放弃粮食、炊具和毛毯等，只携带测量原图、枪弹、测量器械等重要物品，依照顺序下山。这时期所出版的《台湾蕃地图》之中，显示出日驻台湾总督府对"蕃地"的扫荡计划，其蕃界线自南方澳、内湾、埔里、宝来，经枋寮到四重溪，各部落的分布于地理位置甚为详细，主要是与"理蕃计划"中进入这些地方测绘有关。只有太鲁阁一带在这幅地图上呈现空白，1913年时，日据殖民部门对太鲁阁族所居区域还未深入，同时也遇到其激烈抵抗，地图测绘无法达成。

日本对台湾的地图绘制吸取欧洲制图的先进科学，种类十分多元，地图在这时期起到了社会学调查、地籍统计、人类学、资源汇集和政治管理的复合作用，作为一种十分有效、直观和活跃的图像形式，在日据台湾的半个世纪发挥出巨大的作用。这是明治维新之后，日本向西方学习的具体实例，他们也仿效之前的西班牙人与荷兰人，通过地图进行数据分析扩张，争夺贸易资源和获取巨大的经济利益，地图在台湾成为一种助益殖民与扩张的图像武器。

对日本来说，殖民地的一个重要作用，就是提供初级产品——农产品和工业原料，日据时期台湾对日本的作用，很重要的就是提供粗糖和稻米，殖民当局通过推广农业技术和发展水利，提高了甘蔗和稻米的产量。1905年日俄战争后，日本资本主义发展迅速，资本不断集中，资金急于寻求出路。在这种背景下，台湾制糖业成为日本资本输出的一个主要领域。[21]绘于1919年的《台湾各厅主要产业分布图》反映出台湾产业资源的风貌。日本几大财阀资本开始对台湾的资源进行垄断经营，在这幅地图上，可以看到重要的物产如米、糖和樟脑从南到北的分布状况。当时嘉义一带的糖产量最高，台南包括台中地区的糖产量都居于前列，而稻米、茶和樟脑在台北一带多一些。

从顺治十八年（1661）郑成功驱逐荷兰人到1895年甲午战败，清廷被迫签订《马关条约》，割让台湾、澎湖，作为中国领土的台湾，已经在几百年的岁月之中，被各方以各种形式反复地绘制成形态不同的地图，它们是近代历史与社会变迁的见证。清人在西洋的炮火之中看到了海外世界所发生的变化，从某种程度上来说，中国的海防舆图和西方中国沿海水道测绘图在开战之前就已进行着较量，这里是一个没有硝烟的静态与精美的图像世界。小小的海图是世界巨变的缩影，它承载的已不仅是领土界限本身，而是对未知世界的观察、对权力的掌握和图示化的资源与贸易交流。"地图都是制图者和使用者持续不断进行协调的结果，因为他们对世界的理解也在不断发生改变。面对赞助者、制作者、消费者和产生地图的世界这些相互竞争的利益，世界地图永远处于一个不间断的生成过程之中。"[22]中国沿海的舆图绘制在明清之时处于特殊的发展时期，海图与海防图都是在中国与域外世界不可避免的接触之下所呈现的结果，它们是真实历史的图像凝结。19世纪的全球化时期，海上强国成为新的权力话语者，国际贸易、海外殖民地和财富的积累越来越偏向海上测绘和航海水平高的国家，这一历史惯性甚至在今天依然发挥着影响，海图即意味着机遇。

在17—19世纪这三百年的中外交流时期，中国越来越多被西方各国描绘在海图之中，在坚持"祖宗之制"还是开放口岸的矛盾抉择下，海图记载了其中的每一帧图景、每一次海战和每一个历史转折。

尾声 ——海权与中国海疆策略

> 世界就像钟表一样,但中国的时间却是静止的。
>
> ——伊恩·莫里斯

中国自晚明开始,就正式或不得不介入到由于海洋交流所带来的一系列深刻的社会与国家变革之中。随着海上航线为商业贸易提供越来越有力的支持,全球航行得以实现之后,海防问题亦随之而来。从明朝开始,旨在增强中国国际声誉的政治、经济朝贡体系极大地促进了沿海地区的贸易,尽管颁布了严格的海禁政策,但是保护中国沿海不受国内外海盗侵害的防御体系也在缓慢形成。晚明时期的欧洲传教士们已通过海路先后到达中国,航海国家如葡萄牙与荷兰的商船和军舰也已经开到了中国的外海。随着中国对海外世界的了解逐渐开始,沿海社会也在经历着迅速的变化,而所有的变化都被中国和域外的海图记录了下来。中国的海岸线延伸超过一万八千余公里,长度是长城的两倍。清代前期的几朝皇帝非常重视海防,并一再向其大臣和官员们强调这一点。为了有效地管理海防事务,朝廷在沿海地区部署了用于防御的卫所,并在战略上建立了要塞,地方官员都必须及时上报辖地海域所发生的状况,可以看到中国在明清时期的海疆与海防机制构建了一个"封闭"而严格的系统,这个系统能够在相对长的时间内,维系中国沿海疆域的相对稳定。在之前的章节中,我们已较为详细地讨论了作为防御的中国沿海及其海图，以及来到中国进行贸易、殖民甚至是发生冲突的西方国家是怎样利用海图来达成它们的目标。海图，作为静置的图像世界，所暗藏的历史洪流及其重要性一直被掩盖在历史的尘埃之下。

明中期以后，由于倭寇海患不止，抗倭官员对沿海海防状况十分关注。系统和有延续性的海岸防卫制度，在明代并未出现，明朝虽有郑和下西洋的海外航行和大型舰船制造水平，却始终没有建立一支用于防卫沿海的水师，只能根据沿海所发生的事件进行军事和政治管理方面的调整，无论是平倭寇还是驱逐来到中国沿海的荷兰人，只是防御而不能解决根本的问题。明人对海疆海防的理解正如《方舆汇编》中所阐发的那样：

> 海为众水所会，而环中国皆海也，东北起辽东，东南抵琼州，其地之遥几万里，而海中夷岛小大不一，其叛服亦不常。虽其叛也不足为中国大患，而疥癣亦足为病洪。惟我太祖高皇帝，于沿海要害，设为卫所，水旱之寨，星列棋布，其防亦既密矣。然密于防海，而今之为海滨患者，岂特旧法废弛为然哉。如漳泉滨海之民，以海上为家，以夷岛为商贩之地，固有所利于夷，而各夷岛之货，皆欲求售，其所利于中国之货物者，亦不少。其中且有名虽入贡，实为贸易财货，故利之所在，华夷争趋之，而忘其风波之险也。一或禁其舟楫，其初亦若海寇之稍靖矣。然而奸顽恶党，钩引潜匿，为害滋甚，近日倭奴之患，可睹也。已今欲防之，岂有他哉。亦惟举国初之制，而润色之，俾威严在我而怀柔有道，海寇不为大害云。[1]

晚明时期，沿海倭寇的侵扰渐为来自欧洲的航海国家所取代，贸易和对东方物产的向往，使航海技术出众的国家如荷兰和葡萄牙不断更新海图，进行精确的观测，台湾被荷占38年的潜在原因正是荷兰海图与航海的领先。

我们也看到，海图、海外测绘与航海给一个国家所能带来的诸多利益：高水准制作的海图缔造了荷兰共和国的海军力量，促进了贸易的迅速发展，单是荷兰的商船队就有1万艘帆船，16.8万名海员，并且供养了26万名居民，大部分的欧洲转口贸易也曾被荷兰商船队包揽。荷兰不仅承运美洲和西班牙之间的全部商品，也为法国港口进行运输，常年保持着3600万法郎的运输收入。经过波罗的海进入勃兰登堡、丹麦、瑞典、俄国以及波兰一些北方国家的海上通道对荷兰开放，这些北方国家给荷兰提供了一个极好的贸易交换市场。他们在这个市场中出售自己的产品，并购买那儿的小麦、木材、铜、大麻和毛皮。荷兰每年在各海洋上运输商品的总价值超过10亿法郎。用现代词汇来描述，就是荷兰人已经使自己成为各海洋上的车夫。荷兰通过殖民地发展了其海上贸易，它垄断了东方的所有产品，每年它从亚洲运入欧洲的产品和香料价值达1600万法郎。东印度公司在亚洲建立起一个帝国，当时荷兰的殖民地遍布东方的各海洋，如印度、马六甲、爪哇、摩鹿加和澳大利亚北部众多群岛。[2] 而此时在阿姆斯特丹，就有超过40%的职业画家参与海图与地图的制作，这是一个充满机遇和收益的行业和产业链，与超级海外贸易公司相匹配的是一流的航海测绘和海图绘制群体，所有的环节都在高效地运转着，荷兰成为17世纪制图水平最高之国。

　　18世纪时，海洋贸易与海军行动的范围急剧扩张。在当时，航海被认为是异乎寻常的甚至可能致命的，欧洲的探险者们开拓了此前遥远而陌生的陆地，发现了新的人群，由此建立起与世界其他国家之间的联系，商业和政治权力的新型结合显而易见，影响最为深远的发展之一发生在亚洲。在亚洲，欧洲人最终成功改造了古老的贸易模式和商业结构。这种发展在以下过程中最为明显：英国东印度公司接管了孟加拉（这预示着英国对印度的统治），美国商人参与西北太平洋与广州之间的皮草贸易，以及中国茶叶贸易的迅速增长。在某些方面，这些趋势和变化仅仅可以追溯到15世纪初，只有极少数人能够预见全球力量的均势、延伸以及发展速度的巨大改变，而大西洋两岸正在进行技术革命和经济革命，巨变遂由此发生。[3] 与此同时，大清正在自上而下地构建着自身的海防体系，清初康雍乾三朝对海图和海防的重视与处于上升期的时代背景有很大的关系，同时这也是中国古代历史上唯一一次以国家名义进行大规模全国疆域勘测。清代海防舆图的广泛绘制与中外之间的交流相辅相成。例如这时期绘制的《浙江福建沿海海防图》（图59）包括八幅完全分开的地图，其中一幅地图"不仅包括与海洋航行有关的自然景观，例如山脉、岛屿、小岛、礁石、砾石和水流的入口以及重要的海洋边界和与航行有关的建议，还提供了浙江和福建的沿海军事设施，如海军营地、海军基地、要塞、车站、港口、军舰、妈祖庙和塔楼，充分显示了清政府对海防的积极行动。清朝海上航行需要各种船只和导航设备，视具体水文条件而定。虽然短暂禁止海上贸易，但与许多海外国家，特别是东亚和东南亚国家，通过贸易和商业往来，保持着密切的联系。毋庸置疑，对于中国而言，如同与其他拥有海洋边界的国家一样，海洋将成为促进贸易（交换）发展更富有成效的途径。凭借这种贸易往来，生活富足的国家通过接触外部资源维持并发展自身的力量。在这种交换过程中，这些外部资源并未枯竭而是得到了更新。这种普遍趋势从长江获得了特殊的发展动力和力量。在长江上，汽船可以从江口航行1000英里，从入海口一直蜿蜒深入长江的心脏地带。由于中国拥有自己的海岸线，所以那些希望靠近中国的国家也就可以通过海岸由海洋进入中国"[4]。

如果说清廷没有认识到西方科技的潜力并低估了西方人的海上强权，这一部分要归因于当时内部的政治考量，而不能将原因简化为"崇古""无知"或其他一些样板式的答案。[5]原因无疑是复杂的，清代士人对于西方科学的了解也类似于晚明时期，而从清初开始，政府极为重视国家舆图的绘制，海图与海防亦备受关注，"康乾盛世"的出现、国家实力与经济的强劲增长与此时的舆图体系具有内在的关系。朝廷亦引进了大量西洋科学测量仪器：康熙初开始制造仪器，康熙十二年（1673）制成了供观象台上使用的天文观测仪器，包括天体仪、地平仪、象限仪、纪限仪、黄道经纬仪、赤道经纬仪等。康熙五十四年（1715）又制成了地平经纬仪。此外，当时还制造有简平仪、日晷表、测绳、测链、游标式量角器、函数对数计算尺等小型仪器。到乾隆时期，又有新的测绘仪器在吸收西方技术的基础上被制造出来。据允禄等纂修、乾隆三十一年（1766）刊印的《皇朝礼器图式》记载，当时用于观测太阳中天时天顶距定地理纬度的仪器有：测高弧象限仪、地平经纬赤道公晷仪和地平半圆日晷仪；测时计时定经度的仪器有：地平赤道公晷仪、八角立表赤道公晷仪、方赤道地平公晷仪、游动地平公晷仪、提环赤道公晷仪、赤道地平合壁日晷仪、定南针指时刻日晷仪、日月晷仪、圆盘日月星晷仪和方月晷仪；用于三角测量的有：双千里镜象限仪、四游千里镜半圆仪、四定表全圆仪、矩度全圆仪、小花全圆仪、双半圆仪、双游半圆仪等。这些仪器多受西方影响，比较先进，故使清初大地测量工作的精度有了重要的保障。[6]西方具有和使用的测绘仪器清朝也有，至少康熙时期进行勘测的传教士们都在使用。然而在"康乾盛世"结束后的六七十年时间里，清王朝连续遭到了外国侵略与国内动荡——鸦片战争和太平天国的两次沉重打击，从此一蹶不振，逐步步入半殖民地半封建的贫困、落后和长期危机的境地。而这时期也没有了清初勘测全国疆域的宏大气魄，甚至也没有在已取得的测绘基础上进行提升和改进。真正的问题是17—18世纪，当社会发展再次达到顶峰的时候，为什么中国的知识分子没有像欧洲人那样创造出自然的机械化模型，揭开自然界的奥秘？答案还是知识分子们只会回答社会发展推至他们面前的问题：每个时代得到其所需要的思想。随着欧洲人一步步扩展大西洋另一端的新边境，他们需要对于标准空间、金钱、时间的精确测算，科技革命和启蒙运动是西方社会发展上升的结果。[7]清人"师夷长技以制夷"的想法虽然可以引进器物硬件，但是很难在短时间建立起漫长科学系统的内在机制，仅凭器物或武器的获取无法推动社会革新，海图中的马尾与甲午海战生动地说明了这一点。

清代藏书家姚衡在《厦门港纪实》"跋"中提到一件事：

> 怡悦亭尚书于道光二十二年十二月初日奉命至台湾，密访总兵达洪阿、道员姚莹戮夷冒功一案，于次年正月十九日放洋金门镇，弁兵护至崇武海口而还。水师军门窦振彪派千总蓝雄威带缭手与舵兵二名护行，携书二册，言沿山海诸山之状及沙线（汕）风暴，南起琼州，北尽金州，无不备载。归，乞窦将军录其副本，因乞武陵周敬五兄照录，而自绘图焉。校正既竟，为识其后。
>
> 癸卯六月二十四日，吴兴姚衡雪逸[8]

姚衡提到水师军门窦振彪派千总蓝雄威，携书二册，言沿山海诸山之状及沙线（汕）风暴，南起琼州，北尽金州，无不备载，显然表明这两册书的内容是地理图籍，还特别说明是它的副本为自绘图。山海地理图籍对于一线的军事指挥者来说应该是手边常备之物，窦振彪与关天培相类，他在道光十九年，英夷兵船屡犯大墜洋面及梅林各洋之时，曾督舟师击之。道光二十年二月，夷船复游驶梅林洋面，振彪令哨船截攻，以炮火联络，击断夷船帆索，英夷旋遁，这两位抗击外夷最坚决者都有手边常备海防舆图的记载，然而在晚清时期会有多少防卫沿海的官员能像他们一样？

通过对大量史实的考察，可以发现晚清以来，中国沿海各地在面对西方的军事与商贸接触所导致的战争失败和各种不平等条约的被迫签订，其根本原因并非国人漠视海疆，甚至不是清政府缺乏关注和制定具体措施，这一点在前文中为数众多的史料档案中都可以明白无误发现。严格地讲，朝廷对海疆事务的管理和沿海各级官吏的信息呈报总体上是及时的（清代海防建制见附录三之例）。

然而，从技术层面来看，学者们认为在第一次鸦片战争中，清军抗击英军入侵的战斗主要在海岸上进行，清军水师却毫无抵抗能力。英军战舰在中国海面忽东忽西，甚至长驱直入内河时，几乎没有受到清军水师的任何有效阻击。在为数众多的海图和文献记录中，就能够浮现出某些解释：清军舆图中几乎很少出现舰船，而在西方海图中的舰船则是掌握海上力量的标志与象征。论者尝谓，就是清军船炮不仅与英军战舰质量存在着巨大差距，即使是和明末清初的战船相比也有不断衰退的问题，那么是什么原因造成这种巨大差距和不断衰退呢？仔细研究清代前期的造船制度可以找到这一答案。从康熙朝到嘉庆朝围绕着战船的修造质量问题曾展开过多次讨论，制定过许多条例。例如，规定海上战船三年一小修，五年一大修，十年后拆造。战船进入造船厂后，小修之船限在两个月内完工，大修和拆造限三个月内完成。为了确保战船质量，专门设立了承修官和督修官，并根据战船修造质量制奖惩条例。由此可见，清朝兵部、工部官员对于战船质量还是相当重视。但是，由于最初限期过紧，加之查验和接收的官员百般挑剔，有的承修官便把战船修造经费转包给负责查验的人员，以逃避责任。负责包修和查验的人员便利用手中的权力大肆偷工减料，贪污舞弊，大船造小，小修大修徒具形式，油灰涂抹而已。清廷发现这种弊端后，于康熙五十年（1711）专门制定了包修处分则例。与此同时，为了防止承修官员中饱私囊，还加强了对于经费支出的管理，分别规定了各种战船修造的价格标准。这种固定战船修造经费的办法便于控制财政支出，并有利于战船的制式化，但不能防止贪污问题，也不利于战船质量的保持和性能的改进。这是因为战船修造实行的是船厂包修制，各船厂之间没有竞争，船厂内部实行官僚衙门式的管理方式，工料浪费严重。承造者的经济利益不是靠提高造船工艺和改善质量来创造，而是取决于在额定经费中抽取的份额。在修造战船经费固定情况下，投入的工料价值越高，获取的利益越少；反之，偷工减料越严重，攫取的利益越多。战船性能的改善、质量的保持与修造者的经济利益相冲突。在这种情况下，无论多么严密的规定、多么严重的处分都无济于事，难以防范各种弊端的发生。长期偷工减料的结果，必定是战船质量严重下降，性能更是无从改善，这就是清代前期造船制度的症结所在。[9]朝廷对战船的质量品控无法进行有效的监督保证，从清初到晚清这种态势只会加深，加上西洋军舰的科技和军事水平在19世纪时期提升巨大，如自17世纪中期至18世纪，英国皇家海军同荷兰皇家海军和法国海军对制海权展开争夺。自18世纪中期起其为全球最为强大的海军力量，英国皇家海军在19世纪和20世纪上半叶大英帝国崛起成为殖民帝国的过程中扮演了重要的角色。由于其历史地位显赫，人们（包括英国人）时常略去"英国"部分，直称其为"皇家海军"。1816年螺旋桨推进器诞生之后，英国于1844年前后建造了第一艘螺旋桨战舰——"响尾蛇"号，这导致了蒸汽机终于成为军舰主要动力。这些方面都是19世纪清廷面对来自海上的威胁与打击全面落败的直接和间接因素。

就清末海军发展而言，虽然清政府有能力制造和进口军舰，但培养海军高级军官需要大量的时间和精力。因此，从国外招收专业人才，派兵留学成为清廷的应急策略。因为前者能立竿见影，所以清廷开始聘请西方海军专业人员。在1884—1885年中法战争（法国海军在越南北部湾击败中国）的经验之后，清政府更加重视海防，并试图雇用更多的西方专业人士来训练海军。一幅1885年的卷轴描绘了在天津东南约60公里的海河上进行的一次海军训练演习："北方海军中队（定远、镇远、致远、超勇、杨威'铁壳船类型'）和南方海军中队（南城、南瑞）在山南深水区定位，5艘鱼雷舰在浅水区定位，完成编队演练和目标演练。港口自己的瞄准练习在下午不久就开始了，克虏伯炮尾装载大炮被用于重复射击。最后，进行了8枚水雷的模拟。"然而《北洋海军章程》之中，可以发现对军舰较为重视，用于测绘的舰船有所提及但没有装备："查海军战舰以铁甲为最，快船次之，蚊炮船为守口之用，鱼雷艇为辅助战守各船之用，至教练员弁、兵丁须有练船，转输饷械须有运船，侦探敌情须有信船，皆所以辅战船之用者，缺一不可。今北洋旧有及新购到者计镇远、定远铁甲二艘，济远、致远、靖远、经远、来远、超勇、扬威快船七艘，镇中、镇边、镇东、镇西、镇南、镇北蚊炮船六艘，鱼雷艇六艘，威远、康济、敏捷练船三艘，利运运船一艘，海军一支，局势略具。然参稽欧洲各国水师之制，战舰尤嫌其少，运船太单，测量、探信各船皆未备，似尚未足云成军。"用于测量和情报收集的探信之船可能被认为并不重要而尚未配备在水师之中，水军仅考虑具有火炮的战舰，是主要用来防御而不是主动进攻。

中国广阔的、开放的疆域意味着中国的人口在整个18世纪会一直持续增长，国家经济社会实力不断提升，但是清王朝还是不断地将大洋之外的世界拒之门外。1760年中国所有的对外贸易只限于广州这一通商口岸，而当英国东印度公司于1793年派遣马戛尔尼勋爵向清政府抱怨贸易的限制时，乾隆皇帝断然回复道："天朝物产丰盈，无所不有，原不借外夷货物以通有无。"对于更多的接触，他总结道："于天朝体制既属不合，而于尔国亦殊觉无益。"西方的统治者们很少会赞成乾隆皇帝闭关锁国的观点，在1689—1815年的一半时间里，英国与法国一直都在交战[10]，其中不乏多次海战，而直到此时，中国沿海依然不起波澜。严格来讲，如前所述清代对中国海疆的关注度非常高，从朝廷公文、奏折、廷寄和谕批，以及当时各级官吏和文人的著作笔记之中，有关中国海疆、海防的著述要远远超过晚明时期。在面临越来越密集的来华西方国家时，朝廷表现出的海禁和禁商态度在某种程度上刺激了这些国家，在巨大的贸易利益下，它们决定不惜代价打开中国的沿海壁垒。面临外来的形势，即来自沿海的西方各国之贸易诉求，清代社会的各种精英会表达自己的矫正观念或革新观念。[11]

清人看待西方各国的态度是奇特的，对来自海上的"野蛮人"——葡萄牙人、荷兰人、英国人——的重视程度很低，这些"野蛮人"已经尝试到广州开展贸易，并想在沿海地区北上扩展这种尝试。清朝认为西方人是难以管束的，把他们归入土匪和海盗一族，根本不把他们视为中国应该与之打交道的文明国家代表。这种与对待陆地上外来民族截然不同的对策,反映了中国人长期以来对其大陆北部边界的关切,因为那里过去发生过太多的麻烦,那里出现的对其权威的任何挑战都必须认真对待。而他们对海疆的"不关心"是因为那里过去从未给他们造成过严重的问题,然而,这种态度后来终于被证明是危险的:"面对海洋,他们的防御,他们的国门和军事上优先考虑的问题,都是完全不同的。"[12] 清代的社会精英在海疆海防的问题上表现出了异乎寻常的关注度,这是个自然而然的状态,因为清朝比晚明更多地感受到西方的影响,然而却不能全面地理解和观察这个建立在科学进步基础之上的工业化系统,尤其是近代地图的测绘体系。中国海图的绘制依然延续中国传统的方志舆图的绘制模式,有清一代,海防图绘制的数量和范围较前朝有了不小的提升。清初平定台湾和在台湾设防与实行政府管理,已将国家的疆域范围不可避免地扩大到东南沿海一带,乾隆以降,欧洲各国商船、战船不断游弋于中国沿海,将巨大的贸易利益和武力征服一并写入与清朝的交往代码之中。关注海防的精英首先是各级官吏,他们在为数众多奏折中曾详尽论述,提出能够采用的防御之法。同治三年(1864)十二月初四日,四川道监察御史陈廷经上表,奏道:

> 海防亟宜筹画也。古人抚驭四夷之法,未款之先,当有以杜其窥伺;既款之后,当有以绝其觊觎。英、法诸国,自换约以来相安无事;又见皇师叠歼"巨寇",连复坚城,益有以寒其胆而慑其心,臣复何所过虑?惟念夷情叵测,反复靡常,利器精兵,百倍中国,其所以逞其贪纵者,不过恃有长技耳。长技为何?一在战舰之精也,一在机器之利也。然彼有其战具,我非不可以购求;彼有其机巧,我非不可以学习。查东、中印度据于英夷,其南印度则大西洋各国市埠环之,每一埠地各广数百里,皆有造船之厂,有造火器之局。其船厂材料堆积如山,工匠如云,二三旬可成一大战舰。终年营造不息,是英国船炮在中国视为绝技,在西洋各国视为寻常。[13]

陈廷经所关注的是西洋先进的武器制造技术,是提升海防的主要因素。中国人并非不关注这些,例如清初《闽省水师各标镇协营战哨船只图说》就是记载了清初

| 权力的图像

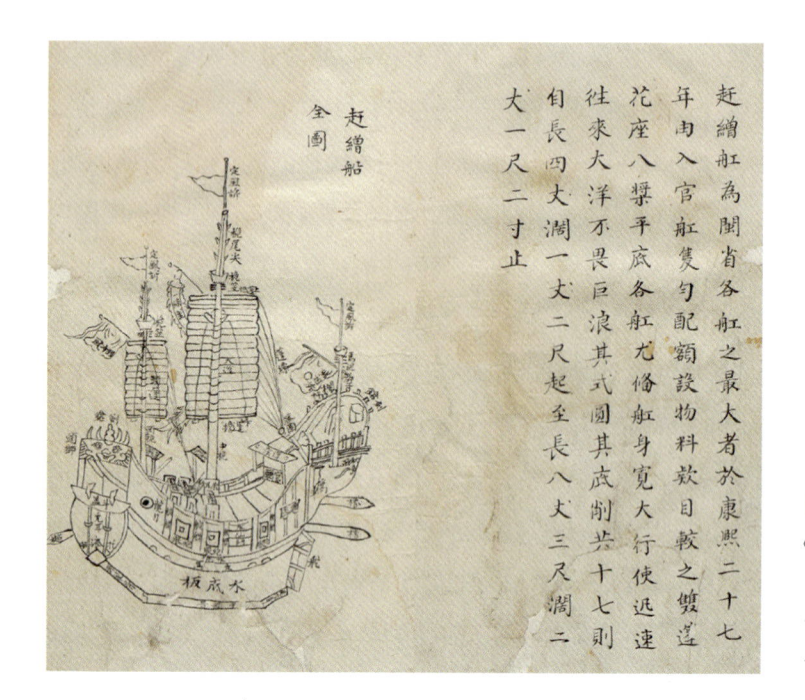

赶缯船为闽省各舡之最大者。於康熙二十七年间入官舡隻匀配额设物料款目较之艍遶花座八桨平底各舡尤俗舡身宽大行使迅速往来大洋不畏巨浪其式圆其底削尖十七则旬长四丈澜一丈二尺起至长八丈三尺澜二丈一尺二寸止

赶缯船全图

图141
《赶缯船全图》，取自《闽省水师各标镇协营战哨船只图说》，雍正抄本

水师战船建造工料定额的官方文件，约在雍正时期编成，内容有赶缯船（福建水师赴台参战船，图141）、花座官船、双篷船、八桨船、平底船详细图说。这部史料内容详尽，其中5种类型的战哨船只（相当于小型护卫艇）的内部构造图计60幅，共221页，并记各类战船的编号、名目、尺度以及它们的建造方法，水师战船水底板、桅笠、托浪板、龙骨式样及位置、橹、舵、大篷、狮头、斗盖、炮眼、官厅、定风旗、妈祖旗杆，还有俯面分形图、船内中舱、尾舱分形图、船头背面分形图、船尾正面及背面分形图等一目了然，都有详尽的文字说明，在雍正时期，各国还都是木制舰船为主。

光绪时陕甘总督左宗棠亦关注海防，将国家海防与人相喻："就海防分言之，闽、粤、吴、越、燕、齐及孤悬各岛，凡可收船寄椗之处，均宜逐加察勘而预为之防，固也，然合七省同筹，则只此一海，如人之一身，有气隧、血海、筋脉、包络、皮肉之分，即有要与非要之别。要处宜防宜严，非甚要处防之而不必严可也。天津者，人之头项；大江、三江入海之口，腰臍也，各岛之要，如台湾、定海则

360

左右手之可护头项，要脊，皆亟宜严为之防。以此始者以此终，不可一日弛也。"左宗棠对西方海军做过深入研究："外海水师，专用大兵轮船及招募驾驶之人，外海水师以火轮船为第一利器，尤以大兵轮船为第一利器。西洋造火轮船在嘉、道间……道光十九年犯广东，因觅人带水为难，始以火轮载兵驶入闽、浙，后遂改为大兵轮船。……沿海则要修筑炮台，自道光以来，海上交兵，沿海炮台悉经毁损，故人人皆以炮台为不足恃。"[14]晚清政府官员已知晓中国在海防方面与西方技术上的差距，铁甲舰固然重要，但是海图测绘的重要性并没有被真正认识到。尽管向西方学习的军事技术之中，测绘是必须科目。《北洋海军章程》第六项里，就专门列出地图舆图的绘制科目，在招考学生例中就参照了泰西各国水师学堂模式，北洋仿效英国教学章程，规定学生在堂四年应习功课：

> 一：英国语言文字，按泰西各国各有水师，皆用其本国文字。……且水师事宜英为最精，故入堂学生先习英文。
>
> 二：地舆图说，测海绘图乃海军分内极要事，因英国海图极精，各国取效，中国于图学一门尚未开办，自应先取英国舆图考究。[15]

制图之学与其他学科结合紧密，学生还须学习几何原本、代数至造对数表法、平弧三角法、测量天象，推算经纬度法。北洋海军学生考试也须测试绘图之法（图142）：

> 一、算学代数（限一个半小时交卷），二、几何（限如前），三、平弧三角法（限如前）……六、绘画海图（限如前）。[16]

高级军事指挥人员学习和考试之科目与普通学生还有差异，如凡候补把总，应令各备天文日课簿一册，将船上按日推算经纬度，甚至非常具体地列出考试要求，例如求仪器差法，是用海面地平推求法，一共五题；用弧内弧外测量太阳全经推求法，一共五题；求纬度，用太阳经星近子午高弧法，五题；用太阳子午高弧法，

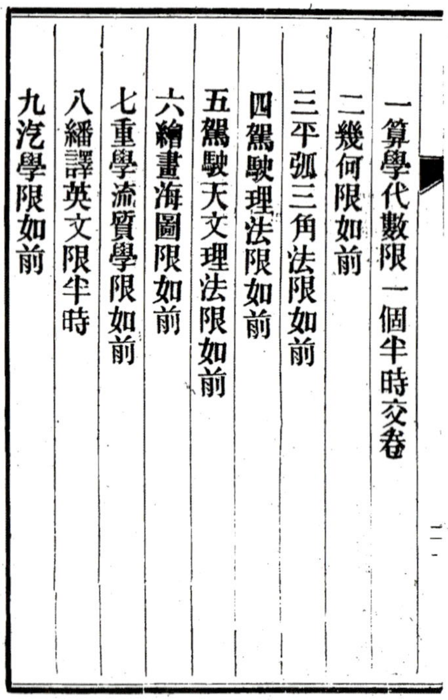

一算學代數限一個半時交卷
二幾何限如前
三平弧三角法限如前
四駕駛理法限如前
五駕駛天文理法限如前
六繪畫海圖限如前
七重學流質學限如前
八繙譯英文限半時
九汽學限如前

图142

《北洋海军章程》，1888年

十题；求经度，用太阴经星高弧并度时表时刻法，十题；用月离法，五题。测量学要考查用海图法、求度时表差法、求距顶度法、量底线法、求纬度法、求经度法、布三角法、求地平法、测水深法、指定方位法、量潮法、设立海口法；仪器用法要考查风雨表、纪限仪、借地平测量地平经度罗经、地平经度仪、酒准；测天要考查测日求纬度等。可以看出，就测绘海图、地图方面所需要学习掌握的科目十分细致，这是依照西方测绘训练方法而设。水师尚有总管学堂大员，负责测绘、翻译和书画，具体包括海军测量、画图、翻译及各船文案。福建巡抚丁日昌更指出“外国之选海防统帅，必须由水师学堂出身然后任以战舰之千、把，由千、把洊转而为专阃，又必由各营公推而后始得为大帅，盖选帅若斯之难且慎也”[17]。经过专业训练之统帅必然知晓海图对航海的重要性，正如英法海军的例子一样。在海军的拨款费用之中，就有关于测绘仪器之专项：

拨款购海军仪器，湖北海军学堂已经开堂授课，所有应需仪器，刻由日教习相羽恒三两君单请总办张虎臣统制查照购置，以便教授。计经纬仪、元基罗针盘、偏针仪、三杆分度仪、甲板时计距离测海仪、航用罗针盘各一具，经线仪二具，六合仪三十一具，人工平地仪三十一具，航海表历各六十一册，中国海图，全部共需洋一万二千余元，已由张统制禀准赵督在善后局如数支拨矣。[18]

在《北洋海军章程》中，也明确说明其海军测量、画图、翻译及各船文案、支应各员，均由提督会同营务处随时禀明北洋大臣遴员管理。以上北洋水师的学习科目和训练都是按照西方的学习模式，关于地图勘测技术的训练本身也没有问题，而且已写明了测海绘图乃海军分内极要事！然而海军测量和画图的真正重要性在清廷督办大臣或一线水师官兵那里未必能够得到理解，在大众的眼中，海图的绘制和传统方志图没什么两样，没有人会把海上防御的成败和海图本身联系起来，因为中国的舰船从明代郑成功之后，就没有过主动的航海造访，更加缺乏真正的实战，通过海图测绘而获得战争信息的渠道完全没有被激活。几次重要的海战中，也从未见到相关测绘舰船进行战前准备。而在法国海军测绘军官雷诺和吉尔曼·加尔诺、马戛尔尼访华使团的测绘师帕里什、窥测中国海防的英国人胡夏米和荷兰东印度公司测绘师芬布恩斯那里，我们却无一例外地看到了海上测绘在战事和情报收集中所起到的关键作用。因此，在镇海海战中所出现的中国测绘者沈春元、宗源瀚和杜冠英，其测绘实践在中国近代历史中就显得弥足珍贵。

在清代的公文之中，有关测绘的活动不太多见，偶有记载，据《广益丛报》1910年第243期描述："海军处派员测勘海岛，京函云：测勘领海界内之各岛屿，前次外部曾有此议，未及实行，兹闻海军大臣会议，拟由本处特派专员赴领海各处，详加勘测，绘具图说，树立石铁标志，标明距离海岸之里数，以便将来随时饬派军舰巡视而重海权。并闻已拟派本处运筹司测海科长招瑞声总理其事。"以及《南洋兵事杂志》1909年第37期刊载："海军处咨行各省派员测绘海图之续闻，海军处办理清划海线事宜，经将筹办各情，分咨各省，略称：洵、萨两大臣，奉派查办海军事，所有应行清划海线，如北洋、南洋、闽洋、粤洋一带，均归查勘，应在各省调派熟悉洋面人员，随同指点一切。其粤洋与越南领海交界地方，又闽洋与台湾领海交界地方，又北洋与朝鲜领海交界地方，尤须认真清划，俟查明绘图申报后，由海军处大臣会议核定云。"[19] 海图的测绘需要有系统和不间断进行，清代的舆图绘制、实地观测和实际运用之间所存在的不匹配问题一如前代，虽然制图数量并不少，但是发挥效力不高。在光绪三十四年（1908）回归的东沙岛，就是因为清政府拿出了足以证明属地的舆图资料，才使日本希图该岛的计划落空。洋务运动之时，清人对于船坚炮利及军事设施重视有加，对海图与测绘的强大作用认识不足，这和海禁政策有很大关系，海图也罢，舰船也罢，仅是为防御而设。

光绪元年，福建按察使郭嵩焘在《条议海防事宜》中说："窃闻总税务司赫德之言曰：中国大要有二，其一曰内事，其二曰外防。内事非外人所敢置议，外防有边防、有海防，吾所陈者海防一事而已。"明清两代的海防策略都集中在海岸线防卫模式，隆庆时明工部右侍郎翁大立认为：

> 海防之要，惟有三策：出海会哨，毋使入港者，得上策；循塘拒守，毋使登岸者，得中策；出水列阵，毋使近城者，得下策；不得已而守城，则无策矣。[20]

翁大立主张"出海会哨，毋使入港"，是比较积极的海防方针，即主动防御策略。而嘉靖时抗倭名将谭纶云："今之谈海事者，往往谓御之于陆，不若御之于海。其实大海茫茫，却从何处御起？自有海患以来，未有水兵能尽歼之于海者，亦未有能逆之使复回者。不登于此，必登于彼，即十得其一二，彼亦视为不幸而遇风者耳。侥幸之心，固自在也。若陆战一胜，即可尽歼，贼乃兴惧，不复犯我。此水战、陆战功用相殊，而将官力主海战为是者，以海战易于躲闪，陆战则瞬息生死，势不两立，且万目共睹，不能作弊。"[21]谈到海战、陆战的不同战时状态，康熙时南澳总兵陈良弼所著的《水师辑要》中，谈到海战的问题："外洋水战，较之陆战尤难。汪洋大海，巨浪滔天，船只颠簸，帆篷高下，分缭寸舵，务在得宜，则施放炮位方能有准，如稍不谙驾驶，进则无功，退则无地，岂不危哉？夫为将帅者，号令严明，赏罚无私，兵如指臂，将若腹心，一可十、十可百、百可千、同心协力，权操必胜。临敌先明号令，使帮船将备，悉心追捕，远则施放火炮，近则行营子母鸟枪，再近弓矢喷筒火箭。……船宜上风，方无损误。如不得上风，切勿拢近，此为至要。"[22]实际上陈良弼已经对海上水战提出比较客观的分析及其策略方法，这标志着明清两代司管海防官吏已经在思考如何进行海上御敌，但是没有能够构建一个积极的防御系统，即由防卫军力、海图地形测绘和对来敌的情报收集三个方面构成的防卫系统，清代水师在后两个方面几乎不起作用，即使有坚船利炮也往往失败。

尾声　海权与中国海疆策略

清代沿海军营的军事设施配备往往不被关注，在很多中国海图中可见卫戍军营的描绘，但并不绘出具体的防卫武器。而在欧洲测绘的中国海图中，炮台、重炮和军械往往标记绘出（例如马尾海战和厦门海战时所绘海图），中国人是否忽视防卫武器的重要性？我们发现实际上并不是这样，撇开军事科技先进程度不谈，至少清人对沿海兵营的军械（冷兵器）配置十分细致，以广东碣石镇标中营为例，计有：

棉甲五百六十三身、缎号帽一百八十二顶、布号帽六百五十一顶、号褂六百八十五身、勇字短袄八十五身、凉篷一座、账房四十九顶、大纛一十七杆、副帅旗一面、先锋旗五面、大令旗一面、水操小令旗五面、门旗四面、五色旗五面、桅旗一十面、大铜锣一十二面、铜金一面、大战鼓一面、小战鼓一十一面、腰刀六百九十口、长枪十杆、鸟枪四百九十二杆、牌刀八十口、藤牌八十面、子母炮十门、子五十个、得胜炮一门、大小生铁炮一百零八位、熟铁砂炮八门、子三十二个、号炮六门、炮凳三张、铁铲四十九把、铁锄四十九把、铁镰枪一百三十六枝、锣锅四十九口、挠钩一十六枝、铁镰六张、铁斧四十九把、软柄挠一十六副、铁猫儿六个、火箭五十六匣、带炼犁头镖一百二十枝、火喷四个、木火桶四十四个、火砖四十四块、火罐三百六十四个、灰包八十四个、浮身水角三十副、木架二十八个、木牌二十八个、木棍二十八对、大小封口一万零一百个、群子、窝蜂五万三千六百五十个、铅子五千七百个、火药一万二千四百二十四斤零三两四钱、黑铅三千三百二十斤、挑刀四十七张。营兵自备军械：战箭九千一百二十八枝、弓箭一百九十副、围腰八十五条、护膝四百一十九对、套裤八百四十六副、鞲鞋八百四十六对、椰碗四百一十九个。停修存贮军械：铁盔七百七十六顶、铁甲一百一十三身、竹篙枪一百三十六枝、河塘炮十门、子二十四个、靖海炮三门、鸠炮二十七门、子八十四个、缭割刀二十八枝、长佩刀二十一把。[23]

尽管配置细致，然而，这些武器除个别火器之外，都是传统的冷兵器装备，在面对来自西方更为先进的舰船火炮时，差距是显著的。此外，尽管清廷一直保持80

万常备军，但是既不注重将领的培养，又忽视部队的训练。提升将领，片面强调行伍出身，将领的文化水平一般都比较低，加上缺乏严格的培训，不但平时组织部队训练难于胜任，战时指挥作战更是笨拙无方。清军在训练时规定有春操、秋操和冬季行围等制度，但往往敷衍应付，而且只偏重于演阵图、习架式，近于演戏，基本上没有脱离冷兵器时代的密集阵式，对于实战毫无裨益。浙江清军"于炮位应装药弹数目，尚未能知，则其平日所称演放炮位，系属虚文塞责，已可概见"，"防堵海疆，首重大炮，而浙江水路各营镇将备弁，能知放炮之法者，惟黄岩镇标中营游击林亮光尚称谙练，余则绝少其人，各处海口，所安炮位，几同虚设"。[24]所以在马尾海战之时，法国海军深入闽江，沿岸的一流的德式克虏伯重炮几乎没有发挥出任何打击效力，反而被法军抢走。

落后的训练是一个方面，沿海水师之中几乎没有测绘地图的专职部门，更无人负责制图，虽然是近海属地，除1841年7月的"台湾之战"（鸡笼之役、大安之役）因英国军舰"呐尔不哒"号和"阿恩"号遇风触礁后被击败外，马尾海战、甲午海战以及第一次鸦片战争中的闽浙之役、浙东之战和长江战役均以失败而告终。

以穿鼻海战为例，1839年11月3日查理·义律命令"窝拉疑"（HMS Volage）号及"风信子"（HMS Hyacinth）号在穿鼻洋，阻止与林则徐擅自签署具结的英国商船"皇家撒克逊"（Royal Saxon）号离开，"窝拉疑"号向"皇家撒克逊"号发警告炮，于是清水师提督关天培率军保护"皇家撒克逊"号。此时英军误以为中国舰上之红旗为宣战之意，于是炮击中方军舰，"窝拉疑"号以右舷的榴弹炮猛烈射击在55码外的中国军舰。一艘火船立即沉没，另一艘帆船的弹药库则被射中并爆炸起火。中国军舰上的18磅圆炮未能平射，只射中英舰主桅和帆。三艘中国火船被击沉，另有多艘受损。中方舰队掉头离开，只有关天培的主舰继续还击。义律认为该舰不会对英军造成太大威胁，于是命令"窝拉疑"号船长亨利·史密斯（Henry Smith，1803—1887）停火。最后在双方对峙了半个小时后，关天培命令被七发榴弹炮击中、右舷炸开两个洞的主舰离开，英军也开始回航。事件中"窝拉疑"号主桅受损，舱楼和大帆都被炮弹击毁，"风信子"号被一发12磅炮击中受损，帆索被打断，船帆亦被打至松脱，另外疑似有1个英军水手伤重不治。中国船员15人死亡，

表6 1839年穿鼻海战两军形势

双方情况	英 军	清 军
带领军官	查理·义律 亨利·史密斯	林则徐 关天培
军力对比	1艘28门炮的六等巡防舰"窝拉疑"号 1艘三桅18门炮的小型风帆炮舰"风信子"号	16艘帆船 13艘火船
伤亡状况	1人受伤	15人死亡 30多人受伤 1艘帆船和3艘火船沉没

30多人受伤。[25]（表6）可见，清朝和英国的海军实战水平远不在同一水平。

中国与西方在海图制图上的差异，也反映出双方航海水平、海权和海防理念的差异。晚清中国沿海防御战争的多次失败，也是由于制图所构成的国家科技、海防和决策系统方面已处于劣势，轻视海图的战略价值是海战屡败的原因之一。清代官员之中对海防关注者众多，但是真正懂得测绘制图者甚少，极少见于表述，在曾国荃写于光绪十年的《遵旨筹议防务疏》中，罕见地提到了这个方面，他对西人海战的分析十分深刻：

> 泰西各国盘踞海上，全恃船坚炮利以称雄，非有异术也。……西人无岁不战，相战动辄数年，或旋战旋罢，或既罢又战……近年冒犯中华已非一次，窥我之船炮不及彼之锋利……又试就炮台而论，沿海、沿江星罗棋布，视之屹如山立，巩若长城。……查西人首重测量，施放大炮，固皆久练精熟，即极小极微之处，测准而施。[26]

曾国荃所说测量既包括火炮之测量，实际上也有指西方海军海图测绘之意。近代中国谋求自强和崛起，广泛学习西方的科学、军事和工业，然而西方近一个世纪以来的工业革命发展，无法在洋务运动短暂的35年之中完全在中国实现。展阅海图，这一帧帧海疆地理之绘恰恰是无尽历史的微观印证，年鉴派大师吕西安·费弗尔（Lucien Febvre）认为在包括地图的纸本图籍开始发挥其影响力之后，一个新的视界才逐渐成形，此视界将使西方能够在至少五百年间获取自己想要的发展空间。[27]往来于亚洲的大航海注定会使国家之间的交流充满变量，明清时期的中国海防策略与海图绘制，不仅与这个传统农业国家的特征具有内在联系，还在于国家在努力建立一套相关的策略，以限定知识分子的教育以及国家偏好的普通民众的信仰，这在欧洲是看不到的。在中世纪的欧洲，教育与学术跟天主教会关系密切，但独立思考的人仍能摆脱教会认可的世界观并对其进行挑战。中国也有人能摆脱国家认可的正统思想，但他们的信仰很少被人们认真看待，从而也很少成为官方信仰的威胁。[28]郑和之后，再没有中国人开展成规模的远洋海外航行就是例子，而在不得不开放的有限空间之中，对外夷的防范仍然事关重大：为限制外国人的有害影响，清王朝承袭其悠久传统，实行"广州体系"（即行商制度），以此保持其臣民和欧洲人之间的安全距离。1759年，清王朝在《防夷五事》中规定了外国船只和人员可以前往的地方及停留时间（欧洲女性及仆人都被限制在澳门），并要求所有贸易只能通过政府批准的"行商"进行，限制欧洲人与中国人接触，以防止外国人学习中文。在18世纪，只有几百名欧洲人能随时进入广州。1683年清王朝放宽对海上贸易的限制之后，数千名福建人和广东人移民到东南亚或与东南亚进行贸易，与此相比，在华欧洲人的数量是微不足道的。[29]由海图和军舰打开的沿海与国门，成为近代中国所发生变革的内在和外在之因。

海图与海权关系紧密，近代航海强国均是海图测绘强国，海权的获取与国家的强大息息相关。历史上，海权在全球格局的变化中发挥了重要作用，时至今日依然具有影响力。几百年以来，在中国崎岖的海岸线上，上演了无数次商船来往和兵戎相见，这些事件的背后，都有那些精密和睿智的设计与测量。海图不仅是开辟航线和取得战机的利器，它更是人类观察方式的特殊映射，从中可以探知迥异的文化与历史变迁以及世界格局与模式的形成之由，海图即是世界。

注 释

序

[1] 连横：《台湾通史》，商务印书馆2010年，第289页。

[2] 伊恩·莫里斯：《西方将主宰多久》，钱峰译，中信出版社2014年，第310页。

第一部 近代世界与明清海图
第一章 西方海图与明清时的中国沿海

[1] 林肯·佩恩：《海洋与文明》，陈建军等译，天津人民出版社2017年，第1页。

[2] 詹姆斯·费尔格里夫：《地理与世界霸权》，胡坚译，浙江人民出版社2016年，第219—220页。

[3] 魏斐德：《中华帝国的衰落》，梅静译，民主与建设出版社2017年，第110页。

[4] 艾尔弗雷德·塞耶·马汉：《海权对历史的影响》，李少彦等译，海洋出版社2013年，第1页。

[5] 魏斐德：《中华帝国的衰落》，第112页。

[6] 王国斌：《转变的中国》，李伯重、连玲玲译，江苏人民出版社2010年，第1页。

[7] 广东省文物局编：《广东明清海防遗存调查与研究》，上海古籍出版社2014年，第9页。

[8] 丹尼尔·J.布尔斯廷：《发现者》，严撷芸等译，上海译文出版社1995年，第284页。

[9] 王国斌：《转变的中国》，李伯重、连玲玲译，第91页。

[10] 同上，第93页。

[11] 同上，第130页。

[12] 参见尼尔·弗格森：《帝国》，雨珂译，中信出版社2012年，第1页。

[13] 孙诒让：《周礼正义》，中华书局1987年，第494、689、1121、1194、2408页。

[14] 转引自中科院自然科学史研究所地学史组编：《中国古代地理学史》，科学出版社1984年，第290页。

[15] 参见王成组：《中国地理学史》，商务印书馆1982年，第67—68页。

[16] 余定国：《中国地图学史》，姜道章译，北京大学出版社2006年，第2页。

[17] 转引自陈梦雷：《古今图书集成·方舆汇编·山川典》卷三一四，光绪十四年印本。

[18] 参见余定国：《中国地图学史》，姜道章译，第78—79页。

[19] 参见姜道章：《历史地理学》，台湾三民书局2004年，第391页。

[20] 《中国测绘史》编辑委员会：《中国测绘史》第一卷（先秦—元代）、第二卷（明

[21] 《明实录》第八十一卷，台北"中研院"历史语言研究所1962年影印本，第38页。

[22] 《明实录》第一百五十五卷，台北"中研院"历史语言研究所1962年影印本，第38页。

[23] 同上。

[24] 王成组：《中国地理学史》，第84页。

[25] 参见卜正民：《明代的社会与国家》，陈时龙译，黄山书社2009年，第200页。

[26] 参见余定国：《中国地图学史》，姜道章译，第188页。

[27] 参见王成组：《中国地理学史》，第116—117页。

[28] 柯律格：《明代的图像与视觉性》，黄晓娟译，北京大学出版社2011年，第89页。

[29] 王庸：《中国地理学史》，商务印书馆1984年，第143页。

[30] 余定国：《中国地图学史》，姜道章译，第188页。

[31] 张秀民：《中国印刷史》，上海人民出版社1989年，第460页。

[32] 缪咏禾：《明代出版史稿》，江苏人民出版社2000年，第154页。

[33] 丹尼尔·J.布尔斯廷：《发现者》，严撷芸等译，第240页。

[34] 同上，第214页。

[35] 雅依梅·科尔特桑：《葡萄牙的发现》，王华峰等译，中国对外翻译出版公司1997年，第315页。

[36] 张维华：《明史欧洲四国传注释》，上海古籍出版社1982年，第6页。

[37] 严从简：《殊域周咨录》第九卷《苏门答剌》，明万历刻本，第20—21页。

[38] 丹尼尔·J.布尔斯廷：《发现者》，严撷芸等译，第388—389页。

[39] 同上，第392页。

[40] 《明实录》第三百九十六卷，台北"中研院"历史语言研究所1962年影印本，第6页。

[41] 杰里·布罗顿：《十二幅地图中的世界史》，林盛译，浙江人民出版社2016年，第144页。

[42] 参见保罗·肯尼迪：《大国的兴衰》，陈景彪等译，国际文化出版公司2006年，第6—7页。

[43] 安东尼·瑞德：《东南亚的贸易时代：1450—1680年》，吴小安、孙来臣译，商务印书馆2010年，第40页。

[44] 保罗·肯尼迪：《大国的兴衰》，陈景彪等译，第7—8页。

[45] 《中国测绘史》编辑委员会：《中国测绘史》第一卷（先秦—元代）、第二卷（明代—民国），第394—395页。

[46] 宫纪子『モンゴル時代の出版文化』、名古屋大学出版会、2006年、511—512頁。

[47] Nicolas Trigault, *China in the Sixteenth Century: The Journals of Matteo Ricci, 1583-1610*, trans. Louis J. Gallagher from the Latin version of Nicolas Trigault, Random House, 1953, pp.165-166.

[48] 冯明珠编：《经纬天下》，台北故宫博物院2005年，第17页。

[49] 陈龙贵、周维强主编：《顺风相送》，台北故宫博物院2005年，第169页。

[50] 冯明珠编：《经纬天下》，第41页。

[51] 郭亮:《十七世纪欧洲与晚明地图交流》,商务印书馆2015年,第177—178页。

[52] 参见陈龙贵、周维强主编:《顺风相送》,第143页。

[53] 同上,第23页。

[54] 程绍刚译注:《荷兰人在福尔摩莎》,台北联经出版事业公司2000年,第63页。

[55] 张西平主编:《把中国介绍给世界:卫匡国研究》,华东师范大学出版社2012年,第288—289页。

[56] 陈龙贵、周维强主编:《顺风相送》,第162页。

[57] 杰里·布罗顿:《十二幅地图中的世界史》,林盛译,第205—206页。

[58] 浅田实:《东印度公司》,顾姗姗译,社会科学文献出版社2016年,第12—13页。

[59] Beau Riffenburgh, *Mapping the World: The Story of Cartography*, sevenoaks, 2015, p. 53.

[60] 杰里·布罗顿:《十二幅地图中的世界史》,林盛译,第210页。

[61] Kees Zandvliet, *Mapping for Money: Maps, Plans and Topographic Paintings and their Role in Dutch Overseas Expansion during the 16th and 17th Centuries*, Batavian Lion International, 1998, pp. 33-51.

[62] Ibid., p. 91.

[63] 杰里·布罗顿:《十二幅地图中的世界史》,林盛译,第219页。

[64] 陈添寿:《台湾政治经济思想史论丛》卷二,台湾元华文创出版社2018年,第14页。

[65] De Vries and van der Woude, *The First Modern Economy*, Cambridge University Press, 1997, pp. 490-491.

[66] 杰里·布罗顿:《十二幅地图中的世界史》,林盛译,第224页。

[67] 同上,第225页。

[68] Koert van der Horst, *The atlas blaeu-van Der Hem of the Austrian national library*, HES & De Graaf Publishers, 2011, p. 171.

[69] 林肯·佩恩:《海洋与文明》,陈建军等译,第356页。

[70] 同上,第354页。

[71] 同上,第376页。

[72] 林延清:《嘉靖皇帝大传》,辽宁教育出版社1993年,第264页。

[73] 郑若曾:《筹海图编》卷十二,李致忠校,中华书局2007年,第763—764页。

[74] 同上,卷二,第201页。

[75] 陈梦雷:《古今图书集成·方舆汇编·山川典》卷三七。

[76] 广东省文物局编:《广东明清海防遗存调查与研究》,第29页。

[77] 同上,第9页。

[78] 同上,第38页。

[79] Frank J. Swetz, *The Sea Island Mathematical Manual*, The Pennsylvania State University Press, 1992, p. 63.

[80] 广东省文物局编:《广东明清海防遗存调查与研究》,第41页。

[81] 郑大郁:《经国雄略·武备考》卷八,南明隆武潭阳王公爵观社刊本。

[82] 张维华:《明史欧洲四国传注释》,上海古籍出版社1982年,第55页。

[83] 《明世宗实录》第三十三卷,台北"中研院"历史语言研究所1962年影印本。

[84] 郑大郁:《经国雄略·海防考》卷一,南

明隆武潭阳王介爵观社刊本。

[85] 同上。

[86] 卜正民:《塞尔登的中国地图》,刘丽洁译,中信出版社2015年,第100页。

[87] 郑若曾:《筹海图编》,李致忠校,第9—11页。

[88] 安国风:《欧几里得在中国》,纪志刚等译,江苏人民出版社2009年,第94页。

[89] 郭亮:《十七世纪欧洲与晚明地图交流》,第21页。

[90] 唐锡仁、杨文衡主编:《中国科学技术史·地学卷》,科学出版社2000年,第413页。

[91] 姜道章:《历史地理学》,第385页。

[92] 安东尼·瑞德:《东南亚的贸易时代:1450—1680年》,吴小安、孙来臣译,第49页。

[93] 闵声、闵映张:《兵垣四编》附编,明天启元年吴兴闵氏朱墨套印本。

[94] 同上。

[95] 邢春如等:《兵书通览》,辽海出版社2007年,第126页。

第二章　晚明以来的中绘与西绘中国海图

[1] 印光任、张汝霖:《澳门纪略》卷上,清光绪庚辰宁藩署刊本,第21—22页。

[2] 张廷玉等撰:《明史》,中华书局1974年,第2267页。

[3] 《中国测绘史》编辑委员会:《中国测绘史》第一卷(先秦—元代)、第二卷(明代—民国),第396页。

[4] 卜正民:《明代的社会与国家》,陈时龙译,第69页。

[5] 曹婉如等编:《中国古代地图集·清代》,文物出版社1997年,第71页。

[6] 法式善:《陶庐杂录》卷一,清嘉庆二十二年陈预刻本。

[7] 吴相湘主编:《康熙帝御制诗文集》二集卷四,台湾学生书局1966年,第4页。

[8] 曹婉如等编:《中国古代地图集·清代》,第71页。

[9] 同上。

[10] 陈龙贵、周维强主编:《顺风相送》,第48页。

[11] 《圣祖仁皇帝圣训》卷五十八、卷六十,清乾隆六年武英殿刻本。

[12] 曹婉如等编:《中国古代地图集·清代》,第72页。

[13] 同上。

[14] 同上,第4页。

[15] 陈龙贵、周维强主编:《顺风相送》,第49页。

[16] 曹婉如等编:《中国古代地图集·清代》,第74页。

[17] 阮元编:《梧门先生年谱》,清嘉庆二十一年刻本。

[18] 法式善:《陶庐杂录》卷一。

[19] 上海书店出版社编:《清代档案史料选编》,上海书店出版社2010年,第827页。

[20] 曹婉如等编:《中国古代地图集·清代》,第75页。

[21] 同上,第77页。

[22] 陈镟勋:《香港杂记》,三联书店(香港)2018年,第22页。

[23] 曹婉如等编:《中国古代地图集·清代》,第77页。

[24] 陈龙贵、周维强主编:《顺风相送》,第193页。

[25] 转引自费正清:《费正清对华回忆录》,陆惠勤等译,知识出版社1991年,第130页。

[26] 林肯·佩恩:《海洋与文明》,陈建军等译,第431页。

[27] 参见黄时鉴、龚缨晏:《利玛窦世界地图研究》,上海古籍出版社2003年,第12、30页。

[28] 沈福伟:《中西文化交流史》,上海人民出版社1985年,第414页。

[29] 曹婉如等:《中国现存利玛窦世界地图的研究》,《文物》1983年第12期,第74页。

[30] 黄时鉴、龚缨晏:《利玛窦世界地图研究》,第59页。

[31] 杰里·布罗顿:《十二幅地图中的世界史》,林盛译,第224页。

[32] 郭亮:《十七世纪欧洲与晚明地图交流》,第69页。

[33] 林天人编撰:《方舆搜览:大英图书馆所藏中文历史地图》,台北"中研院"台史所、"中研院"数位文化中心2015年,第159页。

[34] W. J. T. 米切尔:《风景与权力》,杨丽、万信琼译,译林出版社2014年,第17页。

[35] 同上,第2页。

[36] 同上,第5页。

[37] 同上,第8页。

[38] 村上直次郎、中村孝志:《巴达维亚城日记》第三卷,程大学译,台湾省文献委员会1990年,第320页。

[39] 温迪·J.达比:《风景与认同》,张箭飞、赵红英译,译林出版社2011年,第15页。

[40] 仇巨川:《羊城古钞》,陈宪猷校注,广东人民出版社1993年,第601—602页。

[41] W. J. T. 米切尔:《风景与权力》,杨丽、万信琼译,第69页。

[42] 同上,第10页。

[43] 同上,第17页。

[44] 玛丽·路易斯·普拉特:《帝国之眼:旅行书写与文化互化》,方杰、方宸译,译林出版社2017年,第38页。

[45] 同上,第145页。

[46] 林天人编撰:《方舆搜览》,第176页。

[47] 卢坤、邓廷桢编:《广东海防汇览》卷十二,王宏斌等校点,河北人民出版社2009年,第350页。

[48] 邹振环:《晚清西方地理学在中国》,上海古籍出版社2000年,第121—122页。

[49] 林肯·佩恩:《海洋与文明》,陈建军等译,第538页。

[50] 同上,第540页。

[51] 林天人编撰:《方舆搜览》,第225页。

[52] 嵇曾筠等修,傅王露等纂:《赖修浙江通志》卷九十六,光绪二十五年浙江书局刻本。

[53] 张铁牛、高晓星:《中国古代海军史》,解放军出版社1993年,第315—316页。

[54] 同上,第372页。

[55] 详见附录二。

[56] 戚嘉林:《台湾史》,海南出版社2011年,第119页。

[57] 吕理政、魏德文:《16—19世纪西方绘制台湾相关地图》,台湾历史博物馆2006年,第87页。

[58] 同上,第103页。

[59] 马骏杰等编:《清末报刊载海军史料汇

编》，山东画报出版社2016年，第69页。
[60] 同上，第84页。
[61] 同上。
[62] 佚名：《广东东沙岛问题记实》，《东方杂志》1909年第6卷第4期。
[63] 同上。
[64] 同上。
[65] 同上。
[66] 同上。
[67] 同上。
[68] 同上。
[69] 同上，第89页。
[70] 同上，第90页。
[71] 同上。
[72] 同上。
[73] 同上，第91页。
[74] 松浦章：《明清时代东亚海域的文化交流》，郑洁西等译，江苏人民出版社2009年，第138页。
[75] 林天人编撰：《方舆搜览》，第316页。
[76] 松浦章：《清代江南船商的沿海航运》，《关西大学论文集》，1985年第34卷3、4合并号。
[77] M.M.Benoit, "Biat-Chretien, et instantanée de la pensée,a quelque distance que ce soit, à l'aide d'un appareil portatif appelé Boussole pasilalinique sympathique", *The North China Herald*, 1851, Feb, 22.003.
[78] 林天人编撰：《方舆搜览》，第331页。
[79] 中国史学会主编：《洋务运动》第二卷，上海人民出版社1961年，第393页。
[80] 林天人编撰：《方舆搜览》，第313页。
[81] 马士：《中华帝国对外关系史》，张汇文等译，上海书店出版社2000年，第316页。
[82] 林天人编撰：《方舆搜览》，第313页。

第二部　东南海域海图：交流与矛盾
第三章　欧绘海图中的中国沿海
[1] 拉铁摩尔：《中国的亚洲内陆边疆》，唐晓峰译，江苏人民出版社2010年，第4—5页。
[2] 张彬村、刘石吉主编：《中国海洋发展史论文集》第五辑，台湾"中央研究院"、中山人文社会科学研究所1993年，第3页。
[3] 冯明珠编：《经纬天下》，第47页。
[4] 杰里米·哈伍德：《改变世界的100幅地图》，孙吉虹译，生活·读书·新知三联书店2010年，第106页。
[5] 吕理政、魏德文：《16—19世纪西方绘制台湾相关地图》，第113页。

第四章　海战与晚清的沿海策略
[1] J.J.克拉克：《东方启蒙》，于闽梅、曾祥波译，上海人民出版社2011年，第67页。
[2] 戚嘉林：《台湾史》，第171页。
[3] 魏斐德：《中华帝国的衰落》，梅静译，第195页。
[4] 刘子明：《中法战争始末》，江西人民出版社1988年，第56页。
[5] 黄振南：《中法战争诸役考》，广西师范大学出版社1998年，第52页。
[6] 同上。
[7] 郭亮：《十七世纪欧洲与晚明地图交流》，第8页。
[8] 同上。
[9] 这涉及中西科学发展路径和模式的复杂课题，限于篇幅在此暂不展开。

[10] 黄振南:《中法战争诸役考》,第53页。
[11] 张振鹍主编:《中法战争》第6册,中华书局2017年,第71页。
[12] 同上,第1756页。
[13] 同上,第277—279页。
[14] 同上。
[15] 同上,第320页。
[16] 唐景崧:《唐景崧日记》,古辛整理,中华书局2013年,第124页。
[17] 李鸿章、张佩纶:《李鸿章张佩纶往来信札》,姜鸣整理,上海人民出版社2018年,第35页。
[18] 同上,第59页。
[19] 同上,第182页。
[20] 同上,第406页。
[21] 同上,第413页。
[22] 纪荣松:《参与清法战争的法国巡洋舰、炮舰和杆雷艇》,台湾《淡江史学》2010年第22期,第147—188页。
[23] 陈宝琛等修纂:《大清德宗景皇帝实录》第一百八十八卷,台湾华文书局1964年影印本。
[24] 张振鹍主编:《中法战争》第6册,第286页。
[25] 中国史学会主编:《中法战争》第三卷,上海人民出版社1961年,第559页。
[26] 郭亮:《十七世纪欧洲与晚明地图交流》,第131页。
[27] 黄振南:《中法战争诸役考》,第55页。
[28] 谢·格·戈尔什科夫:《战争年代与和平时期的海军》,生活·读书·新知三联书店1974年,第11页。
[29] 同上。
[30] 艾尔弗雷德·塞耶·马汉:《海军战略》,蔡虹幹、田常吉译,商务印书馆1994年,第401页。
[31] 邵循正等编:《中法战争》,上海人民出版社1956年,第546页。
[32] 刘子明:《中法战争始末》,第60页。
[33] 张振鹍主编:《中法战争》第6册,第587页。
[34] 刘子明:《中法战争始末》,第60页。
[35] 同上,第63页。
[36] 阿兰·佩雷菲特:《停滞的帝国》,王国卿等译,生活·读书·新知三联书店1993年,第606页。
[37] Chabaud-Arnault, "Charles Marie, The Combats on the Min River", *Proceedings of the United States Naval Institute XI* (No.33), United States Naval Institute,1885, pp. 295–320.
[38] 张振鹍主编:《中法战争》第6册,第175—176页。
[39] 同上,第175—176页。
[40] 郭亮:《十七世纪欧洲与晚明地图交流》,第176页。
[41] 中国史学会主编:《洋务运动》第一册,第219页。
[42] 同上,第368页。
[43] 张振鹍主编:《中法战争》第6册,第175、178页。
[44] 马士:《中华帝国对外关系史》,张汇文等译,第375页。
[45] 艾尔弗雷德·塞耶·马汉:《海军战略》,蔡虹幹、田常吉译,第186页。
[46] 马士:《中华帝国对外关系史》,张汇文等译,第394—396页。
[47] 邵循正等编:《中法战争》,第518页。

［48］同上，第627页。

［49］布莱恩·莱弗里:《图解舰船历史大百科》，郭威译，新世纪出版社2017年，第196页。

［50］郭亮:《十七世纪欧洲与晚明地图交流》，第87页。

［51］罗宾·汉伯里-特里森:《伟大的探险家》，王晨译，商务印书馆2015年，第39页。

［52］中法镇海之役资料选辑编委会:《中法战争镇海之役史料》，光明日报出版社1988年，第2页。

［53］欧阳利见:《金鸡谈荟》卷七，光绪乙丑刻本，第34页。

［54］宗源瀚:《浙江全省舆图并水陆道里记》，光绪二十年浙江舆图总局石印本。

［55］同上。

［56］中法镇海之役资料选辑编委会:《中法战争镇海之役史料》，第6页。

［57］同上，第60—61页。

［58］同上，第62页。

［59］同上，第64页。

［60］同上，第133页。

［61］Francesca Fioran, *The Marvel of Maps*, Yale University Press, 2005, p.1.

第五章　朝觐的绘图者

［1］乔治·斯当东:《英使谒见乾隆纪实》，钱丽译，电子工业出版社2016年，第2页。

［2］王绳祖等编:《国际关系史资料选编》，法律出版社1988年，第8页。

［3］乔治·斯当东:《英使谒见乾隆纪实》，钱丽译，第5页。

［4］同上，第72页。

［5］诺尔斯:《英国海外帝国经济史》，袁绩藩译，上海人民出版社1966年，第1页。

［6］杰里米·哈伍德:《改变世界的100幅地图》，孙吉虹译，第113—125页。

［7］乔治·斯当东:《英使谒见乾隆纪实》，钱丽译，第134—135页。

［8］阿兰·佩雷菲特:《停滞的帝国》，王国卿等译，第64页。

［9］乔治·马戛尔尼、约翰·巴罗:《马戛尔尼使团使华观感》，何高济、何毓宁译，商务印书馆2019年，第138、141页。

［10］Frances Wood, "Closely Observed China: From William Alexander's Sketches to his published work", *The British Library Journal*, Vol.24, No.1(Spring1998), pp. 98–99.

［11］乔治·斯当东:《英使谒见乾隆纪实》，钱丽译，第11页。

［12］同上，第141页。

［13］https://www.bl.uk/picturing-places/articles/william-alexander-pictures-china.

［14］上海书店出版社编:《清代档案史料选编》卷三，第614页。

［15］同上，第620页。

［16］乔治·马戛尔尼、约翰·巴罗:《马戛尔尼使团使华观感》，何高济、何毓宁译，第138页。

［17］同上，第631页。

［18］同上，第632页。

［19］同上。

［20］上海书店出版社编:《清代档案史料选编》卷三，第670页。

［21］斯当东:《英使谒见乾隆纪实》，叶笃义译，上海书店出版社1997年，第490页。

[22] Matthew Mosca, *From Frontier Policy: The Question of India and the Transformation of Geopolitics in Qing China*, Stanford University Press, 2013, p. 147.

[23] 乔治·马戛尔尼、约翰·巴罗:《马戛尔尼使团使华观感》,何高济、何毓宁译,第127页。

[24] 上海书店出版社编:《清代档案史料选编》卷二,第672页。

[25] 同上,第674页。

[26] 罗兹·墨菲:《亚洲史》,黄磷译,海南出版社2005年,第359页。

第六章 海图与广东沿海

[1] 范发迪:《知识帝国》,袁剑译,中国人民大学出版社2018年,第209页。

[2] Matthew H. Edney, *Mapping an Empire: The Geographical Construction of British India*, Chicago: University of Chicago Press, 1997, p. 1.

[3] Ibid.

[4] 张西平主编:《把中国介绍给世界:卫匡国研究》,第169页。

[5] 丁又:《香港初期史话》,生活·读书·新知三联书店1958年,第16页。

[6] Matthew H. Edney, *Mapping an Empire: The Geographical Construction of British India*, p. 2.

[7] 卢坤、邓廷桢编:《广东海防汇览》,王宏斌等校点,第205页。

[8] 鄂弥达:《广州海洋口岸及城外炮台奏报》,雍正十年,台北故宫博物院藏。

[9] 同上。

[10] 罗兹·墨菲:《亚洲史》,黄磷译,第359页。

[11] 卢坤、邓廷桢编:《广东海防汇览》,王宏斌等校点,第406页。

[12] 同上,第580页。

[13] 范发迪:《知识帝国》,袁剑译,第209页。参见Robert Entenmann, *Catholics and Society In Eighteenth-century Sichuan Christianity in China*, ed. Daniel H. Bays, Stanford University Press, 1996, pp. 8–23。

[14] 南木:《鸦片战争以前英船阿美士德号在中国沿海的侦察活动》,见列岛编:《鸦片战争史论文专集》,生活·读书·新知三联书店1958年,第108页。

[15] 威廉·C.亨特:《广州"番鬼"录》,冯树铁译,广东人民出版社1993年,第269页。

[16] 聂宝璋:《中国近代航运史资料》,上海人民出版社1983年,第24页。

[17] 同上,第220页。

[18] 广州市规划局编:《广州古今地图集》,广东省地图出版社2010年,第49页。

[19] 马士:《中华帝国对外关系史》,张汇文等译,第58、59、65页。

[20] 同上,第72页。

[21] 林天人编撰:《方舆搜览》,第47页。

[22] 上海书店出版社编:《清代档案史料选编》卷二,第168—170页。

[23] 同上,第171页。

[24] 费赖之:《在华耶稣会士列传及书目》,冯承钧译,中华书局1995年,第495页。

[25] 冯明珠编:《经纬天下》,第87页。

[26] 有关耶稣会士在华制图的讨论,请参见拙著《十七世纪欧洲与晚明地图交流》。

[27] 斯当东:《英使谒见乾隆纪实》,叶笃义译,第561页。

[28] Matthew H. Edney, *Mapping an Empire: The Geographical Construction of British India*, p. 2.

[29] Ibid.

[30] Dorlis Blume, *Europe and the Sea*, Hirmer Publishers, 2018, p. 300.

[31] 罗兹·墨菲:《亚洲史》,黄磷译,第341页。

[32] 广州市规划局编:《广州古今地图集》,第49页。

[33] H. B. Morse, *The Chronicles of the East India Company Trading to China, 1635—1834*, Vol. II, Oxford: Clarendon Press, 1926, pp. 160–165.

[34] 丁又:《香港初期史话》,第22页。

[35] Hum lewis jones, *The Sea Journal: Seafarers' Sketchbooks*, Thames and Hudson Ltd., 2019, p. 100.

[36] 布莱恩·莱弗里:《海洋帝国》,施诚等译,中信出版社2016年,第220页。

[37] 同上,221页。

[38] 卢坤、邓廷桢编:《广东海防汇览》,王宏斌等校点,第25页。

[39] Rosa Luxemburg, *The Accumulation of Capital*, London: Routledge and Kegan Paul Ltd., 1951, p.371.

[40] 马士:《中华帝国对外关系史》,张汇文等译,第755页。

[41] 同上,第748页。

[42] 参见牟安世:《鸦片战争》,上海人民出版社1982年,第261页。

[43] John Ouchterlony, *Chinese War: The Operations of the British Forces from the Commencement to the Treaty of Nanking*, London: Saunders and Otley, 1844, pp.173–174.

[44] 文庆等编:《筹办夷务始末·道光朝》,故宫博物院1930年,第27页。

[45] 梁廷枏:《夷氛闻记》,邵循正校注,中华书局1959年,第83页。

[46] 齐思和等编:《鸦片战争》五,上海人民出版社1959年,第258页。

[47] 上海历史研究所编:《鸦片战争末期英军在长江下游的侵略罪行》,上海人民出版社1958年,第189页。

[48] 伊恩·莫里斯:《西方将主宰多久》,钱峰译,第334页。

[49] 尼尔·弗格森:《帝国》,雨珂译,第10页。

第三部 明清海图中的台湾
第七章 台湾在海图中的战略位置

[1] 连横:《台湾通史》,第7页。

[2] 陈子龙等辑:《明经世文编》卷四七九,《黄承玄:条议海防事宜疏》。

[3] 连横:《台湾通史》,第7页。

[4] 同上,第8页。

[5] 同上,第9页。

[6] 方豪:《台湾早期史纲》,海豚出版社2016年,第237页。

[7] 连横:《台湾通史》,第269页。

[8] 戚嘉林:《台湾史》,第7—8页。

[9] 同上。

[10] 吕理政、魏德文:《16—19世纪西方绘制台湾相关地图》,第65页。

[11] 骆芬美:《被误解的台湾史》,中信出版社2014年,第17页。

[12] 《皇明职方地图》卷首有川海地图小序,内容采图文并列。地图包括江海图、河狱图、弱水图、漕黄治迹图、海运图、

江防信地营图、万里海防图、日本岛夷入寇之图、太仆牧马总辖地图、朝鲜地图、安南地图、西域图、朔漠地图、皇明朝贡岛夷图。本书之观点与结构仍然是追随中国自周代以来的传统疆域概念。皇畿依据地理上的远近安排中心与周边地区的亲疏关系，包括九州岛及"五服"，即甸服、侯服、宾服、要服、荒服。每篇地图均以大量文字辅助说明。地图采用跨页方式呈现。图案有方格，类似经纬线，但无数字标示。

[13] 骆芬美：《被误解的台湾史》，第8页。
[14] 方豪：《台湾早期史纲》，第182页。
[15] 沈有容辑：《闽海赠言》，郑焕章点校，商务印书馆2017年，第23—24页。
[16] 陈孔立主编：《台湾历史纲要》，九州图书出版社1996年，第37页。
[17] 郭亮：《17世纪地图东传与维米尔画中的地图》，《美术观察》2011年第2期，第125页。
[18] 赖志彰等：《竹堑古地图调查研究》，台湾新竹市政府2003年，第45—46页。
[19] 转引自陈孔立主编：《台湾历史纲要》，第21页。
[20] 江树生译注：《荷兰台湾长官致巴达维亚总督书信集》，台湾南天书局2007年，第6页。
[21] 威·伊·邦特库：《东印度航海记》，姚楠译，中华书局1982年，第77页。
[22] 赖志彰等：《竹堑古地图调查研究》，第38页。
[23] 同上，第39页。
[24] 曹婉如等编：《中国古代地图集·明代》，文物出版社1995年，第3页。
[25] 赖志彰等：《竹堑古地图调查研究》，第37页。
[26] 江树生译注：《荷兰台湾长官致巴达维亚总督书信集》，第157页。
[27] 同上，第158页。
[28] 连横：《台湾通史》，第11—15页。
[29] Kees Zandvliet, "The Contribution of Cartography to the Creation of a Dutch Colony and a Chinese State in Taiwan", *Cartographica*, Volume 35 Issue 3-4, October 1998, p. 135.
[30] 威廉·坎佩尔：《荷兰时代的台湾社会》，李雄挥译，台湾前卫出版社2017年，第105页。
[31] 同上，105—110页。在信中，努易兹提出了很多解决方案，例如对西班牙人的遏制是有效的，他写道："澳门的葡萄牙人也处处跟我们作对，虽然能够支持他们的唯一基地远在果阿（Goa），他们在印度的其他领地也都处于式微当中。他们邪恶的计划没有成功，反倒暴露出自己的脆弱。他们向自家国王报告此情况，在果阿大肆准备，并宣称要在帝汶（Pulo Timor）建堡垒，但皆未实现。简言之，依该国现况，我们可以轻易摧毁他们，或至少瘫痪他们在南海（South Seas，即太平洋）新西班牙（New Spain，即墨西哥）、马六甲、果阿等地的贸易。如果能这样，本公司要独占中国贸易就易如反掌了。"
[32] 台湾博物馆编：《地图台湾》，台湾南天书局2007年，第115页。
[33] Somers Heidhues Mary, "An Early Traveler's Compendium: Caspar Schmalkalden's Images of Asia", *Archipel*, Volume 70, 2005, p. 161.
[34] Kees Zandvliet, "The Contribution of

| 权力的图像

[34 续] Cartography to the Creation of a Dutch Colony and a Chinese State in Taiwan", p. 134.

[35] Ibid., p. 203.

[36] Ibid.

[37] 江树生译注：《荷兰台湾长官致巴达维亚总督书信集》，第39—40页。

[38] 甘为霖：《荷兰人侵占下的台湾》，福建人民出版社1982年，第98—99页。

[39] 威廉·坎佩尔：《荷兰时代的台湾社会》，李雄挥译，第85页。

[40] 陈碧笙：《台湾地方史》，中国社会科学出版社1982年，第64页。

[41] 陈孔立：《台湾历史纲要》，第76页。

[42] Kees Zandvliet, "The Contribution of Cartography to the Creation of a Dutch Colony and a Chinese State in Taiwan", p. 134.

[43] 陈碧笙：《台湾地方史》，第98页。

[44] 施琅：《靖海纪事》，王铎全校注，福建人民出版社1983年，第120页。

[45] 同上，第121页。

[46] 赖志彰等：《竹堑古地图调查研究》，第54页。

[47] 郭亮：《十七世纪欧洲与晚明地图交流》，第282页。

[48] 赖志彰等：《竹堑古地图调查研究》，第55页。制作地图规定使用固定统一的尺度，以工部营造尺（1尺=0.317米）为标准尺和计算单位。以营造尺18丈为1绳，10绳为1里，天上1度即地下200里，也就是200里合地球经线1度。用绳量地法测量各地的距离里数，采用三角测量、梯形投影法等，都是首次运用。参见曹婉如等

编：《中国古代地图集·清代》，第72页。

[49] 上海书店出版社编：《清代档案史料选编》卷三，第826—827页。

[50] 费赖之：《在华耶稣会士列传及书目》，冯承钧译，第608页。

[51] 方豪：《康熙五十三年测绘地图考》，台湾《文献专刊》第一卷，1949年第1期，第41页。

[52] 台湾博物馆编：《地图台湾》，第126页。

[53] 蓝莉：《请中国作证——杜赫德的〈中华帝国全志〉》，许明龙译，商务印书馆2015年，第135页。

[54] 赖志彰等：《竹堑古地图调查研究》，第59页。

[55] 台湾博物馆编：《地图台湾》，第137页。

[56] 戚嘉林：《台湾史》，第78页。

[57] 参见http://thcts.ascc.net/themes/rc18-4.php。

[58] 赖志彰等：《竹堑古地图调查研究》，第61页。

[59] 台湾博物馆编：《地图台湾》，第185页。

[60] 连横：《台湾通史》，第204页。

[61] 同上，第205页。

[62] 同上。

[63] 上海书店出版社编：《清代档案史料选编》卷四，第281—284页。

[64] 许地山编：《达衷集》，商务印书馆1931年，第5页。

[65] 同上。

[66] 同上。

[67] 同上。

[68] 同上。

[69] 牟安世：《鸦片战争》，第51页。

[70] 南木：《鸦片战争以前英船阿美士德号在中国沿海的侦查活动》，见列岛编：《鸦

片战争史论文专集》，第109页。
[71] 赖志彰等:《竹堑古地图调查研究》，第66页。
[72] 同上。
[73] 夏献纶:《台湾舆图（并说）》卷一，光绪庚辰刻本。
[74] 同上。
[75] 同上，第77页。
[76] 同上。
[77] 同上，第81页。

第八章　海战之中的台湾

[1] 陈碧笙:《台湾地方史》，第158页。
[2] 张振鹍主编:《中法战争》，第422—423页。
[3] 中国史学会主编:《中法战争》第三卷，第566—567页。
[4] 张振鹍主编:《中法战争》，第426页。
[5] 同上，第427页。
[6] 戚嘉林:《台湾史》，第172页。
[7] 同上，第1014页。
[8] 查尔斯·辛格:《技术史》第四卷，王前等译，上海科技教育出版社2004年，第415—416页。
[9] 马士:《中华帝国对外关系史》，张汇文等译，第393页。
[10] 赖志彰等:《竹堑古地图调查研究》，第84页。
[11] 张振鹍主编:《中法战争》，第544页。
[12] 刘铭传:《刘壮肃公奏议》卷三，光绪三十二年桐城陈澹然刻本。
[13] 同上，第467、519页。
[14] 同上，第657页。
[15] 刘铭传:《刘壮肃公奏议》卷一。
[16] 刘铭传:《刘铭传文集》，马吕华等点校，黄山书社1997年，第70—71页。
[17] 戚嘉林:《台湾史》，第174页。
[18] 张振鹍主编:《中法战争》，第659页。
[19] 同上，第718页。
[20] 同上，第759页。
[21] 同上，第701页。
[22] 中国史学会主编:《中法战争》第三卷，第141—143页。
[23] 同上，第六卷，第78—79页。

第九章　日据时期的台湾海图

[1] 连横:《台湾通史》，第8页。
[2] 陈碧笙:《台湾地方史》，第54页。
[3] 同上，第147页。
[4] 同上，第182页。
[5] 魏德文等编:《测量台湾》，台湾南天书局2008年，第7页。
[6] 同上，第9页。
[7] 同上。
[8] 陈碧笙:《台湾地方史》，第202页。
[9] 魏德文等编:《测量台湾》，第11页。
[10] 同上，第10页。
[11] 连横:《台湾通史》，第63页。
[12] 魏德文等编:《测量台湾》，第18页。
[13] 赖志彰等:《竹堑古地图调查研究》，第93页。
[14] 郭俊麟:《台湾旧版地形图选录》，台湾大学图书馆2013年，第23页。
[15] 同上，第11页。
[16] 1873年12月陆军参谋局向中国派出美代清元、岛弘毅、长濑兼正、向郁、益满邦介、芳野正常、江田国容、中村义厚等8人，在中国进行军事调查和汉语学习。其中，长濑在中国常住6年，对当时中国18个省份进行了考察。岛弘毅则进入中

国东北进行了为期7个多月的考察，将奉天、吉林、黑龙江东北三省的政治、地理、气候、兵备等考察记录，汇编成两卷本《满洲纪行》。参见https://user.guancha.cn/main/content?id=73607&page=0。

[17] 郭俊麟：《台湾旧版地形图选录》，第4—5页。

[18] 傅琪贻：《日本统治时期台湾原住民抗日历史研究》，团结出版社2015年，第56页。

[19] 同上，第59页。

[20] 同上，第284页。

[21] 陈孔立主编：《台湾历史纲要》，第355页。

[22] 杰里·布罗顿：《十二幅地图中的世界史》，林盛译，第357页。

尾　声　海权与中国海疆策略

[1] 转引自陈梦雷：《古今图书集成·方舆汇编·山川典》卷三一四，光绪十年印本。

[2] 艾尔弗雷德·塞耶·马汉：《海权对历史的影响》，李少彦等译，第71页。

[3] 林肯·佩恩：《海洋与文明》，陈建军等译，第525页。

[4] 艾尔弗雷德·塞耶·马汉：《海权对历史的影响》，李少彦等译，第472页。

[5] Waley-cohen, "China and Western Technology in the Late Eighteenth Century", *American Historical Review 98*, 1993, pp. 1525-1544.

[6] 唐锡仁、杨文恒主编：《中国科学技术史·地学卷》，科学出版社2000年，第440页。

[7] 伊恩·莫里斯：《西方将主宰多久》，钱峰译，第309页。

[8] 厦门图书馆编：《厦门海疆文献辑注》，厦门大学出版社2013年，第193页。

[9] 卢坤、邓廷桢编：《广东海防汇览》，王宏斌等校点，第2—3页。

[10] 伊恩·莫里斯：《西方将主宰多久》，钱峰译，第318页。

[11] 杰克·A.戈德斯通：《早期现代世界的革命与反抗》，章延杰等译，上海人民出版社2013年，第406页。

[12] 罗兹·墨菲：《亚洲史》，黄磷译，第354页。

[13] 中国史学会主编：《洋务运动》，第13页。

[14] 同上，第109页。

[15] 同上，第246页。

[16] 同上，第247页。

[17] 同上，第391页。

[18] 马骏杰等编：《清末报刊载海军史料汇编》，第67页。

[19] 同上，第145—228页。

[20] 卢坤、邓廷桢编：《广东海防汇览》，王宏斌等校点，第340页。

[21] 同上，第341页。

[22] 同上，第426页。

[23] 同上，第535页。

[24] 文庆等编：《筹办夷务始末·道光朝》，第23—29页。

[25] Elleman, Bruce A., *Modern Chinese Warfare, 1795-1989*, Routledge, 2001, pp. 18-20.

[26] 中国史学会主编：《中法战争》第四卷，第275页。

[27] 吕西安·费弗尔、亨利-让·马丁：《书籍的历史》，和灿欣译，中国友谊出版公司2019年，第5页。

[28] 王国斌：《转变的中国》，李伯重、连玲玲译，第99页。

[29] 林肯·佩恩：《海洋与文明》，陈建军等译，第512页。

附录

附录一　插图目录

7　图1　茅元仪《过洋牵星图》，取自《武备志》，1621年

15　图2　加布里埃尔·瓦莱斯卡《地中海与欧洲地图》，1439年

19　图3　赫尔南多·罗斯·里奥斯·科罗奈尔《中国沿海及菲律宾图》，1597年

23　图4　佚名《大明混一图》，456×386cm，1389年，中国第一历史档案馆藏

23　图5　亚伯拉罕·奥特利乌斯《中国地图》，1587年

25　图6　约翰尼斯·梅特鲁斯《中华帝国图》，1596年，台北故宫博物院藏

27　图7　菲利普·克鲁佛《中华帝国新图》，17世纪，铜版纸印

32　图8　威廉·扬松·布劳《新版世界地图与海图》，1630年，铜版彩印

32　图9　卢卡斯·扬松·瓦格纳尔《航海之镜》，1584年，铜版彩印

34　图10　扬·范·德·斯特雷特《地图制图工作室》，1600年，铜版

37　图11　约翰尼斯·芬布恩斯《海岛及海岸图与描述》，1625年，凡·德赫姆地图收藏

40　图12　尼古拉斯·波科克《航海日志》，1766年

42　图13　徐葆光《中山传信录》中所绘的元代船只，1721年

44　图14　罗洪先《广舆图·舆地总图》，1579年

45　图15　佚名《大明舆地图》，明嘉靖二十四年至三十八年（1545—1559），美国国会图书馆藏

47	图16　郑若曾《沿海山沙图》，取自《筹海图编》卷一《福建七》，1562年初刻		70	图26　闵声、闵映张《海防图》，取自《兵垣四编》，明天启元年（1621）吴兴闵氏朱墨套印本
48	图17　郑若曾《日本国图》（左）、《广东船式》（右），取自《筹海图编》卷二、卷十三，1562年初刻		75	图27　佚名《大明舆地图》局部《福建舆图》，明嘉靖二十四年至三十八年（1545—1559）
49	图18　郑若曾《寇踪分合始末图谱》，嘉靖三十三年（1554）的一次倭寇入袭时间及路线		78	图28　《圣祖仁皇帝圣训》（局部），康熙五十二年（1713），台北故宫博物院藏
50	图19　郑若曾《马箭图说》，取自《筹海图编》卷十三，1562年初刻		78	图29　周士元《奏报查勘闽粤沿海炮台并呈折》，康熙五十六年（1717），台北故宫博物院藏
54	图20　刘徽《海岛算经》，望海岛中，二次测量示意图		80	图30　《着色雍正十排图》中福建沿海，雍正七年（1729），中国第一历史档案馆藏
55	图21　郑若曾《江南经略》，卫所简介（左）、《倭寇海洋来路之图》（右），明嘉靖四十五年（1566）刊本		85	图31　邓廷桢《奏筹议虎门海口创造木排铁链及添置炮台炮位奏折》，道光十九年（1839），台北故宫博物院藏
57	图22　郑若曾《筹海图编》卷四，福建漳州海防，1562年初刻		86	图32　顾炳章《虎门外海威远炮台图说》彩绘本，道光二十四年（1844），国家图书馆藏
59	图23　郑大郁《佛狼机氏甲板大船式》，取自《经国雄略》，南明隆武潭阳王介爵观社刊本		91	图33　章潢《舆地山海全图》摹本，取自《图书编》
61	图24　郑大郁《海防图一》，取自《经国雄略》，南明隆武潭阳王介爵观社刊本		93	图34　王在晋《周天各国图四分之一》，取自《海防纂要》，万历四十一年（1613）刻本
63	图25　郑大郁《琉球南界合图》，取自《经国雄略》，南明隆武潭阳王介爵观社刊本		94	图35　佚名《禹迹图》，阜昌七年四月

（南宋绍兴六年［1136］四月）

96　图36　墨卡托和洪迪乌斯系列《中国地图》（局部），1606年，铜版

96　图37　卫匡国《中国地图集》，1655年，普林斯顿大学燧石图书馆藏

98　图38　雷孝思、德玛诺、冯秉正《福建全图》，取自《皇舆全览图》，康熙四十七年（1708），美国国会图书馆藏

99　图39　《金山县会勘海塘图》，道光十八年至二十三年（1838—1843），纸本彩绘

99　图40　约翰尼斯·芬布恩斯《广州市图》，1665年

102　图41　约翰尼斯·芬布恩斯《澳门鸟瞰图》，1665年

104　图42　弗雷德里克·约特伯格《TAB-12，广州沿岸景观透视图》，1748年

109　图43　福州将军署理陆路提督阿尔赛奏折，雍正十二年（1734）

110　图44　《海门厅各港水势深浅全图》，道光二十年至二十二年（1840—1842），大英图书馆藏

112　图45　《大清一统海道总图》，同治十三年（1874）后，大英图书馆藏

115　图46　《宁波府六邑及海岛洋图》（局部），道光二十一年（1841）前，大英图书馆藏

117　图47　《镇海营水陆图册》，道光二十一年（1841）三月

119　图48　皮埃尔·拉皮埃《台湾、琉球和中国东南部版图》，1809年

122　图49　尼古拉斯-安德烈·蒙肖《1785年6月29日，路易十六向拉彼鲁兹下达了指令》，1817年，法国凡尔赛宫藏

124　图50　陈伦炯《海图闻见录》之中的东沙岛，1744年，木刻

133　图51　《江海全图》，1812—1843年，纸本彩绘，美国国会图书馆藏

135　图52　《南北洋合图》，1870年后，木刻墨印，美国国会图书馆藏

137　图53　《前山寨与澳门形势图》（局部），嘉庆十六年（1811）后，纸本彩绘

139　图54　《海防图未完稿》（局部），清代，纸本彩绘

144　图55　维克多·莱维塞尔《亚洲地图》，1856年，彩印

147　图56　尼古拉斯·桑松《中华帝国地图》，1652年

148　图57　德安维尔《中华帝国总图》（局部），1732年

150　图58　德拉罗什-庞西《中国沿海：台湾海峡图》（局部），1853年，石版墨色

155　图59　《浙江福建沿海海防图》，清代，

	台北故宫博物院藏			英国领事馆图）
157	图60 清金牌山炮台遗址，炮台圆形的基座部分至今依然可见，作者拍摄	184	图73	宗源瀚《浙江全省舆图并水陆道里记》附图，1894年
160	图61 法军测绘《闽江航道防御工事图》，1884年	189	图74	《宁波府六邑海岛洋图》，道光二十一年（1841）前，纸本彩绘
163	图62 《军机处命李鸿章派遣轮船赴福建支援电文》，光绪十年（1884）	190	图75	法军绘《镇海之战示意图》，巴黎出版，1887年
165	图63 马尾港《法海军列阵图》，《世界画报》，1884年	194	图76	18—19世纪的六分仪
165	图64 法国军舰"杜居士路因"号，《世界画报》，1884年	195	图77	帕里什《葡萄牙马德拉群岛——马戛尔尼使团从英国到中国的航行草图》，1792年
166	图65 佚名《阵势图》，《世界画报》，1884年	195	图78	帕里什《葡萄牙马德拉群岛——马戛尔尼使团从英国到中国的航行草图》，1792年
169	图66 《法国和英国军舰在罗得岛海面对峙》，1780年，美国国会图书馆藏	197	图79	约翰·巴罗《以墨卡托投影法绘制的黄海和中国大陆沿岸海图》，1794年，大英图书馆藏
172	图67 《马尾战况实景图绘》将主要军事要塞都标记出来，《世界画报》，1884年	200	图80	约翰·巴罗《从热河到北京之地图》，1794年，大英图书馆藏
174	图68 法国海军制《罗星塔参战的中国舰队》，1884年	200	图81	约翰·巴罗《从杭州府至广州府路线图》，1794年，大英图书馆藏
176	图69 法军战前所做马尾港和福州地理测绘	204	图82	威廉·亚历山大《赠送给中国皇帝的主要礼物》，1793年，水彩，大英图书馆藏
176	图70 法军所做马尾海战图绘之《战舰列阵》	206	图83	佚名《广州鸟瞰图》，1760年，大英图书馆藏
178	图71 《刘永福军得胜图》（局部），《费加罗报》，1885年，木刻彩印	210	图84	詹姆斯·霍尔斯堡《中国华南
181	图72 《闽江马尾海战潮汐图》（摹绘			

	沿海及广东海图》，1806年			哈佛大学图书馆藏
213	图85 朱光熙等《隶省城图》(广州)，取自《南海县志》，崇祯时期		239	图96 詹姆斯·霍尔斯堡《珠江沿岸与广州河流图》(局部放大)，1831年，哈佛大学图书馆藏
214	图86 约翰尼斯·芬布恩斯《新阿姆斯特丹地图》，1664年，荷兰国家档案馆藏		240	图97 佚名《广东省沿海图》(局部)，光绪二十四年(1898)，大连图书馆藏
221	图87 约瑟夫·胡达特和罗伯特·萨耶《珠江测量图》，1786年，香港科技大学藏		243	图98 爱德华·贝尔彻《中国香港海图》，1841年，大连图书馆藏
222	图88 佚名《广东全省舆图》(局部)，约1816年，大英图书馆藏		245	图99 爱德华·贝尔彻《珠江沿岸与广州河流图》翻刻版(局部)，1847年，巴里·劳伦斯·古德曼古地图研究会藏
223	图89 佚名《大黄滘炮台形势分图》(左)、《大黄滘大黄炮台绥定炮台分图》(右)，晚清，纸本彩绘		246	图100 爱德华·贝尔彻《广州及其周边，澳门与香港》，1852年，澳大利亚国家图书馆藏
227	图90 庞嘉宾《上川岛海图》，约1700年，台北故宫博物院藏		249	图101 赫曼德尔《厦门及鼓浪屿》，1841年
228	图91 罗明坚《广东省图》，16世纪，罗马国家图书馆藏		251	图102 R. B.克劳福德《英国军舰攻击厦门》，1842年
231	图92 威廉·丹尼尔《东印度公司船坞》，1808年，英国国家海事博物馆藏		259	图103 洪迪乌斯《亚洲地图》(局部)，1607年，安特卫普
233	图93 约瑟夫·胡达特《中国南海，从广州到澳门海图》，1794年，铜版		262	图104 林斯霍滕《中华领土及海岸线精确海图》，52.7×39 cm，1596年，铜版，阿姆斯特丹
237	图94 詹姆斯·霍尔斯堡《珠江沿岸与广州河流图》，1831年，哈佛大学图书馆藏		264	图105 林斯霍滕《中华领土及海岸线精确海图》(局部放大)，1596年，铜版，阿姆斯特丹
239	图95 詹姆斯·霍尔斯堡《珠江沿岸与广州河流图》(局部放大)，1831年，			

267	图106	莫塞斯·克拉茨·科曼斯《大员海港图》，1623年
269	图107	雅各布·基斯布兰茨·诺德鲁斯《台湾岛海图》，1625年
269	图108	亨德里克·阿德里安斯《大员地区的详细航海图》，1626年
270	图109	佩德罗·德·维拉《台湾港口海图》，1626年
272	图110	《乾坤一统海防全图》，万历二十年（1592）后，中国第一历史档案馆藏
275	图111	约翰尼斯·芬布恩斯《台湾岛和澎湖岛地图》，1640年
278	图112	佚名《大员的热兰遮城图》，1670年
279	图113	卡斯帕·施玛卡尔登手稿《中国商人》，17世纪
280	图114	卡斯帕·施玛卡尔登《台湾地图》，1650年
280	图115	卡斯帕·施玛卡尔登《亚洲地图》，1650年
283	图116	佚名《热兰遮城》，1635年
284	图117	文琴佐·科洛奈利《中国广东省及福建省图》，1696年
291	图118	《福建全图及台湾地图》，1862年
293	图119	冯秉正《康熙皇帝命令下调查隶属中华帝国的台湾岛》，1735年
295	图120	德安维尔《中华帝国地图》，1734年
297	图121	陈伦炯《台湾前山图》，1730年，纸本墨色
299	图122	《台湾舆图》，清代，台北故宫博物院藏
300	图123	《台湾番界图》，1760年，纸本彩绘
302	图124	《福建全图》，取自《福建全省总图》，清道光年间刊本，台北"中央图书馆"藏
302	图125	《福建海防图》，取自《福建全省总图》，清道光年间刊本，台北"中央图书馆"藏
304	图126	《台湾海口大小港道总图》，取自《福建全省总图》，清道光年间刊本，台北"中央图书馆"藏
310	图127	胡夏米《中国北方港口的航行日志》封面
311	图128	徐澍《台湾番社图》，清嘉庆二十五年（1820），设色挂轴
313	图129	夏献纶《台湾舆图（并说）》，清光绪六年（1880）刊本，台北"中央图书馆"藏
315	图130	佩里舰队《台湾鸡笼煤矿分布图》，1854年

319	图131 《法军舰攻打基隆图》，1884年8月3日		332	图137 法军绘《基隆作战图》，1884年
320	图132 欧仁·吉尔曼·加尔诺《基隆地形图》，1884年		334	图138 欧仁·吉尔曼·加尔诺《淡水之役战斗布置图》，1884年10月8日
321	图133 欧仁·吉尔曼·加尔诺《基隆海岛实景图》，1884年		337	图139 法军绘《"巴夏尔"号进入妈宫港》，1885年
324	图134 马翁《煤矿领地测绘图》，1884年11月25日		345	图140 日军绘《台湾北部作战一览图》，1907年
327	图135 吕推《亚洲地图》，1881年		360	图141 《赶缯船全图》，取自《闽省水师各标镇协营战哨船只图说》，雍正抄本
328	图136 爱德华·奥尔卡《北宁战役示意地图》，1881年		362	图142 《北洋海军章程》，1888年

附录二　广东兵防官考

注：本附录由作者录入、点校，所依版本为郑若曾《筹海图编》卷三《广东兵防官考》，明天启四年新安胡维极重刊本

提督两广军务兼巡抚都御史驻扎梧州。旧尝设总督两广都御史，事平即归，非常设，故不载。

镇守两广总兵官。驻扎梧州巡按广东察御史。

巡视海道副使。额设专为备倭，并防捕海盗。

整饬琼州兵备副使。

整饬清远兵备副使。

整饬清远佥事。

整饬高、肇兵备佥事。

整饬惠、潮兵备佥事。

整饬雷、廉兵备佥事。

市舶提举司提举驻扎广州。

分守琼崖参将。

分守高、肇、韶广参将。

分守惠、潮参将。

总督广东备倭，以都指挥体统行事。

守备惠、潮以都指挥体统行事。

广东兵制

沿海卫所。（军数附）

广州卫，旗军九百五十二名。

钦州所，旗军二百一十七名。

灵山所，旗军二百五四名。

永安所，旗军三百九十名。

雷州卫，旗军一千三百八十名。

乐民所，旗军三百四十五名。

海康所，旗军三百二十三名。

海安所，旗军一百八十一名。

锦囊所，旗军二百三十五名。

石城后所，旗军二百三十四名。

神电卫，旗军一千五十八名。

宁川所，旗军四百五十七名。

双鱼所，旗军一百七十七名。

阳春所，旗军二百一十名。

广海卫，旗军一千一百六十五名。

海朗所，旗军三百九十名。

新会所，旗军六百六十四名。

香山所，旗军四百二十八名。

肇庆卫，旗军一千一百一十二名。

阳江所，旗军二百五十一名。

新宁所，旗军二百五十二名。

南海卫，旗军一千一百一十四名。

东莞所，旗军三百二十八名。

大鹏所，旗军二百二十三名。

碣石卫，旗军一千二百八十四名。

平海所，旗军四百四十七名。

海丰所，旗军四百二名。

捷胜所，旗军五百八十二名。

甲子门所，旗军二百八十七名。

潮州卫，旗军一千三百二十八名。

靖海所，旗军二百八十二名。

海门所，旗军二百二十五名。

蓬州所，旗军三百八十八名。

大城所，旗军三百八十三名。

海南卫，旗军一千三百八十四名。

清澜所，旗军五百八十七名。

万州所，旗军四百六十九名。

南山所，旗军二百一十五名。

沿海巡检司。（弓兵数附）

廉州府：

管界，弓兵二十名。长墩，弓兵二十名。

西乡，弓兵十名。 如黄，五弓兵二十名。

沿海，弓兵二十名。林墟，弓兵二十名。

高仰，弓兵二十名。珠场，弓兵二十名。

永平，弓兵二十名。

雷州府：

东场，弓兵三十名。清道，弓兵三十五名。

涠洲，弓兵三十名。宁海，弓兵三十名。

湛川，弓兵三十名。黑石，弓兵三十名。

高州府：

凌绿，弓兵三十名。宁邨，弓兵三十名。

赤水，弓兵二十五名。

肇庆府：

立将，弓兵五十名。海陵，弓兵六十名。

恩平，弓兵五十名。

广州府：

城岗，弓兵五十名。牛肚，弓兵五十名。

沙岗，弓兵五十名。药径，弓兵五十名。

望高，弓兵五十名。沙邨，弓兵五十名。

大瓦，弓兵五十名。潮道，弓兵五十名。

三水，弓兵五十名。江浦，弓兵五十名。

江邨，弓兵五十名。都宁，弓兵五十名。

马岗，弓兵五十名。马宁，弓兵五十名。

紫泥，弓兵五十名。神安，弓兵五十名。

黄鼎，弓兵五十名，香山，弓兵五十名。

茭塘，弓兵五十名。五斗口，弓兵五十名。

沙湾，弓兵五十名。鹿步，弓兵五十名。

白沙，弓兵五十名。小黄浦，弓兵五十名。

福永，弓兵五十名。缺口，弓兵五十名。

官富，弓兵五十名。京山，弓兵五十名。

惠州府：

内外管，弓兵五十名。碧甲，弓兵五十名。

长沙，弓兵五十名。甲子门，弓兵五十名。

潮州府：

神泉，弓兵五十名。吉安，弓兵五十名。

门辟，弓兵五十名。桑田，弓兵五十名。

招宁，弓兵五十名。鮀浦，弓兵五十名。

枫洋，弓兵五十名。阚望，弓兵五十名。

黄岗，弓兵五十名。

琼州府

清澜，弓兵五十名。铺前，弓兵六十名。

澄迈，弓兵三十名。青蓝，弓兵六十名。

调嚣，弓兵六十名。藤桥，弓兵六十名。

牛岭，弓兵六十名。抱岁，弓兵六十名。

延德，弓兵六十名。镇南，弓兵六十名。

安海，弓兵六十名。田牌，弓兵六十名。

沿海烽堠

雷州府：

那宋、八灯、包西、讨网、对楼、踏磊

清安、调黎、宁海、陈家、南门、通明

调陈、草绿、淡水、南浦津、北品、北月

石岁、麻障、北鹅

高州府：

调高、尖峒、辅弼北、辅弼南、山尾、连头

白山、罗浮

广州府：

南海、那浮、谭邨、黄邨、赤水、蛤浦

北津、丹章、南洋、那贡、安民、处儒

逭田、丰头、峰前、石门、白蒙、寨南

镇口、放火南、奇黎、双峒、陈邨、白石角

企观、北寨、大人岭、马鞍、黄岐、水南

亭子角、白沙、稍潭、四会、石门、青蓝

节尾、烟峒、长洲、员橄、白岐、黄浦

青紫、英邨、岗邨、南山、鳌湾、冷水

福涌、赤冈、嘴角、叠福、蓝田、秋风角

风门凹

惠州府：

旧大鹏、水头、沙澳、沙江、野牛澳、凹背长沙、虎白、芳茅、白沙湖、东坑、大麻河田、古迳、石山、新设、平安、新迳丽江、丽山、吉头、桑州、前标、后标竞山、铅锡、安充、燕州、银平

潮州府一：

文昌、钧廉、南山、石城、前岗、沙尾夏岭、大场、石牌、浮山、钱塘、环山新村、鸦山、鸦髻、并洲、白峰、黄岗、外沙

沿海卫所战船

旧制，每岁春末夏初风汛之期，通行府、卫、所、县捕巡、备倭等官军，出海防御倭寇番舶，动支布政司军饷银，雇募南头等处骁勇兵夫与驾船后生，每船分拨五十名，每艚船四艘，一官统之。三路兵编立船甲长副字号，使船水手教以接潮迎风之法。长短兵器弓弩时常演习，使之出入往来如神。如无字号者，长副锣追逐。俱待秋尽无事而掣。

中路东莞县、南头、屯门等澳，大战船八，乌艚船十二。

广海卫望峒澳，战船四。

东路潮州府柘林澳，战船二，乌艚船十五，哨船二。

碣石靖海甲子门等澳，战船十，哨船六。

西路高州府石城吴川湾澳，各哨船二。廉州府海面，战船二。

琼、雷二府海港，东莞乌艚船各六，新会横江船四。

雷州海港，大战船六。

附录三　镇海营水陆图册

（注：本附录由作者录入、点校，所依版本为浙江镇海水师营中军守备吴金标呈《镇海营水陆图册》，清道光二十一年三月，现藏大英博物馆）

调署浙江镇海水师营中军守备吴金标呈为飞咨事。今将奉取本营所辖水陆营汛四至程途、里数及营制官兵船只数目，逐一分晰，备造清册，理合呈送。查核施行，须至册者。

今开浙江镇海水师营驻扎镇海县城，周城延袤九里十八步，东至路石山台，离城三十里，与提标左营大渔山台汛为界；南至布阵岭，离城二十里，与提标左营大碶头汛为界；西至松浦汛，离城八十里，与绍协右营观海卫汛为界；又西南五十里，与宁波城守营白沙汛为界；北系汪洋大海，延袤约计二百余里，与定标右营暨乍浦洋汛为界。额设参将一，守备一员，千把总六员，外委千把总七员，额外外委三员、水陆战守兵丁共九百七十名。内大关汛端防千把总一员，协防外委一员，兵丁一十三十名，查验船只，三月一轮；笠山汛嵩防千把总一员，协防外委一员，兵丁二百五名，管辖四台十口址；龙山汛嵩防千把总一员，协防外委一员，兵丁一百七十六名，管辖九台八口址；招宝山汛嵩防千把总一员，协防外委一员，兵丁九十九名，管辖陆口址，四拨官兵一年一换；督巡洋汛将备一员，嵩巡千把总一员，协巡外委一员，管驾巡钓船只，配水兵一百十名，三月一轮；其余千把、外委、战守兵丁驻防县城。以为随时策应之用。窃惟镇海一营，城处海滨，汛兼水陆，南抱浃江，北枕巨泽关口，乃商艘总汇之区，达诸闽、粤东、辽、旅顺、天津，并抵日本、琉球各海番，洋峙岛岙，奸良莫辨，盘诘宜严，且招宝一山，扼江海之口，抵障汪澜，不独郡国之咽喉，实东浙之藩翰也。南北各汛逼临，沿海在在均关紧要，巡防更宜严密。至所辖洋汛，如蛟门屹峙，环锁海口，吐纳潮汛，虎蹲雄踞其内后海一带，以及东霍、西霍、七姊妹等处，一望汪洋，浩瀚穷际，洵为严险；际今海不扬波，商渔乐业，水陆汛防未敢稍有疏懈，以期无负大宪重海疆之至意云尔。将本营分辖水陆汛口，以及程途、里数、官兵、出洋船只数目敬陈。

镇海水师营经制额设内官八员，外委千把总七员，额外外委三员，水陆战守兵丁九百七十名，各官自备坐马二十四匹，艇同巡钓船共十四只内，霆字五号、七号艇船二只，安字三号商捐洋舶船一只，安字八号、九号、十四号、十五号商捐同安船四只，海宇一号改造同安船一只，海字七号、八号八桨巡船二只，海字九号、十号钓船二只，捷宇十二号、十三号钓杠船二只。驻扎镇海县城参将一员，守备一员，千把总一员，三月一轮，外委千把总二员，三月一轮，额外外委三员，每月一轮。

以上各官带领战守兵丁三百四十七名，驻扎镇海县城。镇海城安设红衣炮二十七位，炮房六间（倒坏），分防镇海大关汛系各省商渔出入总汇之区，最为扼要。千把总一员，三月一轮。外委千把总一员，三月一轮。营房三间，卷篷三间，安兵十三名，稽查出入商渔船只，安设行营炮四位分防招宝山汛。千把总一员，外委千把总一员（一年一换）。

招宝山城屹峙海口，最为紧要；离城一里，营房十三间，烟墩三座；安添红衣炮十五位，行营炮四位，安兵八十名，山下即沿江汛。

招宝山下钩金塘，接壤沿江汛，添设红衣炮三位，现因防堵夷船，奉拨提右营兵丁防守。

沿江汛逼临港口，系属最要，现因防堵夷船；江边填筑炮墩土堡，添设红衣炮二十五位，行营炮四位，安兵一百十名，过西即拦江埠。

江北拦江埠逼临港边，系属最要，现因防堵夷船；江边填筑炮墩土堡，安建铁链拦江，自南至北，以防不虞，安设西洋炮四位，安兵二十二名，过西即税关大衢头。税关兵五名，系沿江汛抽拨，又大衢头拨兵二名，系清水浦汛抽拨，西半里至滚江龙汛。

滚江龙汛逼近江边，系属次要；营房三间，内一间倒坏；安设行营炮四位，安兵五名，西五里至张鉴碶拨。张鉴碶拨离城五里，安兵二名，系清水浦汛抽拨，西十里至清水浦汛。

清水浦汛离城十五里，逼近江边，亦属紧要；炮房三间损坏瞭楼一座、烟墩三座俱倒坏，安兵十名，内抽拨四名赴大衢头、张鉴碶二拨，安设行营炮四位，西二十里至三官堂汛。

三官堂汛离城三十五里，逼近江边，亦属紧要；炮房三间损坏，瞭楼一座烟墩三座俱倒坏；安兵十名，内抽拨四名赴孔浦桃花渡二拨，安设行营炮四位，西十里至桃花渡拨。

桃花渡拨离城五十五里，安兵五名，系三官堂汛抽拨，西二里至宁郡邸拨。

以上各汛系招宝山汛所辖镇海县境地。西首系鄞县接壤，与宁波城守营甬江汛交界。分防笠山汛，千把总一员，外委千把总一员（一年一换）。

镇海县城出南门渡江南衙头，江南衙头拨安兵二名，系笠山城内抽拨，东一里至拦江埠。江南拦江埠逼临港边，系属最要；现因防堵夷船，江边填筑炮墩土堡，安建铁链拦江，自北至南，以防不虞；添炮眼十三个，尚未完竣，俟完工酌拨兵丁防守，西一里至金鸡汛。金鸡汛离城二里，逼临港口，系属最要；营房三间，烟墩三座，现在防堵夷船又山顶添建营房三间，半山填筑炮墩土堡，安设红衣炮十位，山下堺筑炮墩土堡，安设红衣炮十一位，安兵八十名，东二里至笠山台。笠山台离城四里，逼临沿海，亦属紧要；台屋一座、烟墩三座俱倒坏；安兵五名，安设行营炮四位，台边即笠山城。笠山城逼临沿海，亦属紧要；营房十三间倒坏，安兵五名，山下即小港汛。

小港汛内逼山谷，外达汪洋，系属最要；营房十五间，安兵十名，东六里至大跳嘴汛。大跳嘴汛离城十里，逼临沿海，亦属紧要；营房三间倒坏；安兵五名，东四里张师山台。张师山台离城十四里，逼临沿海，亦属紧要；台屋一座、烟墩三座俱倒坏；安设行营炮四位，安兵五名，东一里至青峙汛。青峙汛离城十五里，逼临沿海，亦属紧要；营房十八间，内十五间倒坏；安设行营炮四位，安兵十名，东九里至打鼓山台。打鼓山台离城二十四里，逼临沿海，亦属紧要；台屋一座、烟墩三座俱倒坏；安设行营炮四位，安兵五名，东三里至大尖山汛。大尖山汛离城二十七里，逼临沿海，亦属紧要；营房三间倒坏，安兵五名，东三里至路石山台。路石山台离城三十里，逼临沿海，亦属紧要；台屋一座、烟墩三座俱倒坏；安设行营炮四位，安兵五名，西南二十里至东港碶汛。东港碶汛离城十五里，系属内地，民居稠密，亦属次要；安兵五名，并无营房，借寓碶头庵西北十里至石门汛。石门汛离城十里，系属内地，民居稠密，亦属次要；安兵五名，并无营房借寓关圣庙，西七里至慕孝陈汛。慕孝陈汛离城三十里，系属内地，民居稠密，亦属次要；安兵五名，炮房五倒坏，安设行炮四位，东十里至清青泉场。青泉场离城五里，安兵五名，并无营房，借寓觉海寺，东南十里至长山桥拨。长山桥拨离城十里，安兵二名，东南十里至提标左营徐赛拨。

| 权力的图像

以上各汛系笠山汛所辖镇海县境地，东南首与提标左营大渔山台汛交界，慕孝陈南首系鄞县接壤，与宁波城守甬江汛交界。

分防龙山汛

千把总一员，外委千把总一员（一年一换）镇海县城出西门，由海塘八里至汪家路台。汪家路台离城八里，逼临沿海，系属紧要；台屋一座，烟墩三座俱倒坏；安兵五名，安设行营炮三位，西八里至施家路台。施家路台离城十六里，逼临沿海，系属紧要；台屋一座倒坏；安兵五名，安设行营炮三位，西七里至鹭鸶台。鹭鸶台离城二十三里，逼临沿海，系属紧要；台屋一座、烟墩三座俱倒坏；安兵五名，安设行营炮三位，西五里至路南台。路南台离城二十八里，逼临沿海，系属紧要；台屋一座、烟敦三座俱倒坏；安兵五名，安设行营炮三位，西十里至蟹浦山台。蟹浦山离城三十八里，逼临沿海，系属紧要；台屋一座，烟墩三座俱倒坏；安兵五名，安设行营炮三位，西一里至蟹浦口。蟹浦口离城三十九里，逼临沿海，系属紧要；营房三间倒坏，安兵五名，西九里至清溪山台。青溪山台离城四十八里，逼临沿海，系属紧要；台屋一座，烟墩三座俱倒坏；安兵五名，安设行营炮，西四里至金家岙。金家岙汛离城五十二里，逼临沿海，系属紧要；营房三间倒坏，安兵五名，西四里至邱家洋汛。邱家洋汛离城五十六里，逼临沿海，系属紧要；营房三间倒坏，安兵五名，西二里至石塘山台。石塘山台离城五十八里，逼临沿海，系属紧要；营房三间倒坏，安兵五名，安设行营炮三位，西四里到至龙山所城。龙山所城离城六十二里，逼临沿海，系属紧要；周城三门，每门营房间，俱倒坏；共安兵二十五名，内抽拨五名赴宣家堰防守，安设行营炮三位，西十里至伏龙山台。伏龙山台离城七十二里，逼临沿海，系属紧要；台屋一座、烟墩三座俱倒坏；安兵五名，安设行营炮三位，西十里施公山台。施公山台离八十二里，逼临沿海，系属紧要；台屋一座，烟墩三座俱倒坏；安兵五名，安设行营炮三位，西七里至宣家堰汛。宣家堰汛离城八十九里，属枭贩私盐没之区，亦属紧要；安兵五名，系龙山所内抽拨，并无营房，借寓就近顺胜庙，西三里松浦汛。松浦汛离城九十二里，逼临沿海，系属紧要；营房十间倒坏，至松浦有碶闸间三眼，内西北两眼系绍协观海卫汛所辖，东首一眼，系松浦所辖，外浦离海计十八里，内河可通慈溪，安兵十名，东南五十里至憩桥汛。憩桥汛离城二十五里，系属内地，民居稠密，亦属次要；安兵十名，并无营房，就近借寓畈田庵。西八里

400

至畈底塘汛。畈底塘汛离城三十里，系属内地，民居稠密，亦属次要；安兵十名，并无营房，借寓就近永宁寺。

以上各汛系龙山汛所辖镇海县境地，西首系慈溪县接壤，舆绍协营汛交界。

以上各汛台屋、营房、烟墩，均多被飓倒坏，业经备移镇县详请估修，而坍坏处所兵丁仍无栖止，就近借寓戍守，凡遇配缉兵丁及防堵夷逆，在于各汛酌量抽配，合并声明。

所辖洋汛

镇海港口，内通长江，外达大海，系属紧要；四至俱本营洋汛，镇海县管辖，北五里至虎蹲山。虎蹲山屹峙港口，激水分流，东北首有虎尾礁，系属险要；俱本营洋汛镇海县管辖，系属荒岛并无民居，东三里至游山。游山屹峙海中，激水分汛，东首有夏老太婆礁，东南首有鸳鸯礁、鹁鸽礁，又东北首有七里峙山悬列海中，潮流涌激，均属险要；四至俱本营洋汛，镇海县管辖，系属荒岛，并无民居，东南七里至蛟门山。蛟门山砥柱中流，巨浪冲激，且有金地袱暗礁，东北首有大小黄猫山，北首有鹅礁，最为险要；东北首系定海右营洋汛，定海县管辖，西南首本营洋汛，镇海县管辖，系属荒岛，并无民居，东北一十里至捣杵山。捣杵山潮汐汹涌，系属冲要；北首定标右营洋汛，定海县管辖，东南西首本营洋汛，镇海县管辖，系属荒岛，并无民居，东三十里至金塘山西首山脚。金塘山西首山脚潮流湍激，系属冲要；东北首定标右营洋汛，西南首本营洋汛，其金塘山各岙均有樵采居民，俱系定海营县管辖，西北十里至大平山。大平山潮流汹涌，系属冲要；东北首定标右营洋汛，定海县管辖，西南首本营洋汛，镇海县管辖，系属荒岛，并无民居，西北十里至沥表嘴。沥表嘴潮流汹涌，系属冲要；东北首标右营洋汛，定海县管辖，西南首本营洋汛，镇海县管辖，系属荒岛，并无民居，西五十里至东霍山。东霍山孤悬大海，四顾汪洋，系属险要；东北首定标右营洋汛，定海县管辖，西南首本大营洋汛，镇海县管辖，系属荒岛，并无民居，西五十里至西霍山。西霍山孤悬大海，四顾汪洋，系属险要，北首乍浦洋汛，定海县管辖。西南首本营洋汛，镇海县管辖，系属荒岛，并无民居，西南二十五里至七姊妹。七姊妹错列海中，潮流湍激，亦属险要，系乍浦营与本营所辖，西北首乍浦营洋汛，俱定海县管辖，南首本营洋汛，镇海县管辖，系属荒岛，并无民居，西南三十里至校杯山。校杯山潮汐汹涌，系属险要；西北乍浦营洋汛，慈溪县管辖，东南首本营洋汛，镇海县管辖，系属荒岛，并无民居，东南五十里至蟹蝤山,又名泥螺山。泥螺山逼近海边,东南一带即系后海,后海水面辽阔,风涛浩渺,系属险要;四至俱本营洋汛,镇海县管辖。

以上洋汛耑巡千把总一员,协巡外委千把总一员,管驾船只,共配兵一百十二名,遵奉新例,按季轮巡,将备轮洋督察,其余战巡各船,留泊镇海港口,遇警策应,至会哨日期,双月订于上旬初八日,与乍浦营兵船会哨,单月订于下旬二十一日与定标右营岑、沥二港汛弁并乍浦营兵船会哨,本营洋汛俱皆险要,难以久停,无从樵汲,如遇风涛汹涌,近西则收泊镇海港口,近东则借泊定海右营所辖之沥港避风樵汲,理合分晰声明。

道光二十一年三月
调署中军守备吴金标

参考文献

古　籍

（明）陈子龙等辑：《明经世文编》，中华书局，1962年。

（清）陈镳勋：《香港杂记》，三联书店（香港），2018年。

（明）《明实录》，广方言馆藏旧抄本，广陵书社，2017年。

（明）李贤等奉敕修：《大明一统志》，总九十卷，明天顺五年内府刊本。

（明）茅元仪辑：《武备志》，明天启元年刻，清初莲溪草堂修补本。

（明）闵声、闵映张：《兵垣四编》，明天启元年吴兴闵氏朱墨套印本。

（明）沈定之、吴国辅：《今古舆地图》，三卷，明崇祯十六年山阴吴氏刊本。

（明）沈有容辑：《闽海赠言》，郑焕章点校，商务印书馆，2017年。

（清）文庆等编：《筹办夷务始末·道光朝》，故宫博物院，1930年。

（明）严从简：《殊域周咨录》，明万历刻本。

（明）张居正等：《明世宗实录》，国家图书馆藏。

（明）郑大郁：《经国雄略》，南明隆武潭阳王介爵观社刊本。

（明）郑若曾：《筹海图编》，明天启四年新安胡维极重刊本。

（明）郑若曾：《筹海图编》，李致忠校，中华书局，2007年。

（明）郑若曾：《江南经略》，明嘉靖四十五年序刊本。

（清）《圣祖仁皇帝圣训》，乾隆六年武英殿刻本。

（清）《清实录·世祖章皇帝实录》，中华书局，1985年。

（清）《清实录·圣祖仁皇帝实录》，中华书局，1985年。

（清）《清实录·高宗纯皇帝实录》，中华书局，1985年。

（清）《世宗宪皇帝御制文集》，《景印文渊阁四库全书》第1300册，台湾商务印书馆，1986年。

（清）陈梦雷：《古今图书集成》，光绪十年印本。

（清）法式善：《陶庐杂录》，清嘉庆二十二年陈预刻本。

（清）和珅等撰：《大清一统志》，乾隆五十五年武英殿刊行本。

（清）欧阳利见：《金鸡谈荟》，光绪乙丑刻本。

（清）《闽省水师各标镇协营战哨船只图说》，雍正钞本。

（清）阮元编：《梧门先生年谱》，清嘉庆二十一年刻本。

（清）仇巨川：《羊城古钞》，陈宪猷校注，广东人民出版社，1993年。

（清）商务印书馆编印：《大清帝国全图》，光绪三十一年刊本。

（清）施琅：《靖海纪事》，王铎全校注，福建人民出版社，1983年。

（清）孙诒让：《周礼正义》，中华书局，1987年。

（清）印光任、张汝林：《澳门纪略》，清光绪庚辰宁藩署刊本。

（清）张廷玉等撰：《明史》，中华书局，1974年。

（清）宗源瀚：《浙江全省舆图并水陆道里记》，光绪二十年浙江舆图总局石印本。

今人著作、论文

阿兰·佩雷菲特：《停滞的帝国》，王国卿等译，生活·读书·新知三联书店，1993年。

艾尔弗雷德·塞耶·马汉：《海军战略》，蔡虹干、田常吉译，商务印书馆，1994年。

艾尔弗雷德·塞耶·马汉：《海权对历史的影响》，李少彦等译，海洋出版社，2013年。

安东尼·瑞德：《东南亚的贸易时代：1450—1680年》，吴小安、孙来臣译，商务印书馆，2010年。

安国风：《欧几里得在中国》，纪志刚等译，江苏人民出版社，2009年。

保罗·肯尼迪：《大国的兴衰》，陈景彪等译，国际文化出版公司，2006年。

卜正民：《明代的社会与国家》，陈时龙译，黄山书社，2009年。

参考文献

卜正民：《塞尔登的中国地图》，刘丽洁译，中信出版社，2015年。

布莱恩·莱弗里：《图解舰船历史大百科》，郭威译，新世纪出版社，2017年。

曹婉如等：《中国现存利玛窦世界地图的研究》，《文物》1983年第12期。

曹婉如等编：《中国古代地图集·战国—元》，文物出版社，1990年。

曹婉如等编：《中国古代地图集·明代》，文物出版社，1995年。

曹婉如等编：《中国古代地图集·清代》，文物出版社，1997年。

陈碧笙：《台湾地方史》，中国社会科学出版社，1982年。

陈孔立主编：《台湾历史纲要》，九州图书出版社，1996年。

陈龙贵、周维强主编：《顺风相送》，台北故宫博物院，2005年。

陈添寿：《台湾政治经济思想史论丛》，元华文创出版社，2018年。

程绍刚译注：《荷兰人在福尔摩莎》，台北联经出版事业公司，2000年。

村上直次郎、中村孝志：《巴达维亚城日记》，程大学译，台湾省文献委员会，1990年。

丹尼尔·J.布尔斯廷：《发现者》，严撷芸等译，上海译文出版社，1995年。

方豪：《康熙五十三年测绘地图考》，台湾《文献专刊》第1卷第1期，1949年。

方豪：《台湾早期史纲》，海豚出版社，2016年。

费赖之：《在华耶稣会士列传及书目》，冯承钧译，中华书局，1995年。

费正清：《费正清对华回忆录》，陆惠勤等译，知识出版社，1991年。

冯明珠编：《经纬天下》，台北故宫博物院，2005年。

傅琪贻：《日本统治时期台湾原住民抗日历史研究》，团结出版社，2015年。

厦门大学郑成功历史调查研究组编：《郑成功收复台湾史料选编》，福建人民出版社，1982年。

谢·格·戈尔什科夫：《战争年代与和平时期的海军》，生活·读书·新知三联书店，1974年。

广东省文物局编：《广东明清海防遗存调查与研究》，上海古籍出版社，2014年。

郭俊麟：《台湾旧版地形图选录》，台湾大学图书馆，2013年。

郭亮：《17世纪地图东传与维米尔画中的地图》，《美术观察》2011年第2期。

郭亮：《十七世纪欧洲与晚明地图交流》，商务印书馆，2015年。

黄时鉴、龚缨晏：《利玛窦世界地图研究》，上海古籍出版社，2003年。

黄振南：《中法战争诸役考》，广西师范大学出版社，1998年。

江树生译注：《荷兰台湾长官致巴达维亚总督书信集》，台湾南天书局，2007年。

姜道章：《历史地理学》，台湾三民书局，2004年。

杰克·A.戈德斯通：《早期现代世界的革命与反抗》，章延杰等译，上海人民出版社，2013年。

杰里·布罗顿：《十二幅地图中的世界史》，林盛译，浙江人民出版社，2016年。

杰里米·哈伍德：《改变世界的100幅地图》，孙吉虹译，生活·读书·新知三联书店，2010年。

柯律格：《明代的图像与视觉性》，黄晓娟译，北京大学出版社，2011年。

拉铁摩尔：《中国的亚洲内陆边疆》，唐晓峰译，江苏人民出版社，2010年。

赖志彰等：《竹堑古地图调查研究》，台湾新竹市政府，2003年。

蓝莉：《请中国作证——杜赫德的〈中华帝国全志〉》，许明龙译，商务印书馆，2015年。

连横：《台湾通史》，商务印书馆，2010年。

列岛编：《鸦片战争史论文专集》，生活·读书·新知三联书店，1958年。

林肯·佩恩：《海洋与文明》，陈建军等译，天津人民出版社，2017年。

林天人编撰：《方舆搜览：大英图书馆藏中文历史地图》，台北"中研院"台史所、"中研院"数位文化中心，2015年。

林延清：《嘉靖皇帝大传》，辽宁教育出版社，1993年。

刘子明：《中法战争始末》，江西人民出版社，1988年。

卢坤、邓廷桢编：《广东海防汇览》，王宏斌等校点，河北人民出版社，2009年。

罗宾·汉伯里-特里森：《伟大的探险家》，王晨译，商务印书馆，2015年。

罗兹·墨菲：《亚洲史》，黄磷译，海南出版社，2005年。

骆芬美：《被误解的台湾史》，中信出版社，2014年。

吕理政、魏德文：《16—19世纪西方绘制台湾相关地图》，台湾历史博物馆，2006年。

吕西安·费弗尔、亨利-让·马丁：《书籍的历史》，和灿欣译，中国友谊出版公司，2019年。

马骏杰等编：《清末报刊载海军史料汇编》，山东画报出版社，2016年。

马士：《中华帝国对外关系史》，张汇文等译，上海书店出版社，2000年。

玛丽·路易斯·普拉特：《帝国之眼：旅行书写与文化互化》，方杰、方宸译，译林出版社，

2017年。

缪咏禾:《明代出版史稿》,江苏人民出版社,2000年。

牟安世:《鸦片战争》,上海人民出版社,1982年。

尼尔·弗格森:《帝国》,雨珂译,中信出版社,2012年。

戚嘉林:《台湾史》,海南出版社,2011年。

浅田实:《东印度公司》,顾姗姗译,社会科学文献出版社,2016年。

上海书店出版社编:《清代档案史料选编》,上海书店出版社,2010年。

邵循正等编:《中法战争》,上海人民出版社,1956年。

沈福伟:《中西文化交流史》,上海人民出版社,1985年。

松浦章:《明清时代东亚海域的文化交流》,郑洁西等译,江苏人民出版社,2009年。

松浦章:《清代江南船商的沿海航运》,《关西大学论文集》,1985年。

台湾博物馆编:《地图台湾》,台湾南天书局,2007年。

唐锡仁、杨文衡主编:《中国科学技术史·地学卷》,科学出版社,2000年。

王成组:《中国地理学史》,商务印书馆,1982年。

王国斌:《转变的中国》,李伯重、连玲玲译,江苏人民出版社,2010年。

王庸:《中国地理学史》,商务印书馆,1984年。

威·伊·邦特库:《东印度航海记》,姚楠译,中华书局,1982年。

威廉·C.亨特:《广州"番鬼"录》,冯树铁译,广东人民出版社,1993年。

威廉·坎佩尔:《荷兰时代的台湾社会》,李雄挥译,台湾前卫出版社,2017年。

魏德文等编:《测量台湾》,台湾南天书局,2008年。

魏斐德:《中华帝国的衰落》,梅静译,民主与建设出版社,2017年。

温迪·J.达比:《风景与认同》,张箭飞、赵红英译,译林出版社,2011年。

吴相湘主编:《康熙帝御制诗文集》,台湾学生书局,1966年。

厦门图书馆编:《厦门海疆文献辑注》,厦门大学出版社,2013年。

邢春如等:《兵书通览》,辽海出版社,2007年。

许地山编:《达衷集》,商务印书馆,1931年。

雅依梅·科尔特桑:《葡萄牙的发现》,王华峰等译,中国对外翻译出版公司,1997年。

伊恩·莫里斯：《西方将主宰多久》，钱峰译，中信出版社，2014年。

余定国：《中国地图学史》，姜道章译，北京大学出版社，2006年。

詹姆斯·费尔格里夫：《地理与世界霸权》，胡坚译，浙江人民出版社，2016年。

张彬村、刘石吉主编：《中国海洋发展史论文集》第五辑，台湾"中央研究院"、中山人文社会科学研究所，1993年。

张铁牛、高晓星：《中国古代海军史》，解放军出版社，1993年。

张维华：《明史欧洲四国传注释》，上海古籍出版社，1982年。

张西平主编：《把中国介绍给世界：卫匡国研究》，华东师范大学出版社，2012年。

张秀民：《中国印刷史》，上海人民出版社，1989年。

张振鹍主编：《中法战争》第6册，中华书局，2017年。

中法镇海之役资料选辑编委会：《中法战争镇海之役史料》，光明日报出版社，1988年。

《中国测绘史》编辑委员会：《中国测绘史》，测绘出版社，2002年。

中国史学会主编：《洋务运动》，上海人民出版社，1961年。

中科院自然科学史研究所地学史组编：《中国古代地理学史》，科学出版社，1984年。

邹振环：《晚清西方地理学在中国》，上海古籍出版社，2000年。

J.J.克拉克：《东方启蒙》，于闽梅、曾祥波译，上海人民出版社，2011年。

W.J.T.米切尔：《风景与权力》，杨丽、万信琼译，译林出版社，2014年。

外文著作、论文

Beau Riffenburgh, *Mapping the World: The Story of Cartography*, sevenoaks, 2015.

De Vries and van der Woude, *The First Modern Economy*, Cambridge University Press, 1997.

Elleman, Bruce A., *Modern Chinese Warfare, 1795−1989*, Routledge, 2001.

Francesca Fioran, *The Marvel of Maps*, Yale University Press, 2005.

Francis J. Manasek, *Collecting Old Maps*, Terra Nova Press, G. B. Manasek, Inc., 1998.

Frank J. Swetz, *The Sea Island Mathematical Manual*, The Pennsylvania State University Press, 1992.

Gianfranco Malafarina, *La Galleria Carte Geografiche in Vaticano*, Franco Cosimo Panini, 2005.

Gregory Chu, *The Rectangular Grid in Chinese Cartography*, Unpublished M.S. thesis, University of Wisconsin Madison, 1974.

I. H. van Eeghen, *Het Amsterdamse Sint Lucasgilde in de 17de eeuw*, Jaarboek Amstelodamum, 1969.

Ian D. Whyte, *Landscape and History since 1500*, Reaktion Books, Ltd., 2002.

J. B. Harley, Kees Zandvliet, "Art, Science and Power in Sixteenth-century Dutch Cartography", in *Cartographica*, Vol.29, No. 2, Summer, 1992.

J. B. Harley, David Woodward, *The History of Cartography Volume two: Cartography in the Traditional East and Southeast Asian Societies*, University of Chicago Press, 1994.

James A. Welu, "Vermeer: His Cartographic Sources", in *Art Bulletin*, Vol.57, 1975.

John Michael Montias, *Artists and Artisans in Delft: A Socioeconomic Study of the Seventeenth Century*, Princeton University Press, 1982.

Kees Zandvliet, *Mapping for Money: Maps, Plans and Topographic Paintings and their Role in Dutch Overseas Expansion during the 16th and 17th Centuries*, Batavian Lion International, 1998.

Kees Zandvliet, "The Contribution of Cartography to the Creation of a Dutch Colony and a Chinese State in Taiwan", *Cartographica*, Vol. 35, Issue 3-4, October 1998.

Koert van der Horst, *The Atlas Blaeu-van der Hem of the Austrian National Library*, HES & De Graaf Publishers, 2011.

宫纪子『モンゴル時代の出版文化』、名古屋大学出版会、2006年。

Nicolas Trigault, *China in the Sixteenth Century: The Journals of Matteo Ricci, 1583-1610*, trans. Louis J. Gallagher from the Latin version of Nicolas Trigault, Random House, 1953.

Somers Heidhues Mary, "An Early Traveler's Compendium: Caspar Schmalkalden's Images of Asia", *Archipel*, Vol. 70, 2005.

Waley-cohen, "China and Western Technology in the Late Eighteenth Century", *American Historical Review*, Vol. 98, 1993.

后记

　　这部著作终于付梓，其中充满思考和回望历史的难忘经历。每当看到近代西方和亚洲各国绘制的中国海图时，我不仅会被它们多元的图像形式所吸引，脑海中也总萦绕着一点：自明清以来，海图之中的中国社会与世界可能所存在着怎样的联系？这些联系背后又有怎样的故事？明清时期的中国已逐渐开始了和域外世界的全面交流和碰撞，是至关重要的发展与变革阶段。围绕这时的海图绘制，我发现了一个之前所无法窥测的历史演变轨迹，它们是由具体的人物、海图和事件所组成，这些动人的细节往往被巨大的历史洪流所掩盖。通过无声的海图、无名的制图者，中国与世界的交流过程中发生的故事和一系列无法回避的变量交织在一起，构成了人们既熟悉，而又十分陌生的过去。明清人眼中的海洋和欧洲人眼中的海图有多大的区别？科学模式、舆图传统和国家的海洋政策等因素在航海国家和中国接触之时，造成了有趣的结果，这使我们能够从一个新的角度观察过去，并能够理解种种故事发生的缘由。在本书的准备阶段，本人曾赴欧洲、美国等地区和国家对相关的文献、海图进行收集整理，也亲临我国漫长的海岸线实地考察，此外有不少珍贵的海图都是初次目睹，这对于修正和重新理解交流史的演进具有重要作用。

　　首先需要感谢的是国家社科基金重大项目给予的课题支持，这是本研究能够顺利展开和完成的重要保障。其次还需要向马克思·普朗克研究院、台湾"中央研究院"和商务印书馆等机构致以谢意，普林斯顿大学艺术与考古系的马昆讲席教授、托马斯·达科斯塔·考夫曼教授对本书的构思提出了良好的建议。家人所给予的无私支持保证了我能够将时间和精力投入海图研究的知识苦旅，这一切都已铭记在心。